Hugo Ball
Zur Kritik der deutschen Intelligenz

SEVERUS Verlag

ISBN: 978-3-95801-272-1
Druck: SEVERUS Verlag, 2015

Der SEVERUS Verlag ist ein Imprint der Diplomica Verlag GmbH.
Bibliografische Information der Deutschen Nationalbibliothek:
Die Deutsche Nationalbibliothek verzeichnet diese Publikation in der Deutschen National-
bibliografie; detaillierte bibliografische Daten sind im Internet über http://dnb.d-nb.de
abrufbar.

Hugo Ball

Zur Kritik der deutschen Intelligenz

Hugo Ball

Zur Kritik der deutschen Intelligenz
(1919)

Den Führern der moralischen Revolution gewidmet

»Man muß gar mächtig Achtung haben

auf die neue Bewegung der jetzigen Welt.

Die alten Anschläge werden es ganz und

gar nicht mehr tun, denn es ist eitel

Schaum, wie der Prophet saget.«

Thomas Münzer (1525)

Inhalt

Vorwort... 3

Einleitung... 5

Erstes Kapitel.. 17

Zweites Kapitel.. 53

Drittes Kapitel...129

Viertes Kapitel...181

Nachwort...250

Vorwort

Wenn man will, ist der Sinn dieses Buches, daß es die während des vierjährigen Krieges gegen die Regierungen der Mittelmächte erhobene Schuldfrage systematisch ausdehnt auf die Ideologie der Klassen und Kasten, die diese Regierungen möglich machten und stützten. Die deutsche Staatsidee hat den deutschen Gedanken vernichtet. Die deutsche Staatsidee ist es, die ich mit diesem Buch treffen will. Um sie in all ihrer Macht und volkswidrigen Tradition darzutun, mußte ich sie historisch entwickeln und Gesichtspunkte aufstellen für die Kritik ihrer hervorragendsten Repräsentanten.

Die Frage nach den Gründen unserer Isolation beschäftigte mich vorzüglich seit Herbst 1914. Ich bemühte mich, die Prinzipien ausfindig zu machen, mit denen das Deutschtum der ganzen Welt sich entgegensetzte. Es ist wohl möglich, daß mein Bestreben, noch die letzten und heimlichsten Schlupfwinkel dieser Isolation aufzudecken, bis zur Härte und Bitterkeit ging; doch lag es mir fern, ein Pamphlet zu schreiben.

Es ist meine feste Überzeugung, daß der Sturz der preußisch-deutschen Willkürherrschaft, wie ihn Präsident Wilson in seiner berühmten Rede auf Mount Vernon postulierte, nicht genügen wird, die Welt vor einem ferneren deutschen Attentat – das ja nicht nur in kriegerischen Aktionen zu bestehen braucht – zu schützen. Es ist für den in Aussicht genommenen Völkerbund von der höchsten Wichtigkeit, sich die historische Stärke der vereitelten deutschen Intrige, die moralische Erschöpfung eines Volkes, das tausend Jahre unter der furchtbarsten Theokratie gelitten hat, vor Augen zu halten, wenn Heil und Versöhnung wirklich erfolgen und auch garantiert sein sollen.

Um die deutsche Denkart in ihrem ganzen Relief hervortreten zu lassen, suchte ich das Gegenbild aufzustellen, das kein anderes sein konnte, als ein konsequent christliches, wie es im Bewußtsein führender europäischer Geister seit hundert Jahren zu einer universalen Renaissance strebt. Und da ich den religiösen Despotismus für das Grab des deutschen Gedankens hielt, versuchte ich, das neue Ideal außerhalb des Staates und der historischen Kirche in einer neuen Internationale der religiösen Intelligenz zu begründen. Es kennzeichnet die Freiheit, daß sie so wenig verwirklicht werden kann, wie Gott zu verwirklichen ist. Es gibt keinen Gott außer in der Freiheit, wie es keine Freiheit gibt außer in Gott.

Bern, 24. Dezember 1918.

Hugo Ball

Einleitung

1

Jemand hat die Deutschen das protestierende Volk genannt, Ohne daß doch ersichtlich sei, wofür sie protestierten; und obwohl Dostojewskij ein Russe war, glaubte er keineswegs an eine mystische deutsche Sendung, die sich irgendwann im Laufe der Jahrhunderte einmal offenbaren werde. Ein anderer aber, der sich sein Leben lang bemüht hatte, den Deutschen Tiefe, Tragik und Sinn zu substituieren, Friedrich Nietzsche, verlor zuletzt die Geduld und rief (in »Ecce homo«) aus: »Alle großen Kulturverbrechen von vier Jahrhunderten haben sie auf dem Gewissen!« Und er versuchte nachzuweisen, wie die Deutschen an allen entscheidenden Wendepunkten der europäischen Geschichte aus Feigheit vor der Realität, aus einer bei ihnen Instinkt gewordenen Unwahrhaftigkeit, aus »Idealismus« Europa um die Ernte und den Sinn gebracht hätten.

Sie protestierten, sie erfanden jene »sittliche Weltordnung«, von der sie behaupten, daß sie von ihnen bewahrt und gerettet werden müsse; sie nannten sich das auserwählte, das Gottesvolk, ohne doch sagen zu können, weshalb sie es seien; sie verdrehten die Werte, suchten ihren Stolz im Widerspruch und spielten einen Heroismus aus, vor dessen hochtrabender und auf Schrauben ruhender Pose die übrige Welt in Gelächter ausbrach. Sie rühmten alle ihre Schwächen, ja ihre Laster und Verbrechen als Vorzüge und Tugenden und travestierten damit die Moralität der andern, denen sie sich überlegen fühlten. Sie fanden nie die freundliche, höfliche Einstellung zu den Dingen, sie identifizierten sich nicht mit den eigenen Gedanken. Jedes Rütteln an ihrer gewundenen Steifheit nahmen sie als Herausforderung, als eine persönliche Beleidigung. Sie verstanden es nie, sich verführen zu lassen, Werbungen zu erwidern. Finster und verschlossen blieben sie aufgerichtet als eine drohende Konstruktion. Enthusiasmus und Liebe beantworteten sie mit Polizeimaßnahmen und Rüstungsfieber. Das Memento mori des Mittelalters und die daher rührende Gewissenspathologie hatten es ihnen angetan. Als die geborenen Schwarzseher wandelten sie; die schwärzesten Mönche haben sie hervorgebracht: jenen Berthold, der das Schießpulver erfand, und jenen Martin, Knecht Gottes, der das frohmütige Kuschen einführte und die Pedanterie eines darüber keineswegs völlig beruhigten Gewissens. Nie verliebte man sich in andere Nationen, stets fühlte man sich als Richter, Rächer und Vormund. Sie mißtrauten aus Prinzip, denn man kann nicht wissen, was einem passiert; die Welt ist bösartig, ausschweifend, räuberisch. Es ist angebracht, stets die Stirne zu runzeln, mit geladenem Revolver zu gehen, stechende Blicke um sich zu werfen, die Brust in Positur zu halten und mit verbissenen Nußknackerkiefern den Muskel spielen zu lassen. Ein Barockvolk kat' exochen, Kopf und Körper ein Hirn- und ein Muskelkrampf; ein drohendes Drahtgespenst mit Allongeperücke, jedoch keine Menschheit. Nie traten epochale Entspannungen ein.

2

Was man die deutsche Mentalität nennt, hat sich berüchtigt gemacht und ist trauriges Zeugnis der Prinzipien- und Herzlosigkeit, des Mangels an Logik und Präzision, vor allem aber an instinktiver Moral. 1914: kaum eine offizielle Persönlichkeit, die sich nicht kompromittierte. Pastoren und Dichter, Staatsleute und Gelehrte wetteiferten, einen möglichst niedrigen Begriff von der Nation zu verbreiten. Eine Vermengung von Interesse und Wert, von Befehl und Idee trat zutage, die Potsdam mit Weimar und Weimar mit Potsdam in rührender Hysterie zu entschuldigen suchte. Das ewig Papierene wurde Ereignis. Dreiundneunzig Intellektuelle bewiesen durch ein bombastisches Manifest, daß sie als Intellektuelle nicht mehr zu zählen sind. Die »Hannele«-Dichter kamen an den Tag und in die Hetzpresse. »So wie des Deutschen Vogel, der Aar, hoch über allem Getier dieser Erde schwebt, so soll der Deutsche sich erhaben fühlen über alles Gevölk, das ihn umgibt und das er unter sich in grenzenloser Tiefe erblickt.«[1] Mentalitätler aller Gaue bemühten sich, der Weltlage gerecht zu werden. Leider, die Weltlage bekam ihnen schlecht. Nur mit verrenkten Knochen und verdrehten Augen standen sie auf vom Prokrustesbett.

---

1 Werner Sombart, »Händler und Helden«. Patriotische Besinnungen, München 1915, S. 143

Philistin- und Papierexistenzen gingen zu Dutzenden auf in Rauch und grotesker Spirale. Ich will hier nicht mit Zitaten aufwarten, die jedermann im Notizbuch trägt. Es ist nicht die Zeit mehr, die Zeit auszuschneiden. Wir wissen Bescheid. Es ist an der Zeit, Konsequenzen zu ziehen. Wen überrascht es noch, daß die Pastoren dem Blutrausch verfielen? Tanzten sie nicht von je um die Golgathastätten, auf denen die Menschheit geopfert wurde? Wen überrascht es noch, daß der deutsche Gelehrte in seinem Dünkel und Größenwahn sich gedrungen fühlte, auch dort zu votieren, wo er nichts mehr verstand? Wenn man über die Balkanvölker zu sagen weiß, daß dort vor Zeiten Poseidon als Hengst und Bacchus als Bock spazierten[2]: löst man damit die serbische Frage?

Dies Buch handelt von der deutschen Intelligenz, nicht von der deutschen Schildbürgerei. Es kann mir nicht daran gelegen sein, alle Entgleisungen, Überhebungen und Lächerlichkeiten meiner Landsleute aufzuzählen. Gewiß, deren Charakterologie wäre ein dankbares Thema. Auch die All- und Eintäglichkeit hat ihren geistigen Kontrapunkt. Karl Kraus, der apokalyptische Feind der »Journaille« hat ihn bewältigt[3]. Man lese, ist man Österreicher oder Deutscher, seine Werke, lache, weine oder schäme sich. Ich fühle in meinem Thema keinerlei Anlaß, mich lustig zu machen. Die Ironie der Ereignisse erfordert dringlichere und produktivere Methoden als das Pamphlet. Uns ist die Aufgabe gestellt, zu untersuchen, ob der deutsche Geist auf Befreiung oder aufs Gegenteil drang. Die Methoden zu zeigen, die er befolgte, und die Resultate, die zu verzeichnen sind.

3

Der deutsche Geist, die deutsche Intelligenz: unter Franzosen und selbst unter Deutschen wird man lächeln. Gibt es das? Ist es kein Widerspruch in adjecto? Und doch gilt es, hier ernst zu bleiben. Was ist die Intelligenz eines Landes? Die geistige Elite, jene seltenen und wenigen Menschen, die ihre Erlebnisse und deren Resultate kommuni-

---

2   Ulrich Wilamowitz-Möllendorff, »Die Balkanvölker«, »Neue Rundschau«, Berlin, Jan. 1918
3   Karl Kraus, Herausgeber der Wiener satirischen Zeitschrift »Die Fackel«

zieren zum Zweck einer höheren Vernunft. Jene geistige Gesellschaft oder Partei, deren höhere Vernünftigkeit sie veranlaßt, ihre Kenntnisse, Gedanken und Erfahrungen dem Volksganzen zuzuwenden, aus dem sie kommen; jene intellektuelle Verzweigung, die in ihren bewußtesten und höchsten Vertretern nach geheimen umfassenden Gedanken lebt und handelt; in aller Öffentlichkeit der Presse, der Straße oder des Parlaments sich dokumentiert und der Menschheit Ziele setzt, Wege zeigt, Hindernisse hinwegräumt in Voraussicht des Tages, da alle vernünftigen Wesen nach dem Worte des Origines in einem Gesetze vereinigt werden.

Was unterscheidet die große Menge des Landes von seiner Intelligenz? Der Mangel an Überzeugung, an Sachlichkeit, an historisch bedingten Zielen und wohl an Verantwortung. Vor allem aber der Ausschluß aus jener gütigen Konspiration der Geister, die ich die Kirche der Intelligenz nennen möchte, jener Gemeinschaft der Auserwählten, die zugleich Freiheit und Heiligung in sich tragen; die den Kanon der Menschheit und Menschlichkeit aufrechterhalten und über Jahrhunderte weg zwischen Schimären, Tierleibern, Fratzen und Höllenspuk das Urbild des Schöpfers wahren.

Die Mentalität der Menge: das ist eine Summe von Ziel- und Ratlosigkeit, von Verzweiflung und kleiner Courage, von Opportunismus und Weichlichkeit, von verkappter Sentimentalität und überhobener Arroganz. Die Mentalität der Menge: das ist ihr schlechtes Gewissen, das sind ihre Fälscher und Wortverdreher, ihre »jahraus jahrein galoppierenden Federn« und Denunzianten, ihre Spitzel und Rabulisten, ihre Großmäuler, Demagogen und Faselhänse. Ein heilloses Konzert! Eine Orgie seltsamer Verzerrung! Wehe dem Land, wo solche Mentalität den Geist überschreit, aber dreimal wehe dem Land, wo sie allein nur herrscht und sich selbst für den Geist hält. Verhärtung, Zerrissenheit, Korruption verhindern das Maß und die Norm; Tobsucht und Wut sind Trumpf. Solch Land ist verloren und weiß es nicht.

4

Eine der wichtigsten Aufgaben der Intelligenz ist es, den Blick der Nation dorthin zu lenken, wo die großen Ideen herkommen; Raum zu schaffen für diese Ideen und dem Lauf der Geschichte mit tausend offenen Sinnen knapp auf den Fersen zu folgen. Die Geister, die Deutschland zu bilden versprachen, jene Musiker der Kriterien und Maßstäbe, die in Philosophien wie in Partituren zu lesen verstanden, sind nicht Legion. Sie fanden ihre Aufgabe erschwert. Sie fanden sich von Anfang an in einer Umgebung, die ihre Aufgabe nicht stützte, sondern ihr höhnisch und kraß widersprach, ja sie unmöglich machte. Die Idee des Imperium Romanum, die das ganze Mittelalter erfüllte, Verbindung und Widerstreit zwischen Kaiser und Papst, ließ Deutschland als Vormacht der Welt erscheinen. Das Heilige Römische Reich Deutscher Nation und die Heraldik gotischer Kaiser prägten dem Volk ein Bewußtsein ein, das im Waffenklirren, im Richteramt, im Henken, Zerschmettern und in der Gewalt einen Gottesdienst und die Mission sah. Kein entscheidendes nationales Erlebnis hat diese Meinung hinweggefegt: weder die Reformation, noch die große Französische Revolution. Deutschland empfindet noch heute sich als den »Genius des Krieges« und zugleich als »moralisches Herz« der Welt[4], und war doch und blieb so lange grobknochiger Henker, betrunkener Vasall, hartmäuliger Landsknecht der Päpste. Damals redeten Priester ihm ein, kleines Gehirn sei Soldatentugend. Jenes egozentrische Delirium voll Arroganz und Bramabarsierens, das in den Schriften der Treitschke und Chamberlain auferstand – in den Kaisern des Mittelalters fand es sein erstes Symbol.

Die Geister, die Deutschland zu bilden versprachen, kamen sehr spät. Italien, Spanien, Frankreich hatten längst eine reiche Kultur. Deutschland war ungebrochen ein krüdes Barbarenvolk, dem Trunke ergeben, verroht und verblödet durch Kreuzzüge und endlosen Waffendienst, versklavt und verhärtet durch Junker und Pfaffen. Shakespeares Komödien schildern den Deutschen als einen Rüpel und Trunkenbold. Léon Bloy zitiert für die historische deutsche Verrohung und Korruption sogar Luther[5]. Die große Bewegung der Aufklärung brach

---

4   Das ist Max Schelers »Kriegsphilosophie«; siehe seine katholische Exaltation »Der Genius des Krieges«, Leipzig 1915, und deren Verteidigung »Die Ursachen des Deutschenhasses«, Leipzig 1917.

5   Léon Bloy, »Jeanne d'Arc et l'Allemagne«, Paris 1915, S. 261. »Aujourd'hui les nôtres sont sept fois plus mauvais, qu'ils ne l'avaient jamais été auparavant. Nous volons, nous mentons, nous trompons, nous mangeons et buvons avec excès et nous adonnons à tous les vices... Nous autres Allemands, nous sommes devenus la risée et la honte de tous les

hier nicht durch. Die Vox humana der Nachbarländer fand nur den spärlichsten Nachklang. Heute noch fehlt uns das Menschheitsgewissen. Heute noch schwanken die Geister und schwankt die Nation im Widerspruch zwischen Kulturbegriffen. Religiöse, moralische, ästhetische und politische Nenner wurden zur Geltung gebracht, doch keinem gelang es, die Einheit zu schaffen und alle bekämpften sich. Noch in unseren Tagen versuchte das kaiserlich-päpstliche Universalreich neu aufzuerstehen, und nur die Kriegsschuld, zu der das Übergewicht einer gewalttätig-verschlagenen Kaste führte, verspricht, die gefährlichen Atavismen hinwegzuräumen. Die Einordnung Deutschlands in eine Liga der europäischen Völker ist eine unabweisbare Forderung. Mit stürmischem Nachdruck muß sie erhoben werden. Wozu die Nation selbst zu träge und ihre Geister nicht stark genug waren: die Isolation zu sprengen, in die sich Deutschland drohend und eigensinnig begab: heute müssen die Nachbarvölker erzwingen, daß der veraltete Unfug des Waffenspektakels für alle Zeiten beseitigt werde.

Die Einreihung Deutschlands! Hier zeigt sich endlich die Einheitsidee, die Heiligung, Größe und Demut verbürgt. Das deutsche Volk soll die Augen öffnen. Sein Vorteil wird sein, daß es mit Schmerzen, Unglück und Opfern geschlagen wird. So wird es die Kraft in sich finden, zu fallen und aufzuerstehen. Wir verlangen die Demokratie. Der politische Geist ist der ordnende Geist. Keine Phrasen und Umschweife sollen mehr gelten. Deutschland ist schuldig und muß seine Schuld bekennen, soll sich der Aufbau Europas vollziehen. Die Proklamation neuer Menschen- und Nationalitätenrechte beendet den Krieg. Nicht mehr um Metaphysik – es handelt sich um die Erde und wie man sie einrichten soll, um zusammen leben zu können. In den Köpfen der Staatsmänner, wenn sie auch nicht das letzte Wort haben werden, lebt schon der Grundriß, auf dem sich das neue Gebäude der Menschheit erheben soll. Was bisher Fragment war und nur in wenigen Köpfen utopischen Ausdruck fand, wird gebunden werden und sich organisch entfalten. Mit Tod, Bankerott und Verderben rückt für Deutschland das erste politische Freiheitserlebnis umfassenden Sinnes heran, seit die christliche Korporationsidee Europa verloren ging. Sind aber erst die Wände gefallen, die heute das deutsche Volk noch

---

peuples; ils nous tiennent pour des pourceaux ignominieux et obscènes... Si l'on voulait maintenant peindre l'Allemagne, il faudrait la représenter sous les traits d'un truie.«

12

im Getto halten, hat die Nation erst in einem elementaren Ausbruch von Enthusiasmus die Ketten zerrissen, die heute noch ihre Menschlichkeit lähmen, so werden sich auch die Geister finden, die ihr den Weg zeigen zu jenen Großtaten der Menschheit, mit denen man heute in Deutschland prahlt, ohne zu wissen, worin sie bestehen. Dann wird sich das Maß ergeben des Wissens, worin man stolz sein darf und wo man sich schämen muß.

5

Man sieht: hier wird verneint, daß es eine deutsche Intelligenz schon gab, ja geben konnte. Es gab Fragmente, Ansätze, Versuche, aber keine Durchdringung und Aufhellung der Nation. Auch Deutschland hatte seine großen Männer. Aber der Widerspruch, in dem sie zur Gesamtheit standen und jene mit sich selbst unzufriedene Selbstzufriedenheit, die das Volk charakterisiert, verwandelte in diesen Männern die Liebe zu Haß, die Freude in Verzweiflung. Von Banausentum, Intrigen und Pedanterie eingekreist, sahen sie ihre besten Entwürfe verkümmern. Von keiner begeisternden Welle getragen, wurde ihr Schaffen ihnen zur Qual, ihr Leben zum Leidensweg, und wenn sie die Aussichtslosigkeit erkannten, war es zu spät.

Thomas Münzer Archifanatikus: eine ganze Hierarchie des Leidens trug er in sich. Er ist verschollen in diesem Volk, sein Name ist kaum bekannt. Hölderlin klagt: »Barbaren von alters her, durch Fleiß und Wissenschaft und selbst durch Religion barbarischer geworden, tief unfähig jeden göttlichen Gefühls, verdorben bis ins Mark zum Glück der heiligen Grazien, in jedem Grad der Übertreibung und der Ärmlichkeit beleidigend für jede gut geartete Seele, dumpf und harmonienlos wie die Scherben eines weggeworfenen Gefäßes: – das, mein Bellarmin, waren meine Tröster.«[6] Von Goethe kam jenes resignierte Wort: »Wir Deutschen sind von gestern. Wir haben zwar seit einem Jahrhundert ganz tüchtig kultiviert; allein es können noch ein paar Jahrhunderte hingehen, ehe bei unseren Landsleuten soviel Geist und höhere Kultur eindringe und allgemein werde, daß man von ih-

---

6   Friedrich Hölderlin, »Hyperion oder der Eremit in Griechenland«

nen wird sagen können, es sei lange her, daß sie Barbaren gewesen.«[7] Von Goethe jener verzweifelte Spruch, das sauve qui peut, das er achselzuckend der geistigen Partei seiner Zeit zurief:

>>*Eines schickt sich nicht für alle,*

Jeder sehe, wie er's treibe,

Jeder sehe, wo er bleibe,

Und wer steht, daß er nicht falle.<<

Behauptet hat er sich, verstellt in diesem Volk. Magister sezierten ihn, Philologen wie Blutegel setzten sich an. Popularität aber erlangte er noch heute nicht. In seinen wichtigsten und sublimsten Entscheidungen stieß er auf Harthörigkeit, blieb er ein Mißverständnis und Wunder[8]. Heinrich Heine floh entsetzt nach Paris. Die Goncourts behaupteten, daß er mit zwei anderen Nichtparisern die Quintessenz des Pariser Geistes darstellte; in Deutschland aber wird er noch heute malträtiert[9]. Friedrich Nietzsche hat den Deutschen die schlimmsten Dinge nachgesagt, die man einer Nation nachsagen kann; er fand: >>Die Deutschen sind in die Geschichte der Erkenntnis mit lauter zweideutigen Namen eingeschrieben, sie haben immer nur unbe-

---

7   Goethe, Gespräche mit Eckermann, 3. Mai 1827. Am 26. März 1827 war als Märtyrer in Wien Beethoven gestorben, völlig verarmt und gebrochen.

8   Als Prof. Wilhelm Bode 1918 unter dem Titel >>Goethe in vertraulichen Briefen seiner Zeitgenossen 1749–1803<< eine umfassende Sammlung von Briefen zum Teil berühmtester Freunde Goethes publizierte, ergab sich das Bild einer von pastoraler Zopfigkeit torturierten genialen Persönlichkeit, die mit zunehmendem Alter von anspruchsvoller Ignoranz, frömmelndem Klatsch und dummdreistem Besserwissen immer tiefer bis zu Verzicht, Lähmung und Hoffnungslosigkeit in sich selbst zurückgetrieben wurde. Man stellte deshalb dem Herausgeber auch die Gewissensfrage, ob es wohl angebracht war, diese Briefsammlung der Öffentlichkeit ungekürzt zu übergeben.

9   Die Kämpfe um ein Denkmal für den Dichter des >>Atta Troll<< sind noch heute in Deutschland nicht abgeschlossen. Denn die Pamphletliteratur gegen den >>Judenjungen<< blüht wacker weiter. Man kennt den Versentwurf Richard Dehmels für ein solches Denkmal. Und noch Alfred Kerr konnte zwischen 1910 und 1914 zu einiger Berühmtheit gelangen durch sein Eintreten für ein Heine-Denkmal. In Hamburg wehrte man sich verzweifelt dagegen.

wußte Falschmünzer hervorgebracht.«[10] »Psychologie«, fährt er fort, »ist beinahe der Maßstab der Reinlichkeit oder Unreinlichkeit einer Rasse. Und wenn man nicht einmal reinlich ist, wie sollte man Tiefe haben? Man kommt beim Deutschen, beinahe wie beim Weibe, niemals auf den Grund, er hat keinen; das ist alles. Aber damit ist man noch nicht einmal flach. Das, was in Deutschland ›tief‹ heißt, ist genau die Instinkt-Unsauberkeit gegen sich, von der ich eben rede: man will über sich nicht im klaren sein.« Und doch hatte auch er begonnen voller Hoffnung auf eine geistige Einheit, auf ein heroisch deutsches Ideal, das der Hort alles höheren Europäertums werden könne[11]. Die Nation zwang ihn zum Ressentiment, zur Germanophobie. Am Ende seiner Laufbahn bedauerte er, nicht französisch geschrieben zu haben und wollte als Pole gestorben sein. Man lese jene erschütternde, kurz vor seinem Zusammenbruch geschriebene Abrechnung mit der deutschen Mentalität, »Ecce homo«, um zu ermessen, wie hier ein deliziöser und hochgespannter Wille an der historischen Mesquinerie, der platten Denkwirtschaft und faulen Gemütlichkeit seiner Nation sich gescheitert fühlte. Man vernehme auch Schopenhauers Testament, das also lautet: »Sollte ich unvermutet sterben und man in Verlegenheit kommen, was mein politisches Testament sei, so sage ich, daß ich mich schäme, ein Deutscher zu sein und mich darin auch mit all den wahrhaft Großen, die unter dies Volk verschlagen wurden, eins weiß.«

Ich habe die besten Namen der Nation genannt, und man kann nahezu an der Heftigkeit ihrer Verzweiflung die Höhe ihrer ursprünglichen Intention ermessen. Sie fühlten sich auf verlorenem Posten, und je später sie es einsahen, desto blutiger lehnten sie die Gemeinschaft ab. Man könnte versucht sein, Heinrich Mann zuzustimmen, der als Motto über seinen durch den Krieg abgebrochenen Roman »Der Untertan« die tristen Worte schrieb: »Dies Volk ist hoffnungslos.« Wenn sich die stärksten und menschlichsten Geister gegen ihr Volk erklärten: Was bleibt zu tun? In Böotien baut man Kartoffeln, Tragödien schreibt man in Athen.

---

10 »Ecce homo. Wie man wird, was man ist«, 1888. Der Fall Wagner. Ein Musikantenproblem.

11 Vgl. Werke, Bd. XI, Nachlaß aus der Zeit von 1875/76: »Ich habe zusammengebunden und gesammelt, was Individuen groß und selbständig macht. Ich sehe, wir sind im Aufsteigen: wir werden der Hort der ganzen Kultur in Kürze sein.«

Wo fand sich in Deutschland jene vergötternde Begeisterung, jene Zärtlichkeit, mit der französische Geister Frankreich Notre Dame und La douce France nannten[12]? Charles Maurras schlug vor, Frankreich als Göttin zu verehren und Léon Bloy, einer der heftigsten Pamphletisten, die Frankreich erlebte, noch er fühlte das Recht zu schreiben: »La France est tellement le premier des peuples que tous les autres, quels qu'ils soient, doivent s'estimer honorablement partagés quand ils sont admis à manger le pain de ses chiens.«[13] In keinem andern Volk hat der esprit religieux solche Höhen und Tiefen erreicht wie im Frankreich der letzten fünfzig Jahre. Die Kirche der Intelligenz: hier wurde ihr Grundstein gelegt. Geister wie Renan, Baudelaire, Erneste Hello, Barbey d'Aurevilly, Léon Bloy, Charles Péguy haben wie in einer Vorahnung furchtbarer und verworrener Jahrhunderte den limbus patrum geschaffen, der den gott- und geistlosen Animalismus unserer Zeit richtet und die trostlose nationalistische Verflachung eines Journalisten- und Diplomatenzeitalters belächelt. Als Kirchenväter des kommenden Europa zogen sie die letzten, sublimsten, sakramentalen Konsequenzen aus Mittelalter und Christentum, wurden sie Angelpunkt und Maß einer neuen Welt. Das Gewissen nicht nur Frankreichs sprach in ihren Schriften, die eine Apologie immer wieder desselben Themas sind: pietas et paupertas sancta. »Unsere Gegner von damals«, schrieb Charles Péguy, »führten die Sprache der Staatsräson, die Sprache des zeitlichen Wohls eines Volkes und einer Rasse. Wir Franzosen, getragen von einer tief christlichen Bewegung, von einem revolutionären und in seiner Gesamtheit doch traditionellen Gedanken der Verchristlichung, erreichten die Höhe der Passion in der Sorge um das ewige Heil unseres Volkes. Wir wollten nicht, daß Frankreich im Zustande der Todsünde dastehe.« Und Romain Rolland, der diesem Worte ein unerbittlicher Wächter hätte bleiben sollen, statt zwischen seiner Märtyrernation und einem infernalischen Deutschland samaritanische Vermittlungsversuche zu unternehmen, Romain Rolland fügt hinzu: »Vernehmet einen Heroen des französischen Gewissens, Schriftsteller, die ihr über dem Gewissen Deutschlands zu wachen habt.«[14]

---

12 André Suarès in jenem schönen Kapitel »La plainte de Reims« seines Buches »Nous et Eux«, Paris 1915.
13 Léon Bloy, »Jeanne d'Arc et l'Allemagne«, S. 14.
14 Romain Rolland, »Au dessus de la Mêlée«, Paris 1915, S. 17.

16

Wo fand man in Deutschland jenen Geist der Freiheit, der das Gewissen des russischen Volkes seit 1825 in heftigen Wehen geschüttelt hat? Jenes kraftvolle Bewußtsein künftiger Größe, das in weniger als hundert Jahren ein durch seine Sprache und Einrichtungen tief vom europäischen Leben getrenntes Volk an die Spitze des verwirrt und erstaunt nach Osten aufschauenden Europa sehen will trotz Bolschewikentum und jüdischem Revancheterror? Wo fand sich in Deutschland jener phantastische Opfermut, der in der Geschichte der russischen Revolution seit hundert Jahren Großtaten wie Sterne aufblühen und in den Gefängnissen, Festungen und Füsiladen Sibiriens lautlos und glühend versinken ließ? Jener Mut zur Fronde, jener Fanatismus geistiger Interessen und Kommunionen, jener praktische Ernst und jene Versatilität der politischen Methode, die Rußland zur Großmacht der Freiheit erheben? Von den Dekabristen Pestel, Muravjew und Rylejew angefangen bis zu europäischen Geistern wie Herzen, Bakunin und Ogarjow; von Konspiratoren wie Tschernischewskij, Serno-Solovjewitsch und Netschajew bis zu Krapotkin, Tolstoi und Lenin: welche Unsumme politischer Energie, nationalen Gewissens und bis zum Wahnsinn gehender Hingabe an die Idee der Geringsten und der Verlorensten unter den Menschen! Hat das deutsche Volk jede Besinnung verloren? Fühlt es sich wirklich nur noch berufen, alles Große zu vernichten und zu bekämpfen, statt in Scheu und Demut die Waffen wegzuwerfen und die Hände auszustrecken?

6

Freiheit und Heiligung: das sind die beiden Ideen, die heute die Welt bewegen. Nicht jenes Freiheitsbestreben preußischer Fürsten und ungarischer Magnaten, das darin besteht, jede Willkür für sich zu fordern und nicht kontrolliert zu sein. Nicht jene Heiligung, die durch Verschlucken von Hostien, Zitieren von Bibelsprüchen und Glaube an einen gestorbenen Gott der einfachsten Menschenpflicht sich enthoben glaubt; auch jene »Heiligung« nicht, die da sagt: »Es ist die lichteste Eigenart unseres deutschen Denkens, daß wir die Vereinigung mit der Gottheit schon auf Erden vollziehen«, um dann hinzuzufügen: »Wir sind ein Volk von Kriegern. Militarismus ist der zum kriegerischen

Geist hinaufgesteigerte heldische Geist. Es ist Potsdam und Weimar in höchster Vereinigung. Es ist >Faust< und >Zarathustra< und Beethoven-Partitur in den Schützengräben.«[15] Oh diese Herren Sombart, wie wenig ahnen sie von der Vereinigung mit der Gottheit!

Freiheit und Heiligung: das heißt Opfer und noch einmal Opfer, Opfer an Gut, und wenn es sein muß, an Blut, aber in einer anderen Sphäre, auf einer anderen Bühne als auf dem wackelnden heutigen Kriegstheater! Als Michael Bakunin nach zehnjähriger Kerkerhaft und Verbannung mit krummem Rücken, ohne Zähne, herzkrank und grau, als Fünfzigjähriger auf dem Friedens- und Freiheitskongresse in Bern erschien, umringten ihn seine Freunde aus den achtundvierziger Jahren, und man bestürmte ihn, die Memoiren seiner Konspirationen und Straßenkämpfe, seiner Todesurteile, Verbannung und Flucht zu schreiben. »Il faudrait parler de moi-même!«, sagte er. Er fand, es gäbe wichtigere Dinge zu tun, als von der eigenen Person zu sprechen. Und von Léon Bloy rührt das tief verlorene, vielleicht religiöseste Wort unserer Zeit her: »Qui sait, après tout, si la forme la plus active de l'adoration n'est pas le blasphème par amour, qui serait la prière de l'abandonné?« Versteht man danach, was Freiheit und Heiligung ist?

---

15   Werner Sombart, »Händler und Helden«, S. 84 ff.

Erstes Kapitel

1

Will man den Weg verstehen, auf dem die heute unter dem Schlagwort Pangermanismus vereinigten Tendenzen zu jener furchtbaren Macht gelangten, die alle Welt kennt und verspürt, so muß man zurückgehen bis ins tiefe Mittelalter. In dem mittelalterlichen Kampf um die Suprematie zwischen geistlicher und weltlicher Macht, zwischen einer geistigen Oberleitung durch den Papst und der tobsüchtigen Wildheit barbarischer Könige spielten sich die ersten Entscheidungen europäischer Geschichte ab. Als Otto I. sich im Jahre 962 vom Papste die Kaiserkrone erzwang, entstand das »Heilige Römische Reich Deutscher Nation«. Unter Otto III. gab es bereits einen deutschen Papst, kaum daß es ein deutsches Volk gab. Es folgten die Kreuzzüge, in denen die Päpste der übermütigen Barbarenkraft und den verheerenden Einfällen deutscher Könige nach Italien eine phantastische Ablenkung schufen. Es folgte die Unterwerfung des geschwächten Staates unter die Kirche durch Gregor VII.

Der päpstlich-kaiserliche Universalstaat des Mittelalters leitete eine innige Verbindung der deutschen Völkerschaften mit dem zivilisiertesten Lande der damaligen Welt, Italien, ein, und wenn die gewaltsamen deutschen Könige auch, sobald sie den Segen empfangen hatten, nur Richtschwert und Vollstrecker des römischen Willens geworden waren, so verlieh ihnen diese Weihe noch die »Kulturmission«, Mehrer des Kirchengebiets und Verbreiter des Evangeliums zu sein, und damit jene heraldische Attitüde einer von Reichstrompetern begleiteten theologischen Majestät, der die buntbäurische Phantasie des deutschen Volkes noch heute nicht gewachsen ist. Jahrhunderte lang verbreitete das Schwert der Kaiser den Christenglauben, wie es unter Muhamed den Islam verbreitet hat. Und nicht erst heute, sondern schon zu Gutenbergs Zeiten findet sich in der Presse die optimistische Überzeugung, die deutsche Nation sei von Gott bevorzugt und von der Vorsehung auserwählt[16]. Sie war aber nur von den Kardinälen aus-

---

16   Im Jahre 1460 erschien als letzter Druck Johannes Gensfleisch zum Gutenberg das »Ka-

erwählt und vom Papste bevorzugt. Die deutschen Könige hatten sich ihre Stellung durch Bluttat und Gewalt ertrotzt. Ihre Kulturleistungen blieben weit hinter dem zurück, was gleichzeitig Arabien, Spanien und Italien in Kunst, Literatur und Wissenschaft leisteten.

Noch heute sehen unsere deutschen Schulräte, Geschichtsschreiber und Pädagogen nicht ein, daß keine Veranlassung vorliegt, auf diese Tradition besonders stolz zu sein. Deutschland war keineswegs das »moralische Herz der Welt«, wie Herr Scheler glauben machen will. Die Moralität war in Deutschland, von vereinzelten Mystikern und Troubadouren abgesehen, unausgebildet, abseitig und grob. Das Land war Rüstkammer und Arsenal für die weltlichen Ziele des Papsttums. In solchen Ländern ist wenig Raum für die Ausbildung verfeinerter Sitte. Profoss und Schrecken brachten den Päpsten die Barbarossas, Ottos und Friedrichs. Wen deshalb der Papst zum Kaiser salbte, dem legte er damit die Verpflichtung auf, daß solch »apostolische Majestät« – noch heute trägt der Kaiser von Österreich den Titel – den gewaltigen europäischen Kirchenstaat vergrößere oder verteidige, auf welche Art immer es geschehe.

Das »Heilige Römische Reich Deutscher Nation« wurde von Luther zerstört. Luthers robust gewaltige Persönlichkeit ist geschichtlich nur zu verstehen, wenn man den Kampf zwischen Kaiser und Papst sich vergegenwärtigt. Luther trennte Deutschland von Rom und schuf damit die Voraussetzung für die Unabhängigkeit des heutigen deutschen Feudalismus. Er lieferte den deutschen Fürsten und Reichsherolden wie Treitschke und Chamberlain die Ideologie für jene egozentrische Selbstüberhebung, die sich in den Köpfen alldeutscher Generäle und Subalternpropagandisten zu einem Delirium ausgewachsen hat. Von den Zeiten der Reformation an gelang es den Päpsten nicht mehr, die deutsche Macht unter eine geistige Obhut zu beugen. Luther wurde ein Angelpunkt der Geschichte.

Von Luther an beginnt sich ein neuer Universalstaat vorzubereiten, in dessen Zentrum nicht mehr die ganz klerikale, sondern die ganz

---

tholikon« des Johannes di Balis, das am Schluß folgende Worte, gleichsam das Testament Gutenbergs, enthielt: »Unter dem Schutze des Höchsten etc. etc. ist dies Buch im Jahre der Menschwerdung des Herrn 1460 in dem tätigen Mainz, einer Stadt der berühmten deutschen Nation, welche die Huld Gottes durch ein so hohes Licht des Geistes und durch ein freiwilliges Geschenk den andern Nationen der Erde vorzuziehen und auszuzeichnen gewürdigt hat etc. etc. gedruckt und vollendet worden.«

profane Gewalt steht. In den großen Bauernkriegen von 1524/25 handelte es sich darum, ob die uralte Feudaltradition Deutschlands gebrochen werden könne oder nicht. Jene deutsche Revolution (wichtiger heute als die Reformen, in denen sie erstickt wurde) mißglückte. Der Feudalismus erhob sich gestärkt. Im Aufkommen der Hohenzollern verjüngte er sich. Das Aufkommen der Hohenzollern brachte den Konkurrenzkampf mit Habsburg, dem letzten Rudiment des mittelalterlichen Systems. Dazumal gingen die geistlichen und weltlichen Methoden der Universalstaats-Politik und -Diplomatie von Wien in die preußischen Kabinette über. Und heute erleben wir, wie derselbe auf die Besitzlosen, das Proletariat, gegründete Universalstaat des Mittelalters von Berlin aus wiederaufzustehen bemüht ist[17].

Jetzt ist es umgekehrt. Das kaiserliche Regime sucht den Papst (und die Freiheitsideologie, die geistige Macht) zu benützen, wie im Mittelalter der Papst den Kaiser ausspielte. Steuerte Habsburg die diplomatischen Methoden bei, so Robespierre die staatlichen und Napoleon die militärischen. Eine satanische Macht regiert heute Deutschland und sucht sich von dort aus die Welt zu unterwerfen. Das Mittel ist Zweck geworden. Die Profanität triumphiert, und eine Entwertung aller Werte findet statt, die niemals ihresgleichen sah.

Als Dante seine Schrift »De monarchia« schrieb, ließ er sich kaum träumen, daß er die Hölle selbst damit begünstigte. Gott ist Werkzeug der Monarchie geworden. Moral und Religion sind der omnipotenten Staatsgewalt untergeordnet. Und die Folge dieser Perversion der Moralbegriffe ist, daß man die teuflischsten Dinge im Namen Gottes verherrlicht, ohne jegliches Gefühl und Gewissen für die Inferiorität dieses Evangeliums der reinen Kraft und Gewalt.

Jede Art Mystik, jede Art Religion, jede Regung des Seelenlebens und der menschlichen Sehnsucht, alles, was dem Menschen heilig ist, wird von diesem System in raffiniertester Weise benützt, um den Menschen zu fassen und gefügig zu machen. An die Stelle des Ablasses ist der Aderlaß getreten. An die Stelle der Ohrenbeichte die Detektivpolizei. Die großen moralischen Werte der Menschheit (Seele, Friede, Vertrauen; Achtung, Freiheit und Glauben) werden nach dem Erfolg berechnet und als Mittel zur Erreichung von Zwecken ausgespielt, die

---

17 Nichts anderes bedeutet der europäische Machtanspruch Wilhelm II., der sich zu Hause auf die Kaisertreue, draußen aber auf die bolschewikische Propaganda stützt.

der traditionellen Bedeutung dieser Worte entgegengesetzt sind. Das klerikale Collegium der propaganda fide ist ersetzt von einem journalistischen de propagando bello, und die Freude und der Stolz, mit denen man diesem verwerflichen System dient, geben die Beleuchtung zu einem infernalischen Totentanz, in dem die Reste deutschen Wesens in Verwesung übergehen.

2

Wir, die wir dieses System bekämpfen, sind gezwungen, seine Heroen zu revidieren. Mit nationalen Vorurteilen muß aufgeräumt werden wie mit individuellen. Es geht nicht an, daß noch heutzutage ein Sozialist von der Bedeutung Camille Huysmans von Deutschland als der »généreuse Allemagne de Luther« spricht[18] . Luthers Deutschland war nichts weniger als generös. August Bebel hat in seinem »Bauernkrieg« ein Bild des damaligen Deutschlands entworfen; das Werk kann nicht nachdrücklich genug empfohlen werden[19]. 1517 wurden durch die Tat eines politisch und geistig gleich unvollendeten Mönchs Europa und die christliche Kultureinheit zerrissen, und dieser Luther gilt heute der großdeutschen Feudalpolitik als erster europäischer Exponent ihres »divide et impera«[20] zitiert einen Ausspruch des damaligen habsburgischen Kaisers Maximilian I., der beweist, daß die habsburgische Hauspolitik die Bedeutung der lutherischen Rebellion von dem Augenblicke an begriff, da dieselbe politischen Einfluß gewann. Heute, vier Jahrhunderte später, hieße es Europa nur dürftig zusammenflicken, wollte man den Glauben an die offiziellen Heroen und Propheten bestehen lassen.

Der Ideenstreit um eine neue Menschheit ist entbrannt, und in der Lösung der Menschheitsfrage wird auch die politische beschlossen liegen.

Die mittelalterlichen Probleme sind noch heute nicht ausgetragen.

---

18   »Un appel des socialistes serbes au monde civilisé« avec préface de Camille Huysmans, Uppsala 1917.
19   August Bebel, »Der deutsche Bauernkrieg mit Berücksichtigung der hauptsächlichsten sozialen Bewegungen des Mittelalters«, Leipzig 1876.
20   Nicht erst heute. Zimmermann (»Allgemeine Geschichte des großen Bauernkriegs«)

Noch fehlt Europa eine neue Hierarchie, eine Hierarchie von Geistern, fähig und stark genug, jene mittelalterliche geistliche Hierarchie zu ersetzen; eine Rangleiter der Leistungen und Vermögen, sowohl zwischen den Völkern wie zwischen den Individuen; eine unsichtbar abgestufte geistige und moralische Gesellschaft, fähig, wieder die Oberhand zu erlangen über den Satanismus der in rudimentären Einrichtungen und Formeln vereinigten Profanität, die heute ihre entsetzliche Todesorgie feiert. Dann erst wird das Mittelalter überwunden sein.

Uns Deutsche führt die Beteiligung an dieser Aufgabe, der eine Elite hervorragender Männer des letzten Jahrhunderts gedient hat, tief bis ins Mittelalter und in die Zeit Luthers zurück. Die Revision unserer intellektuellen Geschichte soll uns neue Impulse geben, und manches wird fallen müssen, an das wir glaubten und glauben gemacht wurden.

Ein neues Gut und Böse. Neue Gewissenskämpfe. Göttlich und teuflisch nicht mehr klerikales Symbol, doch deshalb beileibe nicht Hohn und Verachtung. Die Aufgabe aber dieser Hierarchie aller gutgesinnten Geister und Werke soll sein: eine Syntax der neuen Gottes- und Menschenrechte. Keine civitas dei ohne eine civitas hominum! Die neue Gemeinschaft soll dienen der Verbreitung eines Reichs aller Menschen, die eines guten Willens sind.

Wenn das Wort von der deutschen Universalität wahr ist, so mögen die Deutschen herauskommen aus ihrem politischen Getto, um zu zeigen, was sie zu sagen haben. Nicht aber mit der Trägheit prügelnder Waffen, sondern mit der Energie klarer Gedanken. Nicht auf das Verantwortungsgefühl gegenüber der Menschheit kommt es an, wie Prinz Max von Baden zu glauben scheint[21], sondern auf die Verantwortung mit und inmitten der Menschheit. Der Übermensch muß dem Mitmenschen weichen. Nicht Leiden schaffen, sondern Leiden beheben. Nur so besteht die Hoffnung, daß das automatisch eingetretene Schicksal einer automatisch gewordenen Welt der Selbstbestimmung des einzelnen und damit der Freiheit weicht.

---

21   Seine bekannte Friedensrede vom 14. Dezember 1917. Inzwischen kam die wahre Gesinnung des Prinzen an den Tag durch seinen Brief vom 12. Januar 1918 an den Fürsten Alexander zu Hohenlohe.

Die konsistorialrätliche deutsche Reichsgeschichtsschreibung hat
verhindert, gerade über Luther nachzudenken, und das beweist, wie
notwendig es ist. Damals, zu Luthers Zeit, fand jenes Bündnis der
deutschen Bourgeoisie mit dem Feudalismus statt, das alle europäischen Revolutionen überdauerte und heute Europa zu knebeln und
niederzuwerfen gewillt ist. Luther war dieses Bündnisses Prophet und
Herold. Durch seine Stellungnahme im Ablaßstreit hat er die Land-
stände, Fürsten und Magistrate brüderlich verbunden. Indem er das
Gewissen in den Schutz weltlicher Fürsten stellte, half er jenen Staats-
Pharisäismus schaffen, für den das Gottesgnadentum, die gottgewollte
Abhängigkeit und die Phrase vom »praktischen Christentum« gleicherweise Symbole sind. Durch sein despotisches Auftreten in den
Bauernkriegen aber verriet er die Sache des Volkes an den Beamten-
staat.

Die Tat Luthers soll keineswegs verkleinert oder verunglimpft
werden. Vom alldeutschen Standpunkt aus muß man sie vergöttern,
gewiß. Vom Standpunkt der Demokratie aus muß man sie verwerfen.
Wer gegen die heutige Tyrannei protestiert wie Luther vor 400 Jahren
als Mönch protestierte, hat das Recht, sich auf ihn zu berufen. Auch
soll den Evangelischen nicht ihr Heiliger genommen werden, obgleich
dieser Heilige von Heiligen nichts wissen wollte. »Dem Doctor Luther
zulieb«, sagt Naumann, »ist das Jesuskindlein geboren worden. Der
Papst hatte nur einen Schatten davon.«[22] Sei's drum. Solche Verehrung lassen wir gelten. Jener Luther, der herzinnige Brieflein an seinen
Sohn Hänsigen schrieb; der die Bibel übersetzte und die Bannbulle
verbrannte, bleibt ewiges Gedächtnis; dem protestantischen Handwerker und Bauern ein Vorbild des guten Familienvaters, wie Josef
von Nazareth dem katholischen. Ein anderer Luther aber ist es, den
das Wischi-Waschi alldeutschen Geredes und Geschreibes zu Dema-
gogiezwecken ausspielt. Ein anderer Luther, der »aus der Polyphonie
heraus den tönenden Weg gebahnt« haben soll, »für ein Volk, das Genies gebären wird«[23].

Nun stehen wir nicht gerade auf dem Standpunkt des Novalis, der

---

22   Friedrich Naumann, »Die Freiheit Luthers«, Berlin 1918.
23   Theodor Däubler, »Lucidarium in arte musicae«, Hellerau 1917, S. 53.

da schrieb: »Es waren schöne glänzende Zeiten, wo Europa ein christliches Land war, eine Christenheit diesen menschlich gestalteten Erdteil bewohnte.«[24] Wir sind keine katholischen Romantiker, Lobredner der Vergangenheit auf Kosten der Zukunft und Gegenwart. Nicht deshalb sind wir Antilutheraner, weil wir mit Theodor Lessing glauben: »Nur solange die große Weltidee des Katholizismus eine gemeinsame Atemluft für Europa schuf, blühte einfältige Schönheit aus nüchternem Alltag.«[25] Nicht einer katholischen Renaissance reden wir das Wort, deren obskure Propaganda »das schöne Werk des Mittelalters« wieder herzustellen hofft oder verzweifelt »durch einen Sieg des geeinigten deutschen und christlich-europäischen Geistes über die abgefallene Welt ringsum«, wie Herr Scheler[26]. Wenn wir die Reformation, Luther und den Protestantismus bekämpfen, geschieht es, weil wir in ihnen die Hauptbollwerke einer nationalen Isolation erblicken, die fallen muß, soll die einige Menschheit erstehen. Wir glauben auch nicht, daß es notwendig ist, »der europäischen Entartung Heilmittel aus der Welt der Upanishads und des Buddha«[27] zuzuführen. Das würde, wie die Dinge in Deutschland heute beschaffen sind, nur die Gelehrsamkeit mehren, die Energie aber schwächen. Gedacht und geschrieben ist längst genug. Wir brauchen nur die Essenz zu ziehen aus dem Vorhandenen; denn es gilt von den Deutschen noch heute, was Bakunin 1840 über sie aus Berlin an Herzen schrieb: »Wäre der zehnte Teil ihres reichen geistigen Bewußtseins ins Leben übergegangen, so wären sie herrliche Leute.«[28]

Graben wir unsere Bibliotheken aus! Verbrennen wir alles Überflüssige, statt neue »Heilmittel« zu suchen! Ein neuer Gewissensstrom komme über Deutschland. Wiedererwägung nicht nur politischer Fragen, sondern auch der Leistungen und Entscheidungen deutscher Geistesheroen, gemessen an den Forderungen des heutigen Europa.

---

24 Novalis, »Die Christenheit oder Europa«.
25 Theodor Lessing, »Asien und Europa«, Berlin 1918.
26 Vgl. Schelers Kriegsaufsätze in der katholischen Zeitschrift »Hochland« und die Besprechung seiner »Ursachen des Deutschenhasses« durch Friedrich Meinecke in der »Neuen Rundschau«, Berlin, Jan. 1918.
27 Victor Fraenkl, »Eine Streitschrift vom Glauben«, in »Aktion«, Berlin, Nr. 47/48, 1917.
28 M. Dragomanow, »Bakunins sozialpolit. Briefwechsel mit A. J. Herzen und Ogarjow«, Bibliothek russischer Denkwürdigkeiten, Bd. 6. Herausgegeben von Dr. Th. Schiemann, Stuttgart 1895.

Man hat Luther den ersten großen Durchbrecher des mittelalterlichen Systems genannt, und gewiß mit Recht, wenn man damit das religiöse System meinte. Die 95 Thesen, die Luther an die Schloßkirche zu Wittenberg nagelte, handelten von der »freien Gnade«, und der Ablaßstreit, der daraus entstand, entwickelte sich rapid zum Streit um das Recht des Papstes. »Wenn die Gnade Gottes frei wirkte«, sagte Naumann[29], »hörte alle Zentralverwaltung der Heiligtümer auf.« Und sie hörte in der Tat auf. Freie Gnade hieß freies Gewissen, hieß über Seligkeit, Recht und Unrecht, Diesseits und Jenseits, von nun an selbständig denken zu dürfen. Freiheit eines Christenmenschen: das bedeutete, daß das bürgerliche Individuum gewillt war, von nun an die Entscheidung über letzte Fragen des Daseins auf sein eigenes Gewissen zu nehmen. Es wäre zu wünschen, daß wir in diesem Punkte noch heut Lutheraner wären.

Das Religionssystem, das Luther durchbrach, war der Kollektivbegriff in Glaubensdingen, war die Zentralverwaltung der Gewissensfragen, nicht nur der Heiligtümer; war der religiöse Militarismus, der Disziplinarkomplex. Der einzelne wagte es, den Gehorsam zu verweigern aus Gründen seines persönlichen Seelenheils. Davon allerdings ist in Naumanns sanftmütiger Schrift nicht die Rede. Die demokratische Gewißheit, mit der Luther auftrat, tritt klar zutage, wenn man das tolle Selbstgefühl achtet, mit dem er zunächst alle Seelenkämpfe, alle metaphysische Sorge um Gedeih und Verderb, und die ganze Last der vielfältigen, haarspalterischen religiösen Probleme seiner Zeit auf die Schultern des einzelnen legte. Die ganze Sündenlast des Jahrhunderts trug nun das Individuum, aber auch aller Seelen Seligkeit leuchtete aus seinen verzückten Augen. »Der Papst«, sagte Luther in den Schmalkaldischen Artikeln, »will nicht lassen glauben, sondern spricht, man solle ihm gehorsam sein; das wollen wir aber nicht tun oder darüber sterben in Gottes Namen.« Wo hat gegen die Zensur und den Belagerungszustand des heutigen Disziplinarsystems jemand solche Worte gewagt? Ist die Propaganda für die Kriegsanleihe so sehr verschieden vom mittelalterlichen Ablaßhandel? Ist ein so großer Unterschied zwischen den Pfaffen des alten und den Professoren des neuen Systems,

---

29   Friedrich Naumann, a. a. O., S. 15.

zwischen Tetzel und Sombart? Herr Naumann mag antworten darauf. Der Unterschied zwischen Gesetz und Evangelio, zwischen der äußeren und der inneren Autorität, den der Luther von 1517 aufstellte – wo ist er geblieben? In Rußland wurde er wiedergeboren, in Deutschland aber ist er nicht mehr zu finden.

Den nötigen Unterschied zwischen Gesetz und Evangelio statuiert zu haben, hat Luther sich selbst gerühmt. Noch 1534: »Ich muß immer solchen Unterschied der zwei Rechte einbleuen und einkäuen, eintreiben und einkeilen, ob's wohl so oft, daß es verdrießlich ist, geschrieben und gesagt worden. Denn der leidige Teufel hört nicht auf, diese zwei Reiche in einander zu kochen und zu brauen. Die weltlichen Herren wollen immer Christum lehren und meistern, wie er seine Kirche und geistlich Regiment soll führen. So wollen die falschen Pfaffen immer lehren und meistern, wie man solle das weltliche Regiment ordnen.«[30] Deutlicher konnte die Trennung zwischen Staat und Kirche nicht formuliert werden, und doch haben wir sie heute noch nicht.

Aber Luther rühmte sich auch, »seit der Apostel Tage habe kein Doctor noch Skribent, kein Theologus noch Jurist, so herrlich und klärlich die Gewissen der weltlichen Stände bestätigt«[31]. Als er auftrat, habe niemand etwas von der weltlichen Obrigkeit gewußt, woher sie käme, was ihr Amt und Werk sei und wie sie Gott dienen solle. Und diese letzte Äußerung gibt die Bestätigung, welche furchtbare, dem Mittelalter unbekannte Macht er dem Staate verlieh. Marsilius von Padua und Machiavell hatten dem Staate lange vorher seine eigenen Aufgaben zugewiesen. Die Gelehrten aber hatten die Obrigkeit für etwas Heidnisches, Ungöttliches gehalten, hatten sie als einen für die Seligkeit gefährlichen Stand bezeichnet. Luther als erster nahm, gestützt auf die Bibel, den göttlichen Ursprung nun auch für die staatliche Obrigkeit in Anspruch. Damit war, als die Landesgewalten erst begannen, sich mit den Spolien der Kirche zu bereichern, die staatliche Omnipotenz garantiert: Luther erwies sich nach seinen eigenen Worten als »falschen Pfaffen«, der lehrte und meisterte, »wie man solle das weltlich Regiment ordnen«. Er gab dem Staate eine nie geahnte »Gewissensfreiheit« und Macht, und erklärte doch das Desinteres-

---

30   »Luther und der Staat«, Sondernummer »Protestantismus« der »Süddeutschen Monatshefte«, München, Okt. 1917.
31   „Ebendort."

sement des religiösen Individuums an der Ordnung der Staatsaffären. Alle Weltfremdheit deutscher Dichter, Gelehrter und Philosophen hat hier ihren Ursprung. Die verächtliche Geringschätzung, mit der noch heute der feudale deutsche Staatsmann auf die Vertreter der Intelligenz seines Landes herabsieht, die ihn doch überwachen müßten, – auch sie geht auf Luther zurück. Die Naivität eines zweideutigen Doctoren der Theologie lieferte das Volk zu endloser Maßregelung auf Treu und Glauben seinen Junkern, Beamten und Fürsten aus. Und die politisch-soziale Unproduktivität aller deutschen Geistestaten bis auf die heutige Zeit wurde höchste Verpflichtung.

Der Weimarer Kanzler Müller erzählt, Napoleon habe 1813 auf einem Ritt nach Eckardsberge geäußert: »Karl der Fünfte würde klug getan haben, sich an die Spitze der Reformation zu stellen; nach der damaligen Stimmung würde es ihm leicht geworden sein, dadurch zur unumschränkten Herrschaft über ganz Deutschland zu gelangen.«[32] Gewiß, das lag nahe. Man darf aber aus diesen Worten nicht schließen, daß das Haus Habsburg nicht zu Luthers Lebzeiten schon sein Wirken sehr aufmerksam verfolgte und wenigstens auszubeuten gedachte. Jovial richtete Kaiser Max, der Vorgänger Karls V., an den kursächsischen Rat Degenhardt Pfeffinger die Gelegenheitsfrage: »Was macht euer Mönch zu Wittenberg? Seine Sätze sind traun nicht zu verachten.« Und er gab den Rat, »man solle den Mönch fleißig bewahren, denn es könne sich zutragen, daß man seiner bedürfe«[33]. Luther wurde zum Propagandisten der unabhängigen Fürstengewalt und wenn die damaligen Kaiser nach Bahrs Wort »die große Tat verschmähten«, so verschmähte man sie doch 1871 nicht, als die Zeiten reif geworden; der Protestantismus wurde Geschäftsträger für die diplomatischen Beziehungen preußischer Kaiser zum lieben Gott. Die Polyphonie aber, aus der heraus Luther den »tönenden Weg bahnte für ein Volk, das Genies gebären wird«, wurde eine Polyphonie der moralischen Zwei- und Vieldeutigkeiten. Nicht nur die Obrigkeit hat er bestätigt – »wenn die Obrigkeit sagt, zwei und fünf sind acht, so mußt Du's glauben wider dein Wissen und Fühlen«[34] –, auch den Krieg sank-

---

32 Hermann Bahr, »Wien«, Stuttgart 1906, S. 21.

33 W. Zimmermann, »Allgemeine Geschichte des großen Bauernkriegs«, Stuttgart 1840-1844, Bd. I, S. 345.

34 Mitgeteilt von Maximilian Harden in der »Zukunft«, Januar oder Februar 1918.

tionierte er. In einer Untersuchung »ob Kriegsleute auch im seligen Stande sein können?« finden sich die schlimmen Sätze: »Daß man viel darüber schreibt und sagt, welch eine große Plage der Krieg sei, das ist alles wahr... So muß man auch das Kriegs- und Schwertamt, wenn es so würgt und greulich tut, mit männlichen Augen ansehen. Dann wird es von selbst beweisen, daß es ein an sich göttliches Amt ist, der Welt so nötig und nützlich wie Essen und Trinken oder sonst ein andres Werk.«[35]

5

Die eigentliche Tat Luthers war eine mönchische Bußlehrenrevolte. Nietzsche hat ihn den »unmöglichen Mönch« genannt. Luthers jähes und heißblütiges Naturell geriet im Verzweiflungskampf gegen die fleischlichen und geistigen Anfechtungen des Teufels auf den Ausweg, die Notwendigkeit einer unerfüllbaren Klosterdisziplin prinzipiell in Zweifel zu ziehen. Vergebliches Wüten gegen sein Temperament und die Ordensregel brachten ihn dazu, die Mönchskutte abzuwerfen und auf die Heilaussichten einer vollendeten Kasteiung zu verzichten. Er brach das Ordensgelübde und vertrat von nun an die Anschauung, man brauche nicht Mönch oder Nonne zu sein, um selig zu werden. Die Zelle war ein Gefängnis für ihn, die Bußlehre eine Tortur.

Als er aus der Kutte sprang, unternahm er mit Ungestüm den Versuch, eine Rechtfertigung seiner Handlungsweise zu finden und fand sie, wie er glaubte, im Glauben, daß der Glaube rechtfertige. Die Bibel allein ist Gottes Gebot. Vom Mönchswesen enthielt sie kein Wort. Christus am Kreuz starb für die Sünden der Welt und jedes einzelnen. Das Eingeständnis der Sünde genügt. Es erwirkt dem Menschen die Gnade. Wer seine Sünden bekennt, kann und wird erlöst werden, gleichviel ob Laie oder Adept. Christi Kreuzestod und unendliches

---

35 Zitiert in der »Aktion«, Berlin 1918, Nr. 3/4: »Napoleon, dem allerdings keine große Presse das Leben verschönte, hat gemeint: ›Der Krieg wird einmal ein Anachronismus sein. Glauben Sie mir, die Zivilisation wird ihre Revanche nehmen. Die Siege werden einmal ohne Kanonen und Bajonette errungen werden.‹ Jener Mönch hingegen, der die Reformation zu verantworten hat, Luther, hat auch ein Buch auf dem Gewissen, das solchen Titel trägt: ›Ob Kriegsleute auch in seligem Stande sein können?‹ In diesem Buch finden sich folgende Unglaublichkeiten...« (es folgt das Zitat).

Opfer enthält die Versöhnung des von der Menschheit beleidigten Gottes.

Luthers Rechtfertigungslehre hatte für ihn den privaten Sinn einer Rechtfertigung seiner Handlungsweise, als er sein Mönchsgelübde brach. In diesem Versuch, sich zu rechtfertigen, lag aber zugleich eine Rache an der Institution, der er entfloh, weil er ihr nicht gewachsen war.

»Man braucht nicht Mönch oder Nonne zu sein, um selig zu werden.« Das brauchte man gewiß nicht, sonst hätte der Laie ja nicht selig werden können. Aber das Klosterwesen und Zuchtideal, das Luther damit der Mißachtung preisgab, hatte nicht nur den Sinn, Schauplatz von Bußübungen zu sein zur Erlangung der Seligkeit, grenzenloser Demut und göttlicher Vergebung. Die Mönchsorden enthielten die Geheimlehren des Christentums. Die geistlichen Übungen der Mönche zielten ab auf ein Freimachen aller geistigen und wundertätigen Kräfte der menschlichen Natur. Großsiegelbewahrer der Mysterien von der Selbstaufopferung, von der unio mystica mit der Gottheit, von der sinnlichen und moralischen Ideologie des Abendlandes waren die Mönche. Die körperliche Disziplin war nicht nur Vorbereitung für den Zustand der Gnade und Erlösung, sondern Vorstufe einer Disziplin des Geistes, einer ars magna der seelischen Sensationen, die den Triumph des inneren Lebens über die Körperfesseln und allen Zwang der Kausalität bezweckte. Das Vorbild Christi machte die Mönche zu Begründern einer hohen Schule in spiritualibus, deren eminente Bedeutsamkeit noch für uns Heutige nicht erloschen ist.

René Schickele hat in einem eindringlichen Essay »Lehrmeister wider Willen: Loyola«[36] die Bezüge nachgewiesen, die die spanische Mönchsdisziplin noch mit der heutigen Intelligenz verbinden. Das heroische Demutsideal eines heiligen Franziskus, eines heiligen Dominikus, das langsam in Qualen und Demütigungen zur eigenen Gottesnähe und damit zur Überwindung des doktrinären Katholizismus führte – wie sehr unterschied es sich von der platten und materiellen Weltfreudigkeit Luthers! »Für uns bleiben«, schreibt Schickele, »ihre Werke Dokumente der eigenen Disziplin, Beispiele, wie man schmiegsam, empfindlich und doch gefaßt wird, und auch dann, wenn ihr Egoismus in die Gewalttätigkeit einer moralischen Mission ausläuft, sehen

---

36   René Schickele, »Schreie auf dem Boulevard«, Leipzig 1910.

30

wir nur ihren eigenen inneren Kampf. Unser Gefühl verwandelt die Glaubenskämpfe in Kämpfe um die äußere Freiheit des Menschen, und die religiöse Meditation wird, während wir uns einer Disziplin unterwerfen, zur Kultur der inneren ewigen Schönheit.«

Die spirituelle und spekulative Macht des Papsttums war nicht damit überwunden, daß ein hartmäuliger deutscher Augustinermönch den Papst »des Teufels Saw« nannte. Die Hierarchie als Kategorie der Geister war damit nicht aufgehoben. Was wußte ein diabolischer Mönch von den göttlichen Abenteuern des Lebens, jenem passiven Fanatismus, auf den die strenge katholische Mystik hinauslief! Was von der in glühender Askese erlangten Souveränität einer heiligen Therese oder eines Ortiz, der seiner Freundin Hernandez gottverschwärmt zu sagen wagen durfte, sie sei zu einer solchen Vollkommenheit gelangt, daß sie eine minderwertige Angelegenheit wie die Keuschheit sei, nicht mehr zu beachten brauche! Die Gottbesessenheit solchen Mittelalters hatte das System des offiziellen Katholizismus ebenfalls durchbrochen, wenn auch auf eine Weise, die dem treuherzigen Bruder Martin zeitlebens fremd blieb. In unendlichen Seelenkämpfen erfuhren jene Asketen die Auflösung der Religion in ihre Urelemente, in Tränen und Trauer, erfuhren sie die Sinnlosigkeit des Daseins, den irren Schrei menschlicher Qual und Vernichtung. In Franz von Assisi, dem reinsten Geiste des Abendlandes, erwuchs aller Spiritualität und wiedergewonnenen Lebensinbrunst ein göttliches Zeichen.

Luthers Protest war der Protest des »gesunden Menschenverstandes«, dieses ach so zweifelhaften philosophischen Arguments. Eine Intelligenzfeindlichkeit prägt sich aus in seinem Verrat der mönchischen Sache. Ich kenne die Regeln des damaligen Augustinerordens nicht; aber der Kirchenvater, auf dessen Namen der Orden getauft ist, war der Herrischsten einer im Dienste der Kirche. Er war kein Befürworter der Gnade. Er hat das System intolerantester Orthodoxie begründet. Die Spitzfindigkeit der persischen Metaphysik, die schwindelnden Fragen nach dem Ursprung des Bösen und dem Wesen der Seele, die er vergebens zu ergründen suchte, gaben ihm, nach Lecky, »einen Sinn für das Dunkel, das uns umgibt, das jeden Teil seiner Lehre färbte«. Als Feind des Zweifels schrak er vor keiner noch so erbitterten Folgerung zurück; »er schien sich zu freuen, die menschlichen Triebe in den Staub zu treten und die Menschen zur unterwürfigen

Annahme der empörendsten Grundsätze zu gewöhnen«[37]. Etwas von diesem Geiste muß bei aller Entartung des damaligen Mönchswesens auch im deutschen Augustinerorden weitergelebt haben. Luther aber wich dem Wege strenger Observanz, auf dem die spanischen und italienischen Mönche zu unerhörter Geistigkeit gelangten, aus. Er warf beiseite, was er nicht durchdringen konnte. Er überwand die Kategorie nicht in sich selbst. Die Disziplin stieß ihn ab, weil er ihr nicht gewachsen war[38].

Die Religion hausbackenen Bürgertums, die Religion der »tätigen Beflissenheit«, in der Luther mit profanem Ungestüm sich billigen Ersatz schuf, hatte zur Voraussetzung den Opportunismus; den Billigkeitsstandpunkt seinen natürlichen Bedürfnissen gegenüber. Seine zu Behäbigkeit und zu Genuß geneigte räsonable Einstellung konnte sich einen hämischen Rückblick auf unerreichbare spirituelle Ideale zeitlebens nicht verkneifen. Aber auch eine harmlose Bejahung der Sinne, wie sie der italienischen Renaissance geläufig war, und das gute Gewissen physischen und seelischen Wohlgefühls blieb ihm versagt. Daher das Mißtrauen gegen Hutten, den Mann des offenen Paniers, und das Mißtrauen gegen Erasmus, den ironischen aufgeklärten Humanisten. Daher jene intellektuelle Unsicherheit und die abergläubische Angst, mit der Luther sich an den Bibeltext als den Kompaß in allen Fährnissen und Problemen der Zeit anklammerte. Daher auch die pogromistische Voreingenommenheit gegen das Überhandneh-

---

37 W. E. Hartpole Lecky, »Geschichte des Ursprungs und Einflusses der Aufklärung in Europa«, Leipzig – Heidelberg 1868, 2. Bd., S. 16.

38 Der Pastorensohn Friedrich Nietzsche sympathisierte hierin mit ihm. Im Verhältnis Nietzsches zu Schopenhauers Heiligen- und Asketenlehre wiederholt sich Luthers Verhältnis zum Mönchsideal. »Kritik unerfüllbarer Ideale. Wir müssen es dahin bringen, das Unmögliche, Unnatürliche, gänzlich Phantastische in dem Ideale Gottes, Christi und der christlichen Heiligen mit intellektuellem Ekel (!) zu empfinden. Das Muster soll kein Phantasma sein.« (Werke, Bd. XI.) Oder: »Neuplatonismus und Christentum, die religiosi, die höheren Menschen! Die Reformation verwarf diese Höheren und leugnete die Erfüllung des sittlichen religiösen Ideals. Luther hatte gegen die vita contemplativa viel Bosheit und Widerspruch« (Ebd.). Oder: »Luther, der große Wohltäter. Das Bedeutendste, was Luther gewirkt hat, liegt in dem Mißtrauen, das er gegen die Heiligen und die ganze christliche vita contemplativa geweckt hat« (Werke Bd. IV). – Genügt aber die Unerfüllbarkeit eines Ideals, seine Verwerfung zu rechtfertigen? Das ist die Frage. Die ganze französische Kultur, die der Sublimierung traditioneller Begriffe und Symbole gewidmet ist, verneint diese Frage.

men des welschen Renaissancegeistes in Deutschland, trotzdem man ihm huldigte[39].

Luther wurde der Prophet eines Bürgertums, das sich sein wohlbestalltes Schlaraffentum nicht verkümmern zu lassen gewillt war, und doch in geheuchelter Angst vor Gerichtstag und Abrechnung sich tiefe Verworfenheit und sündige Inferiorität suggerierte. Aller Pharisäismus des Protestanten und eine gewisse banausische Instinktverlogenheit zeigen auf den Mönch von Wittenberg zurück. Der Erfolg seiner zweifelhaften Lehre schuf jene unsichere Begehrlichkeit, deren politischer Ausdruck das heutige offizielle Deutschland ist, jene Unredlichkeit des Gewissens, die keine klaren Prinzipien schätzt; die ein beständiges Schwanken zwischen Moral und Appetit, zwischen Verboten und Erlaubt, zwischen Wahrheit und Heuchelei darstellt; eine Gesinnung, die Wilhelm Raabe vortrefflich, wenn auch mit mehr goldenem Humor, als sie verträgt, in seinem »Hungerpastor« gekennzeichnet hat: »Mit dem Hunger nach der Unendlichkeit wird der Mensch geboren; er spürt ihn früh; aber wenn er in die Jahre des Verstandes kommt, erstickt er ihn meistens leicht und schnell. Es gibt so angenehme und nahrhafte Sachen auf der Erde, es gibt so vieles, was man gerne in den Mund oder in die Tasche schiebt.«

6

Vorausgesetzt, daß die Bibel ein Buch ist wie alle andern, das ehrwürdigste Buch, aber ein Buch unter Büchern: haben dann nicht am Ende die Philologen mehr Veranlassung, Luther dankbar zu sein, als jene Geister, denen die Emanzipation am Herzen lag? Ist die Freiheit eines Christenmenschen vielleicht identisch mit der Freiheit, die Bibel lesen und sie nach eigenem Gutdünken sich auslegen zu dürfen? Ist

---

39 Luthers geistige Freunde waren Dürer und Cranach. Beide haben weder mit der frühesten Renaissance die seltsam erhabene Gottesidee, noch mit der späten Renaissance die mondän-zarte Illusion und den dekorativen, im Gestus aufgelösten Sinnenrausch gemeinsam. Luthers Freunde waren hartschlägige Realisten, wenn nicht Zyniker. Das hausbacken Altfränkische war ihnen vertraut und verklärungswürdig: feiste Magistratsherren und spinöse oder sinnig aufgetane Bürgerinnen. Das unterscheidet überhaupt den religiösen vom zynischen Geist: ob er den Menschen in Gott oder Gott in den Menschen auflöst. Der einzig heroische Künstler seiner Zeit war Matthias Grünewald.

der protestantische Bibelglauben unter Philologen ein religiöses Mißverständnis? Luther als rector magnificentissimus der philologischen
Fakultät seines Volkes, und der Protestantismus eine Philologenbewe-
gung – wird man sich entschließen, diesen Vorschlag anzunehmen?
Herr Professor Naumann, der eine gute Wetterfahne ist, hat sich bereits entschlossen und spricht nur noch von »Professor Luther«. Die
Gelehrtenrepublik sieht in dem Mönch ihren Stifter. Er war der Patri-
arch aller Schriftgelehrten oder Philologen der Nation[40].

Luthers Glaube an das Geschriebene war unendlich. Den Papst verwarf er, weil er in der Bibel nicht vorkam. Die Mönche und Nonnen
ebendeshalb. Den Kaiser aber, und die Obrigkeit und den Krieg nicht,
denn sie standen drin. Kann man sich einen abergläubischeren Text-
Fetischismus oder wenn man will, eine liebevollere Hingabe denken?
Nie ist ein Buch seit Luthers Zeiten so gelesen worden wie die Bibel.
Sie gehörte von nun an dem Volke. In einer Überschwemmung von
gottesgelehrten Wortklaubereien, Dissertationen, Kommentaren und
Traktaten erhob sich die von mehr als einem Standpunkte aus tief be-
dauerliche Tatsache, daß die Nation sich von nun an an die Bücher
halten wollte, statt an das Leben. Von einer Sensation sagt man in
Deutschland: sie macht »Aufsehen«. Da sieht man, wie sie alle ängst-
lich schwitzend mit den Nasen in den Büchern stecken. Den einfachen
Mann überkamen die krausesten Probleme, denen er nur mit Stirn-
runzeln und Verbitterung sich unterzog. Und da Luther gleichzeitig
die ganze theologische Tradition der Klöster in den Alltag warf, wurde
das ganze Volk von unverdaulichem Wust überschwemmt, ein einzig
Volk von Gottesgelehrten. »Es wird gelehrt«, »Es wird gelehrt«, beginnen die einzelnen von Melanchthon redigierten Schmalkaldischen
Artike[41]. Und es wurde gelehrt, das ganze Volk, jeder einzelne wurde

---

40   In einem Fragment »Wir Philologen« (Werke, Bd. X) wies Nietzsche darauf hin, daß
      ein Renaissance-Ideal die aktiv gegen die Kirche gerichtete Philologie als der Inbegriff
      der weltlichen Kenntnisse war. Er glaubte, der Kirche sei es im ganzen gelungen, den ag-
      gressiven Philologen in den Gelehrten-Amateur umzuwandeln. Aber der ganze Protes-
      tantismus ist aggressive Philologie in diesem Sinne. Nietzsche ist nur der letzte Ausläufer
      der bereits von Luther mit soviel Ernst repräsentierten weltlichen Poeten-Philologie der
      Renaissancezeit.

41   Melanchthon redigierte auch die Augsburgische Konfession, dieses Schanddokument
      deutscher Gewissensversklavung. Mit der Augsburgischen Konfession verzichteten Lu-
      ther und Melanchthon vor Kaiser und Fürsten feierlich auf die individuelle Gewissens-

gelehrt. »Der deutsche Freiheitsbegriff, gleichsam eine Schöpfung der Gelehrsamkeit«, gesteht sogar Rathenau[42]. Wann wird man endlich Reinlichkeit einführen in kategoriellen Dingen? Der Protestantismus ist eine Philologie, keine Religion. Luthers Revolte sagte zum Papst: Wir glauben dir nicht mehr. Wir wollen das Dokument einsehen. Wir glauben nur an das Dokument[43]. Liegt darin aber etwas schöpferisch Neues, eine neue Religion? Dann wäre heute eine neue Religion, vom Papst in Berlin die Dokumente zum Weltkrieg zu fordern und auf der Übersetzung der ausländischen Dokumente zu bestehen, die sich damit beschäftigen. Gibt es noch Protestanten? Wo bleibt die Gewissensfrage? Auch die Bibel ist ein Fetzen Papier, wenn man will. Internationale Verträge sind heute wichtiger geworden als die Bibel. Wenn man solche Verträge zerreißt, kostet es mehr Blut, als zwanzig Herrgötter vergeben können. An die Schuldfrage sollt ihr euch halten. Um die Schriftmoral braucht euch nicht bange zu sein. Ein neues Europa ist die Moral.

Um die Kulturbasis ging in Europa damals der Streit. Dies wieder war eine pädagogische Frage. Arabische, griechische und jüdische Bildungselemente kämpften um den Vorrang. Die italienische und französische Renaissance entschied sich für den Hellenismus und brachte dadurch Europa eine Lichtflut von Aufhellung, Aufklärung. Luther und die Deutschen entschieden sich für die Bibel und damit für die jüdische Tradition. Dies bedeutete unendliches Dunkel, eine Vergiftung mit Theologie für das ganze Volk, schlimmer als sie unter den Päpsten gewesen war, denn nun wurde ausdrücklich jedes einzelne Individuum Theologie. Damit war ein jüdisch-deutscher Geheimbund

freiheit, die das ursprüngliche Evangelium Luthers gewesen war. Die Confessio Augustana konstituierte eine neue (protestantische) Kirche, die in ihrem Verhältnis zur weltlichen Macht nur mit der byzantinischen Kirche zu vergleichen ist, sanktionierte im Namen Gottes den Absolutismus und setzte durch Verleihung der höchsten geistlichen Würde an den Landesvater so viele protestantische Päpste ein, als es protestantische Fürsten gab. Die Augsburgische Konfession steht noch heute in Deutschland in voller Kraft. Einer der wichtigsten Programmpunkte einer deutschen republikanischen Partei ist deshalb ihre Beseitigung im Interesse der Gewissensfreiheit.

42   Walter Rathenau, »Von kommenden Dingen«, Berlin 1917, S. 227.

43   Entscheidend auf Luthers Stellung zum Papsttum wirkte der Nachweis des Laurentius Valla, daß die konstantinische Schenkungsurkunde an den römischen Bischof auf einer Reihe von Urkundenfälschungen beruhte, die das Papsttum in seine Dekretalien aufgenommen hatte.

gegründet, dessen Band die gemeinsame Theologie, dessen Ausdruck der heutige Kriegswucher ist[44]. Die Reformation soll dem ganzen Erdteil einen neuen Ernst in Religionsfragen auferlegt haben. Sie legte ihm aber nur einen neuen Ernst im Bücherlesen und eine vergröberte Priesterschaft auf.

Was bedeutet uns heute die Bibel? Noch Zimmermann nennt sie die »heiligste Verfassungsurkunde der Menschheit«[45]. Doch muß man nicht unterscheiden? Das Alte Testament ist despotisch, das Neue republikanisch. Die Erklärung der Menschenrechte durch die Französische Revolution hat uns zu dieser Entdeckung verholfen. Gott offenbart sich nicht mehr. Der Mensch offenbart sich. Naumann, derselbe Naumann, der sich noch 1918 in Deutschland so wohl fühlte, daß er vorschlug, einen »gemeinsamen deutschen Freiheitston« einzuführen[46], nennt nun die Bibel sogar die »Magna carta der Freiheiten«[47]. Wie ist das möglich? Er leidet an jener Verwirrung von Despotismus und Evangelium, von Altem und Neuem Testament, an dem seit Luther ganz Deutschland erkrankte. Denn man könnte ebensogut den Nachweis erbringen, daß der teuflische Einfall ich weiß nicht welches jüdischen Theologen, das Alte und das Neue Testament buchbinderisch in Zusammenhang zu bringen, dazu führte, aus der Bibel eine Magna carta der Unfreiheiten und Zweideutigkeiten zu machen, die eine tausendjährige Sonnenfinsternis über Europa verhängten. Nicht nur das Alte Testament – auch die Erlösungslehre ist uns fremd gewor-

---

44   Hier einige Sätze Nietzsches über die Verbindung der jüdischen mit der deutschen Moral: »Dieses gekreuzte Christentum hat im Katholizismus eine Form gefunden, bei der das römische Element zum Übergewicht gekommen ist, und im Protestantismus eine andere, in der das jüdische Element vorherrscht. (Werke, Bd. XI). »Es hat vielleicht in nichts Europa sich so sehr selbst überwunden wie in dieser Aneignung der jüdischen Literatur« (Ebd.). »Daß die Juden das schlechteste Volk der Erde sind, stimmt gut überein, daß gerade unter Juden die christliche Lehre von der gänzlichen Sündhaftigkeit und Verwerflichkeit des Menschen entstanden ist, und daß sie dieselbe von sich stießen« (Ebd.).

45   Im Gegensatz zur Gepflogenheit, sie die »Heilige Schrift« zu nennen, und trotz der radikalen Kritik, die Feuerbach und Bruno Bauer gerade in den 40er Jahren am Alten Testamente übten.

46   In einem Leitartikel des »Stuttgarter Tageblatts«: »Der deutsche Freiheitsglaube«. Auch der nach Regierungsintentionen eingerichtete »Bund für Freiheit und Vaterland« ist wohl sein Werk. Herr Dr. Naumann ist eine Art Impresario für preußische Freiheit geworden.

47   »Die Freiheit Luthers«, Berlin 1918, S. 21.

den. Wenn wir uns nicht selbst erlösen, werden wir zugrunde gehen. Die Gnade ist sinnlos geworden. Denn für die Verbrechen, die wir begangen haben und täglich begehen, kann es keine Gnade geben, ohne daß Gott aufhört zu bestehen. Die rührende Legende aber von einem Genie der Demut und Liebe, das man gekreuzigt hat – wer versteht sie heute noch? Der mehr oder weniger feiste Bürger – glaubt er und will er denn glauben, daß er erlöst werden kann? Wer soll erlösen? Von welchem Übel? Wozu schleppt man die Bibeln herum? Die heutige Reformation handelt von Kriegsschuld und Kriegsursachen[48].

Eine der schlimmsten Ursachen des Weltkrieges war die Reformation des 16. Jahrhunderts. Das Zurückgreifen aber auf das paulinische Christentum war das Allerschlimmste. Paulus, der von der Obrigkeit sagte, ein jeglicher habe ihr »untertan« zu sein »mit Zittern und Beben«; Paulus, der »Journalist Christi«, wie Hatvany ihn nennt; Paulus, der jene jüdische Legende vom erlösenden Genie der Demut als erster durch Theologenbeiwerk übertrieb und veränderte, er scheint auch jenen Versöhnungsfrieden zwischen Altem und Neuem Testament, zwischen einem Richtergott und seinem rebellischen Sohne, eingeführt zu haben, indem er Unversöhnliches vereinte und den rebellischen Christen, vom Schinder gekreuzigt, dem alten Judengott unterwarf. Es würde zu weit führen, hier den Nachweis zu liefern. Man lese aber die Psychologie des Rabbi Paulus nach, die Nietzsche in der »Morgenröte« gegeben hat[49]. Von Paulus leitete Luther den jüdischen Defaitismus der Moral ab, »christlich Recht sei nicht, sich sträuben wider Unrecht sondern dahin zu geben Leib und Gut, daß es raube, wer da raube. Leiden, Leiden, Kreuz, Kreuz sei des Christen Recht.«

Und die Lehre vom göttlichen Individuum? Glauben wir noch, daß der einzelne uns zu erlösen vermag? Sind wir nicht im Begriffe, zu bre-

---

48 Die Schuldfrage, wie sie gleich zu Beginn des Krieges erhoben wurde, hatte erst rein politischen Sinn. Sie richtete sich gegen eine bestimmte Regierungskamarilla. Bald aber erhob sie sich gegen die politischen und moralischen Grundlagen eines ganzen Systems. Ich möchte sie ausdehnen auf die historische Entwicklung der deutschen Nation. Damit würde die Schuldfrage als religiöses Inventar restituiert.

49 Der Aphorismus ist überschrieben: »Der erste Christ« und beginnt: »Daß in der Bibel auch die Geschichte einer der ehrgeizigsten und aufdringlichsten Seelen und eines ebenso abergläubischen als verschlagenen Kopfes beschrieben steht, die Geschichte des Apostels Paulus – wer weiß das, einige Gelehrte abgerechnet?«

chen mit einem bequemen Geniekult, der alle Kräfte des Volkes auf-
saugt und jeden, der kein Genie ist, der eigenen Trägheit überläßt, weil
ja der andere, das Genie, es für ihn tut oder getan hat? Die abgöttische
Verehrung, die den Verstand der Nation aufzehrt, heiße der Halbgott
Wagner, Bismarck oder Hindenburg – ist sie nicht eine Nachwirkung
des Erlösergedankens? Jedes einzelne Glied der Gesellschaft muß be-
urteilen können, worum es sich handelt. Gebrochen muß werden mit
jeder Art Erlösungssystem, zeige es sich in der Geheim-Philosophie,
der Geheim-Musik, der Geheim-Dichtung oder der Geheim-Diplo-
matie. Alles das sind Rudimente eines mysteriösen Erlösungsgedankens und Erlöseraberglaubens, der Fiasko gemacht hat, in Deutschland
mehr als anderswo[50]. Wenn etwas recht geheimnisvoll geschieht, muß
es deshalb schon göttlich sein? Erlösen wir uns von den Erlösern!

»Eure Werke taugen nichts«, sagte Luther zu einem versunkenen,
mittelalterlich mystischen Volk, und verschrieb sich dem orientalischen Geiste der Bibel. Wo blieb da die »teutsche Nation«, die sonst
doch so antisemitisch ist? Wo bleiben die Zionisten, die ihr mosaisch
Gesetz reklamieren? Kulturbasis ist heute das Neue Testament seit
seinem Beginn, der Bergpredigt; denn es handelt sich um Europa[51].

Hierfür lassen sich von Luthers philologischer Tätigkeit folgende
Maximen ableiten:

Als deutscher Prophet muß man laut schreien und deutlich reden.
Denn das Volk ist schwerhörig. Unendliche Wiederholungen weniger
Gedanken verfehlen schließlich ihre Wirkung nicht.

Man muß Übersetzungen herstellen von Büchern, die wichtig sind,
und sie dem Volke geben.

Man soll genau und wenig lesen; ein Buch aber, das einem zusagt,
wie ein Heiligtum bewahren. Über ein wichtiges Buch kann nicht genug geschrieben, gepredigt, disputiert und gesprochen werden.

Man soll sich an das erlösende Wort halten und darauf sehen, daß
ihm erlösende Taten folgen.

Die Bevormundung ist Büchern gegenüber, die Dokumente sind,

---

50 Die englische Revolution, die aus dem Kampf der freien schottischen und englischen Kir-
    chen mit der offiziellen anglikanischen Kirche hervorging, hat zuerst in Europa mit dem
    individuellen Erlösergedanken gebrochen.

51 »Überwindung der Religionsmischung, des Asiatischen!« ruft Nietzsche aus. »Europa
    hat einen Exzeß von orientalischer Moralität in sich wuchern lassen, wie die Juden ihn
    ausgedacht und ausempfunden haben« (Werke, Bd. X).

abzuschaffen. Die Zentralisation dieser Heiligtümer in den Händen einer lügnerischen Propaganda ist aufzuheben.

7

Zu Hause wie im Ausland hat man nie gebührende Aufmerksamkeit der Tatsache geschenkt, daß es einmal eine deutsche Revolution gegeben hat. Die großen Bauernaufstände 1524/25, deren Niedermetzelung ein peinliches Kapitel für die offizielle Geschichtsschreibung im allgemeinen und für die lutheranische im besonderen ist, waren der Ausbruch einer zugleich religiösen und politischen Bewegung, die sich von der Normandie über Jütland, Thüringen, Franken, bis nach Ungarn erstreckte.

In deutschen Schulbüchern wird man wenig darüber finden, und doch waren diese Bauernaufstände eine der mächtigsten und blutigsten Rebellionen gegen Adel und Geistlichkeit, die Europa erlebte[52]. Die lutheranische Geschichtsschreibung hatte zwiefachen Grund, über dieses Kapitel weitgeistig wegzugehen. Die Stellung Luthers zu diesen universalen Volksaufständen war eine so despotisch reaktionäre, jeglichem Evangelium, jeglicher Bergpredigt widersprechend, daß das Ansehen des Reformators ernstlich gefährdet erscheinen mußte, wenn die Bedeutung jener Ereignisse in ihr wahres Licht gerückt wurde. Sodann war nicht nur für den Stifter, sondern für den religiösen Wert des Protestantismus selbst zu fürchten, wenn sich ergab, daß jene Zeiten zwar die Freiheit eines Christenmenschen im kirchlichen Sinne gefordert, im politischen sie aber desto brutaler abgelehnt hatten. »Selbst diejenigen Bearbeiter der Einzelpartien«, schreibt der klassische Geschichtsschreiber der Bauernkriege, Zimmermann, »die eine freiere Gesinnung hinzubrachten, behandelten ihren Gegenstand fast zaghaft, ohne das Wesen desselben, die großen Sünden der Herrschenden und das aus tausend Wunden blutende Herz des zur Verzweiflung getriebenen Volkes nackt aufzudecken.«

---

52 Der deutsche Geschichtsunterricht hilft sich über seine politische Charakterlosigkeit damit hinweg, daß er dem Schüler das Tatsachenmaterial, das dem Lehrer schon entstellt und beschnitten übergeben wird, nur statistisch vorträgt. Zur Begeisterung liegt ja auch weder Anlaß noch eine Direktive vor.

So verfiel man auf den Kniff, immer nur von der Reformation, nie aber von der Revolution zu sprechen, die jener Zeit ihr Gepräge gab; und auf den weiteren Kniff, Luthers Stellungnahme in den Bauernkriegen, zwar als einen dunklen Punkt in seinem Leben, im ganzen aber als eine untergeordnete Episode darzustellen, während seine ablehnende Haltung 1525 tatsächlich die Revolution zum Scheitern brachte und die von ihm selbst ermutigten politischen Rebellen im Stiche ließ[53]. Es kann nicht nachdrücklich genug betont werden, daß damals das ganze deutsche Volk, von Wut und Empörung gegen Pfaffen, Gelehrte und Junker gleicherweise getrieben, nicht nur den Klerus, sondern den Raubbau der Theokratie abzuschütteln gewillt war. Es kann nicht laut genug ausgesprochen werden, daß Luther es war, der verhinderte, daß Deutschland damals an die Spitze der freiheitlichen Zivilisation trat und als Land einer evangelischen Republik der Vorläufer Frankreichs wurde. Ein abergläubischer Mönch ohne Sinn für die tiefere Not seines Volkes, aufbrausend, dogmatisch und ein Despot, als die Zeit von ihm die Konsequenz seiner Lehre verlangte, dieser Mönch hat verhindert, daß Deutschland heute statt eines feudal zentralistischen Militärstaats eine freie Föderation evangelischer Stämme und Städte darstellt, im Sinne der christlichen Korporationsidee.

Die Bauernkriege erstreckten sich über fast ganz Europa. Nicht plötzlich, sondern wohl vorbereitet brachen sie aus. Ihre Geschichtsschreiber haben den furchtbaren Druck und die Ausbeutung aufgezeigt, mit denen das päpstlich-kaiserliche Doppelregime die Bauern nach einer Methode ruinierte, der nur das heutige Doppelregime Hohenzollern-Habsburg etwas gleich Schändliches und Raffiniertes an die Seite zu stellen hat. Astrologen und Propheten hatten den Sturz der weltlichen und geistlichen Obrigkeit in Aussicht gestellt und geweissagt. Die Renaissance gab den Anstoß.

Arnold von Brescia starb den Feuertod am Kreuze, weil er die innere Verwesung der Kirche und die Lehre von der Freiheit und Souveränität des Volkes verkündet hatte. In Frankreich lehrte Abälard: »Man kann nichts glauben, was man nicht zuvor vernünftig begriffen hat und es ist lächerlich, andern zu predigen, was man weder selbst, noch der, dem man predigt, vernünftig begreifen kann.« In England der Franziskanermönch John Ball: »Jetzt oder nie muß etwas geschehen, wir

---

53   Luthers Verbrennen der Bannbulle war eine politische Gehorsamsverweigerung.

müssen allesamt von dem jungen König Freiheit fordern. Gibt er sie nicht, uns selbst helfen.«

Es war die Zeit, da die flämischen Steuereinnehmer den heranwachsenden Mädchen die Röcke aufhoben, um zu sehen, ob sie nicht mannbar und steuerpflichtig wären. Räuberbanden von Juden und Junkern durchzogen das Land. Eine Schweizer Chronik schreibt: »Die Tyrannei ist so gewaltig, daß auch die Propheten und Prediger zustimmen oder schweigen.« Eine Souveränität des Unsinns und des allmächtigen Elends herrschte. Das Volk war betäubt und ohnmächtig von Weihrauch wie heute vom Pulverdampf.

In Deutschland aber trat ein Genie des Gedankens und der Tat auf, das den Ruhm Luthers verdunkeln wird. Kein Mönch – ein Magister artium versuchte, die Kämpfe seiner Nation aus deren innerstem Wesen im Geiste der Mystik zu leiten. Und so sehr überragte dieser Mann seine furchtsame Zeit, daß er den Himmel zerbrach, Gott, Christentum, Bibel und Theologie neuartig zu deuten verstand und die Helden und Türken brüderlich grüßte: er litt am Geiste und an der Nation.

8

Thomas Münzer gehört zu jener Ordnung von Geistern, denen nach einem Wort René Schickeles »ihre mystischen und nationalistischen Antriebe gleich teuer sind in der Hoffnung, daß beide eine höhere und wollüstig zusammengesetzte Einheit des Gefühlslebens, die bunte Schönheit und den verhaltenen Wohlklang des inneren Lebens herbeiführen werden. Zur Tat fühlen sich diese Ideologen mit Schmerzen hingezogen; ohne Erfüllung laufen sie Gefahr, zu zerfallen oder wie Orpheus in Stücke zerrissen zu werden. Die Tat bestätigt sie, denn sie sind von Natur haltlos.«[54]

Thomas Münzer Stolbergensis wurde der Führer der deutschen Bauernrevolution von 1525. Nie hat ein sublimerer, nie ein reinerer Geist eine Revolution geleitet. Lassen wir uns von einer jahrhundertelangen Lutherpropaganda den Blick nicht mehr trüben! An der Spitze der Nation steht derjenige, der ihre besten Kräfte zum Ausdruck bringt. An der Spitze der Nation stand beim ersten Eintreten deutschen Geis-

---

54   René Schickele, »Lehrmeister wider Willen: Loyola« in »Schreie auf dem Boulevard«.

tes in die Geschichte der Neuzeit ein Mann, der Prophet und Heiliger, Philosoph und Revolutionär in einem war. Eine Franziskusnatur, die sich in die weltlichen Händel warf, als die offiziellen Vertreter des Volkes versagten; nicht eher, dann aber mit unerbittlicher Energie.

Alle großen Katholiken waren Mystiker. Sie säkularisierten die Transzendenz der Kirche, um sie dem Leben zuzuwenden: Pascal und Baader. Was ist Geist? Gewissen, auf die Kultur angewandt. Was ist Kultur? Eintreten für die Ärmsten und Geringsten, als solle aus ihnen das Höchste und aller Himmel sich gebären. Der Geist der Musik und ihre Ordnung, ins Irdische übersetzt: das ist die Aktion solcher Männer. Die gotische Ordnung der Dinge bringt die weltliche ins Wanken, wirft sie um und läßt eine neue Kausalität erstehen, die über die Gegenwart lächelt und ferne Jahrhunderte grüßt. Die gotische Ordnung der Dinge, die ihre Parodie bekämpft in der politischen, und ihre Afterparodie in der polizeilichen. Was sagen Eigenschaften wie Kühnheit, Kindlichkeit und Phantastik aus über solche Geister? Ihre tiefe Symmetrie, das, was Walter von der Vogelweide »die maasze« nennt, sieht sich im Widerspruch mit dem bestehenden Irrwisch; das ist ihr Leiden, ihr Witz, ihre Tragik. Sie treten hervor, und alle Pseudologie ist gerichtet. Franz von Baader und Schopenhauer waren von dieser Art. Ganze Generationen von Dunkelmännern sind nötig, um dem panischen Schreck zu begegnen, der sich des Alltags bemächtigt. Die Tragik liegt nicht im persönlichen Schicksal derer, die das Erlebnis bringen, sondern im plötzlichen Aufleuchten einer Vernunft, die von sich selber am tiefsten erschüttert ist. Die kathedralische Ordnung der Dinge verlangt ans Licht. Pessimismus ist nur ein Wort für den Zwiespalt des Möglichen mit dem Erschauten. Prophet sein heißt um den Grundriß wissen, den kommende Völker zum Dombau vollenden.

Münzer war ein Prophet. Ganz Rußland nahm er voraus und die Aufklärung, die er geheiligt hat vor ihrem Erstehen. Er hatte keinen glücklichen Biographen. Melanchthon, der Freund Luthers, sinistrer Redakteur der Augsburgischen Konfession, der bald zwei, bald sieben, bald neun Sakramente annahm, war nicht geboren, das Leben dieses Mannes zu deuten, in dem sich ein glühender Phantasieschwung paarte mit eiserner Energie, unbändige Freiheitslust mit demütigster Liebe zur leidenden Kreatur. Noch fand sich niemand, der alle Äußerungen, Briefe und Schriften Münzers vorurteilslos gesammelt hat in Archiven und Urkunden seiner Zeit. Gleichwohl ist so viel überliefert, daß wir ein Bild haben seiner Persönlichkeit.

Das Studium der Bibel, mystischer und apokalyptischer Schriften erzog ihn. Er soll keine profanen Bücher gelesen haben mit Ausnahme der Schriften Luthers. Als seinen Lehrer nennt er den calabresischen Abt Joachim, einen Propheten des 12. Jahrhunderts, der da lehrte, »es werde das Zeitalter des Geistes kommen und mit ihm die Liebe, die Freude und die Freiheit. Alle Buchstabengelehrsamkeit werde untergehen und der Geist frei hervortreten aus der Hülle des Buchstabens. Das Evangelium des Buchstabens sei etwas Zeitliches, seine Form etwas Vergängliches, Vorübergehendes; das Evangelium des Geistes sei das ewige Evangelium. Dann werde eine Gemeinschaft von Brüdern auf Erden sein, von Spiritualen, Söhnen des Geistes. Nach ihrem Geiste sei das lebendige Wasser jene Schrift, die nicht mit Tinte und Feder auf Papier geschrieben worden, sondern durch die Kraft des heiligen Geistes in das Buch des menschlichen Herzens. Wenn aber die Erhabenheit der himmlischen Dinge sich offenbare, werde alle irdische Hoheit zuschanden werden.«[55] Einfluß auf Münzers Entwicklung hatte gewiß auch die Libertinagetradition der Dombauhütten. Und seinen Enthusiasmus nährten jene politischen Schwärmer von Zwickau, unter denen Niklas Storch eine besondere Stellung einnahm. Niklas Storch betrachtete die Errichtung des tausendjährigen Reiches als seine ihm vom Himmel gewordene Aufgabe. Er predigte von der nahen Verwüstung der Welt und von einem eintretenden Strafgericht, das alle Unfrommen, Gottlosen austilgen, die Welt mit Blut reinigen und nur die Guten übrig lassen werde[56]. »Es schien fast«, sagte Ranke, »als wollten sie selbst das Werk einer gewaltsamen Umkehr beginnen.«

Münzer verwarf die Gottesgelehrsamkeit. »Was Bibel, Bubel, Babel«, rief er aus, »man muß auf einen Winkel kriechen und mit Gott reden.«[57] Er betonte die unmittelbare Gemeinschaft mit Gott, der sich kundgebe in Erscheinungen, Träumen und Offenbarungen. Kirche und Staat sollten im Reiche der Freien und Heiligen ganz aufgehen und das wahre Priestertum, das des ganzen Menschengeschlechts, anheben.

55   Siehe Münzer, »Vom getichten Glauben« und Zimmermann, Bd. II, S. 55 f.
56   Zimmermann, Bd. II, S. 59.
57   Otto Merx, »Thomas Münzer und Heinrich Pfeiffer«, Göttingen 1889, S. 20.

Er entwirft die Methodik einer noch heute modernen geistigen Disziplin: Aufgabe alles Tuns sei, nach Verzicht auf alle Lüste und Vergnügungen, durch Einsamkeit und Zerknirschung, innige Betrachtung, sich Rechenschaft über den Grund seines Glaubens zu geben. Dem zerquälten und zerfolterten Menschen gibt Gott Zeichen. Wer mit Kühnheit, Ungestüm und Ernst diese Zeichen fordere, dem gebe sie Gott. Die christliche Kirche geht auf Christus, nicht auf Paulus zurück. Man muß auf den inwendigen Christus dringen. Luther habe nur halb reformiert: es muß eine ganz reine Kirche von lauter echten Kindern Gottes gesammelt werden, die mit dem Geiste Gottes begabt und von ihm selbst regiert werden, ein Reich der Heiligen auf Erden. Gottlos sei, nicht durch Leiden Christus ähnlich werden zu wollen. Alles Böse, alles die freie Entfaltung jedes einzelnen Hemmende solle abgetan werden. »Der Sohn Gottes sagte: die Schrift gibt Zeugnis. Diese Schriftgelehrten aber sagen, sie gibt den Glauben.« Jeglicher Mensch, auch ein Heide, ohne alle Bibel, könne den Glauben haben[58].

Er greift Luthers Rechtfertigungslehre an: Eine tote Glaubenslehre sei dem Evangelium schädlicher als die Lehre der Päpste. »Des Ziels wird weit gefehlt, so man predigt, der Glaube mache rechtfertig und nicht die Werke.« Der Himmel, in den der Mensch versetzt werden soll, sei in diesem Leben noch zu suchen und zu finden. Den heiligen Geist hat jeder Mensch, denn er ist nichts anderes als unsere Vernunft und unser Verstand. Es gibt keine Hölle oder Verdammnis und sündigen kann nur, wer den heiligen Geist, das heißt Vernunft hat. Die Natur wolle, daß man dem Nächsten tun soll, was man sich selbst wolle getan haben. Solches Wollen sei der Glaube[59]. Er verwirft die »wollüstige Lehre«, daß Christus für alle Sünden genug getan habe; verwirft den Heiligenkult, die Lehre vom Fegfeuer und die Fürbitte für die Toten. Christus sei nicht Gott, sondern allein ein Prophet und Lehrer. Münzer aß »die Herrgötter«, wie er die Hostien nannte, ungeweiht, und erregte damit sogar Carlstadts Entsetzen, der ihm schrieb: »Ut autem cesses hos-

---

58   J. K. Seidemann, »Thomas Münzer«, Dresden – Leipzig 1842, S. 60 f.
59   Worte Münzers bei Seb. Franck und Melanchthon, in Münzers »Ausgedrückte Entlößung des falschen Glaubens« und Luthers »Warnung vor den neuen Propheten an die Christen zu Antorf«

tiam sustollere, et hortor et obsecro, quod blasphemia est in Christum crucifixum.«[60]

Eine Blasphemie gegen den gekreuzigten Christus? Münzer mag gelächelt haben, als er den Brief las. Ihm war Christus »Vorbild des höchsten Leidens, wo der Mensch erkennt, daß er ein Sohn Gottes ist«. Christus sei »der oberste unter den Söhnen Gottes« und »sofern der Mensch in die Empfindlichkeit göttlichen Willens kommt, ist es nimmermehr möglich, daß er wahrhaftig wieder an den Vater, an den Sohn oder heiligen Geist glaube«[61].

Mir sind keine tieferen und freieren Sätze über Christentum, Leiden und Gottesglaube bekannt. Diese Sätze Münzers enthalten mehr als eine Philosophie der Qual und Verzweiflung, sie enthalten eine hierarchische Ordnung der Geister nach Maßgabe ihrer Leidensfähigkeit. Sie bedeuten die Überwindung des ganzen Mittelalters und sind der höchsten Spiritualität Europas verwandt. Mit Tolstoi verbindet ihn sein religiöser Anarchismus, mit Mazzini das »dio e popolo«, mit Jules Vallès die Konföderation der Schmerzen, mit Erneste Hello die Heiligenlehre.

Wie stellte sich Luther zu diesen Sätzen seines Zeitgenossen? Sie erschienen ihm als »eitel mutwillige Frevelartikel«, »als ein seltsames Gespenst des Teufels«. An Spalatin schrieb er, Münzer bediene sich »solch ungewöhnlicher und der heiligen Schrift widersprechender Worte und Reden, daß man ihn für einen sinnlosen, betrunkenen Mann halten könne«[62].

Am 13. Juli 1523 sieht Münzer sich genötigt, an den Herzog Johann zu schreiben: »Wollt ihrs haben, ich soll vor denen von Wittenberg verhört werden, so bin ich nicht geständig. Ich will die Römer, Türken, die Heiden dabei haben. Denn ich spreche an, ich tadle die unverständige Christenheit zu Boden. Ich weiß meinen Glauben zu verantworten. Wollt ihr darauf meine Bücher erscheinen lassen, so sehe ichs gern. Wo aber nicht, so will ichs dem Willen Gottes befehlen. Ich will euch getreulich alle meine Bücher zu verlesen geben.«[63]

---

60 Carlstadt an Münzer, 19. Juli 1524, mitgeteilt von Seidemann, S. 128.

61 Herzog, »Enzyklopädie für protestantische Theologie«, X, S. 109.

62 De Wette, »Luthers Briefe«, Bd. II, S. 379 (3. Aug. 1523).

63 Ähnlich auch an den Grafen Ernst Mansfeld. Siehe C. E. Förstemann, »Neues Urkundenbuch zur evangelischen Kirchenreformation«, 1842, S. 229 ff.

Luther hatte in einem Sendschreiben an die Fürsten von Sachsen die Landesherren aufgefordert, daß sie »mit Ernst sollten zu solchem Stürmen und Schwärmen tun, auf daß allein mit dem Wort Gottes in diesen Sachen gehandelt und Ursach des Aufruhrs verhütet werde«. Denn: »Es seien nicht Christen, die über das Wort auch mit Fäusten dran wöllen und nicht vielmehr alles zu leiden bereit sind, wenn sie sich gleich zehn heiliger Geist voll und abervoll rühmten.«[64] Nur durch Flucht kam Münzer seiner Verhaftung zuvor.

9

Und es muß gesprochen werden von den Bauernkriegen selbst. Wenn der revolutionäre Wunsch, das Reich Gottes zu realisieren, nach Friedrich Schlegel, »der elastische Punkt der progressiven Bildung und der Anfang der modernen Geschichte« ist, Enthusiasmus aber »das lichte Chaos von göttlichen Gedanken und Gefühlen«[65], so steht Thomas Münzer am Beginne einer Entwicklung, die heute keineswegs abgelaufen ist, sondern deren Faden wir verloren haben. Wem sind wir verantwortlich? Einem Willkür-Regiment oder der Menschheit? Einer mörderischen Obrigkeit oder der Verbrüderung, Solidarität, Größe und Würde des Daseins?

Abt Joachims revolutionäre Idee wurde in Thomas Münzer zur revolutionären Tat. Luthers Denunziation der Schwarm- und Sturmgeister war eine Ablehnung des Enthusiasmus. Er gestand ihnen Geist zu, aber er sah keine göttlichen, sondern satanische Kräfte in ihnen.

»Wir kranken daran, nicht von Grund aus krank sein zu können. Wir können zu wenig Leid empfinden.« In diesem Ausspruch eines

---

64 »Brief an die Fürsten von Sachsen von dem aufrührerischen Geist.« Warum sollten aber gerade die Bauern leiden und passive Christen sein, warum nicht die Fürsten? Die Leidenslehre hat viel Unheil verschuldet und gutgeheißen. Sie war der Hauptquell jenes moralischen Defaitismus, den seit Luther der Staat an Stelle der Kirche predigt. Das Christentum hat die Mission, Leiden zu beheben, nicht Leiden zu verhängen. Das passive, fatalistische Christentum gehört dem Mittelalter und den despotischen Kirchen- und Staatsformen an, wie das aktive, befreiende Christentum Ideal einer neuen demokratischen Zeit ist.

65 Friedrich Schlegel, »Fragmente«.

heutigen Deutschen[66] hat man die ganze Ursache der deutschen Barbarei. Denn was ist barbarisch, wenn nicht die Unfähigkeit, leiden und mitleiden zu können? Und was ist satanisch, wenn nicht der Wille, die Qual zu vermehren, statt sie zu beheben? Satanische Kräfte sind dort am Werk, wo die natürlichen Fesseln des Menschen durch äußere Auflegung noch vervielfacht werden. Satanische Kräfte dort, wo die Qual, mit der jeder geboren wird, durch das Dasein verdoppelt wird, statt erleichtert zu werden. Die Pseudologie von Gesetz und von Dogma, Erfindung von Herrschern und Theologen, hat sich geeinigt, satanisch zu nennen, was ihrer Usurpation widerspricht. Das Leben hat keinen andern Sinn als die Freiheit. Die äußere Freiheit ist nur die logische Konsequenz der inneren; beide zusammen aber sind unerläßlich, weil sie allein jene nach Goethe wesentlichste Bedingung der Unsterblichkeit erfüllen, »daß der ganze Mensch aus sich heraustrete ans Licht«. Moral ist Libertinage, gefesselt durch Armut und Mitleid.

In einer finstern Zeit die Vernunft einsam am Werke zu sehen, gewährt ein tröstliches Schauspiel. Von 1523 an trat Münzer systematisch hervor. Seit 1524 richtete er heftige Angriffe gegen Luther. Den »wittenbergischen Papst«, der seine politische Indulgenz religiös maskierte, hielt er für bei weitem gefährlicher als den römischen. Im Frühjahr 1524 richtete er einen Brief an Melanchthon des Inhalts, Melanchthon und Luther mißverstünden die werdende neue Kirche durch ihren Buchstabendienst[67]: »Ihr zarten Schriftgelehrten, seid nicht unwillig, ich kann es nicht anders machen.« Er erkauft sich von ihrem Hasse die Freiheit, handeln zu dürfen; er spricht von »den großen Hansen, die Gott also lächerlich zum gemalten Männlein gemacht haben«. Sein Stil wird agitatorisch und emotionell. Die hellen Posaunen will er »mit einem neuen Klang füllen«. »Die ganze Welt muß einen großen Stoß aushalten; es wird ein solch Spiel angehen, daß die Gottlosen vom Stuhl gestürzt, die Niedrigen aber erhöhet werden.«[68] »Man muß gar mächtig Achtung haben auf die neue Bewegung der jetzigen Welt. Die alten Anschläge werden es ganz und gar nicht mehr tun, denn es ist eitel Schaum, wie der Prophet sagt. Der da nun wider den Türken fechten will, der darf nicht fern ziehen, er ist im Lande.

66   Oscar Loerke in der »Neuen Rundschau«, Berlin, Dezember 1917.
67   Zimmermann, Bd. II, S. 56.
68   Ebd., S. 78.

Wer aber ein Stein der neuen Kirche sein will, der wage seinen Hals, sonst wird er durch die Bauleute verworfen werden.«

Er beruft sich auf Lukas 19,27: »Nehmet meine Feinde und würget sie vor meinen Augen.« Er verwirft das Christuswort »Gebet dem Kaiser, was des Kaisers ist«, und hält sich an das alte Testament: Fürsten gemordet auf Prophetengeheiß, im Namen Gottes verworfen; Haus und Kind derselben erwürgt bis auf den letzten geflüchteten Sprößling.

Gebet dem Volke, was des Volkes ist, das ist die Losung. Denn Christus hat in der Hauptsache gelehrt: alle Menschen sind Kinder eines Vaters, Brüder, unter sich selbst gleich. Von der Rechtmäßigkeit der geistlichen Fürstengewalt stand nichts in der Bibel, von der weltlichen aber auch nicht. »Gott hat die Herren und Fürsten in seinem Grimm der Welt gegeben und er will sie in der Erbitterung wieder wegtun. Darum daß der Mensch zu der Kreatur gefallen ist, ist's über die denn Gott muß fürchten.« »Die Fürsten sind um der Maßen billig gewesen, daß er die Kreatur auch mehr henkerischen Furcht willen. Sie sind nichts anderes denn Henker und Büttel, das ist ihr ganzes Handwerk.« »Wenn nun die Wüteriche (der Bürokratie) wollen vorgeben, ihr sollt euren Fürsten und Herren gehorsam sein, so habt ihr zu antworten: ein Fürst und Landesherr ist über zeitliche Güter gestellt zu regieren und seine Gewalt erstreckt sich auch nicht weiter.«[69]

Das bedeutete auch die Trennung von Staat und Kirche, aber jedenfalls die Unterordnung der Fürsten unter die geistige Macht. An seine Landesfürsten wandte er sich: »Ihr allerteuersten und liebsten Regenten, lernt euer Urteil recht aus dem Munde Gottes und laßt euch von euren heuchlerischen Pfaffen nicht verführen und mit gedichteter Geduld und Güte aufhalten.«[70] An Luther aber folgendermaßen: »Warum heißt du sie durchlauchtige Fürsten? Ist doch ihr Titel nicht ihr, gebührt er doch Christus. Warum heißt du sie Hochgeborene? Ich meinte, du wärest ein Christ; so bist du ein Erzheide.«[71] »Sieh zu, die Grundsuppe des Wuchers, der Dieberei und Rauberei sind unsere

69   C. E. Förstemann, »Neues Urkundenbuch« und »Neue Mitteilungen historisch-antiquarischer Forschungen«, Bd. XII, 1867.
70   Zimmermann, Bd. II, S. 69.
71   Thomas Münzer, »Hochverursachte Schutzrede und Antwort wider das geistlose, sanftlebende Fleisch zu Wittenberg«, 1525.

Fürsten und Herren. Nehmen alle Kreaturen zu Eigentum: die Fische im Wasser, die Vögel in der Luft, das Gewächs auf Erden, muß alles ihr sein. Danach lassen sie dann Gottes Gebot ausgehen unter die Armen und sprechen: Gott hat geboten, du sollst nicht stehlen. Es dient aber ihnen nicht. So sie nun alle Menschen verursachen, den armen Ackersmann und Handwerksmann und alles, was da lebt, zu schinden und schaben. So er sich dann vergreift an dem Allergeringsten, So muß er henken.«[72] 1524 brach in Süddeutschland der Bauernkrieg aus. Münzer forderte zur Selbsthilfe auf. »Die Gewalt der Fürsten hat ein Ende, sie wird in kurzer Zeit dem gemeinen Volke gegeben werden!« Wie anders klingen diese Worte, als Luthers Lehre von der Christlichkeit der Knechtschaft!

Münzer: »Es wird kein Bedenken oder Spiegelfechten helfen. Die Wahrheit muß hervor. Die Leute sind hungrig, sie müssen und wollen essen.«[73]

Luther: »Man soll sie zerschmeißen, würgen und stechen, heimlich und öffentlich, wer da kann, wie man einen tollen Hund totschlagen muß.«[74]

Münzer: »Ach Gott, die Bauern sind arme Leute. Sie haben ihr Leben mit der Nahrung zugebracht, auf daß sie den Tyrannen den Hals gefüllt.«[75]

Und Luther, derselbe Luther, von dem seine Scheherazade Ricarda Huch sagt, daß er Poesie sprach, wenn er den Mund auftat[76]: »Cibus, onus et virga asino. Der gemeine Mann muß mit Bürden beladen sein, sonst wird er zu mutwillig.«[77]

---

72   Münzer in einer Rede vor seinen Landsherren (vgl. Th. C. Strobell »Leben, Schriften und
      Lehren Thomae Müntzers«, Nürnberg 1795, S. 51 f.).
73   Zimmermann, Bd. II, S. 82.
74   Luther, »Wider die räuberischen und mörderischen Rotten der Bauern«, 1525. Luther
      erklärte in dieser Schrift sogar die Aufhebung der Leibeigenschaft für einen Artikel »stark
      wider das Evangelium und räuberisch«, weil damit jeder seinen Leib, der eigen worden,
      seinem Herrn nehme.
75   Merx, »Thomas Münzer und Heinrich Pfeiffer«, S. 24.
76   Ricarda Huch, »Luthers Glaube«, Briefe an einen Freund. Leipzig 1916, S. 5.
77   »Wider die räuberischen und mörderischen Bauern.« Vgl. auch seinen Brief an den
      Doctor Rühl: »Der weise Mann sagt: Cibus, onus et virga asino, in einen Bauern gehört
      Haberstroh. Sie hören nicht das Wort und sind unsinnig. So müssen sie die virgam, die
      Büchse hören. Bitten sollen wir für sie, daß sie gehorchen; so nicht, so gilt's hie nicht viel

Auf eine wiederholte Denunziation hin floh Münzer nach Nürnberg.

Der Nürnberger Magistrat konfiszierte sein Pamphlet »Wider das sanftlebende Fleisch zu Wittenberg«, in dem Münzer vor dem Jahrhundert und der Menschheit den Kampf aufnahm:

»Noch bist du verblendet und willst doch der Welt Blindenleiter sein? Du hast die Christenheit aus deinem Augustinus mit einem falschen Glauben verwirrt und kannst sie, da die Not angeht, nicht berichtigen. Darum heuchelst du den Fürsten. Du meinst aber, es sei gut geworden, da du einen großen Namen überkommen hast. Du hast gestärkt die Gewalt der gottlosen Bösewichter, auf daß sie auf ihrem alten Wege blieben. Darum wird dirs gehen wie einem gefangenen Fuchs. Das Volk wird frei werden und Gott allein wird Herr darüber sein.«[78]

Die Wiedertäufer und Schwärmer wurden seine Konspiratoren und Emissäre. Schon als fünfzehnjähriger Knabe hatte Münzer sich beteiligt an einer Verschwörung gegen den Erzbischof Ernst von Magdeburg. Jetzt gründete er den Altstedter Bund, den Mansfelder Bergarbeiterbund: Zinsverweigerung und Aufstand. Am 15. Juli 1525 berichtet er von »mehr als dreißig Anschlägen und Bündnissen der Auserwählten«. »In allen Ländern will ich das Spiel machen; kurzum, wir müssen ausbaden, wir sind eingesessen. Laßt euch das Herz nicht entsinken, wie es den Tyrannen allen entfallen ist. Es ist das rechte Urteil Gottes, daß sie so ganz jämmerlich verstockt sind; denn Gott will sie mit der Wurzel ausraufen.« »Thomas Münzer mit dem Hammer« nennt er sich.

Im Barfüßerkloster läßt er Geschütze schweren Kalibers gießen.

Eine weiße Fahne führt er ins Feld, darin ein Regenbogen steht.

Nach Luther aber warf man mit Steinen, als er in Orlamünde sich sehen ließ.

In wilden Blutbädern wurden die skorbutmäuligen ausgehungerten Bauern-Proletarier niedergemetzelt. Die Bergpredigt, das Evangelium der Armen, erfuhr eine blutige Abfuhr. »›Omnia sunt communia‹ ist ihr Artikel gewesen«, berichtet Melanchthon[79]. Auf der Folter gestand

---

Erbarmens. Lasse nur die Büchsen unter sie sausen, sie machen's sonst tausendmal ärger.«

78   »Schutzrede wider das sanftlebende Fleisch zu Wittenberg.«

79   Melanchthon, »Die Historie von Thome Müntzer des anfengers der döringischen Uf-

50

Münzer, die Empörung habe er gemacht, »damit die Christenheit solle alle gleich werden«.

1525 blutete das Volk, 1790 in Frankreich die Aristokratie. Wann wird sich Deutschland mit Frankreich verbünden? Siebenundzwanzigjährig starb

THOMAS MVNZER

STOLBERGENSIS PASTOR ALSTEDT

ARCHIFANATICVS PATRONVS ET CAPITANEVS

SEDITIOSORVM RVSTICORVM

DECOLLATVS

Wann wird ihm Deutschland, wann wird ihm Europa ein Denkmal setzen?

10

Luthers Tat emanzipierte die Nation von der Bevormundung eines europäischen Dogmas. Aber er übergab damit die Nation ihrer eigenen Verantwortung zu einer Zeit, in der sie dazu, wenn historische Folgen Beweis sein können, noch nicht reif war. Der Eigensinn Luthers, die Bibel selbst auslegen zu wollen, mißglückte erbärmlich. Seine Anmaßung, die europäischen Gewissenskämpfe für sein Volk selbständig zu entscheiden, unter Mißachtung einer hochweisen Tradition und einer illustren Reihe von Kirchenvätern, Konzilien, Päpsten und Philosophen, führte zu einer Begünstigung der gemeinen Gewalt und einem Primat dieser Gewalt über die Idee; führte zu einer ärgeren Knechtschaft, zu einer schlimmeren und verderblicheren Tyrannei, als die der dogmatischen Kirche in ihren intolerantesten Zeiten gewesen war[80].

frur«, 1525.

80 Bakunin in »L'Empire knoutogermanique« (1871), Seite 451 f.: »Pour se convaincre de l'esprit qui charactérise l'Eglise luthérienne en Allemagne, même encore de nos jours, il

Luther nahm den Feudalherren die Fesseln ab, die Karl der Große den Sachsenfürsten glücklich auferlegt hatte. Aus der deutschen Reformation wurde ein Rückfall ins Heidentum. Und hier spreche die Meinung eines Franzosen[81]: »Ohne Zweifel gab es Mißbräuche in der Kirche: die Simonie, den Ablaßverkauf. Das gibt es aber in der Laienregierung auch: Panamaskandale, Ordensschacher. Ein tüchtiger Papst hätte genügt, diese bedauerlichen Inkorrektheiten abzuschaffen. Luther und Calvin, ein Mönch und ein Pfarrer, entsetzliche Menschen, haben mit ihrem Protest nicht gegen die Mißbräuche, sondern gegen die Kirche selbst, die Reformation gebracht, und das bedeutet: die Jesuiten, eine Verschärfung des Dogmas und für lange Zeit eine katholische Intoleranz, die derjenigen der Reformierten nichts nachgab.«

Führte aber Calvin die Reform in den Staat, so spielte Luther der Despotie ein Volk in die Hände, das keineswegs aller Segnungen und Weihen, die die Kirche zu vergeben hatte, bereits teilhaftig geworden war[82]. Zu spät erriet das übrige Europa, was Luthers Stellungnahme im Kampf zwischen Papst und Kaiser bedeutete. Luther konservierte die Feudalität, indem er geistige Waffen an sie verriet, mit denen sie heute einen der zynischsten Kämpfe führt, die je eine Welt sah. Luther verhinderte ein großes reales Freiheitserlebnis von der Art der engli-

suffit de lire la formule de la déclaration ou promesse écrite que tout ministre de cette Eglise, dans le royaume de Prusse, doit signer et jurer d'observer avant d'entrer en fonctions. Elle ne surpasse pas, mais certainement elle égale en servilité les obligations qui sont imposé au clergé russe. Chaque ministre de l'Evangile en Prusse prête le sermon d'être pendant toute sa vie un sujet dévoué et soumis de son seigneur et maître non pas le bon Dieu, mais le roi de Prusse; d'observer scrupuleusement et toujours ses saints commandements et de ne jamais perdre de vue les intérêts sacrés de Sa Majesté; d'inculquer ce même respect et cette même obéissance absolue à ses ouailles, et de dénoncer au gouvernement toutes les tendances, toutes les entreprises, tous les actes qui pourraient être contraires, soit à la volonté, soit aux intérêts du gouvernement. Et c'est à de pareils esclaves qu'on confie la direction exclusive des écoles populaires en Prusse! (Das Kultusministerium.) Cette instruction tant vantée n'est donc rien qu'un empoisonnement des masses, une propagation systématique de la doctrine de l'esclavage.«

81 Jules Lemaître in »Enquête sur la Monarchie«, hrsg. v. Charles Maurras, Nouvelle Librairie Nationale, Paris 1909.

82 Noch Fichte bekennt: »Jeder kann demnach der Kirche den Gehorsam aufkündigen, sobald er will... Der Vertrag ist aufgehoben; er gibt der Kirche ihren himmlischen Schatz, den er noch nicht angegriffen hat, unversehrt zurück und läßt ihr die Freiheit, alle ihre Zornesschalen in der unsichtbaren Welt über ihn auszuschütten; und sie gibt ihm seine Glaubensfreiheit wieder.« (Deutscher Glaube, S. 27.)

schen und französischen Revolution und trägt so die Schuld, daß es in Deutschland noch heute nicht ein nach außen wirkendes politisches Gewissen gibt. Luthers eigentliche Schöpfung ist »der Gott der Ordnung, der die Obrigkeit eingesetzt hat«; ist die Heiligung des Staates durch die Christlichkeit der Knechtschaft. Damit verlieh er Regenten und Oberfeuerwerkern das gute Gewissen, machte er die Deutschen zum geflissentlich reaktionären Volk, zu Hütern der »sittlichen Weltordnung« aus Gründen der Theokratie, zu Bekämpfern jeglicher Freiheitsregung aus Gründen eines verruchten, scheelsüchtigen »Gottesbefehls«. Res publica wurde Polizeistaat, Aufsichtsstaat, dessen Sendung es ist, vom Nordkap bis Bagdad, von Finnland bis Spanien unter Berufung auf Bibel, Jehova und Jesus zu strafen, zu richten und zu henken. Der moralische Liberalismus, den Luther schuf, wurde zur Farce der Freiheit und eine Ermutigung zum Genuß unter staatlichem Protektorat.

Doch der Staat um des Staates willen besteht nur aus Verderbnis, sei es Verderben oder Verdorbenheit seiner Bürger. Ein vergötterten Mönch hat seine Nation in finsterste Zeiten zurückgeworfen, hat das Streben aller Nationen um ihre Befreiung zur einzigen Demokratie verzögert und niedergerissen; hat den Grundstein einer Immoralität gelegt, die 1914 zur Kriegserklärung Englands und damit zum Weltkrieg führte[83].

Man legt Luther zur Last, er habe durch einen neuen Ernst in Glaubensdingen die schöne Renaissance zerstört, die dekorative Renaissance verhindert. Aber Ideen lassen sich nicht zerstören, sie kehren zurück; das Wort Renaissance beweist es gerade. Luther hat Dinge verbrochen, die schlimmer sind. Er hat Gott verraten an die Gewalt. Er schuf eine Religion für den Heeresgebrauch. Er hat den Krieg ermutigt um des Krieges willen, aus »Gläubigkeit«. Eine Überlast individuellen »Gewissens«, das keine Ablenkung fand in den Staat, ließ die ganze Nation erkranken an Schwermut und Hypochondrie. Feierlich wurde sie, grillenhaft, launisch und mißvergnügt. Jene »mit sich selbst

---

83   Auch Nietzsche fand: »Die Reformation entfernte uns vom Altertum: mußte sie das? Sie entdeckte den alten Widerspruch Heidentum-Christentum von neuem« (Werke, Bd. X). Doch er beging den fundamentalen Fehler, sich für das germanische Heidentum, statt für das romanische Christentum zu entscheiden. Er mußte diese Entscheidung teuer bezahlen.

unzufriedene Selbstzufriedenheit«, von der Bakunin spricht, Kritteln und Nörgeln und geistige Impotenz, wurden das Signum des Deutschen; eine linkische Ärmlichkeit, die ihn unmöglich machte. Goethe bemerkt noch bei Klopstock, daß große Menschen ohne würdigen und breiten Wirkungskreis sich in Seltsamkeiten entladen. »So aber«, fügt Nietzsche hinzu, »verzehrt sich unser ganzes Volk in Seltsamkeiten.«

Der rebellisch gebliebene Geist des übrigen Europa trat in Widerspruch zu den deutschen Institutionen, zu jenem feudalen Ethos des Heerwesens, der Vorrechts-Diplomatie, dem Gewissens-Militarismus.

Wie durch ein Wunder von Sinn erstand Luther ein Richter in seiner eigenen Zeit. Die Ehre der Nation kann gerettet werden, wenn sie sich heute entschließt, jenes Zeitalter umzutaufen auf den Namen der großen Revolution von 1525 und damit den Willen ausdrückt, die Superiorität des religiösen über den profanen Geist, das Recht der Zivil- über die Militärgewalt, des roten über das blaue Blut aufzustellen.

Zimmermann hat die Wirkung beschrieben, die Münzers Name allein auf Luther und auf das trefflich' Organon Lutheri, Melanchthon, ausübte: »Wo sie seinen Namen schreiben, ist ihnen, als ob er herein, als ob er vor sie treten könne, während sie von ihm schreiben. Auf fast allen Zeilen und Reden Beider über Münzer liegt es unverkennbar wie eine Belastung, wie ein Alp, wie ein innerlicher Schauer, ob man's reden oder schreiben dürfe, ohne daß der an die Wand gemalte Geist erscheine.« Etwas von diesem Schauer, von diesem Alp, scheint sich heute in Deutschland wieder zu regen. Die Geister erscheinen, die Toten erwachen. Die Idee meldet sich an wie Bancos Geist: Civitas pauperrimi et sanctissimi hominis.

Zweites Kapitel

1

Eine feste Burg ist unser Protestantismus: das ist von nun an das nationale Motto, an dem die Geister scheitern. Eine pseudologische Bußdoktrin grassiert. Eine Selbstverfinsterung, die für tiefe Verworfenheit hält, was den Wohlstand der Sinne fördert, pervertiert die Instinkte, verdirbt den freien Blick, die spontane Erkenntnis von Gut und Böse, die Einsicht ins Equilibre der angebotenen sittlichen Kräfte[84]. Die Nation hat längst das Lachen verlernt. Grabesoden und Nekrologien, Bußtagsmusik, Choräle, Kantaten bekämpfen den leidigen Teufel der »Sünde« und Sinnlichkeit, und die betrübten Lebensläufe der deutschen Musikanten, die Matthisons »Ehrenpforte« uns überliefert hat, zeugen von den Kümmerlichkeiten und Nachwehen des Dreißigjährigen Krieges. »Man will wissen«, sagt Lichtenberg, »daß im ganzen Lande seit fünfhundert Jahren niemand vor Freuden gestorben wäre.«[85]

Der Pietismus regiert, der Kanzelredner, die Salbaderei. Der Pietismus leitet die protestantische Orthodoxie hinüber in protestantische Aufklärung. Philipp Jacob Spener, der Großvater des Pietismus, hat aus Erbaulichkeitsgründen eine Abneigung gegen das streng wissenschaftliche Denken. August Hermann Francke ist im Unterschied von Spener ein »Herren- und Tatenmensch«, rücksichtslos als Agitator, unverträglich als Kollege, unversöhnlich als Feind, herrschsüchtig als Organisator. Ein pietistischer Übermensch, so schildert ihn sein Chronist. Es ist die Zeit der Bibelkränzchen und Senfkornorden, des philadelphischen Konventikelwesens. Die Bibel gilt als vollendetes System

---

84   Das ist ein Geschenk des Augustinerordens, in dessen Geist außer Luther auch Johannes Tauler, Luthers Lehrer in theologicis, wirkte. »Wir sind«, sagte Tauler, »wegen unserer Sünde von Natur Kinder des Zornes und des ewigen Todes und der ewigen Verdammnis. St. Augustinus spricht: ›Der Mensch ist von einer faulen Materie, stinkend und verdorben, ein Klotz und ein faules Holz und Erdreich und das Ende ist der ewige Tod.‹« (Wilhelm Preger, »Geschichte der Deutschen Mystik im Mittelalter«, Leipzig 1893, III. Teil, S. 177.)

85   Georg Christoph Lichtenberg, »Vermischte Schriften«, Göttingen 1844, Bd. I., S. 252.

der Weissagung und im Jahre 1836 soll die Welt untergehen. Was kann auch Besseres geschehen? Niemand lacht diese Leute aus; kein Scarron schreibt ihren Roman, kein Voltaire rettet für Deutschland ein Echo des Lachens französischer Höfe. In der Wissenschaft wird mit Rabbinerverstand um die theologische Intelligenz gestritten[86].

Die kommerziellen Klassen hatten die Aufklärung in die großen Hafen- und Handelsstädte Europas gebracht und mit ihr die Toleranz. Man tolerierte die reisenden Juden und tolerierte die Refugiés aus den Glaubenskämpfen, weil sie Geld und Beziehungen brachten. Bayle wie Montaigne und Descartes waren toleriert, weil sie Rationalisten waren und Rationalisten waren sie, weil sie zweifelten. Das ist die Philosophie des frühen Frankreich. Descartes insonderheit machte der Scholastik den Kampf und entwickelte das ganze Wissen aus dem Bewußtsein. Sein »cogito ergo sum« wurde der egoistische Leitsatz des philosophischen Individualismus, der in Deutschland schließlich zum Gelehrtenabsolutismus führte und wenn auch ein so heller und vernünftiger Kopf wie Lichtenberg dem entgegenhielt: » es denkt, es blitzt«[87], so vermochte das doch nicht zu verhindern, daß der Individualismus, gestützt auf Luthers obstinate Widersetzlichkeit die Ideen nur aus dem »Ich« auch dann noch holte, als die Französische Revolution längst mit Riesenlettern an den europäischen Himmel das Wort »Brüderlichkeit« geschrieben hatte. (Siehe Fichte, das große Ich von Osmannstedt, wie Schiller ihn nannte.)

Kam der Zweifel aus Frankreich, so kam die neue Moral aus England. Borgese bemerkt sehr richtig, man könne des Pangermanisten Paul Rohrbach »Deutsche Idee in der Welt« ruhig umändern in »die englische Idee in Deutschland«[88] und Nicolai hat in seinem vielberühmten Buche »Die Biologie des Krieges« neuerdings darauf hingewiesen, in wievielen Hauptpunkten Kant und die Deutschen von der englischen Moral beeinflußt wurden, in wievielen andern sie sich ihr leider entzogen[89]. Man könnte aber noch weitergehen. Nicht nur

---

86   Die ersten ernsthaften Elemente einer Bibelkritik rühren, wie billig, von einem Juden, von Baruch Spinoza her.

87   Lichtenberg, »Vermischte Schriften«, Bd. I, S. 99: »Es denkt, sollte man sagen, so wie man sagt: es blitzt. Zu sagen cogito ist schon zu viel, sobald man es durch Ich denke übersetzt. Das Ich anzunehmen, zu postulieren, ist praktisches Bedürfnis.«

88   G. A. Borgese, »Italia e Germania«, Milano 1915.

89   F. G. Nicolai, »Die Biologie des Krieges«, Betrachtungen eines deutschen Naturfor-

direkt war Kant von Locke und Hume geführt; auf dem Wege über Rousseau, der die Idee seines Gesellschaftsvertrages England verdankt, berührten ihn auch die Ideen Sidneys. Und nächst Kant sind die beiden größten deutschen Philosophen jener Zeit in die englische Schule gegangen: Franz von Baader, die flammende Pyramide der deutschen Philosophie, und Georg Christoph Lichtenberg, ihr einziger Humorist. Beide verlebten wichtigste Jahre ihrer intellektuellen Entwicklung in England[90]. Die aber zuerst eine neue Wirklichkeit aufzubauen versuchten nach dem moralischen Chaos, in dem Ludwig XIV. die Welt hinterließ, waren Franzosen: Rousseau und Voltaire.

In Deutschland wurde noch um die theologische Metaphysik gestritten zu einem Zeitpunkt, da englische Philosophen schon alle Moral aus den Leistungen und Taten ableiteten, die die Gesellschaft fördern[91]; als in Frankreich Rousseau die gütigen Instinkte zu erlösen und Voltaire den religiösen Fanatismus zu bezwingen versuchte. Nicolai zeigte an einem fiktiven Gespräch zwischen dem englischen Botschafter Goschen und dem deutschen Reichskanzler Bethmann-Hollweg, wie 1914 sich englische »Nützlichkeitsphilosophie« und wie sich der »kategorische Imperativ« bewährten[92]: Der deutsche Generalstab brach die belgische Neutralität, das englische Volk aber fühlte sich zum Schutz eines Vertrages verpflichtet, der Belgiens Neutralität garantierte. Die Barockkonstruktionen weltfremder deutscher Universitätsprofessoren hielten nicht stand. Sie hatten das Volk nicht erreicht, das von Pfaffen und Fürsten zerschmettert war. Das moralische Gesetz in der Brust, das sich dem Sternenhimmel verwandt fühlte, vergaß seine nächste Umgebung, und die »moralische Weltordnung«, auf die der deutsche Professor so stolz ist, existierte nur für ihn.

Kants Leistung ist groß und unsterblich. Er hat nicht Gott geköpft, wie Heine voreilig meinte[93], wohl aber den Pietismus. Er verwies die

schers, Zürich 1917, S. 343 ff.

90   Den entscheidenden Einfluß Humes auf Feuerbachs Ethik (Humanismus) und durch ihn auf Marx hat Th. G. Masaryk nachgewiesen (»Die philosophischen und soziologischen Grundlagen des Marxismus«, Wien 1899, S. 35 ff.).

91   Das ist der Sinn der in Deutschland von Kriegsleuten wie Sombart noch heute verlästerten englischen »Nützlichkeitsphilosophie«.

92   »Die Biologie des Krieges«, S. 350 f.

93   Heinrich Heine, »Zur Geschichte der Religion und Philosophie in Deutschland«, Leipzig o. J.

Mystifikation aus dem Reich der Vernunft, und wenn einer seiner frühesten Biographen[94] auch meint, Kant habe die jungen Theologen gelehrt, der »falschen, windigen, viel prahlenden und nichts fruchtenden Aufklärung« auszuweichen[95] (indem er jene Trennung zwischen Jenseits und Diesseits in der Metaphysik vornahm), so blieb das doch ein Irrtum. Gleichwohl war Kant auch nicht der Scharfrichter, den Heine hinter ihm vermutete. Seine Strenge traf mehr die Methode als ihren Gegenstand. Er verflüchtigte Gott zur Idee, und Atheisten wie Hegel, Schopenhauer und Nietzsche konnten sich ebensogut auf ihn berufen, wie die Theologie, die Kant in der »Kritik der reinen Vernunft« erst entthronte, in der »Kritik der praktischen Vernunft« aber nach ihrer Degradierung und Scheidung von den Wissenschaften wieder einsetzte.

Die Auffassung Borowskys, der zu den ältesten akademischen Schülern Kants gehörte, beweist immerhin die Vieldeutigkeit sogar unserer anerkanntesten Philosophie. Man würde die deutsche Philosophie in ihren Vorzügen und Schwächen ganz falsch bewerten, wollte man nicht beachten, aus welchen politischen Zuständen sie geboren ist. Wenn Fichte noch 1799 schreiben konnte[96]: »Vom Departement der Wissenschaften zu Dresden ist bekannt gemacht worden, daß keiner, der sich auf die neue Philosophie lege, befördert werde, oder, wenn er es schon ist, weiterrücken solle. In der Freischule zu Leipzig ist sogar die Rosenmüllersche Aufklärung bedenklich gefunden; Luthers Katechismus ist neuerlich dort wieder eingeführt, und die Lehrer sind von neuem auf die symbolischen Bücher konfirmiert worden. Das wird weitergehen und sich verbreiten«, – wie mag es dann erst unter den preußischen Soldatenkönigen mit der Lehrfreiheit bestellt gewesen sein? In Preußen, von dem Winckelmann 1763 schrieb: »Es schauert mich die Haut vom Wirbel bis zur Zehe, wenn ich an den preußischen Despotismus und den Schinder der Völker denke, welcher das von Natur selbst vermaledeite und mit lyrischem Sand bedeckte Land zum Abscheu der Menschen machen und mit ewigem

---

94 Ludwig Ernst Borowsky, kgl. preußischer Feldprediger und Kirchenrat. Die erste Skizze seiner Biographie stammt aus dem Jahre 1792.
95 Immanuel Kant, »Sein Leben in Darstellungen von Zeitgenossen«. Deutsche Bibliothek, Berlin, S. 41.
96 Mitgeteilt von Heine, »Zur Geschichte der Religion und Philosophie«, S. 110.

Fluch beladen wird?«[97] In Preußen, wo Christian Wolff bei Strafe des Stranges die Universität Halle verlassen mußte, weil er in Friedrich Wilhelms Deserteurskandale eingegriffen haben sollte! Die Übereinstimmung mit Luthers Kleinem Katechismus war erstes Gebot, gemäß jenen Artikeln der Augsburgischen Konfession, nach denen der Landesfürst die höchste geistliche Würde bekleidete, und der Professor hatte als Werkzeug und Diener des Fürsten das Amt, dessen Autorität zu erhärten und seine glorreiche Allmacht zu fördern. Man ermesse danach, was die Menschheit von den protestantischen Universitäten Deutschlands seit 1530 zu erwarten hatte. Nur die allergründlichste Reform des ganzen Bildungswesens in Deutschland wird den zweideutigen Pharisäismus aufheben können, der jahrhundertelang ex officio gezüchtet wurde[98]. Jede Freiheitsregung mußte als Kontrebande auf Schleichwegen der Dialektik befördert werden, und die Vorsicht gebot, zu Methoden zu greifen, die jederzeit eine Hintertür offen ließen; vorausgesetzt, daß der Professor wirklich den ernstlichen Willen hatte, der Wahrheit zuliebe seinen Treuspruch zu brechen und nicht vorzog, die Neuerungen der Zeit mit dem Dogma des Absolutismus in sophistische Übereinstimmung zu bringen.

Was bedeutet es also, wenn schon Borowsky sagt, daß Kants »Moral besonders nicht im Widerspruch mit der christlichen Sittenlehre stehe«? Von den Beziehungen des kategorischen Imperativs und des Kantschen Persönlichkeitsbegriffs zur Soldatendressur Friedrich Wilhelms I. soll noch die Rede sein. Aber auch die berühmte Kantsche Sozialmaxime: »Handle so, daß die Maxime deines Wollens zugleich als Prinzip einer allgemeinen Gesetzgebung gelten könne« – verleugnet sie den lutheranischen Staatsbegriff? Enthält sie nicht eine kategorische Warnung an alle Untertanen? Ist sie nicht eine Maxime der Zwangserziehung? Was hat die preußische Gesetzgebung mit der

---

[97] Brief an Usteri vom 15. Januar 1763, mitgeteilt von Franz Mehring in »Die Lessinglegende. Zur Geschichte und Kritik des preußischen Despotismus und der klassischen Literatur«, Stuttgart 1913.

[98] Trennung von Kirche und Staat ist die zunächst unerläßlichste Forderung. Sodann eine Bearbeitung des Neuen Testaments mit philosophischer, moralischer und ästhetischer Exegese als Basis einer Reform der Theologie und des Erziehungswesens. Ausgangspunkt des gesamten Unterrichts ist die evangelische Tradition, Gegenstand die christliche Republik. Sammlung und Neuausgabe der Schriften aller christlichen Heroen nach einem großzügigen Plan für den Volks- und Lehrgebrauch!

Bergpredigt gemein? Birgt sich hinter der Kantschen Moralmaxime nicht ebenso Friedrich Wilhelms Knutenregiment wie Friedrichs Pflichtideal im kategorischen Imperativ? Noch heute steht unsere ganze Gesetzgebung im Widerspruch mit der ursprünglichen christlichen Sittenlehre. Damals aber? Was verstand man in Preußen unter christlicher Sittenlehre, wenn nicht den strengsten Staatslutheranismus? Jener Immanuel Kant aber, der so wenig Bonhommie zeigte, daß er sich eine andere Wohnung suchte, als seines Nachbars allzu laut krähender Hahn sich nicht beschwichtigen ließ[99]; jener Kant, der so unnachsichtlich zur Polizei ging, um auf Abstellung des Singens im Gefängnis zu dringen, weil es ihn bei der Arbeit an seinen Moralgesetzen störte[100], – er wollte seine Maximen nicht nur zum allgemeinen Gesetz, sondern sogar zum allgemeinen Naturgesetz erhoben wissen[101]! So zeigen sich auch persönlich bei ihm Züge von Despotismus, und das Ausdenken allgemein verbindlicher Sätze, wenn es von einem hagestolzen und vereinsamten Manne kommt, kann wohl gar zu nichts anderem führen[102].

Es ist nicht erforderlich, hier auf die gefährliche Separation einzugehen, die Kant zwischen Intellekt und Moral, zwischen geistiger Persönlichkeit und sozialem Wirken statuierte, indem er das Einheitsgewissen zersprengte und jene beiden von einander untrennbaren Gewissenskräfte, Verstand und Gefühl gesondert abzuleiten versuchte. Kein Geringerer als der Kardinal Mercier hat in einer langjährigen Aktion, und neuerdings in einem hervorragenden Buche, das die hohe religiöse Lehre des Thomas von Aquin zu neuen Triumphen führt, den Kantianismus als das nachgewiesen, was er ist, als eine Doktrin, die die Grundlagen der moralischen Ordnung kompromittierte[103]. Im

---

99 Immanuel Kant, »Sein Leben in Darstellungen von Zeitgenossen«, S. 57.

100 Ebd. Derselbe Biograph berichtet, daß dem Philosophen von Straßenjungen häufig Steine über den Gartenzaun geworfen wurden.

101 »Der allgemeine Imperativ könnte auch so lauten: Handle so, als ob die Maxime deiner Handlung durch deinen Willen zum allgemeinen Naturgesetz werden sollte.«

102 Übrigens schreibt schon Borowsky: »Von Herzen wünschte ich, daß Kant die positive, namentlich die christliche Religion nicht bloß als   Staatsbedürfnis oder als eine zu duldende Anstalt um der Schwachen willen angesehen, sondern das Feststehende, Bessernde und Beglückende des Christentums ganz gekannt hätte.« (a. a. O., S. 91.)

103 Cardinal Mercier, »Le Christianisme dans la vie moderne«, Paris 1918, S. 92: »Nous constaterons qu'il y a ainsi compromis les assises de l'ordre moral et qu'aujourd'hui les héritiers de son esprit n'ont plus même foi à la valeur objective de la science«.

Geiste unseres großen Franz von Baader bestätigte er die innerste Antichristlichkeit der kantischen Philosophie. »Satan trennt, Christus vereint«, sagt Baader. So aber trennte der ganze von Moral und Sozietät absehende Kult der Experimentalwissenschaft, deren vergötterte Methode die Verstandesanalyse und deren Folge die Zersetzung ist. In Deutschland wütete die »objektive Wissenschaft« zumeist. Man hatte am meisten Ursache, Moral und Sozietät ungepflügt auf sich beruhen zu lassen. Hier war die abstrakte Wissensdoktrin zu Hause und das Land der höchst entwickelten Erkenntnistheorie und Technik schlug den Rekord der Immoralität, als die Zeiten reif geworden waren. Nirgends so schlimm als in Deutschland zeigte sich der Verlust des Einklangs zwischen Intellekt und sozialem Empfinden, zwischen menschlicher und theoretischer Kritik. Der Intellektuelle aus Metier, der fachgelehrte Teufel, dies Nonplusultra einer deutschen »Kultur«, die sich berüchtigt machte, ohne die Wurzel ihrer Abscheulichkeit auch nur zu ahnen – von Kants »Kritik der reinen Vernunft« sind sie entsprungen.

Unter Kant wird der gereizte Verstand zur Geheimpolizei gegen Gott, das Genie und alles naive Geschehen. Die Philosophie wollte Dinge wissen und besitzen, die ihr ewig versagt bleiben werden. »Die Philosophie ist nur eine Methode«, sagt Barbey d'Aurevilly[104]. Der Katheder ward zum Berg Sinai, wo Gott sich unterhielt mit dem Herrn Professor. Kanonische Buchweisheit verbreitete das Vorurteil, daß nur der Gelehrte, nicht aber auch der Bauer philosophieren könne. Man stelle Kant neben einen russischen Muschik ins freie Licht und sehe zu, wer recht behält; welcher von beiden dem Sittengesetz und dem Sternenhimmel nähersteht.

Der Rationalismus hatte, als Kant auftrat, bereits eine Tradition. Locke, Hume, Spinoza hatten tiefgründige Untersuchungen über die Vervollkommnung des Verstandes angestellt, ohne daß es geglückt war, eine Moral auf Verstandesprinzipien zu gründen. Die Titel von Kants Hauptwerken verführten dazu, den Verstand mit der Vernunft zu verwechseln, oder, wie Baader sagte, den Logos mit der Logik. Die

---

104 Barbey d'Aurevilly, »Les prophètes du passé«, Paris 1889, S. 7: »Quelles que soient les prétentions de la philosophie, et la force relative des systèmes qu'elle a produits par la tête de ses plus illustres penseurs, elle n'est au fond, quand on y regarde, qu'un grand essai de méthode, nécessament repris par l'intelligence humaine pour arriver à la vérité.«

Verstandeskultur, nicht die Vernunft feierte in Kants Schriften ihren Triumph. Verstandestaten waren es, wenn Kant in der »Kritik der reinen Vernunft« das »Ding an sich« in gepflegtem Kanzleistil abzog von der sichtbaren Welt; wenn er für alle Zeiten den Unterschied zwischen innerer und äußerer Macht nachdrücklichst betonte und damit aller neudeutschen Barbarei das Urteil sprach. Eine Verstandestat war jene sozusagen philologisch saubere Sittlichkeit, die rigoroses Ideal und Tyrannei eines Volkes von Magistern wurde. Und gleichwohl: selbst dieser knöcherne Rationalist, der von der Astronomie und den Sternen so vorsichtig herkam, daß er die Wirklichkeit eine »Welt der Erscheinungen« nannte und sie in sträflicher Ferne für illusorisch erklärte – blieb nicht auch er ein Mystiker? Sind die zwölf Kategorien, mit denen er sich umgab, so sehr verschieden von den zwölf Aposteln Jesu und des Niklas Storch? Und die drei apriorischen Vernunftsfunktionen, künden sie nicht wider Willen die scholastische Trinität Vater, Sohn und Heiliger Geist?

Kants Protestantismus verleugnet sich nicht. Bei Abfassung der »Religion innerhalb der Grenzen der reinen Vernunft« lag bezeugtermaßen ein Katechismus auf seinem Schreibtisch, und auf den lutheranischen Katechismus machte er die Probe[105]. Bei Erscheinen dieses Buches aber geriet der Verfasser in Widerspruch mit dem preußischen Kabinett. Das erste Stück des Buches, die Abhandlung »Vom radikalen Bösen« (1792), die man auf die ultrarevolutionären französischen Hébertisten beziehen konnte, erlangte noch das Imprimatur, mit dem bedenklichen Zusatze: »weil doch nur tiefdenkende Gelehrte die Kantschen Schriften lesen«[106]. Dem zweiten Stück aber, »Vom Kampf des guten Prinzips mit dem bösen um die Herrschaft über den Menschen«, wurde von zwei Zensoren zugleich das Imprimatur verweigert. Durch Kabinettsordre vom Oktober 1794 erhielt der Verfasser einen Verweis wegen »Entstellung und Herabwürdigung mancher Haupt- und Grundlehren der Heiligen Schrift und des Christentums«, und den theologischen und philosophischen Dozen-

---

105 Borowsky. »Vielleicht findet mancher die sichere Anekdote merkwürdig, daß Kant, ehe er die ›Religion innerhalb usw.‹ zum Abdruck gehen ließ, einen unserer ältesten Katechismen ›Grundlegung der christlichen Lehre‹ (ohngefähr aus den Jahren 1732, 1733) ganz genau durchlas.« (S. 79.)

106 Paul Deussen, »Die neuere Philosophie von Descartes bis Schopenhauer«, Leipzig 1917.

ten der Königsberger Universität wurde untersagt, über Kants Werke Vorlesungen zu halten.

Die intelligible Freiheit war in Widerspruch geraten mit der Zeit, der wir alle untertan sind. Zwischen Idee und Erfahrung zeigte sich eine Kluft. Wie stellte sich Kant dazu? Er gab Friedrich Wilhelm II. das schriftliche Versprechen, »sich aller öffentlichen Vorträge, die christliche Religion betreffend, in Vorlesungen und Schriften als Sr. Majestät getreuester Untertan, zu enthalten«. In seinem Nachlaß fand man einen Zettel des Inhalts: »Widerruf und Verleugnung seiner inneren Überzeugung ist niederträchtig; aber Schweigen in einem Fall wie dem gegenwärtigen ist Untertanspflicht.« Das war als Überbrückung der Idee mit der Erfahrungswelt zweifellos praktische Vernunft. Die intelligible Freiheit blieb intakt. Praktische Vernunft dieser Art aber wurde in Preußen vom König doziert.

Man hat Kant einen »Alleszermalmer« genannt (Moses Mendelssohn). Man nannte auch Beethoven so (Richard Wagner). Man nennt heute Hindenburg so. Aber man sollte einsehen, daß nicht im Zermalmen sich Stärke verrät, sondern im Lösen und Freimachen, im Gleichgewicht. Eine Kraft, der ihre Umgebung nicht das Gleichgewicht zu bieten vermag, ist eine verderbliche Kraft; ihre Intentionen mögen edel und human sein. Die Überernährung mit Erkenntnistheorie seit Kant verstrickte die ganze Nation in abstrakte Spekulationen von äußerster Schädlichkeit für die gesunde Verdauung der Köpfe. Man höre eine deutsche Vorlesung über Logik, blättere in den erkenntnistheoretischen Klitterungen unserer unaussterblichen patentierten Philosophiebeamten oder versuche zu lesen ein Buch wie des Aktienevangelisten Rathenau »Mechanik des Geistes« (»Ethik der Seele«, »Ästhetik der Seele«, »Pragmatik der Seele«), um einen Begriff zu bekommen, welche herkulischen Anstrengungen noch heute unternommen werden, spitzfindigen Ballast zu wälzen, Gedanken vorzutäuschen, wo nichts oder wenig zu sagen ist, und Gesinnungen zu verbergen hinter süßreicher Weitschweifigkeit.

Ein Bayle wäre der Nation vorteilhafter gewesen. Ein wundervoller Jongleur und Equilibrist in moralibus; ein Geist, in dem das Für und Wider nicht nur seiner Nation, sondern Europas hätte zur Ansicht kommen können; ein Wörterbuch, eine Syntax der Möglichkeiten; ein Dialektiker aller Fähigkeiten und klarer Spiegel der Irrtümer seiner Zeit, statt eines Despoten abgezogener Moralansichten und anonymer Verpflichtung. Ich stimme Rudolf Kassner zu, wenn er sagt: »Es scheint, als hätten im Abendland immer nur wenige Köpfe, Philosophen, historische Persönlichkeiten, und als hätte in Indien die Seele selbst gedacht;... als wären ihre Gedanken zu anspruchsvoll, immer zu viel oder zu wenig, anarchisch oder tyrannisch, ›Hintergedanken‹, ein Umweg, parvenu; als dächten sie, weil sie nicht liebten.«[107]

2

Von Treitschke stammt die Behauptung, unsere klassische Literatur sei vielseitiger, kühner, menschlich freier als die der Nachbarvölker[108]. Derselbe Treitschke weiß aber sehr wohl, daß noch in den Zeiten des Dreißigjährigen Krieges »der Auswurf aller Völker auf deutscher Erde hauste«; er weiß, daß im Dreißigjährigen Krieg das Reich »freiwillig aus dem Kreis der großen Mächte schied«; daß dieser Krieg »zwei Drittel der Nation« hinwegraffte, und daß »das verwilderte Geschlecht, das noch in Schmutz und Armut ein gedrücktes Leben führte«, »nichts mehr von der alten Großheit des deutschen Charakters, nichts mehr von dem freimütig heiteren Heldentum der Väter« zeigte[109]. Er spricht von den »heldenhaften Klängen lutherischer Lieder«, von einer »verarmten, mit fremden Flittern aufgeputzten Sprache« und von der »rettungslosen Fäulnis des heiligen Reichs«. Wie ist es möglich, in einem solchen Lande innerhalb hundertfünfzig Jahren die vielseitigste, kühnste und menschlich freieste Literatur zu schaffen? Man kennt die Terminologie, mit der Treitschke das Wunder erklärt: Die Glaubensfreiheit und der preußische Staat haben es vollbracht. Die eine, indem sie dem nach Treitschkes Worten »verwilderten Geschlecht« den Glauben an sich selbst zurückgab (!). Der andere, indem er die Deutschen »zwang, wieder an das Wunder des Heldentums zu glauben«.

Zugunsten meiner Nation muß ich annehmen, daß Treitschke deren Verwilderung übertrieben hat, um das Werk seiner preußischen

107 Rudolf Kassner, »Der indische Idealismus«, Eine Studie, Dresden-Hellerau, S. 21.
108 »Deutsches Volkstum«, Jena 1914, S. 64
109 Ebd., S. 61.

Majestäten, Friedrichs II. besonders, in desto helleres Licht zu setzen. Es könnte jemand auf den Gedanken kommen, gründlicher noch, als es bereits geschehen ist, die Auswirkungen des Dreißigjährigen Krieges in unserer klassischen Literatur nachzuweisen, und der von Treitschke behauptete Vorrang möchte einen allzu empfindlichen Stoß erleiden[110]. Die krüde Monstrosität der »Räuber«, das Faustrecht und die Betonung der Kraftworte im »Götz«, die wilde Jagd nach Lebensgenuß im »Faust« und der übertriebene Erziehungskult bei Fichte sind nur allzu deutliche Nachklänge einer sowohl moralischen wie geistigen Katastrophe, und wenn jene Epoche auch Großes geleistet hat, um die Schäden zu reparieren, so leistete sie Unsterbliches doch nur in der Virtuosität, über den eigentlichen Jammer und Sachverhalt hinwegzutäuschen durch klassizistische Dekoration, vorzeitige und unvolkstümliche Harmonisierung, durch Optimismus und Flucht an die Höfe. Hier genüge die Feststellung: eine der Hauptursachen der maßlosen Überschätzung, die die Deutschen ihren Herder, Schiller, Fichte, Hegel angedeihen ließen, war der nationale Stolz, eben aus dem Nichts heraus zu Anfängen gekommen zu sein, die im Laufe des 19. Jahrhunderts engbrüstige Grundlage der Bildung wurden, die aber im begonnenen 20. Jahrhundert, als dem Jahrhundert der Beseitigung überspannter Nationalismen und einer neuen politischen Moral, für den Neuaufbau nicht mehr genügen.

Einer der frühesten Scholastiker, Hrabanus Maurus, sagt in seinem Werk »De nihilo et tenebris«, das Nichtsein sei etwas so Erbärmliches, Ödes und Häßliches, daß nicht genug Tränen über einen so traurigen Zustand vergossen werden könnten. So mögen unsere Urgroßväter empfunden haben, als sie nach dem Unglück des Dreißigjährigen Krieges mühselig die Elemente zusammensuchten, die eine Regeneration ermöglichten. So mögen sie gedacht haben, als sie, beim Aufbau eines neuen Deutschland, Preußens despotisch-machiavellistische Hilfe nicht verschmähten. Wir heute aber, nachdem die Nation so schief und auf unmoralischer Basis errichtet war: Sind wir denn, wenn wir nicht mit den andern sind? Und gibt es wohl etwas

---

110 Vgl. G. A. Borgeses Kritik des deutschen Humanismus und Machiavellismus, in »L'Italie contre l'Allemagne«, Lausanne 1917, die Kapitel besonders, in denen er von den »Räubern«, von »Götz von Berlichingen«, »Faust« und Fichtes »Reden an die deutsche Nation« spricht.

Erbärmlicheres, Öderes und Häßlicheres als einen irreligiösen und immoralischen Nationalismus? Luther hat solchen Nationalismus geschaffen; die egozentrische Philosophie, der »Idealismus« Fichtes, hat ihn sanktioniert und befestigt[111]; der deutsche Generalstab aber suchte ihn 1914 als seiner Weisheit letzten Schluß zur Weltherrschaft zu bringen. Die Vaterländelei, über die Goethe sich lustig machte, verwüstet heute in Deutschlands Namen Europa und droht bereits mit dem nächsten Krieg; denn: »Dieser Krieg, wie er auch ausgehen mag, wird keiner einzigen Macht ihre letzten Wünsche stillen, ja nicht einmal einer einzigen ihre Opfer voll ersetzen. Wohl aber werden zu den alten Haßgefühlen neue, durch Schuldfragen geschärfte, erwachsen. Der Nationalismus erwacht nicht nur neu auf politischem, sondern vor allem auf wirtschaftlichem Gebiet.«[112]

Wäre dieser Satz richtig, so müßte man an der Zukunft der Menschheit verzweifeln. Die Symbolik der Schuldfrage und die Prüfung auf letzte Eigenschaften werden jedoch hoffentlich Kriegsursachen ein für allemal aus der Welt schaffen, und keine der geringsten Kriegsursachen war ein staatlich und pseudoreligiös betriebener Nationalismus, der im Zeichen der ursprünglichen christlichen Idee und eines freien Europa zu verwerfen ist. Individuen und Nationen mögen das äußerste Recht auf Selbstbestimmung genießen, doch nur in der Gemeinschaft, weil sie nur so das Höchste leisten können, das mit ihnen geboren ist. Keineswegs haben sie das Recht, andere Individuen und Nationen zu vergewaltigen oder zu betrügen und damit die Entfaltung der Gesamtheit zu mißachten, die allein das Höchste möglich macht und dessen Maßstab ist.

Ich wünschte, deutsche Rektoren, Schulräte und Konsistorien zu Lesern zu haben, wenn ich behaupte: der Glaube an die Überlegenheit unserer Klassiker ist ein protestantisches Vorurteil. Wenn ich protestantisch sage, meine ich irreligiös und habe im vorhergehenden Kapitel auseinandergesetzt, weshalb ich das meine[113].

---

111 »Die versuchte gänzliche Erhebung über allen Glauben an fremdes Ansehen«, gesteht Fichte, »wurde den Deutschen, von denen sie vermittels der Kirchenverbesserung erst ausgegangen war, zu neuer Anregung.« (»Deutsches Volkstum«, S. 19.)

112 Walther Rathenau, »Von kommenden Dingen«, Berlin 1917, S. 282.

113 Ich gehe noch weiter und behaupte: aller betonte, überzeugte, prinzipielle Individualismus ist irreligiös und in seiner Konsequenz nihilistisch, zum Nichts, zur Vernichtung treibend. Der Versuch der Luther, Kant und Nietzsche, auf den Individualismus eine

Die Herkunft der idealistischen Philosophie aus dem Protestantismus wird man nicht bestreiten. »Die wirksamste Literatur der neuen Geschichte«, gesteht Treitschke, »ist protestantisch von Grund aus«[114], und Heinrich Heine bestätigt in seiner gegen Metternich und Frau von Staël gerichteten »Geschichte der Religion und Philosophie in Deutschland« ausdrücklich, daß »aus dem Protestantismus die deutsche Philosophie hervorging«[115]. Klopstock und Lessing, Wieland und Herder, Goethe und Schiller, Kant und Fichte, alle, die den deutschen Namen exaltierten, nahmen ihren Ursprung aus den Bildungsanstalten, die das Luthertum geschaffen und mit seiner Gesinnung erfüllt hatte. Ja, Gustav Freytag behauptet, in Deutschland sei seit der Reformation selten ein bedeutender Mann aufgetreten, der unter seine Vorfahren nicht einen Geistlichen zählte. Lessing und Schelling, Fechner und Wundt, Mommsen und Lamprecht, Harnack und Nietzsche: Pastorensöhne. Achtzehntausend evangelische Pfarrhäuser gibt es noch heute in Deutschland. Sie haben ein halbes oder ganzes Armeekorps gestellt, ohne daß man sich geschämt hat, es anzurechnen[116].

Gewiß gab es wackere und tüchtige Männer unter den protestantischen und evangelischen Pastores! Wären sie nur evangelisch geblieben! Gewiß förderte das deutsche Pfarrhaus den Aufschwung der Wissenschaften und Künste. Grundlage dieses Pfarrhauses aber war das Sechskindersystem und die Bequemlichkeit auf halber Treppe; der selige Zustand mit Sportel und Rente; die mit Kohl und Karnickel begnadete Diesseitigkeit, an der der Ideensturm scheiterte. Luthers Auslegung der vierten Bitte – zum täglichen Brot rechnete er nicht nur Essen und Trinken, sondern auch Haus und Hof, Äcker, Vieh, Geld und Gut, fromm Gemahl, fromme Kinder, fromm Gesinde, fromme

---

Moral, eine Religion zu gründen, mußte zur Absurdität und zu Unheil führen. Moral und Religion sind gerade die Disziplinen von der Beschränkung und Aufhebung des Individuums gegenüber und in der Gesamtheit. Höchste Tugend des Individuums ist der Enthusiasmus. Das Problem der Intelligenz liegt in der mit Trauer und Schmerz empfundenen Einsicht des Individuums in die mysteriöse Tatsache seiner Abgrenzung von der Gesamtheit.

114 »Deutsches Volkstum«, S. 64.
115 Heinrich Heine, a. a. O., S. 16.
116 »Die Bedeutung des evangelischen Pfarrhauses für das deutsche Geistesleben«, Sondernummer »Protestantismus« der »Süddeutschen Monatshefte«, München, Okt. 1917.

und getreue Oberherren, gut Regiment usw.[117] – ist die Apologie der deutschen Gesäßigkeit und diese Bassesse einer Bitte an Gott, dieses plumpe und materielle Ansinnen wurde Maß der Nation und Basis der Geister.

»Eine landwirtschaftliche Existenz kapitalisiert ihren Jahresumsatz zu einer religiös-politischen Anschauung«, spottet Rathenau, und gewiß mit Recht. Doch wenn er damit sagen will, daß Interessen den Glauben schaffen, so ist dies gleichwohl nicht schlimmer, als wenn der Glaube Interessen schafft. Denn nur Marx, der ebenfalls Theologengeschlechtern entstammte und Hegelianer obendrein war, konnte das Wort prägen von der »Idee, die sich immer blamierte, soweit sie von den Interessen unterschieden war«. Die Idee blamiert sich aber nicht, sondern die irreligiöse Philosophie und die Hegelei blamieren sich, was ein anderes Wort des schon zitierten Herrn Rathenau bestätigt: »Pflichtgetreu und bekümmert machte immer erneut die deutsche Philosophie sich ans Werk, die zerrinnenden Fäden zu sammeln, ewige Richtungen, Gesetze, Imperative zu ersinnen. Vergeblich! Jede kritische Frage hatte sie sich gestellt, an Begriffen und Welt, an Gott und Dasein zweifeln gelernt, und dennoch war sie aus reiner Vernunft an der einfachsten Vorfrage blind vorübergeschritten: ob nämlich der denkende, messende, vergleichende Intellekt, die Kunst des Einmaleins und des Warum die einzige, dem ewigen Geiste verliehene Kraft sei und bleibe, um Menschengöttliches zu durchdringen. Sie blieb Intellektualphilosophie.«[118]

Die Pseudologia phantastica, die man auf den Namen Kritizismus getauft hat, wurde von der lutherischen Orthodoxie so unerbittlich gegängelt, daß sie im wichtigsten Stadium der intellektuellen Entwicklung Europas, vor Ausbruch der Französischen Revolution, jeden Sinn für wahrhaft produktive Kritik und ideelles Eingreifen in die Ereignisse verloren hatte. »Herr Pastor«, rief Lessing gereizt, »wenn Sie es dahin bringen, daß unsere lutherischen Pastores unsere Päpste werden – daß diese uns vorschreiben können, wo wir aufhören sollen, in der Schrift zu forschen – daß diese unserem Forschen Schranken setzen dürfen: so bin ich der Erste, der die Päpstchen wieder mit dem Papste vertauscht.«[119]

---

117 Ebd., »Luther und der Staat«.
118 Walther Rathenau, a. a. O., S. 209.
119 »Der deutsche Glaube«, Religiöse Bekenntnisse aus Vergangenheit und Gegenwart. Jena

Das ist es: man hatte den Papst mit den Päpstchen vertauscht, man hatte den großen Blick, die alleinige Tradition und Universalität des Mittelalters verloren. Man war: protestantisch geworden, das heißt national und beschränkt. Den Kritizisten fiel es nicht ein, Luther zu analysieren, statt mit den Pastores zu raufen; sich an die Sachen zu halten, statt an die Begriffe. Die milde Weisheit der Scholastik blieb verschollen. Die guten Werke und eine hohe philosophische Tradition waren von demselben Luther verworfen, dessen schmähliche Autorität vom wieder auflebenden Kreuzzüglergeiste alles heute zu fürchten hat. In unfruchtbarem Streit zwischen Glauben und Wissen, zwischen Katholik und Protestant verzehrten sich die Geister, und selbst Goethe, dem eine »neudeutsche religiös-patriotische Kunst« und der »ganz wahnsinnige, protestantisch-katholische, poetisch-christliche Obskurantismus« zuwider waren[120]; Goethe, der doch selbst von Protesten getragen, sich zu Cellini und der italienischen Renaissance bekannte – selbst er brachte den Optimismus nicht auf, zu glauben, daß hier in absehbarer Zeit etwas könne geändert werden[121]. Frankreich und Belgien blieb es vorbehalten, in den sakramentalen Werken der Barbey d'Aurevilly, Erneste Hello, Léon Bloy und Kardinal Mercier die Renaissance der Scholastik zu vollziehen und dem protestantischen Zeitalter das Grab zu schaufelnd[122].

1914, S. 24.

120 Brief an den Gothaer Bibliothekar Friedrich Jakobs, in dem er von »frischen Nebeln einer vorsätzlichen Barbarei« spricht.

121 Frau von Stein berichtet. »Noch letzt antwortete er jemandem, der die Aussicht ins Ilmthal lobte: ›Das ist keine Aussicht‹, und sah dick-mürrisch dazu aus.« Es war nach seiner Rückkehr aus Italien.

122 d'Aurevillys Eifer gegen Luther: »Eh bien«, schrieb er in »Prophètes du Passé«, »si, au lieu de brûler les écrits de Luther, dont les cendres retombèrent sur l'Europe comme une semence, on avait brûlé Luther lui-même, le monde etait sauvé, au moins pour un siècle. Luther brûlé! on va crier. Mail il y a   plus que l'économie du sang des hommes: cest le respect de la conscience et de l'intelligence du genre humain. Luther faussait l'une et l'autre.«

3

Ein Herr Hoffmann (Berlin-Friedenau, im Februar 1915) spricht von einem »heroisch-tragischen Sinn des deutschen Humanitätsideals«. Ich habe das Büchlein, zu dem er die Vorrede schrieb, bereits erwähnt. Es heißt »Der deutsche Mensch. Bekenntnisse und Forderungen unserer Klassiker« und ist für die Feldpost bestimmt[123]. »Die sittliche Freiheit«, spricht Herr Hoffmann, »bedeutet eine Beherrschung des vorgefundenen und vorhandenen, des sinnlichen Seins.«

Nun weiß man zwar, was Pfarrerssöhne unter Beherrschung des sinnlichen Seins verstehen, und es bedürfte keiner weiteren »idealistischen« Philosophie. Doch der heroisch-tragische Sinn des deutschen Humanitätsideals, mit dem man versucht, unseren Soldaten die Köpfe zu benebeln, hat seine politischen Hintergedanken. Diese offenbaren sich etwas deutlicher in einem zweiten Bändchen derselben Bücherei, »Der deutsche Glaube. Religiöse Bekenntnisse aus Vergangenheit und Gegenwart«, das ich ebenfalls zitierte, sowie in einem dritten und vierten, »Deutsches Volkstum« und »Deutsche Politik«, von denen das letztere ausschließlich Herrn von Treitschke gewidmet ist. So verlohnt es sich schon, auf den heroisch-tragischen Sinn näher einzugehen.

Die Sammlung macht dem Verlag Diederichs nicht allzuviel Ehre. Denn abgesehen davon, daß es einer Fälschung gleichkommt, Äußerungen von Kant und Herder über die Franzosen und Engländer von 1780 heute der Feldpost zu übergeben, so geht es nicht an, den deutschen »Idealismus« zum Deckmantel einer hinreichend kompromittierten Politik zu machen, ohne diesen Idealismus und das religiöse Ideal der Nation mit zu kompromittieren. Auch läßt sich aus der rhetorischen Zweideutigkeit unserer »klassischen« Philosophie ebensowohl die Verneinung wie die Bejahung von dem predigen, was diese Bücherei bezweckt, und so hätte sich ein so namhafter Verlag wie Diederichs, in dem sich gestern noch die vorzüglichsten pädagogischen Tendenzen Deutschlands spiegelten, die Teilnahme am physikalischen Gelegenheitsheroismus versagen sollen.

---

123 »Die Feldpostbücherei«, bemerkt dazu der Verlag, »trat während des ersten Kriegshalbjahres an die Stelle der Kulturzeitschrift des Verlags, ›Die Tat‹, die aber vom März 1915 an wieder erscheint. Beide versuchen in gleichem Sinne zu wirken: nämlich sie bereiten in Nachfolge von Fichte und Lagarde auf volkstümlicher und religiöser Grundlage einen neuen deutschen Idealismus vor.«

Der Sinn des deutschen Humanitätsideals ist weder heroisch noch tragisch. Voraussetzung solcher Eigenschaften sind Verhältnisse der inneren oder äußeren Politik, die den Widerstreit des reinen Individuums nicht lächerlich erscheinen lassen. Der ganze Aspekt der damaligen deutschen Geschichte aber: Tausendherrenländchenwesen in Beschluß und Ausführung, Krähwinkelei in Gesellschaft und Phantasie, Zerrissenheit in jeglichem Betracht – wie sollten Tragik und Heroismus daraus entstehen? Heroisch und tragisch war die Situation einiger weniger Köpfe, die von ihrem Humanitätsideal desto weniger sprachen, je klarer sie sahen, je tiefer sie litten, je mehr ihre schadenfrohe und klägliche Zeit sie damit in die Enge trieb. Lessing wäre zu nennen und Lichtenberg, Friedrich August Wolf und Johann Wolfgang von Goethe.

Mit Mühe behauptete sich Aufklärung gegen Theologentyrannei. Und als die Aufklärung siegte: Kants Kritizismus verdarb die Literatur; Schiller und Kleist wurden seine Opfer[124]. Der Gegensatz zwischen Instinkt und Konstruktion, zwischen Zweck und Gefühl, das Mißtrauen gegen jede geniale Äußerung lähmten den Enthusiasmus, maßregelten die Empfindung. Die rückständigen Liebesbegriffe des Pfarrhauses und die gegrillte Schulfuchserei einer beaufsichtigenden Gelehrtenrepublik machten aus einem »brav Kerl, dem was Rechts aus den Augen leuchtet«[125], einen Traktätchenverfasser, der Gift und Galle spie, wenn man ihn reizte, in Filzpantoffeln seine Hämorrhoiden pflegte und artig ersonnene Weltordnungen mit kitzlicher Knifflichkeit appretierte.

Ist es Heroismus, wenn Schiller aus einem Entwurf, den er privatim der »Schamhaftigkeit der Dichter« zu widmen gedachte, für eine hochgelahrte und pastorale Öffentlichkeit eine Abhandlung machte, der er den stelzenden Titel »Über die ästhetische Erziehung des Menschen« gab? Ist der Sinn des Humanitätsideals tragisch, weil Goethe und Schiller sich verabredeten, Trauerspiele zu schreiben? Goethe lehnte nur deshalb ab, Lustspiele zu machen, »weil wir«, wie er sag-

---

124 Man weiß, wie Kleist unter Kant gelitten hat; Kant zerbrach ihm den Instinkt und war Kleistens eigentliche Krankheit. Man weiß auch, zu welchen Intellektkonstruktionen sich Schiller von Kant verleiten ließ, und wie Goethe gegen Kant anging.

125 Siehe Christian Reutters »Schelmuffsky«, eine Persiflage der damaligen Studentenverwilderung.

te, »kein gesellschaftliches Leben haben«[126]. Das Barockpathos, das Schiller seinen Helden und Versen verlieh[127], war weniger mutig als die frondierende Natürlichkeit, die Goethe hinter dem Geheimratstitel behauptete[128].

Charakter haben zu müssen im Sinne der theologisch-gelehrten Zeitkonvenienz war das Verhängnis der Geister, wie heute Verhängnis ist, Charakter haben zu müssen im Sinne der Staatspropaganda und des perfekten Durchhaltesystems. Das Unglück Werthers und der Romantiker – worin bestand es, wenn nicht in der geistigen Refraktion, in der Unfähigkeit, den gewünschten »Charakter« liefern zu können vor Reizbarkeit, Schwäche und Überschwang? Herder schreibt 1795 an die Gräfin Baudissin über »Wilhelm Meisters Lehrjahre«: »Ich kann weder in der Kunst noch im Leben vertragen, daß dem, was man Talent nennt, wirkliche, insonderheit moralische Existenz aufgeopfert werde. Die Mariannen und Philinen, diese ganze Wirtschaft, ist mir verhaßt.«[129] Klopstock 1776 an Goethe direkt, als dieser lustige Gesellschaft lustig genießt, »daß er sich an dem Herzoge, seinem Freunde, seiner Gemahlin, seiner Mutter, dem ganzen Lande und der ganzen Gelehrtenrepublik versündige, weil kein Fürst künftig einen Dichter zu seiner Gesellschaft wählen werde«[130]. Und sogar Schiller an Körner (12. August 1787): »Goethes Geist... eine stolze philosophische Verachtung aller Spekulation und Untersuchung, mit einem bis zur Affektation getriebenen Attachement an die Natur und einer Resignation in seine fünf Sinne; kurz eine gewisse künstliche Einfalt der Vernunft. Die Idee kann ganz gesund und gut sein, aber man kann auch viel übertreiben.«[131] Goethe »haßt mit Eifer Mystik, Geschraubtheit, Verworrenheit«, alle Verzwecklichung, alle Bombas-

---

126 »Goethe in vertraulichen Briefen seiner Zeitgenossen«, S. 517. Brief Schillers an Körner vom Mai 1795.

127 »Goethe in vertraulichen Briefen seiner Zeitgenossen«, S. 517. Brief Schillers an Körner vom Mai 1795.

128 Schiller an Körner, 1. Nov. 1790: »Seine Philosophie mag ich auch nicht ganz: sie holt zu viel aus der Sinnenwelt. überhaupt ist seine Vorstellungsart zu sinnlich und betastet mir zu viel.« Und Körner an Schiller, 11. Nov. 1790: »Auch mir ist Goethe zu sinnlich in der Philosophie; aber ich glaube, daß es für Dich und mich gut ist, uns an ihm zu reiben, damit er uns warnt, wenn wir uns im Intellektuellen zu weit verlieren,«

129 »Goethe in vertraulichen Briefen«, S. 513.

130 Ebd., S. 199.

131 Ebd., S. 357.

tik. Vergebens macht Körner darauf aufmerksam, daß Goethes Hauptcharaktere »nicht durch konventionellen Heroismus, sondern durch Menschlichkeit interessieren« (1788)[132]. Der ganze Adel und halb Deutschland ist in Aufregung, weil Goethe »die Würde« verletzt. Und das ist es: es gibt eine Würdepartei. Ihre Exponenten sind Lessing und Kant. Sie werden in Bewegung gesetzt in dringenden Fällen, etwa wenn Goethe sich herausnimmt, in bissigen Xenien zu äußern, das Kreuz sei ihm fatal wie »Wanzen, Knoblauch und Tobak«. Ihre auswärtigen Korrespondenten sind Lavater und Pestalozzi. Ihre Habitués Klopstock, Herder, Fichte und Schelling[133].

Eine intellektuelle Partei sozusagen. Man hat sich recht und schlecht geeinigt auf das Humanitätsideal. Herder, den Goethe als »Generalsuperintendenten und Oberhofprediger« nach Weimar berufen hat, findet: »Die Religiosität ist die höchste Humanität des Menschen und man verwundere sich nicht, daß ich sie hierher rechne.«[134] Aber um sich wohl zu wundern, muß man wissen, was man unter Religiosität und Humanität damals verstand. In Deutschland bedeuten die Worte nicht dasselbe wie anderswo. Die Religiosität des sächsischen Oberhofpredigers Herder war naturgemäß der Staatslutheranismus, die Humanität eine Art Verschwisterung von Toleranz und Aufklärung, die man als eine schöngeistige Pose in ernsthaften Fällen ohne gar große Bedenken auch fallen lassen konnte. Man vernehme Fichte hierüber: »Diese Zeitphilosophie war... gar flach, kränklich und armselig geworden, darbietend als ihr höchstes Gut eine gewisse Humanität, Liberalität und Popularität... Seit der Französischen Revolution sind

---

132 Ebd., Brief an Schiller, S. 371.
133 Den tollen Spektakel, den die »Xenien« hervorriefen, muß man in Zeitdokumenten nachlesen, um sich ein Bild davon zu machen. Der Berliner Buchhändler Nicolai sagte in einer Gegenschrift: vielleicht wäre Goethe eine kleine Züchtigung durch Lessing, wie dieser sie vorgehabt habe, sehr heilsam gewesen. Von Kant, dem man eine Streitschrift gegen die Xenien hatte zustellen lassen, kam die Antwort, »daß er mit dem unwürdigen Benehmen von Schiller und Goethe höchst unzufrieden, vorzüglich aber gegen den Ersteren erzürnt wäre und daß er Ihre Art, sich gegen den bösartigen Angriff des Letzteren zu verteidigen, ganz vorzüglich fände«. (Goethe in vertraulichen Briefen, S. 596.) Lavater schrieb an den Grafen Friedrich Stollberg: »Stille, kräftig, demütig, mutig wollen wir, Lieber, mit lichtheller Weisheit und Würde dem garstigen Sanskülottismus, ohn' uns durch ihn beflecken zu lassen, entgegen arbeiten! Goethe ist nun auch – ich hätte bald gesagt: Profoss der Sanskülotten-Rotte geworden.- (S. 597)
134 »Der deutsche Mensch«, S. 97.

73

die Lehren vom Menschenrechte und von der Freiheit und ursprünglichen Gleichheit aller... auch von einigen der Unseren in der Hitze des Streites mit einem zu großen Akzente (!) behandelt worden.«[135] Nur die abstrakte Diktion der deutschen Begriffsphilosophie verhinderte, daß man im Ausland die Rhetorik der klassischen Humanität nicht früher durchschaute. Das Humanitätsideal war sehr theoretisch, und gerade aus Fichtes Worten ersieht man, welche Schwenkung die hohen Begriffe von Freiheit, Menschheit und Recht machten, als die Revolution sie aus der Theorie in die Praxis zu übersetzen begann[136].

Beherrschung des vorgefundenen und vorhandenen sinnlichen Seins! Man vergleiche damit, wie die französischen Moralisten von Montaigne und Vauvenargues bis Larochefoucauld und Chamfort die vorhandenen Sinne und Interessen durchdrangen und sublimierten! In Frankreich wird Humanität das Wissen um Leib und Seele; in Deutschland zeigt sich gelahrter Zirkel Importhumanismus. In Deutschland »das Leben als Tat«, in Frankreich »die Tat als das Leben«. Der »süße mystische Opiumtraum unverstandener (!) Ideen und Gefühle«, von dem Herder an Hamann schreibt[137], kapituliert gar rasch, wenn Herrscher, Interesse und Lage gebieten.

Hier ist es am Platze, von der deutschen Universalität zu sprechen. Zu Zeiten der Würdepartei bestand auch die Universalität nur im Beherrschen des vorgefundenen und vorhandenen sinnlichen Seins. Die Wissensgebiete dehnten sich aus, schwollen an mit tausend Polypenarmen, aber nur deshalb, weil man rascher rezitierte, als man in Leben und Blut umsetzte. Universalität wurde Vielseitigkeit aus Mangel an Standpunkt und Überzeugung, an Einheit und Filiation. Vergebens suchten die Geister zur Kirche zurück. Das Völkergesetz und Völkergewissen, das universale Bekenntnis Europas zum Demuts- und Hilfsideal war von Luther zerstört, und kein Ersatz war vorhanden. Rührend erscheint die Bemühung der Jugend, hier überbrücken zu wollen. Da Religion und Moral widerstreiten, versucht man's poetisch im schönen Schein. »Die berechtigte deutsche Nachahmungssucht«, schreibt Friedrich Schlegel, »mag hie und da wirklich den Spott verdienen, mit

---

135   Ebd., S. 30.
136   Dasselbe war 1914 der Fall. Siehe Thomas Mann, Gerhart Hauptmann, Richard Dehmel, Frank Wedekind. Von den »Philosophen« ganz zu schweigen.
137   »Goethe in vertraulichen Briefen«, S. 281.

dem man sie zu brandmarken pflegt. Im ganzen aber ist Vielseitigkeit ein echter Fortschritt der ästhetischen Bildung. Die sogenannte Charakterlosigkeit der Deutschen ist also dem manierierten Charakter anderer Nationen weit vorzuziehen.«[138] In ähnlichem Sinne äußert sich Wilhelm von Humboldt. Ist aber diese Art Universalität nicht ein Täuschungsversuch, ein glänzendes Elend und Desperation?[139] Gerade die Führer der Nation beweisen es. Goethe sowohl wie Kant und Nietzsche litten daran, keine klare Gewissensform ihrer Tugenden finden zu können; selbst die Genies blieben déracinés, und sie haben durch Monstrosität, Dialektik und Vielgliedrigkeit nicht ersetzt, was ihnen an straffer Einwirkung auf die Nation und die christliche Basis verlorenging.

Der Mangel an Überblick über das Angehäufte, dem Lehrer und Schüler verfielen, und die Gier nach stets neuer Materie führten zu Indigestion in Gedanke und Literatur, und noch heute will niemand einsehen, daß die Sublimierung weniger Urphänomene weiterbringt als das faustische Taumeln von Wunsch zu Genuß. Macht, Dämonie wurden des Deutschen Ersatz für die Größe, sein nihilistisches Credo, recht eigentlich Quell aller Übel. Er muß zwischen Himmel und Hölle über den Blocksberg geritten sein, ehe er einsieht, daß es vernünftiger ist, Dämme zu bauen als sich in Liebe und Krieg, Metaphysik und Kommerz vollbärtig auszuleben. »Faust« aber ist eine Persiflage; die Persiflage auf den Universalitätsprofessor. Er hat viel studiert, er ist Doktor von vier Fakultäten. Er kennt alles aus Büchern, vom Hörensagen. Der Teufel flüstert ihm Cochonnerien ins Ohr. Er macht einem Mädel ein Kind, führt griechische Tragödien auf und kommt in den Himmel, nicht ohne vorher den Teufel betrogen zu haben. Das alles mit Tiefsinn und Gottvertrauen.

Ist die deutsche Humanität am Ende identisch mit der »moralischen Weltordnung«? Und die moralische Weltordnung mit der lu-

---

138 »Der deutsche Mensch«, S. 46 f.
139 Auch der sozialistische Kosmopolitismus der Deutschen, die marxistische Internationale muß so betrachtet werden. Sie ist eine Ausgeburt nationaler Desperation. Wenn Ledebour im deutschen Reichstag (24. Okt. 1918) – mit erhobener Stimme – bekennt: »Durch meine Zugehörigkeit zur internationalen Sozialdemokratie höre ich nicht auf, ein Deutscher zu sein«, bekennt er sich gerade dann zu seinem Deutschtum, wenn es gelten würde, sich nicht dazu zu bekennen. Das Bekenntnis erfolgte gegen die Erfüllung berechtigter polnischer Ansprüche auf Westpreußen.

theranischen Orthodoxie? Seltsam! Die Deutschen glauben an solche Weltordnung nur, wenn sie von ihnen kommt. Wenn Präsident Wilson sie vorschlägt, lehnen sie ab. Gibt es das aber, eine moralische Weltordnung, und ist nicht gerade Voraussetzung jeder heroischen Moral eine immoralische Weltordnung? »Es ist gar nicht zweifelhaft«, sagt Fichte, »sondern das Gewisseste, was es gibt, ja der Grund aller anderen Gewißheit, das einzige absolut gültige Objektive, daß es eine moralische Weltordnung gibt.«[140] Und Schelling erklärt uns, warum und wieso: »Die ganze Welt ist mein moralisches Eigentum« und: »Mannigfache Erfahrungen in der moralischen Welt lehren mich, daß ich in einem Reich moralischer Wesen bin.«[141] Das ist ja vortrefflich. Was bleibt da zu wünschen übrig? Eine Welt moralischer Biedermänner, die nicht den geringsten Zweifel haben, daß ihre Konspiration mit dem Absolutismus eine moralische Weltordnung ergibt, und die nur eine Sorge quält: auf welche schickliche Weise man das »radikal Böse«, das natürlich von den Andern, den rebellischen Untertanen kommt, in die moralische Weltordnung einordnen könne[142]. Kann man sich einen trostloseren Hochmut denken, ein fahrlässigeres und inhumaneres Verzichtleisten auf jede Moralkritik? Oder ist man moralisch, wenn man den Leitzordner handhabt? Die moralische Weltordnung Fichtes ist ein germanisch-professoraler Leitzordner »Universum« mit metaphysischen Wänden. Hat man ihn einmal erfunden, so ist alle Moral (die von oben kommt) fertig. »Freiheit ist des Zwanges Zweck.« Klappe auf, Klappe zu, dialektischer Schwindel. Sansculotten und Bolschewiken, Robespierres, Marats und Lenins sind störend und fernzuhalten.

Fichte wurde der Großahne Chamberlains als einer der Eifrigsten, die sich um Exaltierung des »deutschen Gedankens« bemühten. Ach, daß er die Freiheit verwechselte mit der erlaubten, der »intelligiblen« Freiheit auf Widerruf und auf Kündigung! »Alle, die entweder selbst schöpferisch und hervorbringend das Neue leben oder die, falls ihnen dies nicht zuteil geworden wäre, das Nichtige wenigstens entschieden fallen lassen und aufmerkend dastehen, ob irgendwo der Fluß ur-

---

140 »Deutscher Glaube«, S. 26.
141 »Der deutsche Mensch«, S. 17, 19.
142 Nicht nur Fichte, sondern auch Kant, Humboldt und Hegel, ja sogar Schopenhauer setzten die allgemeine Bösartigkeit voraus, wenn sie von den Aufgaben des Staates sprachen.

sprünglichen Lebens sie ergreifen werde, oder die, falls sie auch nicht so weit wären, die Freiheit wenigstens ahnen und sie nicht hassen oder vor ihr erschrecken, sondern sie lieben: alle diese sind ursprüngliche Menschen, sie sind, wenn sie als ein Volk betrachtet werden, ein Urvolk, das Volk schlechtweg, Deutsche.«[143] Eine schlichte Formel geistiger Annexion! Und doch hatte gerade Fichte einmal (1799) Veranlassung gehabt, Worte zu schreiben, die heute wieder sehr aktuell geworden sind: »Es ist nichts gewisser als das Gewisseste: daß, wenn nicht die Franzosen die ungeheuerste Übermacht erringen und in Deutschland, wenigstens einem beträchtlichen Teile desselben, eine Veränderung durchsetzen, in einigen Jahren in Deutschland kein Mensch mehr, der dafür bekannt ist, in seinem Leben einen freien Gedanken gedacht zu haben, eine Ruhestätte finden wird.«[144] Wie stellte sich Fichte die Freiheit vor? Trotz seiner Erfahrungen von 1799 empfahl er nach der Niederlage von Jena, die Jugend dem Staate anzuvertrauen, und dem Staate empfahl er, nach Pestalozzis Methode pestalozzianische Lehrer für die Erziehung dieser Jugend heranzubilden. Eine echt fichtige Freiheitsformel: von schlechtem Gedächtnis diktiert und unverwüstlichem Optimismus. Ein Glück, daß der preußische Staat ihn nicht verstand. Die Folge wäre gewesen: eine Art pietistischer Jesuitenschule unter landesherrlichem Protektorat. Nein, Fichte war kein überwältigender Geist[145], aber ein Prophet. »Endlich«, sagte er, »und wo ist denn das Ende? – endlich muß doch alles einlaufen in den sicheren Hafen der ewigen Ruhe und Seligkeit; endlich einmal muß doch heraustreten das göttliche Reich

---

143 »Deutsches Volkstum«, S. 30.

144 Heinrich Heine, »Geschichte der Religion und Philosophie in Deutschland«, S. 110 f.

145 Das hat schon Heine konstatiert: »Der Fichte'sche Idealismus gehört zu den kolossalsten Irrtümern, die jemals der menschliche Geist ausgeheckt. Er ist gottloser und verdammlicher als der plumpste Materialismus.« Und Schopenhauer: »Um mich über den intellektuellen Charakter der Deutschen und die auf ihn zu gründenden Erwartungen zu orientieren, habe ich mir einige feste Punkte gemacht, auf die ich vorkommenden Falls allemal zurücksehe: 1. daß Fichte, dieser überbietende Hanswurst Kants, selbst 40 Jahre nach seinem Auftreten noch immer neben Kant genannt wird, als wäre er eben auch so einer. Ηρακλης και πιθηκος!« – Was sagen dazu die Herren des Verlags Eugen Diederichs, die noch 1914 »in Nachfolge von Fichte und Lagarde auf volkstümlicher und religiöser Grundlage einen neuen deutschen Idealismus« vorbereiten? – Hier übrigens auch einige Sätze von Herrn Lagarde

und seine Gewalt und seine Kraft und seine Herrlichkeit.«[146] Es ist herausgetreten.

4

Am 14. Juli 1789 brach in Frankreich die Revolution aus. Assez de la métaphysique! Frankreich wollte wissen, wie es um den Menschen bestellt sei. Die Philosophie Europas kam an den Tag. Die französische Nation wollte wissen, was man wollen darf, sollte auch Blut, sehr viel Blut dabei fließen. Atheismus und Unvernunft offenbarten sich, alles Entsetzen und alles Entzücken.

Nous voulons la bastille! Die mittelalterlichen Mauern barsten und fielen krachend zusammen. Besitzergreifung des Rechts im Namen der Menschheit. »Wollt ihr grün, die Farbe der Hoffnung, oder rot, die Farbe des Cincinnatusorden?«, rief Camille Desmoulins, die Pistole in der Hand, von einem Tisch auf der Straße. »Grün, grün«, klatschte begeistert die Menge. Der Redner springt vom Tisch, steckt ein Baumblatt an seinen Hut; alle Kastanienbäume im Palais werden entlaubt und im Zuge, tanzend und hüteschwenkend, begibt sich die Menge zum Bildhauer Curtius.

Wer was zu sagen hatte, kam auf die Straße. Wer nicht auf die Straße kam, war ein Tropf. Sub specie temporis werden die Philosophien behandelt. Ewige Dinge geschehen, weil keiner mehr an die Ewigkeit denkt. »Was das Wort Majestät betrifft«, sagte Guadet, »so darf man es ferner nur noch verwenden, wenn man von Gott und vom Volke spricht.«

Selbstbestimmung, Freiheit, Gleichheit, Brüderlichkeit: die himmlischen Worte überstürzten einander. Enthusiasmus und Freude erheben auf Riesenschultern Paris zur Hauptstadt der Welt. Papst, Henker und Thron versinken im Dunkel. Denn siehe: euch wurde der Mitmensch geboren. »La vertu est un enthousiasme«: Nichts mehr von leidendem Glauben, nichts mehr von Dogmen. Das Dogma ist tot; tot der pedantische Gott, der überm Sinai Dogmen erdacht hat. Mensch sein heißt tanzen und jubeln können: alle Geisteskräfte zugleich entströmen dem Körper.

---

146   »Deutscher Glaube«, S. 35.

Die Carmagnole heult und die Marseillaise grollt. Brennende Köpfe, schäumende Lippen. »Das Vaterland ist in Gefahr«, sagt Brisson, »nicht weil es an Truppen fehlt, nein, weil man seine Kräfte gelähmt hat. Und wer hat sie gelähmt? Ein einziger Mann, gerade der, den die Verfassung zu ihrem Haupte und den treulose Ratgeber zu ihrem Feinde gemacht haben. Man sagt euch, fürchtet die Könige von Ungarn und Preußen, und ich sage, die Hauptmacht dieser Könige ist am Hofe, und da müssen wir sie zuerst besiegen. Man sagt euch, schlagt auf die widerspenstigen Priester im ganzen Königreiche, und ich sage, schlagt auf den Hof der Tuilerien, und ihr schlagt jene Priester mit einem einzigen Schlage. Man sagt euch, verfolgt alle Ränkeschmiede, alle Meuterer, alle Verschwörer; ich sage, diese verschwinden alle, wenn ihr auf das Kabinett der Tuilerien schlagt; denn dies Kabinett ist der Mittelpunkt, wo alle Fäden zusammenlaufen, wo alle Anschläge angezettelt werden, von wo jeder erste Anstoß kommt. Die Nation ist der Spielball dieses Kabinetts. Das ist das Geheimnis unserer Lage. Das ist die Quelle des Übels. Das ist die Stelle, wo abgeholfen werden muß.«[147]

Aha, sagte das Volk, das Kabinett, das königliche Kabinett; und wir dachten, die Zentrumspartei! Aha, sagte das Volk, die Dunkelmänner, die die Befehle ausgeben, die Minister und Junker! Heraus damit, ans Licht mit ihnen! Man setze dem König die rote Mütze auf, man schleppe ihn vor den Konvent! Er soll Rechenschaft geben. Seine Ratgeber – wer sind sie? Nicht dem Zivilkabinett, nur uns selber gehorchen wir. Neue Verfassung, neue Justiz! Wir wollen Vergeltung, man hat uns betrogen! Kein Volk, auch das gutmütigste nicht, läßt sich zum Narren halten!

Sie sind betrunken von Wut, wie wir Deutsche es wären, wenn wir dahinterkämen, daß wir betrogen und Narren sind. Sich selbst erlösen will die stolze französische Seele, denn die Zeiten sind heillos, kein Heiland hilft. »Sagen wir Europa«, ruft Isnard von der Rednertribüne, »daß alle Kämpfe, die die Völker auf Befehl von Despoten ausfechten, den Streichen gleichkommen, die sich zwei Freunde, durch einen treulosen Anstifter aufgereizt, in der Dunkelheit versetzen. Wenn die Tageshelle anbricht, werfen sie die Waffen weg, umarmen sich und züchtigen den, der sie betrog; ebenso werden die Völker sich im An-

---

147 Mignet, »Geschichte der französischen Revolution 1789–1814«, Leipzig o. J., S. 174 f.

gesicht der entthronten Tyrannen, der getrösteten Erde und des erfreuten Himmels umarmen, wenn im Augenblick, wo die feindlichen Heere mit den unsern kämpfen, das Licht der Philosophie ihre Augen trifft.«[148]

Ja, die Französische Revolution war praktische Philosophie. Zwei mächtige Schriftsteller hatten sie vorbereitet: Voltaire und Rousseau. Voltaire, das höchste Beispiel des écrivain: Die Einleitung durch den Eklat war das Geheimnis seines Erfolges. Das Publikum und die Parteien nahmen Stellung in wilden Debatten, eh' noch das Werk da war. Der Entwurf schon war Auseinandersetzung mit allen Einwänden, Drohungen, Hoffnungen; Angst und Entzücken des Publikums. Nur in Frankreich ist so etwas möglich. Intrigen, Wetten, Duelle gingen der Publikation voraus. Das Erscheinen des Buches: nur noch Bestätigung, Urteil und Richtspruch. Rousseau: der Gesetzgeber der neuen Moral. Goethe lebte nach seinen Maximen; die Literatur halb Europas von seinem Ruhm. Der »Contrat social« wurde die Bergpredigt verjüngter Völker. Korsen und Polen erbaten sich Verfassungen von ihm. Die Revolution aber machte die Probe aufs Exempel; die Revolution, dieser Brennpunkt aller Geistesgegenwart eines Volkes. Wo ist Charakter? Wo jeder sagt, was er denkt, und der Augenblick über das Wort entscheidet.

Einen ungeheuren Verbrauch von Philosophien zeigt der französische Volksaufstand. Kritik des Systems und aller Systeme, lautet die Losung. Die Ideologien, von denen Napoleon sprach, als er nach Deutschland kam, und die »gotischen Vorurteile«, von denen er sprach, als er im Marcolini-Palais scheiternd vor Metternich stand, diese Vorurteile und Ideologien hat die Französische Revolution zerstört. Von nun an interessierte nicht mehr die Prätention, sondern das Herz, das dahinter schlug. Scheingrößen verschwanden.

Die Verfassung von 1793 setzte die Herrschaft der Menge fest. Die Masse ist Quell der Gewalt und auch Quell ihrer Ausübung. »Je mehr der Staatskörper schwitzt«, ruft Collot-Herbois, »desto gesünder wird er.« Der Staatskörper schwitzte aber Blut, nicht Limonade. Männer wie Danton: ihre Partei ging ihnen über Rücksicht, Gesetz, über Menschlichkeit. Um der Sache des Menschen willen. Die Gedanken wurden locker, die Köpfe saßen nicht fest mehr zwischen den Schul-

---

148 Ebd., S. 153.

tern. Von Saint-Just höhnte Desmoulins, daß er seinen Kopf »wie das heilige Sakrament mit Ehrfurcht auf seinen Schultern trage«. Man hat die Guillotinagen der Revolution verflucht, aber man hat darüber die Feste des Genies und der Tugend vergessen und jenes berauschte Wort Robespierres: »Volk, überlassen wir uns heute dem Entzücken einer reinen Freude! Morgen bekämpfen wir aufs neue die Laster und die Tyrannen.«

»Eine Revolution ist die Wirkung der verschiedenen Systeme, die das Jahrhundert, in dem sie entstanden ist, in Bewegung gesetzt haben«, sagt Mignet[149]. Nun, das Jahrhundert war das der Aufklärung und der Humanität, und die Guillotine war die Probe aufs Exempel. Was würde in Deutschland wohl übrigbleiben, wenn erst die Phrasen verschwanden? Die Revolution war elementarer Ausbruch des Widerwillens gegen Rechthaberei und Bevormundung, gegen Doktrin und Scholastik[150]. Ihr blasphemisches Schlachten war eine Form von Sichausleben lange vor Nietzsche.

Doch schon auch Wendepunkt. Eine universale Tat war geschehen; jetzt konnte von vorne begonnen werden. Frankreich hatte mit Ernst gesprochen. England, Italien, Rußland nahmen das Wort auf. Die Vernunft war vergöttert und eingesetzt, dem Menschenherzen war Raum geschaffen. Es war doch einmal. Nun konnte die Heiligung wieder beginnen. Europa sah Freiheit, restlose Freiheit, das Letzte nach außen gekehrt, das Himmlische und das Verruchte. An alle Nationen der Welt ging die Aufforderung, für die Demokratie zu werben. Ein apostolisches Tuch reiner und unreiner Tiere: so stürmte die Trikolore.

Was haben die Deutschen getan, diesen beträchtlichen Dingen gerecht zu werden? Die Bibel- und Professorenkränzchen? Der Superintendent und der Geheimrat, der Professor und der Assessor? Wollen sie immer noch etwas Besonderes sein, immer sich noch vor der Welt verschließen?

Alle scheint das Ereignis überrascht zu haben. Die Philosophen pflegten nach England zu reisen, die Künstler nach Italien. Niemand nach Paris. Der einzige Humboldt nahm teil an einigen Sitzungen der

---

149 Ebd., S. 287.
150 Es ist bemerkenswert, daß keiner der großen Parteidoktrinäre der Revolution diese überlebt hat.

Nationalversammlung à titre d'espion, muß man gestehen, denn er ging dann in preußische Dienste und saß auch im Wiener Kongreß.

Die Chefs der intellektuellen Partei kannten die große Revolution nur von Hörensagen. Voltaire hatte die Geister beschäftigt, Rousseau die Gemüter. Aber wenn Friedrich II. die Enzyklopädisten zu sich berief, – wer traf sonst noch mit ihnen zusammen? 1785 begannen Preußens Geheimverhandlungen für das Zustandekommen des »Fürstenbunds« (Programm: Sicherheit und Ehre der Kronen).

Auch Karl August von Weimar fand sich hineingezogen, und da er den Ehrgeiz zeigte, in der großen Politik eine Rolle zu spielen, sah Goethe seine künstlerischen Hoffnungen vereitelt. Im zimtbraunen Bratenrock, chapeau bas, Degen an der Seite, komplimentierend wie der steifste Hofjunker, erscheint Johann Wolfgang 1789 in Mainz. »An Begeisterung für ein hohes Ideal glaube ich in Goethe nicht mehr«, schreibt Huber an Körner. Und als derselbe Goethe 1792 zur verbündeten Armee nach Frankreich geht – er ließ gerade sein Wohnhaus herrschaftlich umbauen – wird er geschildert: »Proportioniert dick, breitschultrig. Gesicht voll, mit ziemlich hängenden Backen.«[151]

Kant schrieb eine Abhandlung über das »Radikal Böse« (1792), offenbar gegen die Hébertisten, und veröffentlichte, erst als die Revolution Europa bedrohte, 1796 seinen Entwurf »Zum ewigen Frieden«. 1790 hatte er den Krieg noch eine »erhabene« Erscheinung genannt[152]. Nach Kants vorsichtiger Terminologie soll damit eine »über Menschenmacht« erhabene Erscheinung gemeint sein, aber was will man? Selbst ein so witziger Kopf wie Herr Scheler hat das Wort mißverstanden[153]

In seinem Friedensentwurf bezeichnete Kant als Voraussetzung des

---

151   »Goethe in vertraulichen Briefen seiner Zeitgenossen«, David Veit an Rahel Levin, S. 477 f.

152   In der »Kritik der Urteilskraft« (§ 23). – 1795 eroberte dann Pichegru Holland und setzte eine Batavische Republik ein. Preußen, durch Entziehung der englischen Hilfsgelder und durch die feindselige Haltung Rußlands und Englands in die Enge getrieben, trat vom Koalitionskriege zurück und mußte im Frieden von Basel seine linksrheinischen Besitzungen Frankreich überlassen.

153   Vgl. Nicolai, »Die Biologie des Krieges«, Der Mißbrauch Kants, S. 439 ff. Es wird die deutschen Republikaner schmerzen, daß meine Darstellung der von Nicolai widerspricht, aber ich glaube, sie ist die richtigere. Unsere Klassiker beweisen nicht viel. Sie sind zweideutig. Wir müssen eine neue Tradition schaffen.

»ewigen Friedens« die republikanische Verfassung, und an anderer Stelle seiner Schriften sprach er sogar, wie die »Frankfurter Zeitung« nach hundertdreißig Jahren glückstrahlend entdeckt hat, vom parlamentarischen System. Man könnte demnach nicht sagen, Kant sei den Ereignissen taub gegenübergestanden, wenn Fichte nicht darüber belehrte, was man zu damaliger Zeit in der Gelehrtenrepublik unter Republik verstand[154]. A priori – das ist's, a priori – bestritt Kant die Möglichkeit einer Landung Bonapartes in Ägypten; selbst dann noch, als die Zeitungen sie längst schon als glücklich beendet meldeten[155]. Von den Franzosen im ganzen aber schrieb er: »Die Kehrseite der Münze ist die nicht genugsam durch überlegte Grundsätze gezügelte Lebhaftigkeit, und bei hellsehender Vernunft ein Leichtsinn, gewisse Formen, bloß weil sie alt oder auch nur übermäßig gepriesen worden, wenn man sich gleich dabei wohl befunden hat, nicht lange bestehen zu lassen, und ein ansteckender Freiheitsgeist...«[156]

Auch Fichte bemühte sich um die junge französische Republik; indem er den Sicherheitsstandpunkt geltend machte. »Der Hauptgrundsatz jeder Staatslehre, die sich selbst versteht, ist enthalten in folgenden Worten Machiavells: jedweder, der eine Republik (oder überhaupt einen Staat) errichtet und demselben Gesetze gibt, muß voraussetzen, daß alle Menschen bösartig sind, und daß ohne alle Ausnahme sie alsbald ihre innere Bösartigkeit auslassen werden, sobald sie dazu eine sichere Gelegenheit finden.«[157] (Die Professoren also auch?) Was die Freiheit betrifft, so findet sie Fichte am besten garantiert »im Gesetz« und »nur von den Deutschen, die seit Jahrtausenden für diesen gro-

---

154 »Im Mittelalter nannte eine Stadt sich frei und Republik, nachdem sie von dem Reiche, das in der Entfernung nie schützte, aber dennoch zuweilen lästig wurde, sich losgerissen hatte. Der ganze Erfolg dieser Befreiungen lief in der Regel darauf hinaus, daß man, anstatt ein Glied der großen Anarchie zu bleiben, sich seine Anarchie eigens für sich selbst einrichtete, und die Streiche, die man haben sollte, sich von nun an mit eigenen Händen erteilte.« (Fichte, »Macchiavell«, Kritische Ausgabe von H. Schulz, Leipzig 1918, S. 7 f.) Was Fichte hier beschreibt, ist das damalige Verhältnis Preußens zum »Reich«. Und was Kant vorschwebte, war wohl als Konzession an die drohenden Franzosen eine Auflösung des Heiligen Römischen Reiches in Adelsrepubliken, niemals aber eine preußische oder gar deutsche Republik im heutigen Sinne.

155 E. A. Ch. Wasiansky, »Immanuel Kant in seinen letzten Lebensjahren«, »Kants Leben in Darstellungen von Zeitgenossen«, Deutsche Bibliothek, Berlin, S. 224.

156 »Der deutsche Mensch«, S. 38.

157 Ebd., S. 26.

ßen Zweck da sind und ihm langsam entgegenreifen; ein anderes Element für diese Entwicklung ist in der Menschheit nicht da«[158].

Wilhelm von Humboldt, gebürtig zu Potsdam, eilte auf die Kunde von der Französischen Revolution nach Paris. In seiner Schrift »Über die Grenzen der Wirksamkeit des Staates« verarbeitete er in preußischem Sinne den Rousseauschen Satz, daß das demokratische Massenrecht den einzelnen Menschen auch »zwingen könne, frei zu sein«[159]; indem er nämlich, wie Herr Moeller van den Bruck mitteilt, »die sittliche Freiheit« heranzog, die er als Kantianer mitbrachte, und von der Rousseau gesagt hatte, daß sie nicht zu den Aufgaben seiner Arbeit gehöre[160].

Die deutschen Bearbeitungen Rousseaus sind interessant. Sie lassen die philosophische Mystifikation auf der Tat ertappen. Rousseau setzte an den Anfang seines »Contrat social« den wohlbedachten revolutionären Satz: »Der Mensch ist frei geboren und ist doch überall in Banden.« Schiller machte daraus nach Kants intelligiblem Muster: »Der Mensch ist frei geschaffen, ist frei und würd' er in Ketten geboren.« »Und diese Freiheit« (in Ketten geboren!), sagt nun Moeller van den Bruck, »war es, die Humboldt gegen den Staat sicher zu stellen suchte.« Später erst, auf dem Wiener Kongreß, »wo ihm nicht Hardenberg, nicht Metternich, nicht Talleyrand an Bildung, geschweige denn an Bedeutung gewachsen waren«; als Preußen »gezwun-

---

158 Ebd., S. 51.
159 Als Beispiel dafür, wie dieser Rousseausche Satz in Deutschland Schule machte und wie er hier interpretiert wurde, vergleiche man übrigens einen Ausspruch Schellings, der den Satz von der »Freiheit, die des Zwanges Zweck« ist, für Kants Erfindung hielt: »Der Herrscher, der den freiwilligen Tugenden (sic!) keinen Raum, der Gesellschaft keine Entwicklung gestattet, dem, in Kants Weise zu reden, die Freiheit nicht des Zwanges Zweck ist, ein solcher ist ein Despot.« Für den Einfluß Rousseaus auf Kant spricht hinreichend die Tatsache, daß »außer J. J. Rousseaus Kupferstiche, der in seinem Wohnzimmer war, sich nichts von dieser Art in seinem ganzen Hause befand« (nach Borowsky).
160 Moeller van den Bruck, »Wilhelm von Humboldt und die preußische Freiheit«, Feuilleton im roten »Tag«, Berlin, Winter 1918. Moeller von den Bruck ist der Verfasser eines bei Bruns in Minden erschienenen Prachtwerkes »Die Deutschen. Unsere Menschengeschichte«. Das Werk »zerfällt« in acht Bände. 1/2 »Verirrte und führende Deutsche«, 3/4 »Verschwärmte und entscheidende Deutsche«, 5/6 »Gestaltende Deutsche. Goethe«, 7/8 »Scheiternde und lachende Deutsche«. Herr Moeller van den Bruck wird voraussichtlich demnächst einen Nachtrag 9/10 »Fade und bissige Deutsche« bringen, worin er von dieser Notiz Kenntnis gibt.

gen war, das Schwergewicht von den Forderungen des Individuums und der Freiheit ganz auf die des Staates und des Zwanges zu verlegen«, bekannte Humboldt vor der Wirklichkeit, daß »Sicherheit des Ganzen wichtiger ist als Freiheit des einzelnen«. Auf den Vorschlag Talleyrands, man möge den Kongreß im Namen des öffentlichen Rechts eröffnen, antwortete Humboldt: »Was soll hier das öffentliche Recht?«[161] Da hat man die ganze Entwicklung: von Königsberg über Jena nach Wien.

Der einzige Lichtenberg scheint Frankreich besser verstanden zu haben. In seinen »Politischen Bemerkungen« finden sich Sätze, die noch heute gelten und seine volle Aufmerksamkeit und Sympathie für die Revolution, aber auch seine Besorgnis nicht verhehlen. »Die Lüftung der Nation kommt mir zur Aufklärung derselben unumgänglich nötig vor. Ich sehe darin nichts so sehr Arges, daß man in Frankreich der christlichen Religion entsagt hat. Wie, wenn das Volk nun ohne allen äußeren Zwang in ihren Schoß zurückkehrt? Vielleicht war es nötig, sie einmal ganz aufzuheben, um sie gereinigt wieder einzuführen.«[162] Oder: »Das Traurigste, was die Französische Revolution für uns bewirkt hat, ist unstreitig das, daß man jede vernünftige und von Gott und rechtswegen zu verlangende Forderung als einen Keim von Empörung ansehen wird.«[163] und 1796: »Wir wollen nun sehen, was aus der französischen Republik wird, wenn die Gesetze ausgeschlafen haben.«[164] Das ist der ganze liebe kluge Lichtenberg, der klüger war als alle die Häupter der Würdepartei zusammengenommen.

Denn was geschah? Nach der Maxime »Fürchte deinen Nächsten wie dich selbst« wurden die freiheitlichen Ideen der Revolution von den deutschen Regierungen unter Zuhilfenahme ihrer Hof-, Staats- und Plaisirhumanisten ins Unverbindliche abreagiert[165]. Die Regie-

161 Ch. Seignobos, »1815–1915. Vom Wiener Kongreß bis zum Krieg von 1914«, Lausanne 1915, S. 5.

162 Georg Christoph Lichtenberg, »Vermischte Schriften«, Bd. I, Politische Betrachtungen, S. 225, 243.

163 Ebd., S. 240.

164 Ebd., S. 253 (Nachtrag zu den Polit. Betrachtungen).

165 Es ist ein hartes Wort, das auch Schiller trifft. Er, wenn einer, wäre als Ehrenbürger der Revolution gehalten gewesen, die neuen Ideale postulativ in Prosaschriften zur Geltung zu bringen, statt sie in versifizierter Racine-Nachfolge ästhetisch und dekorativ zu entwerten. Aus der feudal-philanthropischen Humanitätsschwärmerei wäre ein reales Wissen um die

rungen ließen die »intelligible Freiheit«, um die sie sich nur so lange nicht kümmerten, als die Herren Philosophen und Gelehrten keine praktische Konsequenz daraus zogen, summa cum laude als nationale Spezialität dozieren, und die sogenannten Freiheitskriege (preußisch protegierte Franktireuraufstände) erlaubten der düpierten Nation, ihren Haß gegen den Fortschritt und ihren Ärger über versäumte Gelegenheiten sogar auf den Namen Heroismus zu taufen. Eine Konspiration gegen den Fortschritt war es, was Deutschland mit Preußen liierte.

5

Man kann die Erniedrigung, die das preußische Pflichtideal postuliert, und die Depravation, zu der es notwendig führen muß, nicht verstehen, wenn man seine Entwicklung nicht kennt. Dem preußischen Pflichtideal liegt noch heute eine Art stillschweigenden Vertragsverhältnisses zugrunde zwischen dem Fürsten und seinem Untertanen. Der Untertan verpflichtet sich, zu »dienen«, der Fürst erzieht ihn und »schützt« ihn dafür. Überall, wo es Patriarchen und Fürsten gibt, hat es einen ähnlichen Vertrag gegeben. In Preußen aber kam dazu folgendes: Das Elend des Dreißigjährigen Krieges hatte vom Abschaum aller Völker Söldnerhorden hinterlassen, die herrenlos und marode, raubend und wohl auch mordend, das Land durchstreiften. Notgedrungen vielleicht, vielleicht aus Frömmigkeit – Armenwesen und Polizei gehen in protestantischen Staaten ja Hand in Hand – schuf Friedrich Wilhelm, der Große Kurfürst, den miles perpetuus, das stehende Heer. Die Horde fand jetzt ein Unterkommen. Pflicht aber wurde »verdammte Pflicht und Schuldigkeit«, aus billiger Anerkennung der kurfürstlichen Güte.

Der miles perpetuus ist ein tief verworfenes Geschöpf; er kann seinem Herrgott danken, daß der Kurfürst ihn nicht aufknüpft, sondern ihn zu lebenslänglichem »Dienst« begnadigt. Der Kurfürst freilich ist kein gar gelinder Herr. Aufs strengste geht er gegen Insubordination, Raufen und Balgen seiner Offiziere vor: Duellanten und Sekundanten

---

Tatsache der Inhumanität und Unfreiheit geworden, aus dem Allerweltshumanismus ein heilsames Eingeständnis der »Grenzen der Nation«.

bestraft er mit dem Tode. Durch hinreichenden und »regelmäßig aus-
gezahlten« Sold indessen fesselt er Mannschaft und Offiziere an sich.
Auch durch die Macht seiner »christlichen« Persönlichkeit.

Der preußische Militarismus in seinen Grundlagen ist eine Institution »praktischen Christentums«. Das ist hinreichend ersichtlich.
Die von Gott eingesetzte Obrigkeit begnadigt den Sünder. Es ist ein
religiöser Militarismus. Bei einer Exaltierung des Bußbegriffes ließe
sich daraus ein preußischer Militärkatholizismus abstrahieren. Soweit
sind wir noch nicht gekommen, weil es an produktiven Köpfen fehlt.
Aber wenn Herr Scheler sich einmal damit beschäftigen wollte, ließe
sich denken, daß man Katholizismus in diesem Punkte sogar mit Preußentum vereinigen kann. Dann würde es Freiwillige geben aus Dan-
dyismus.

Die »verdammte« Pflicht und Schuldigkeit besagt, daß es hier eine
Hölle gab ohne Entrinnen. Das Exerzieren des miles perpetuus und die
Exerzitien der Jesuiten treffen sich in punkto menschlicher Erbärmlichkeit, Nullität und Zerknirschung. Kaserne, Kloster und Zuchthaus wetteifern in Pauperismus, schlechter Kost und Verachtung des
menschlichen Stolzes. Die militärischen »Generales Observations«
jenes Soldatennarren Friedrich Wilhelm I. und die »Geistlichen Bußübungen« des Ignatius Loyola berühren einander im Paragraphen.
Artikel I: »Es muß zuvörderst wohl darauff gesehen werden, daß, so
offt ein Kerl im Gewehr, und absonderlich auf dem Ecerzir-Platze ist,
sich bonair gebe, nemlich den Kopf, Leib und Füße recht und unge-
zwungen halte, und den Bauch einziehe.« Artikel VII: »Das erste im
Exerciren muß seyn, einen Kerl zu dressieren, und ihm das air von
einem Soldaten beyzubringen, daß der Bauer heraus kommt.« Oder
Art. II für die Offiziere: »Weilen ein Kerl, welcher nicht Gott fürchtet,
auch schwerlich seinem Herrn treu dienen, und seinen Vorgesetzten
rechten Gehorsam leisten wird; Also sollen die Officiers den Soldaten
wohl einschärfen, eines Christlichen und ehrbaren Wandels sich zu
befleißigen; Weshalb die Officiers, wenn sie von eines Soldaten gottlo-
sem Leben in Erfahrung kommen, selbigen vermahnen, und wenn er
sich nicht bessert, den Kerl zum Priester schicken müssen.«

So im »Reglement, Vor die Königl. Preußische Infanterie«, Potsdam, den 1. Martii 1726[166]. Das Reglement ist beeinflußt vom Kriegs-

---

166 Siehe Tim Klein, »Der deutsche Soldat«, Zeugnisse von seinem wahren Wesen, Mün-

reglement des Spaniers Della Sala ed Abarca (1681), das auf Befehl des Königs ins Deutsche übersetzt wurde und mit geringen Änderungen auch an Friedrich den Großen überging. Von letzterem aber stammt jenes Wort, das die Herkunft des preußischen Soldaten noch deutlich erkennen läßt: »Kann ein Fürst, der seine Truppen in blaues Tuch kleidet, und ihnen Hüte mit weißen Schnüren gibt, der sie sich kehren läßt rechtsum und linksum, sie ehrenhalber einen Feldzug tun lassen, ohne den Ehrentitel eines Anführers von Taugenichtsen zu verdienen, die nur aus Not gedungene Henker werden, um das ehrbare Handwerk von Straßenräubern zu treiben?«[167]

Man sieht: die preußische Armee regt zum Philosophieren an, und es ist kein Scherz, wenn ich sage, der preußische Militarismus beruht auf »Religionsphilosophie«. Er ist spanisch nach seiner Herkunft, Zuchtrute und Geißel, und wird nur überwunden werden von einer geistigen Disziplin, die sich an jesuitischen Vorbildern schulte[168]. Die preußische Armee in ihrem Ursprung ist ein Verbrecherinstitut, dem die Gnade des Fürsten zuteil geworden ist, und noch die Fuchtel heutiger Offiziere und Unteroffiziere, Kasematten- und Kasernendrill, der die absolute Inferiorität des ihnen ausgelieferten »Menschenmaterials« statuiert, zeigt Parallelen mit dem Gefängniswesen, die Gegenstand theologischer Dissertationen sein könnten.

Die Rache ist Ausgangspunkt einer brandenburgischen Hausphilosophie, der auch Kants Rigorismus sich nicht zu entziehen vermochte und der keine strengere Natur ihr spekulatives Interesse versagt. Die Subordination des Individuums, wie das preußische System sie verlangt, begann sogar die römische Kirche zu interessieren und die verwöhntesten Geister fallen uns ab, wenn wir der Satansschule uns nicht gewachsen zeigen. Was ist es anders als Mathematik, wenn Friedrich Wilhelm I. vor dem dröhnenden Gleichschritt der »langen Kerle«, vor den unerhört genauen Bewegungen der Körper und Linien Wirbelkrämpfe bekommt? »Enfin, ein Regiment ist die Braut, darumb man tanzet.«[169] Der Kantonist war zu lebenslänglichem Dienst ver-

chen 1916. Das Buch ist »Dem Andenken unserer Gefallenen gewidmet« und beginnt mit Lessing- und Goethe-Zitaten.
167 Friedrich II., Brief an Voltaire, 27. Nov. 1773.
168 Wann werden preußische Offiziere zu Loyolas werden?
169 Brief Friedrich Wilhelms I. an Leopold von Anhalt-Dessau, den »alten Dessauer«, seinen Haupt-Exerzier- und Heermeister.

pflichtet. Unerbittlich regierte der Stock[170]. Ist es ein Zufall, daß Kant schrieb, »wir stehen unter einer Disziplin der Vernunft. Pflicht und Schuldigkeit sind die Benennungen, die wir allein unserem Verhältnisse zum moralischen Gesetze geben müssen?«[171] War nicht auch er fasziniert? Hat er das Regiment Friedrich Wilhelms nicht gut beschrieben, als sein gelehriger Schüler? »Pflicht, du erhabener großer Name, der du nichts Beliebtes, was Einschmeichelung bei sich führt, in dir fassest, sondern Unterwerfung verlangst...!« Und liegen nicht hier, im devotesten Byzantinismus, auch die Gründe beschlossen, die Katholiken, Polen und Spanier heute zu Kant und zu Preußen führen?

Kant sucht die Wurzel einer »edlen Abkunft« dieser »Pflicht«. Er fühlte als Preuße und Mensch sich verpflichtet, der teuflischen Wirklichkeit eine göttliche Wurzel zu suchen. Und er fand diese Wurzel, die »Würde«, in der freiwilligen Zustimmung zu Gebot und Befehl: in der Antizipation des Befehls, und er nannte sie »kategorischer Imperativ« im Namen der »Persönlichkeit«. Ist ein Satz wie der folgende zu verstehen ohne diese Prämissen? Kant schreibt: »Hält nicht einen rechtschaffenen Mann im größten Unglücke des Lebens (dem Militärdienst), das er vermeiden konnte, wenn er sich nur hätte über die Pflicht wegsetzen können, noch das Bewußtsein aufrecht, daß er die Menschheit in seiner Person doch in ihrer Würde erhalten und geehrt habe: daß er sich nicht vor sich selbst zu schämen und den inneren Anblick der Selbstprüfung zu scheuen Ursache habe?«[172] Hält man Kant

---

170 Zu den begnadigten Verbrechern kamen neugeworbene und sogar mit Gewalt zusammengetriebene Söldner aus der Hefe des Auslandes. Mehring (»Die Lessinglegende«) teilt Aktenstücke mit, aus denen hervorgeht, daß die Werber Friedrich Wilhelms I. in den an Preußen angrenzenden Ländern vogelfrei waren und erschlagen werden durften, wo man ihrer habhaft werden konnte. Das preußische Heer war eine Art Fremdenlegion im schlimmsten Sinne, den die Schauerballade mit diesem Worte verbindet. »So fand ich eine leere, wüste Stätte und versuchte, einen Bau darauf zu errichten«, schreibt Friedrich II. (»Zur Einführung in die Denkwürdigkeiten zur Geschichte des Hauses Brandenburg.«)

171 »Kritik der praktischen Vernunft.« Kant fährt fort: »Wir sind zwar gesetzgebende Glieder eines durch Freiheit möglichen, durch praktische Vernunft uns zur Achtung vorgestellten Reichs der Sitten, aber doch zugleich Untertanen, nicht das Oberhaupt desselben, und die Verkennung unserer niederen Stufe, als Geschöpfe, und Weigerung des Eigendünkels gegen das Ansehen des heiligen Gesetzes, ist schon eine Abtrünnigkeit von demselben dem Geiste nach, wenngleich der Buchstabe erfüllt wurde.«

172 Ebd.

noch immer für den weltabgewandten Stubengelehrten? War er nicht vielmehr halb Opfer, halb Helfer? War das Substrat seiner abstrakt-anonymen Sätze nicht Friedrich Wilhelms Knutensystem? Glaubt man, ohne Grund sei er für die Chamberlain und Konsorten »die Braut, darumb man tanzet«? Er hat dem preußischen Untertanen, wenn auch mit Skrupel und Vorsicht, das gute Gewissen gegeben, sich knuten und knebeln zu lassen. Er war der zweite Deutsche nach Luther, der das Gewissen verriet; so sublim und abstrakt und so dunkel, daß es gewitzigter Sinne bedarf, hier noch die Urschrift zu lesen. Kant hob die preußische Knutung zur Metaphysik[173].

Verbunden mit dem Erniedrigungsideal, das zum Zynismus führen mußte und auch führte, war die brandenburgische Tradition des »Sich-formidabel-Machens«. Der Große Kurfürst schreibt: »Unsere Voreltern seind der ganzen Welt formidable gewesen und, wenn sie sich nur gerühret, hat alles gezittert.«[174] Der Satz wird Haustradition. Friedrich Wilhelm I. legt seinem Nachfolger ans Herz: »Mein successor muß sich bearbeiten, daß aus all seinen Provinzen und in spezie Preußen die vom Adel und Grafen in die Armee amploiren und die Kinder in die Cadets gesetzt werden; ist formidabel für seinen Dienst und Armee, und ruhiger in seinem Lande. Die Seligkeit ist für Gott; alles andere aber muß mein sein.«[175] Und Friedrich der Große in seinem »Militärischen Testament« von 1768: »Der Krieg ist gut, wenn man ihn unternimmt, um das Ansehen des Staates aufrechtzuerhalten. Keine Kunst ist schöner, keine nützlicher als die Kriegskunst.«[176]

Aber noch eine andere Tradition bildet sich: die des preußischen Generalstabs. Unter dem Großen Kurfürsten raufte und balgte man sich noch. »So sollen vor allen Dingen Uns als dem Haupte, die Hohen und anderen Officirer, Reuter und Knechte, auch insgeheim alle und jede, so in unsern Diensten, und sich bey der Armee aufhalten, ge-

---

173 Es wäre leicht, den Nachweis zu erbringen, daß er als preußischer Staatsphilosoph gar nicht anders denken konnte. Die Augsburgische Konfession macht ihn zum religiösen Instrument seines Fürsten. Der Summepiscopus bestätigt seine Professur und er verpflichtet sich bei Amtsantritt, als treuer Untertan nur den Interessen und der Würde seines Landesherrn zu dienen.

174 1675 in einer Flugschrift »Teutschlands wahrhaftes Interesse bei jetzigen Konjunkturen« (Voigtländer, Quellenbücher, Bd. 50).

175 Tim Klein, a. a. O., S. 26.

176 Ebd., S. 72

trew, hold, gehorsam und gewärtig sein.«[177] Unter Friedrich Wilhelm I. verlangt das Offiziersreglement, daß in den Regimentslisten geführt werden soll: »ob der Officier ein Säuffer ist, ob er guten Verstand und einen offenen Kopff hat, oder ob er dumm ist.«[178] Friedrich II. entfernt dann die bürgerlichen Offiziere, und in den adligen Offizierskorps entsteht ein Junkersinn, der, nach Treitschke, »dem Volke noch unleidlicher wurde als die ungeschlachte Roheit früherer Zeiten«. Der »Point d'honneur« wurde eingeführt. Von einem General erfordert man, »daß er dissimulé sein und zugleich naturel scheinen soll, gelinde und strenge, beständig mißtrauisch und jederzeit tranquille, der aus humanité seiner Soldaten schonet, zuweilen aber mit deren Blut verschwenderisch ist«[179].

Nach dem Zusammenbruch der Armee bei Jena und Auerstädt werden Scharnhorst, Gneisenau, Grolmann und Boyen ihre Reorganisatoren. Es beginnt die »idealistische« Tradition des Generalstabs. »Es steht dieser Bund der Viere«, sagt der Konzipient der Dokumente, die ich hier anführe, »in der Tat so erhaben da, daß die Geschichte seit den Reformatoren des 16. Jahrhunderts nichts dem Ähnliches aufzuweisen hat«[180]; und das ist gewiß auch die Überzeugung der Lehrer in den Kadettenschulen. Nimmt man aber für Grolmann und Boyen die Namen der Blücher und Clausewitz, die heute noch leben und in aller Munde sind, so wird von den vier Haupthelden des damaligen preußischen Heeres berichtet, daß sie in ärmlichen Verhältnissen, ohne regelmäßigen Unterricht aufgewachsen sind. Das mag für »idealistische« Offiziere nicht ausschlaggebend sein, aber charakteristisch ist es.

Gleich Scharnhorst. »Sein Vater war hannoverischer Dragonerwachtmeister gewesen. Er wuchs arm und ohne Unterricht auf.«[181] Seine idée fixe war die Nationalmiliz, um die er die Französische Revolution beneidete. Seine Reformen hatten stets den »Krieg um die Freiheit« vor Augen. Die ganze Masse des Volkes bewaffnet, das war sein Traum. Wie konnte man sich dann formidabel machen! Er haßte

---

177 Churfürstliches Brandenburgisches Kriegs-Recht oder Articuls-Brieff. De Anno 1656. (Mylius, Corpus Const. March. III.)
178 Tim Klein, a. a. O., S. 33.
179 Friedrichs des Großen General-Prinzipa vom Kriege, appliciret auf die Tactique und auf die Disciplin, derer Preußischen Trouppen. 1753.
180 Tim Klein, a. a. O., S. 98.
181 Ebd.

die Franzosen. Weshalb wohl? Von Scharnhorst kam der Satz: »Hat die Vorsehung irgendeine neuere Einrichtung dem Menschen unmittelbar eingegeben, so ist es die Disziplin der stehenden Armee.«[182] Da Scharnhorst aber gleichzeitig für die allgemeine Wehrpflicht agitierte, ergibt sich als sein Ideal: der altpreußische miles perpetuus, der Sträfling, in nationaler Anwendung.

Gneisenau genoß »den geistig dürftigen abergläubischen Unterricht von Jesuiten und Franziskanern«. In der Französischen Revolution sah er entzückt »die Entfesselung bisher gebundener Volkskräfte«. Er war überzeugt, daß die allgemeine Wehrpflicht und die Teilnahme des Volkes am politischen Leben sich »als selbstverständlich ergänzen würden«, und trat, selbst gegen die Ansicht des Freiherrn vom Stein, für die Abschaffung der Prügelstrafe ein, was er poetisch »Freiheit des Rückens« nannte[183]. »Religion, Gebet, Liebe zum Regenten«, schrieb er in einer Denkschrift an den König, »sind nichts anderes als Poesie. Auf Poesie ist die Sicherheit der Throne gegründet.«[184] Auch den Gebhard Leberecht von Blücher begleitet die stereotype Formel: »Der Knabe wuchs ohne jeden Unterricht auf.«[185] Lockeres Leben mit Jagd, Wein, Weib, Spiel und Raufhändeln, so lautet sein Leumundszeugnis. An Gneisenau schreibt er: »Grüßen Sie meinen Freund Scharnhorst und sagen ihm, daß ich es ihm an's Herz lege, vor eine National-Armee zu sorgen.« (1807) An Scharnhorst: »Ich kan alleweile nich still sitzen und nich die zene zusammen Beissen wen ess Sich um dass Vatterlandt und die freyheit Handelln duht. lasst das lausse und sch... Zeugh von denen Diplohmahtiker zu Allen teuffeln faren; warum soll nich alles Auffsitzen und loss auff die frantzosen wie das Heyllige donnerwetther... dahrum so sag ich, marrsch und auff und mitt den Degen den feindt in die ribben.«[186]

Clausewitz hatte, wie Gneisenau, Scharnhorst und Blücher, eine

182 M. Jähns, »Heeresverfassungen und Völkerleben«, Scharnhorst über das stehende Heer.
183 Er trat dafür ein, weil er fürchtete, daß am altpreußischen Stock- und Spießrutenlauf die allgemeine Wehrpflicht scheitern könne. Es war eine Konzession an den romantischen Bürger, keineswegs Freiheitsgeist. (Vgl. Delbrück, »Das Leben des Feldmarschalls Grafen N. v. Gneisenau«.)
184 August 1811. Vgl. Tim Klein, S. 131
185 Ebd., S. 136.
186 Johannes Scherr, »Blücher, seine Zeit und sein Leben«, Leipzig 1862/63, 3 Bände, 4. Auflage 1887.

mangelhafte Schulbildung[187]. Seine »Bekenntnisse«, geschrieben 1812, veröffentlicht 1867, bestätigen die Tatsache, daß sein Großvater Theologieprofessor gewesen. Im übrigen sind sie ebenso langweilig wie anspruchsvoll. Nicht mit ihnen ist Clausewitz weltberüchtigt geworden. Er wurde es mit seinem Werk »Vom Kriege«, zu dem Generalfeldmarschall Graf Schlieffen, Chef des Generalstabs der Armee, eine Einleitung geschrieben hat. Ich kann es mir nicht versagen, wenigstens einen Satz dieser Einleitung zu zitieren. Er lautet: »Der dauernde Wert des Werkes liegt neben seinem hohen ethischen und psychologischen Gehalt in der nachdrücklichen Betonung des Vernichtungsgedankens.«[188]

Ethischer Wert und Vernichtungsgedanke? Clausewitz hat viel meditiert über jenen Augenblick, in dem das Gewissen des Soldaten mit seinem blutigen Handwerk in Widerspruch gerät. Er ist der Jesuit unter den Pastorensöhnen, die den Krieg heilig sprachen und ihren entsetzlichen Zynismus mit Argumenten noch zu decken suchten. Er kommt in einem Kauderwelsch, das Kantische Aspirationen hat, zu dem Resultat, daß die Entschlossenheit, das Gegengewicht gegen den Skrupel, »nichts anderes ist als das Gefühl der Menschenwürde; dieser edelste Stolz, dieses innerste Seelenbedürfnis: überall als ein mit Einsicht und Verstand begabtes Wesen zu wirken. Wir würden darum sagen: ein starkes Gemüt ist ein solches, welches auch bei den heftigsten Regungen nicht aus dem Gleichgewicht kommt.«[189]

Die Welt weiß heute, daß das Drängen des Generalstabschefs Moltke bei jener denkwürdigen Versammlung in Potsdam es war, das zur Auslösung des Weltkrieges führte. Noch Bismarck hatte die Kraft, dem Generalstab, vertreten durch jenen ersten Moltke, ein Paroli zu bieten[190]. Heute gibt es keine Bismarcks mehr. 1914 erlag die Diplomatie der Militärgewalt. Der Generalstab, der den Krieg begonnen hat, sucht ihn seit vier Jahren vergebens auch zu gewinnen; weil er infolge seiner Kriegsschuld gehalten ist, lorbeerbekränzt zurückzukommen. Er braucht dazu Soldaten, immer mehr Soldaten, also annektiert er Gebiet. Das ist das Geheimnis preußischer Politik.

---

187   Tim Klein, S. 145.
188   Ebd., S. 153.
189   Ebd., S. 160.
190   Vgl. Maximilian Harden, »Hirn und Schwert«, in der »Zukunft«, 19. Januar 1918.

Seit Clausewitz wird auch die deutsche Moral vom Generalstab gemacht. Wird die Nation das noch lange mitansehen? Sind wir so tief gesunken, daß wir kein Gefühl mehr haben für dialektische Ungeheuer; daß es nicht Offiziere mehr gibt, deren Ehre hier schaudert? Der Staat ist ein praktisches, also inferiores Institut. Der Generalstab aber ist eine unerbetene, nihilistische Philosophie.

Wird niemand mehr schamrot, wenn ich sage, daß diese Sätze im Ausland gelesen werden? Die Souveränität des Staates über den Menschen und Bürger ist soweit gediehen, daß heute ein Stand, dessen Vorname Rüpel gewesen, der Nation Gesittung dozieren darf[191]? Ist es dahin gekommen, daß Beamte, die ihre Pflicht tun, weil ihre untergeordneten Fähigkeiten darin ihre Rechtfertigung finden, sich anmaßen, Religion und Philosophie zu traktieren? Ist es dahin gekommen, daß Priester, Künstler und Philosoph zittern müssen vor jedem Lümmel von Subalternoffizier oder Schreiberbeamten, der sich als eines ebenso formidablen wie majestätischen Systems geruhsame Stütze empfindet? Und ein Volk, in dem das tagtäglich geschieht und zum Codex geworden ist, nennt sich ein Volk der Dichter und Denker!

6

Die innere Verwahrlosung des Reiches unter den habsburgischen Kaisern erklärt das Aufkommen Preußens und die Sympathieallianz, die zwischen den preußischen Despoten und dem deutschen Volke zustande kam. Daß zwei so entgegengesetzte Dinge wie die romantische Schlafmützenherrlichkeit des vornapoleonischen Deutschland und das agile Stockregiment preußischer Militärautokraten sich dennoch am Ende vereinigen konnten, mag eine Ahnung davon geben, wie unerträglich die Verschlampung der Rechts- und Sicherheitsverhältnisse, wie unbequem das Durcheinander erstorbener Institutio-

---

191 Vgl. Wilhelm Dittmann, »Drei Reden über Belagerungszustand, Schutzhaft und Zensur«, gehalten im Reichstag am 18. Januar, 24. Mai und 28. Oktober 1916 (»Der Freie Verlag«, Bern 1918). Als die literarische Zeitschrift »Das Forum« in München vom bayrischen Kriegsministerium verboten wurde, lautete die Begründung: »Propagierung eines vaterlandslosen Ästheten- oder Bürgertums« und Verbreitung »unzutreffender und irreführender Anschauungen und Urteile einzelner meist ausländischer Pazifisten und Utopisten«. (Dittmann, S. 20.)

nen im Heiligen Römischen Reiche schließlich geworden war. Jemand bemerkte sehr richtig, nicht darauf komme es an, daß die Sonne über einem Reiche nicht untergehe, sondern, was sie auf ihrem Laufe zu sehen bekomme. Im habsburgischen Weltreich bekam sie zu sehen: Türkenkriege und Rassen-Massaker im Osten, Inquisition und Geusenverfolgung im Westen, Konfessionskriege bis zur völligen Erschöpfung mit Raub, Mord und Brandstiftung in der Mitte.

Den apostolischen Majestäten auf dem Habsburger Throne fehlte das neue Motiv und die zentralisierende Kraft. Weltflucht und Kreuzzügler-Epigonentum, totes katholisches Dogma und Jesuitenbarock waren den gierigen Anforderungen eines zusammengeheirateten Weltreiches und einer neuen Zeit nicht mehr gewachsen. 1648 mußte die Unabhängigkeit der Niederlande, 1763 die Großmacht Preußens mitten im Reiche anerkannt werden. Auch die ungarischen Magnaten, die man so wenig zu bändigen wußte, wie die Geusen und Preußen, wurden aufdringlicher und kecker, bis es ihnen im 19. Jahrhundert infolge des Bündnisses mit Bismarck gelang, die halbe Politik der Donaumonarchie in ihre Hände zu bekommen.

Der Aufschwung der positiv immer aufs nächste gerichteten preußischen Fürsten ging parallel mit dem Zerfall der habsburgischen Hausmacht, und in demselben Grade, in dem diese an moralischem Einfluß verlor, wandten die deutschen Sympathien sich Preußen zu, das an Verschlagenheit, Brutalität und Sophistik dem Österreichertum zwar nichts nachgab, es an Erfolg aber übertraf.

Ein Bismarckwort lautet: »Preußen ist völlig isoliert. Der einzige Alliierte, wenn es ihn richtig zu behandeln weiß, ist das deutsche Volk.« Schon der Große Kurfürst machte diese Erfahrung, 1675, als er im pfälzischen Erbfolgekrieg gegen Ludwig XIV. die Partei des Kaisers nahm und von diesem im Stich gelassen, sich plötzlich Frankreich und Schweden zugleich gegenüber sah. Damals richtete er jenen Aufruf an Deutschland[192], in dem er sich auf die »formidable Tradition unserer Altvordern« berief, einen Zusammenschluß der deutschen Stämme forderte und damit eigentlich einen Akt der Rebellion gegen den Kaiser beging. »Nostris ex ossibus ultor«, verwünschte er Österreich, als Ludwig XIV. ihn zum Separatfrieden von St. Germain en Laye zwang. Und ähnlich deutete Friedrich Wilhelm I., als Karl VI. ihm, wider die

---

192   »Teutschlands wahrhaftes Interesse bei jetzigen Konjunkturen«

Abmachungen der pragmatischen Sanktion, die Erbfolge in Berg unterschlug, auf seinen Sohn Friedrich: »Da steht einer, der mich rächen wird!«

Friedrich II. ist jener preußische König, dem es zum ersten Male gelang, sich im Kampfe gegen das katholische Österreich die Sympathien Deutschlands zu erringen; des protestantischen nördlichen Deutschland, wohlverstanden. Und man würde fehlgehen, wenn man die preußische Politik von 1648 an nicht in dem Sinne verstünde, in dem sie einzig verstanden werden darf: als Ausdruck des höfischen Machiavellismus und einer lutheranischen Pseudomoral. Der Fürstenbund, den Friedrich 1785 gründete, ist der Vorläufer jenes zweiten deutschen Fürstenbundes, den Bismarck 1871 gründlicher und umfassender, aber ganz im Sinne der alten preußischen Einigungsidee des Großen Kurfürsten und des großen Fritzen, errichtete. Ausschlaggebend waren das eine- wie das anderemal nicht die Interessen und das Wohl der Völker, sondern »die Ehre und die Sicherheit« der Kronen.

In Friedrich II. fanden die Hohenzollern den promptesten ihrer Tradition; auch den witzigsten, wenn man als Witz gelten läßt, was aus der Lust am Düpieren und aus sarkastischer Frivolität entsprang. Vor allem den promptesten; von außergewöhnlicher Schlagkraft war er, von einer verblüffenden Selbständigkeit.

Seine Schlachten sind keine Meisterwerke der Kriegskunst. Napoleon hat sich moquiert darüber [193]. Er schlug, wie es traf, ohne viel Federlesens. Und er fand seinen Meister und erhielt Schläge, ebenfalls ohne viel Federlesens. Seine Philosophie bestand in einem agacanten Zynismus, der heftig bereit war, Talente und menschliche Einsicht, selbst wenn sie zur Tiefe von Überzeugungen drangen, ohne viel Skrupel »dem Ruhme« zu opfern[194]. Ja, fast scheint seine ganze Melancholie und sein einsames Flötenblasen von dem Erlebnisse herzurühren, daß der Genius, der ihn »wider Willen« begeisterte, mit dem preußischen Prügelmeister in unauflösbaren Widerspruch geriet.

---

193 Siehe Général Gourgaud, »Memoires pour servir a l'histoire de France, sous Napoléon écrites à Sainte Hélène«, Paris 1823, deutsch unter dem Titel »Napoleons Gedanken und Erinnerungen« bei R. Lutz, Stuttgart.

194 »Das Militär muß in Preußen die erste Stelle einnehmen« (Politisches Testament von 1752).

Was ihn auszeichnete, war seine Zähigkeit, eine Elastizität, die mit unfehlbarer Pünktlichkeit da war, gewärtig war, eingriff und ausbog. Nicht der »Philosoph« von Sanssouci, nicht der Stratege, noch der Poet, der Vernunft in gereimten Kolonnen bezaubert marschieren ließ: – der Draufgänger und Tausendsassa war es, der die Deutschen zwang, »wieder an das Wunder des Heldentums zu glauben«. Endlich einer, der etwas tat, gleichviel mit welchem Erfolg; der seinen Kopf bei den Augen hatte. Endlich einer, der aufzuräumen gewillt war mit Schlendrian, Phrase, Bombast und Faszikel. Endlich ein Tiger, wenn er auch peitschte und Zähne zeigte. Ein Temperament, nach Pedanten und Tölpeln, Adepten und Träumern.

Noch Lessing spricht von Preußen zuweilen wie von einem halb-wilden Volke, doch stellt er verwundert fest, denen sei »der Helden-mut so angeboren wie den Spartanern«. Die Schlacht bei Roßbach gewannen die schon vorher »fritzisch Gesinnten« wie Goethe. Und wenn es nach Treitschke den Helden des deutschen Gedankens auch lange Zeit noch schwerfiel, »den einzig lebenskräftigen Staat unseres Volkes zu verstehen«[195], so trat doch in Friedrich die »uralte Waffen-herrlichkeit der deutschen Nation« wieder zutage, und der »Idealis-mus« tat das Seine, den Gegensatz allgemach auszugleichen. Den Ab-fall der protestantisch feudalen Niederlande vom Reich hatten Goethe und Schiller mit Versen und Prosa freudig gefeiert. Die Rebellion Preußens im Norden, Friedrichs II. Vasallenaufstand entsprach ihrem Liberalismus nicht ganz, doch galt es, sich abzufinden[196].

Was waren die Gründe, die unsere Urgroßväter jenseits des Maines, wenn auch mit Sträuben und Zagen, zu preußischen Royalisten mach-ten? Das Heilige Römische Reich lag in Agonie und bestand eigent-

195 Deutsches Volkstum«, S. 68.
196 Goethes und Schillers politisches Ideal nach »Egmont«, »Fiesko« und »Don Carlos« ist deutlich genug die protestantische Adelsrevolte, getragen von humanistischer Schwärme-rei. Sie lebten politisch in der Zeit vor Ludwig XIV. und glaubten an Reformen von oben. Die Freiheit, die sie meinten, ist die vom Fürsten garantierte Religions- und Denkfreiheit, die Freiheit der Sitte, im Gegensatz zur Etikette, die freiwillige Zustimmung zum »Ge-setz«. Sie verkannten die Lehre, die gerade Friedrich II. erteilte (Politisches Testament von 1768): »Prägt es euch wohl ein, daß es keinen großen Fürsten gibt, der nicht den Gedanken mit sich herumtrüge, seine Herrschaft zu erweitern.« Die rebellischen Söhne bei Schiller zerbrechen an einem tyrannischen Patriarchat, an der »moralischen Weltord-nung«. Die Väter sind bei ihm tragisch, nicht die Söhne. Das ist uns fremd geworden.

lich schon seit Luther nicht mehr. Die Gelehrtenrepublik bot gewisse Unabhängigkeitsgarantien, wenn auch sehr provisorischer Art. Man spintisierte nach Lust und Belieben; jeder für sich, Gott für uns alle. Keine Aufwiegelei, keine Sentiments für die »Canaille«, alles in Ruhe und Frieden! Von der Sympathie bis zur Einführung preußischer Korporalstöcke im Reich ist ein gutes Stück Weg. Dann würde auch Österreich wohl noch zu reden haben.

Eines aber verband Dichter, Denker und preußische Herrscher, und das konnte schon da als bedenklich scheinen: die protestantische Ideologie. Als Friedrich entdeckte: »Ich bin gewissermaßen der Papst der Lutheraner und das kirchliche Oberhaupt der Reformierten« [197], da stand im Grunde auch der Durchführung seiner deutschen Aspirationen nichts mehr im Wege. Kants Philosophie gewann Schiller, Wilhelm von Humboldt und Kleist, die protestantische Staatsidee Fichte und Hegel. Der siebenjährige Krieg hatte Goethe gewonnen. Raubkrieg hin, Raubkrieg her: die Nation von Klassizismus und Lutheranismus zugleich verdorben, gewann einen dankbaren Stoff zur Poetisierung. »Da griff ich ungestüm die goldne Harfe, darein zu stürmen Friedrichs Lob.« [198] Hatte Friedrich nicht Gedankenfreiheit gegeben? Das verband Schiller (siehe Marquis Posa). Hatte er nicht den »großen praktischen Verstand«, den Goethe an den Engländern lobte? Und wenn Friedrich auch französisch schrieb und sich mit Voltaire und den Enzyklopädisten besser verstand als mit Weimar und Jena: wo sonst als bei Preußen und seinem Heer war Rettung vor dem radikal Bösen der schrecklichen Ungeheuer-Revolte von Paris?

Der Jammer und die Misere, worin die habsburgische Theokratie, aufgebaut auf einem toten Gotte, Deutschland konservierte, lassen den Entschluß begreiflich erscheinen, den unsere Altvordern faßten. Sie konnten nicht ahnen, was folgen würde. Heute aber, da wir die Ungeheuer in unserer Mitte haben, da Preußen sinnlos und eine Landplage geworden ist, – was hindert uns noch, der Soldateska den Abschied, der Republik aber ihren Advent zu bereiten?

Als Herrscher war Friedrich nicht ohne Bedenken. Der Einfluß

---

197 Politisches Testament von 1752.
198 So der schwäbische Dichter Schubart (1739–1791), der sich ehedem »freventlicher Antastung fast aller gekrönter Häupter auf dem Erdboden« gerühmt hatte. Seine Gedichte erschienen bei Reclam.

der Henriade ging tiefer, als er sich eingestand. »Die Gier nach immer mehr«, schrieb er im »Antimacchiavell«, »ist nur das Merkmal ganz niedrig gearteter Seelen.« Und: »Ein Verlangen, sich vom Raub des Nächsten zu vergrößern, wird im Herzen jedes anständigen Menschen, der Wert auf die Achtung der Welt legt, nicht so leicht Eingang finden.« Und: »Ein Missetäter braucht nur erlauchter Herkunft zu sein, um auf den Beifall der meisten Menschen zählen zu können.«[199]

Man hält in Deutschland noch heute für Philosophie die Ansicht, daß das »wirkliche« Leben solch knäbische Idealismen spielend beseitigt. Und doch ist gerade diese Überzeugung eine moralische Fahnenflucht, liegt gerade in dieser Ansicht das unheroische Faktum unserer Denkart. Der König wußte das wohl. Sein Zynismus zeigte sich darin, daß er die wahren Aufgaben des Herrschers begriff und verriet und noch Philosophie daraus machte.

Sobald sich eine Gelegenheit bot, fiel er über Schlesien her. Wobei wiederum zu bemerken wäre (siehe Masaryk), daß eine Revolte nur dann kein Verrat ist, wenn sie, von menschlichem Mitleid getragen, auf Notdurft und Rechten basiert und von kollektivem Gewissen getragen, nach mehrfach vergeblicher Anmeldung ihrer Rechte zum Aufstand gezwungen ist.

1741 bekennt der König[200]: »Der Ruhm der preußischen Waffen und die Ehre des Hauses bestimmen mein Handeln und werden mich bis in den Tod leiten.« Was kümmert uns aber der Ehrgeiz eines Fürsten und die Machtlust der preußischen Waffen? Uns ist die Wohlfahrt des Volkes vertraut. Und wenn er behauptet: »Der preußische König muß den Krieg unbedingt zu seinem Hauptstudium machen und den Eifer derjenigen anfeuern, die den edlen und gefährlichen Waffenruf ergriffen haben«[201] – was schiert uns die preußische Hauspolitik? Ist es Größe, den Krieg, ein satanisches Handwerk, zu pflegen? Aus dem Lamm ein reißender Wolf, über Nacht. Unter Deutschen ist das nicht überraschend. Thomas Mann, der im Frühjahr 1914 noch begeisterte Worte für ein demütig Weihnachtsstück Paul Claudels, »Die Verkündigung«, fand, ist ebenfalls aus einem Lamm ein Wolf geworden, und da er demnach eine Friedrich-

---

199 »Antimacchiavell«, 1739/40.
200 Brief an August Wilhelm, Prinzen von Preußen, 8. April 1741.
201 Politisches Testament von 1752.

Natur ist, mag sein Buch über den preußischen König[202] mancherlei Aufschlüsse bieten.

Ein Kuriosum ereignet sich: Preußen verteidigt die »Freiheit Europas«! Friedrich behauptet, »die Sache des Protestantismus und der deutschen Freiheit vor den Unterdrückungsgelüsten des Wiener Hofes zu schirmen«[203]! In wiederholten Denkschriften an den englischen Hof wirft er sogar die Frage auf: »Ob Deutschland und der Protestantismus weiter bestehen werden? Ob das Menschengeschlecht den Gedanken der Freiheit behalten wird?«[204] Es ist die Antizipation des famosen »Kulturkampfes«, den Bismarck später führt. Er hat jetzt entdeckt, daß er »gewissermaßen Papst der Lutheraner und geistiges Oberhaupt der Reformierten« ist, und schickt französische Jesuiten nach Schlesien, um die österreichischen Jesuiten zu bekämpfen[205]. Eine früheste Probe »praktischen Christentums«! Und da er nicht nur Apologet, sondern auch Philosoph ist, bemüht er den Herzog von Choiseul, den Grafen von Struensee und Sokrates zu einem »Totengespräch«, um sich aphoristisch einer Weisheit zu begeben, die ebenfalls preußischer Tradition Ehre macht: »Staatsstreiche sind keine Verbrechen, und alles, was Ruhm bringt, ist groß.«[206]

Im Jahre 1780 aber erscheint bei I. G. Decker in Berlin ein Pamphlet »De la littérature allemande«, das nur Mehring meines Wissens genügend würdigte[207], und das doch verderblichste Folgen hatte. Friedrichs offensichtliche Absicht war, ehe er zur Gründung des Fürstenbundes schritt, der vorlauten Literatur der Stürmer und Dränger gewaltig über den Mund zu fahren. Goethes »Götz«, »Stella« und »Werther« lagen vor. Schillers »Räuber«, Lessings »Miss Sarah Sampson« waren erschienen und wirkten für ein selbstbewußtes Bürgertum. Das konnte gefährlich werden. Dem mußte begegnet werden.

Friedrichs Pamphlet hatte Prinzipien und einen Geschmack. Es kam wie ein Blitz aus heiterem Himmel. Die jungen teutschen Origin-

---

202 »Friedrich und die große Koalition«, Berlin 1915.
203 In einem Manifest gegen Österreich, Juli 1756.
204 »Vierte Denkschrift über die gegenwärtige Lage Europas« (Mitte November 1756).
205 »Um Altar gegen Altar zu setzen, habe ich gebildete französische Jesuiten kommen lassen, die den schlesischen Adel erziehen.« (Politisches Testament 1752.)
206 »Totengespräch zwischen dem Herzog von Choiseul, Graf Struensee und Sokrates«, Februar 1772.
207 In der »Lessinglegende«.

algenies gemessen an Bossuet, Fénelon, Pascal und Bayle! Von jetzt an war es geoffenbart, daß Preußen auch ideell an der Spitze marschierte. Es bedarf keiner Zitate. Das Pamphlet, energisch stilisiert und von großen Gesichtspunkten aus al fresco diktiert, bannte die spärlichen Koryphäen der Heimatkunst und unterwarf sie sich wie die Schlange den Vogel. Die Frau Rat war außer sich, und Wolfgang dachte an eine Erwiderung. Aber der Hof von Gotha winkte ab, und der Druck unterblieb. Herder faßte den Entschluß, sein früher erschienenes Fragment »über die neuere deutsche Literatur« gründlich zu revidieren und tat es auch. Wieland schrieb im »Teutschen Merkur«: »Seit vielen Jahren waren wir gewiß, daß der erhabene Verfasser niemals an unserer Literatur einigen Anteil genommen habe. Wir sehen, daß er sich in vorigen Zeiten mit ihr beschäftigt und die besten Gesinnungen für sie hegt, auch noch das Beste für sie zu hoffen und zu wünschen geneigt ist.« Klopstock, der sich am heftigsten mitgenommen fühlte, machte seinem Grimm in einer ganzen Reihe bombastischer Oden Luft[208].

Der König hatte bewiesen, daß er nicht nur in den Batallien zu fechten verstand, sondern auch dero deutschen Intelligenz Meister war. Der König gab klärlich kund und zu wissen, die Zeiten seien vorbei, da man barbarisch in Preußen die Evangelisten erschlug [209].

Man hätte seinen Anregungen folgen sollen. Sie waren geeignet, mancherlei Abhilfe und Freiheit zu schaffen. Unter königlichem Protektorat eine französische Übersetzungsgesellschaft, wie Nowikow und Katharina sie in Rußland hatten[210], tat der Nation dringlicher not als ein Weimarer Amateurtheater. Man hätte dem Könige vorschlagen sollen, all jene französischen Klassiker zu übersetzen, die er empfahl. Es wäre ein unvergängliches Werk geworden. Man tat es nicht. Man

---

208 Zitate aus: Friedrich der Große »Über die deutsche Literatur«, Einleitung. Reclam-Verlag, Leipzig.

209 Im Jahre 997 wurde der Bischof Adalbert von Prag, im Jahre 1008 der Mönch Bruno von Querfurt, die das Evangelium predigten, von den heidnischen Preußen erschlagen. 1255 mußte König Ottokar von Böhmen mit einem Kreuzheer nach Preußen kommen. Er gründete Königsberg. Um 1400, zur Zeit der Dietrichs und Quitzows, herrschten wildestes Faustrecht und Räubertum in der Mark. Kein Land wurde im Dreißigjährigen Krieg so verwüstet wie die Mark Brandenburg. Von Berlin sagte noch Goethe, dort hause »ein verwegener Menschenschlag«.

210 Vgl. Ludwig Kulczicky, »Geschichte der russischen Revolution«, Gotha 1910, Bd. I, S. 43 ff., wonach Nowikow 440 verschiedene Werke herausgab, die sich vorwiegend mit moralischen Fragen in der Art der Freimaurer beschäftigten.

hätte die Französische Revolution besser verstanden bei ihrem Ausbruch und, wer weiß, sich vielleicht Napoleon und die Freiheitskriege erspart, nebst der Abhängigkeit von Preußen, die diese Freiheitskriege im Gefolge hatten. Man tat es nicht. Man vergötterte mehr als je den, der sich als »doppelten« Helden erwiesen hatte. Man gab ihm das Recht, zu glauben, was er vorausgesetzt hatte: auch die intellektuelle Partei ist inferior, ein miles perpetuus sozusagen.

Dann folgte der Fürstenbund. Er wurde der erste Schritt zur Errichtung des preußischen Reiches deutscher Nation. Die protestantische Intelligenz war gebändigt, bevor sie recht begriff, um was es sich handelte.

7

Aber Rousseau hat Frankreich revoltiert. Er hat Rußland revoltiert. Er wird eines Tags auch Deutschland revoltieren. Der Mensch ist keine Maschine: – Rückkehr zur Natur. Der Mensch ist kein Teufel: – Rückkehr zum Christentum. Der Mensch ist kein Höhlenbewohner: – Rückkehr zur Heimat. Das Paradies ging verloren. Alle sind schuldig und Ungeheuer des Alltags. Alle sind mit der Erbsünde der Gewohnheit beladen, Abtrünnige ihrer Kindheit. Alle gehorchen, weil jeder gehorcht. Doch die Seele ist nicht von Natur eine Preußin; der Mensch ist kein Brudermörder. Aufhebung aller heutigen Normen, Gesetze, Sitten, Bildungen, Einbildungen und Einrichtungen. Unio mystica mit Gott und der Menschheit.

In Frankreich genügte der Urteilsspruch über eine unmöglich gewordene Welt, und man schritt zur Tat. Die Guillotine wurde zum Messer, mit dem man die neue Menschheit aus dem Leib einer Kokotte schnitt.

In Deutschland führte Rousseaus Philosophie zu jener magischen Flucht von Idealisten, die man Romantik nennt. Das deutsche Ideal war einst kontemplativ, nicht angriffslustig, transzendental, nicht fridrizianisch, und wenn unsere Altvordern einst wirklich »der ganzen Welt formidabel« waren, so hatte die Kirche doch viel getan, sie auf den inneren Kreuzzug zu weisen, mit heller Phantastik, mit Leid- und

Triumphmusik, den Tod auf den Fersen, den Teufel im Nacken, doch immer die Stirne vom Credo trunken: verbrüderte Schwärmer.

In Deutschland wurde der ungestüme Gedanke Rousseaus zu Sehnsucht und Melancholie, zu Geniekult und einer Musik »aus Heimweh, aus Herweh, aus Hinwegweh«, wie Theodor Däubler sagt [211]. Die Romantiker flohen, weil sie gegen die Brutalität der Umgebung nicht aufkommen konnten, nicht aufkommen wollten. Der Alltag war ihnen zu eng, mißbraucht; die Kette nicht mehr zu durchbrechen [212]. Abdankung, Flucht und Verzicht: so dokumentierten sie sich in Schriften und Übersetzungen, deren Sinn ihnen Spiritualismus blieb, uns aber mit einem Geiste erfüllt, vor dem die Wirklichkeit weichen muß. Wir sind nicht Romantiker mehr; wir sind Futuristen.

»Die romantische Poesie ist eine Universalpoesie«, verkündet Friedrich Schlegel, »sie will und soll Poesie und Prosa, Genialität und Kritik bald mischen, bald verschmelzen, die Poesie lebendig und gesellig und das Leben und die Gesellschaft poetisch machen; Bildungsstoff jeder Art durch Humor beseelen. Die romantische Poesie ist unter den Künsten, was der Witz in der Philosophie und Geselligkeit, Umgang, Freundschaft und Liebe im Leben sind.« [213] »Transzendentale Bouffonnerie« nennt er »im Innern die Stimmung, welche alles übersieht und sich über alles Bedingte unendlich erhebt, auch über eigene Kunst, Tugend und Genialität« [214]. Poesie ist ihm »allein unendlich, weil sie allein frei ist und das als erstes Gesetz anerkennt, daß die Willkür des Dichters kein Gesetz über sich leide« [215].

Das sind freie und große Formeln. Goethe hatte die »dämonische Natur« wieder entdeckt und den Abgrund des Strebens: Faust und

211 »Lucidarium in arte musicae«, S. 92. Ebendort die schöne Stelle: »die Unheimlichkeit des Heimwärtshörens, des der Ruhe Zuströmens, bekam in Ambrosius und Gregorius kenntnisreiche Meister. Ein Mönch ließ das gesamte Friedensaufsuchen der Christenheit zusammenklingen in den Worten:

212 Ein Aphorismus Chamforts († 1794), dessen Gedanken und Maximen auf Friedrich Schlegel entscheidenden Einfluß hatten, lautet: »Il paraît impossible que, dans l'etat actuel de la societe, il y ait un seul homme, qui puisse montrer le fond de son âme et les détails de son charactère, et surtout de ses faiblesses à son meilleur amis. Mais encore une fois, il faut porter le raffinement si loin, qu'il puisse pas même y être méprisé comme acteur dans un troupe d'excellents comédiens«. (Oeuvres, ed. par P. R. Auguis, 1824, IV, 379 ff.)

213 Friedrich Schlegel, »Fragmente«, Leipzig o. J., S. 53 f.

214 Ebd., S. 22.

215 Ebd., S. 55.

den Blocksberg. Er hatte entdeckt den Naturbegriff des Genies: das Inkommensurable der Kunst[216]. Im Attachement an die Natur der fünf Sinne fand er die physischen und sittlichen Urphänomene und deren Durchdringung; fand er das Licht und die Farbenlehre und jene unio mystica mit der Sonne, die sich in seinem Todeswort ausprägt: Mehr Licht.

Von hier kam die Romantik. Ein hieratisches Pandämonium von Liebe, Verehrung und Brüderbewußtsein. Zur Dombauhütte des dritten Reiches ward die Romantik. Von heiligem Geiste erfüllt schrieb Novalis den »Ofterdingen«, schrieb Beethoven den Satz: »Mir ist das geistige Reich die oberste aller geistlichen und weltlichen Monarchien«[217] und an Cherubini das jubelnde Wort: »L'art unit tout le monde.«[218] Seine völkerverbindenden Rhythmen schwingen sich auf gegen Gott zum Streit für die Verwahrlosten, Armen. Gegen Gestirne und Schicksal tagt in ekstatischem Drängen die christliche Revolution. Gut ist der Mensch, trotz allem. Beethoven fordert das Paradies zurück für die Ärmsten, an denen gesündigt ist[219].

Novalis enthält eine ganze Renaissance des Christentums. 1799 erscheint im »Athenäum« der Brüder Schlegel sein Essay »Die Christenheit oder Europa«. Er weiß: »Luther behandelte das Christentum willkürlich, verkannte seinen Geist und führte einen anderen Buchstaben und eine andere Religion ein. Höchst merkwürdig ist diese Geschichte des modernen Unglaubens und gibt den Schlüssel zu allen ungeheuren Phänomenen der neueren Zeit. Wie, wenn auch hier wie in den Wissenschaften eine nähere und mannigfaltigere Konnexion und Berührung der europäischen Staaten..., eine neue Regung des bisher schlummernden Europa ins Spiel käme, wenn Europa wieder

---

216 All das sind im Grunde Rousseausche Formeln. Der Akzent liegt auf dem Worte »Natur«. Goethe war viel mehr Rousseauist als man weiß und wissen kann.

217 Brief an Kanka, während des Wiener Kongresses (Romain Rolland, »Beethoven«, Zürich 1918, S. 52).

218 Anno 1823.

219 Auf dem Umweg über Tolstoi mußte dieser Geist in Deutschland wieder geboren werden. Im Redaktionszimmer Charles Péguys, des Herausgebers der »Cahiers de la Quinzaine«, deren eifriger Mitarbeiter Romain Rolland war, hing ein mächtiges Bild Tolstois. Von Tolstoi ist Leonhard Franks Novellenband »Der Mensch ist gut« (Zürich 1917) inspiriert und Ludwig Rubiners »Der Mensch in der Mitte« (Berlin 1918). Beethoven scheint man vergessen zu haben.

erwachen wollte?«[220] Eine Ekstase sublimierter Leidensfreude ist seine Religion. Er liest »Wilhelm Meisters Lehrjahre« und findet verstimmt das Vorbild Voltaires. »Es ist ein Candide, gegen die Poesie gerichtet«, schreibt er, »ein nobilitierter Roman. Das Wunderbare darin wird ausdrücklich als Poesie und Schwärmerei behandelt. Künstlerischer Atheismus ist der Geist des Buches.«[221] Er selbst fordert vom Kunstwerk, daß es das Wunderbare wie ein Gewöhnliches, Gemeines vorstelle; und das fordert er sogar vom Leben[222]. Er sieht in der Natur dieselben Wunderkräfte kreisen wie im Menschengeist; sieht sein Le-

---

220 Novalis »Die Christenheit oder Europa«, Inselverlag Leipzig, S. 39, 47, 57. Der Essay
      schließt: »Sollte es nicht in Europa bald eine Menge wahrhaft heiliger Gemüter wieder
      geben, sollten nicht alle wahrhafte Religionsverwandte voll Sehnsucht werden, den Him-
      mel auf Erden zu erblicken? Die Christenheit muß wieder lebendig werden. Aus dem hei-
      ligen Schoße eines ehrwürdigen europäischen Konziliums wird die Christenheit aufstehn,
      und das Geschäft der Religionserweckung nach einem allumfassenden, göttlichen Plane
      betrieben werden. Keiner wird dann mehr protestieren gegen christlichen und weltlichen
      Zwang, denn das Wesen der Kirche wird echte Freiheit sein, und alle nötigen Reformen
      werden unter der Leistung derselben als friedliche und förmliche Staatsprozesse betrie-
      ben werden.«

221 Franz Blei, »Novalis«, Vermischte Schriften, Bd. VI, München 1912, S. 136.

222 Hier sei eine Bemerkung über die Religion der Romantik erlaubt. Ich bin nicht der Mei-
      nung Franz Bleis, daß das Christentum der Romantiker eine Religion war, »die aus der
      Antike erwachsen, stärker als jede andere das Heidentum in ihrem Kulte bewahrt hatte«,
      wenn ich auch zustimme, daß es ein Wiedererwachen der Sinne »nach den theoretischen
      und praktischen Kunststücken der reinen Vernunft« war, was sensible Naturen des pro-
      testantischen Nordens zum Katholizismus trieb. Der »heidnische Katholizismus«, den
      Blei beschreibt, mit »Festen und Umzügen, bunten Gewändern und Bildwerken, Musik
      und Göttern und Göttinnen«; der »den Rausch heiligt und die Macht des Fleisches
      so über alles erkannt hat, daß er sein Dogma von der Abtötung als erstes nennt«, kurz
      der Renaissance-Katholizismus der Herren Blei, Scheler, Borchardt und Wiegler – man
      hat die kriegerischen Konsequenzen seiner Materialität gesehen –, dieser Dekorations-
      Katholizismus, der die alte strenge Tradition verlassen hat, mag den Brüdern Schlegel in
      ihren späteren Jahren entsprochen haben. Er war nicht das geistige Reich der Baader, No-
      valis und Beethoven. Von Sophie Kühn sagte Novalis: »Ich habe zu Sophie Religion, nicht
      Liebe«, und von Beethoven weiß man, daß er Mozart des Don Juan wegen verachtete. Die
      Profanation der Liebe war beiden Profanation des Genies. Was Beethoven und Novalis
      bewegt, ist keineswegs »heidnischer Katholizismus«, auch nicht die »Gottesverehrung
      durch die Gottbeleidigung in der Sünde«, die Blei als die Moralität (!) Barbey d'Aurevillys
      und Baudelaires bezeichnet (S. 116). Es ist vielmehr die leidende Spiritualität Christi, die
      Zauberbrücke zum Jenseits, die Auflösung aller Natur und des Menschen im leidenden
      Gotte, der jubeln möchte. Vgl. auch Beethoven, »Gespräche 1819–20«: »Sokrates und
      Jesus sind meine Vorbilder gewesen.«

ben und seine Geliebte wie Blume und Blatt auf demselben Stengel. Die Welt malt sich mystisch und grün in seinem Blute. Tier, Mensch und Strauch werden ein Reich. Und von Franziskus trennen ihn nur Trauer und italienische Sonne und Bläue. Resignation ist sein Leiden und Mitleiden mit Blumen, mit Gott und mit Sophie Kühn, einem sterbenden Mädchen. Er liebt sie, weil sie das Jenseits berührt. Einen Satz aber schreibt er, der alle Romantik überwindet und tief in die Zukunft weist: »Sollen wir Gott lieben, so muß er hilfsbedürftig sein.«[223]

Über Friedrich Hölderlin hat Gustav Landauer so eindringlich geschrieben, daß Hölderlin jetzt erst entdeckt worden ist[224]. Er suchte die Einheit der Nation zugleich in der Demut und im dithyrambischen Geist der Gemeinde. Er litt unsäglich am Treiben der Zeit. Er wußte um eine frei schwingende Verfassung der Dinge wie keiner von allen, die nach ihm kamen. Seine Hymnen sind ein zärtlich abgewogenes Gesetzbuch liebender Leidenschaften. Aufruhr und Erwartung, mit denen die Französische Revolution ihn bestürmte, lassen ihn fragen: Sind wir zurückgeblieben, fehlen uns Talent, Tatkraft und Initiative oder sind gerade wir Säumigen zu besonderer Aufgabe bewahrt? Und seine Antwort lautet: »Oh ihr Guten! Auch wir sind tatenarm und gedankenvoll.«[225] Doch im »Hyperion« klagt er an: »Die Tugenden der Deutschen sind ein glänzend Übel und nichts weiter; denn Notwerk sind sie nur, aus feiger Angst mit Sklavenmühe dem wüsten Herzen abgedrungen, und lassen trostlos jede reine Seele, die verwöhnt vom heiligen Zusammenklang in edleren Naturen, den Mißlaut nicht erträgt, der schreiend ist in all der toten Ordnung dieser Menschen. Ich sage dir: es ist nichts Heiliges, was sie nicht entheiligt, was nicht zum ärmlichen Befehl herabgewürdigt ist bei diesem Volk, und was selbst unter Wilden göttlich rein sich meist erhält, das treiben diese allberechnenden Barbaren wie man so ein Handwerk treibt und können es nicht anders; denn wo einmal ein menschlich Wesen abgerichtet ist, da dient es seinem Zweck. Doch du wirst richten, heilige Natur!

---

223 Franz Blei, »Novalis«, a. a. O., S. 109. Der Aphorismus beginnt »Die religiöse Aufgabe: Mitleid mit der Gottheit zu haben.«

224 Gustav Landauer, »Friedrich Hölderlin in seinen Gedichten«, Juni-Nummer der »Weißen Blätter«, 1916.

225 Ebd., S. 201. »Brauchen wir Helden«, schreibt Landauer, »die nicht zerstören und wettern, sondern bauen, ordnen und segnen, brauchen wir Helden der Liebe, so ist Hölderlin unserer Zukunft, unserer Gegenwart ein führender Geist« (S. 211).

Denn wenn sie nur bescheiden wären, diese Menschen, zum Gesetze sich nicht machten für die Bessern unter ihnen! Wenn sie nur nicht lästerten, was sie nicht sind; und möchten sie doch lästern, wenn sie nur das Göttliche nicht höhnten!«[226] Erbsünde der Deutschen aber ist ihm wie Friedrich Schlegel »die gänzliche Trennung und Vereinzelung der menschlichen Kräfte«[227].

Und noch eines Romantikers sei hier gedacht: Georg Büchners. Er gründet einen revolutionären »Verein für Menschenrechte«. Welcher Deutsche wird nicht lächeln? Aus der vita contemplativa stürzt er sich in die Politik »wie in einen Ausweg aus geistigen Nöten und Schmerzen«. Die Polizei verjagt ihn nach Straßburg. »Dantons Tod« entsteht, während die Polizei unten auf ihn wartet. Die Polizei zwingt ihn, seine rebellischen Neigungen in Literatur niederzulegen. Nicht die Dogmen von 1789 trägt er vor – was kümmert ihn Parteiskandal! –, sondern sein leidendes Menschenherz, einen von tiefster Trauer

---

226 »Hyperion oder der Eremit in Griechenland.«

227 »Es ist ein hartes Wort«, heißt es im ›Hyperion‹, »und dennoch sag ich's, weil es Wahrheit ist: ich kann kein Volk mir denken, das zerrissener wäre wie die Deutschen. Handwerker siehst du, aber keine Menschen; Denker, aber keine Menschen; Priester, aber keine Menschen; Herren und Knechte, junge und gesetzte Leute, aber keine Menschen. Ist das nicht wie ein Schlachtfeld, wo Hände und Arme und alle Glieder zerstückelt untereinander liegen, indessen das vergossene Lebensblut im Sande zerrinnt?« Hölderlin ist einer der ersten, der die geistige Einheit der Nation, wenn auch nur hymnisch, wiederherzustellen suchte. Die ganze Romantik ist eine Literatur und Musik gegen Luther und Kant, gegen die individualistische und aufgeklärte Charakterbildung und Philosophie. Eine Konspiration, wenn man will, eine Freimaurerei.   Franz von Baader und   Goethe tragen die religiöse Ureinheit des Mittelalters und seine Symbolik des Abgrunds herein in die Neuzeit.   Schopenhauer bleibt mächtiger Hort des Sturzes der Intellektualphilosophie und verfluchenden Alexandrinertums.   Beethoven entfesselt die enthusiastischen und dithyrambischen Kräfte der Nation.   Wagner führte sie bis zu Dante, Ambrosius und Giotto zurück. Süßigkeit der Madonnen, Zentralverwaltung der Heiligtümer! Die Musik als der Inbegriff aller magischen und priesterlichen Doktrinen.   Nietzsche als erster sucht den Geist dieser Musik ins Leben zu wenden, die Autoritäten und Pseudomoralen des Heiligen Römischen Reichs zu stürzen und alle Ungeheuer barbarischen Dunkels, barbarischer Härte, barbarischer Spaltung ins Helle zu jagen. Doch die Musik ist jetzt selbst schon blasphemisch und gottlos, im Widerspruch mit ihrer hochstrebenden Intention, pervertiert vom großen Philisterreich. Nietzsche entdeckt es zu spät. Und er selbst ist nur Ketzer, nur Protestant. So ist die Bedingung unseres Genesens: Zusammenbruch dieses Philisterreichs, zurück zur scholastischen Philosophie und liturgischen Mystik! Zurück in die Zeit vor der Reformation!"

durchtränkten Fatalismus[228]. »Die Schöpfung ist eine Wunde, wir sind Gottes Blutstropfen.« Und inbrünstig ruft er uns heutiger Jugend zu: »Die Welt ist das Chaos, das Nichts, – der zu gebärende Weltgott.« In Gießen ist es, wo er »in tiefe Schwermut verfallen sich schämt, ein Knecht mit Knechten zu sein, einem Kirchendiener-Aristokratismus zu Gefallen«[229].

Eine Poesie der Heiligen und des Genies wollen diese deutschesten Geister erheben zur Weltreligion[230]. In ihr sehen sie die Einheit aller Kreatur, ja aller organischen Schöpfung[231]; in ihr, die die Zukunft vorwegnimmt, sehen sie Gott. Was sie bewegt, ist lebendiger Enthusiasmus fürs Gute. Gottes Gang in die Natur und Sehnsucht aller Kreatur zu Gott zurück, ist ihnen himmlische Vernunft.

Borgese warnt Franzosen und Italiener, in den deutschen Atheisten und Naturalisten des 19. Jahrhunderts Gesinnungsalliierte zu suchen. »Wer die christliche Moral als eine Zufluchtsstätte alter Vorurteile betrachtet, kämpft gesinnungsmäßig auf seiten der Deutschen.«[232] Ich kämpfe nicht »auf seiten der Deutschen«, ich stimme ihm bei, und das zwingt mich, Heinrich Heine anzugreifen.

Heine hatte das Pech, sich gründlich über den Protestantismus

---

228 Vgl. »Der Fatalismus des Büchnerschen ›Danton‹ und seine Beziehungen zur Romantik«, »Wissen und Leben., Zürich, Frühjahr 1918.

229 Ebd.

230 Die Heiligenlehre setzt sich von Baader und Novalis aus fort bei Schopenhauer und Wagner. Bei Nietzsche und Kassner noch findet sich das Ideal des »Heiligen der Erkenntnis«, das ebenfalls von der Romantik (in ihren indischen Studien) entdeckt ist.

231 Dem »Bruder Wolf« des Franz von Assisi entspricht bei Novalis eine »Schwester Blume«. Heine vergleicht ihn mit dem arabischen Zauberer, der nach Willkür jeden Stein zu beleben weiß. »Novalis sah überall Wunder und liebliche Wunder: er belauschte das Gespräch der Pflanzen, er wußte das Geheimnis jeder jungen Rose, er identifizierte sich endlich mit der ganzen Natur, und als es Herbst wurde und die Blätter abfielen, da starb er« (»Die romantische Schule«). Vgl. auch Franz von Baader, der auf Novalis stark einwirkte: »Sieh die Blume, wie sie sich ihrem Bräutigam, der Sonne, entgegenwendet! Sie sauget Licht, pranget und blühet. Nacht, Finsternisse umgeben sie, sie welkt. Das geht täglich vor unsern Augen vor, nach physischen Gesetzen, wie man sagt. Und sollten im Innern der Dinge, in der Geisterwelt, diese Gesetze nicht wirken? Ist denn mein Geist so isoliert, abgetrennt, willkürlich, als wir wähnen? Nein, er wendet sich hinaus zum Quell und zu der Sonne aller Wesen, und Licht und Wahrheit und Güte und himmlische Wollust füllt ihn, alles nach denselben ewigen physikalischen Gesetzen! Ein wahrer Influxus, den unser Selbstgefühl beweist. Einzig wahre Philosophie und Physik allen Gebetes.«

232 G. A. Borgese, »L'Italie contre l'Allemagne«, S. 145.

und über die deutsche Philosophie zu täuschen. Er hielt Luther für den »größten und deutschesten Mann«[233]. Er beging die betrübliche Pläsanterie, von einem »Marquis von Brandenburg« zu sprechen, der »Denkfreiheit« gegeben habe; er hielt Kant und Fichte für Rebellen, was leider nicht zutraf, und nannte den preußischen Apologeten des Credo quia absurdum, Herrn Hegel, »den großen Hegel, den größten Philosophen, den Deutschland seit Leibniz erzeugt hat«[234]. Dagegen pamphletierte er gegen die Romantik, die er für Obskurantismus hielt, weil sie von Preußen nach Wien und nach Rom floh und Metternichs Anteil fand, weil sie von der preußischen Denkfreiheit nicht viel hielt und von den übrigen protestantischen Freiheiten auch nicht viel. 1852 aber, nachdem die Schriften und Tagebücher Baaders neu erschienen waren, widerrief er, und er mag eingesehen haben, welches Unheil ihm seine Avancen verdankte[235]. Sein Buch gegen die Romantik widerrief er indessen nicht. Die Schwächen dieser Bewegung hielt er nur allzu bereitwillig für ihr Wesen, und statt die Institutionen anzugreifen, die diese Schwächen verschuldeten, trat er mit geistreich verschlossenen Augen als skeptischer Nationalist und Gourmand auf die Seite derer, die Purpurmäntel und Braten verteilen[236].

---

233 »Geschichte der Religion und Philosophie in Deutschland«, S. 36.

234 Ebd., S. 118: »Es ist keine Frage, daß er Kant und Fichte weit überragt. Er ist scharf wie jener und kräftig wie dieser, und hat dabei noch einen konstituierenden Seelenfrieden (!), eine Gedankenharmonie (!), die wir bei Kant und Fichte nicht finden, da in diesen mehr der revolutionäre Geist (!) waltet. Hegel war ein Mann von Charakter.«

235 In der Vorrede zur 2. Auflage, »Paris, im Wonnemond 1852« schreibt er: »Ich bekenne unumwunden, daß alles, was in diesem Buche namentlich auf die große Gottesfrage Bezug hat, ebenso falsch wie unbesonnen ist. Ebenso unbesonnen wie falsch ist die Behauptung, die ich der Schule nachsprach, daß der Deismus in der Theorie zugrunde gerichtet sei und sich nur noch in der Erscheinungswelt kümmerlich hinfriste. Nein, es ist nicht wahr, daß die Vernunftkritik, welche die Beweistümer für das Dasein Gottes, wie wir dieselben seit Anselm von Canterbury kennen, zernichtet hat, auch dem Dasein Gottes selbst ein Ende gemacht habe. Der Deismus lebt, lebt sein lebendigstes Leben, er ist nicht tot, und am allerwenigsten hat ihn die neueste deutsche Philosophie getötet. Diese spinnwebige Berliner Dialektik kann keinen Hund aus dem Ofenloch locken, sie kann keine Katze töten, wie viel weniger einen Gott.«

236 »Freilich die geistigen Interessen«, betont er (»Geschichte der Religion und Philosophie«, S. 34), »müssen immer mit den materiellen Interessen eine Allianz schließen, um zu siegen.« Das sind allerdings keine Romantiker, das sind Positivisten aller Wege. Das sind die Herren Heine, Marx, Lassalle, Rathenau: Adoptivprotestanten aus materialistischer Wahlverwandtschaft.

Seltsamer Fall! Ein französischer Irredentist aus Düsseldorf ver-
leumdet die Blüte des Enthusiasmus und der Ekstase, die einzige
christliche Literatur, die Deutschland besitzt! Denn was verbindet uns
mit den Völkern, wenn nicht die christliche Spiritualität der Romantik? Franz von Baader, der Montblanc in dieser Richtung – schuf er
nicht tiefe Verbindungen mit dem orthodoxen Geist Rußlands?[237] Mit
dem Italien des Franz von Assisi und der ganzen frühgotischen Tradition? Mit der inspiration douloureuse des Pascal und dem Thomismus
des Kardinal Mercier?[238] Hat er in seinen Tagebüchern nicht sanft und
gewaltig die Irreligiosität der pantheistischen deutschen Philosophie
aufgedeckt[239] und den ewigen Hader zwischen katholisch und protes-

---

237 Vgl. Wladimir Solowjew, »Ausgewählte Werke«, Bd. III, »Vorlesungen über das Gott-
menschentum«, Jena 1914. Vgl. auch Th. G. Masaryk, »Rußland und Europa«, 1913, Bd.
I, S. 250, wo der Nachweis geführt wird, daß nicht nur die großen russischen Orthodoxen
(Samarin, Chomjakow und Kirejevskij) von Baader beeinflußt waren, sondern auch der
Begründer der Heiligen Allianz, Alexander I. Da der erste Entwurf der Heiligen Allianz
von Baader herrührt, kann man wohl sagen, daß er es war, der den atheistischen Positivisten Napoleon stürzte.

238 1786 in den »Tagebüchern« (Gesammelte Schriften, Leipzig 1850 ff.; Bd. XI): »Gott
weiß, wie sehr und oft ich es mit Pascal fühlte, daß wir mit allem Spekulieren und Demonstrieren immer ohne Gott in der Welt sind. Wahrlich dein metaphysischer Gott ist ein
so feines, lauteres Spiritusflämmchen, das weder erleuchtet noch erwärmt, und bei dem
jeder gute Entschluß erfriert.« 1796 erschien seine Abhandlung »Über Kants Deduktion
der praktischen Vernunft und die absolute Blindheit der letzteren«. Es folgte ein Aufsatz »über den Affekt der Bewunderung und der Ehrfurcht« (1804). Es folgte 1823 eine
Auseinandersetzung »über den Zwiespalt des religiösen Glaubens und Wissens als die
geistige Wurzel des Verfalls der religiösen und politischen Sozietät«. Baaders magischer
Einfluß auf die Romantiker war groß. Nicht nur Novalis, sondern auch F. Schlegel, Goethe
und Schelling gingen in seine Schule. Der Rationalismus und die Hegelei drängten ihn
jedoch in den Hintergrund. Hier sind großartige Schätze einer christlichen Philosophie
von unwiderstehlicher Hellkraft zu heben.

239 »Revision der Hegelschen Philosopheme bezüglich auf das Christentum« (1839). Er
hielt die ganze moderne Philosophie von Descartes und Locke an für eine Geisteskrank-
heit, die gleichwohl nicht imstande gewesen sei, die gesunde Konstitution der menschlichen Denkkräfte für immer zu zerstören, und sah das Herannahen einer großen sittlichen
Katastrophe. 1786 schrieb er: »Ärzte und alle Naturweise bekennen es einmütig, daß das
Fleisch alles, so da lebet, verdorben ist. Die allgemein überhandnehmende Geistes- und
Nervenschwäche, und Aufklärung in unserem gesitteten Menschenvolke ist ein leider un-
trügliches Symptom einer uns allgemein bevorstehenden Revolution. Leibhaft sind wir
mit allem unserem sinn- und gottlosen Dichten, Tun und Zerstören das en miniature und
als Zwerge der Schwäche und elender, siecher Ohnmacht, was jene Riesen vor der Sint-
flut, jene Fleisches-Türme und Heroen en gros waren. Jene Himmels-Stürmer sündigten

---

110

tantisch zu tilgen versucht in einem großzügigen Reformvorschlag?[240] Sprechen nicht Münzer und Jakob Böhme zugleich aus ihm, wenn er sagt: »Man muß zeigen, daß Könige Staatsgefangene und alle Reichen Pensionäre sind«?[241] Wenn er Kant und Hegel, den Häuptern der Erkenntnistheorie, beweist, daß sie die Logik mit dem Logos verwechselt haben? Wenn er zu Schelling spricht: »Du redest von einer Offenbarung Gottes durch Naturgesetze für jedes einzelne Wesen in dem großen All, und von einer menschlichen Offenbarung an Menschen magst du nichts hören? Für das Menschliche in Gott hast du

---

durch gigantische Unternehmungen, und wir Himmels-Stürmerlein durch Nichtigkeit. Das Herz ist das Erste, was im kleinen Tröpfchen Lymphe, in und aus dem das Menschengebilde bereitet wird, sichtbar scheint; und wahrlich dessen Bildung ist es, worauf die ganze Tragikomödie abzweckt.«

240 Er hielt das Papsttum nicht für eine dem Katholizismus wesentliche Institution. Am Protestantismus schätzte er die Negation der hierarchischen Despotie, sah aber in seinem Gefolge die weltliche Beherrschung der Kirche, die Cäsaropapie. Beiden Kirchen gegenüber zog er die gräco-russische als mustergültige kirchliche Organisation vor. In einer 1818 erschienenen Abhandlung »Der morgenländische und abendländische Katholizismus mehr in seinem inneren wesentlichen als in seinem äußerlichen Verhältnisse dargestellt« heißt es: »Die Vornehmheit, mit welcher sowohl Romanisten als viele Protestanten im Abendlande auf die polizeiliche Abhängigkeit der gräco-russischen Kirche als ecclesia pressa herabblicken zu können vermeinen, steht ihnen übel an, indem sie wissen könnten, daß gerade eine solche Abhängigkeit nicht essentiell, sondern nur akzidentiell besteht, wovon aber das Gegenteil sowohl bei der römischen als protestantischen Kirche statthat, indem jene sich der weltlichen Souveraineté nicht anders zu entziehen weiß als durch unbedingte Untertänigkeit unter einen geistlichen Souverain, so wie die protestantische Kirche sich zwar der Untertänigkeit, unter einen geistlichen Zwingherrn entzogen hält, aber nur damit, daß sie den weltlichen Landesherrn als Oberhirten und Oberbischof anerkennt.« – In einem Briefe an Varnhagen von Ense (1824) nennt er den Protestantismus das »große Unterhaus der Kirche«, und in einem weiteren Briefe schreibt er: »Der Protestantismus soll seinen status quo herstellen. Die Evangelischen sollen – ein Evangelium haben. Kann aber der Protestantismus diesen status quo nicht herstellen, pereat!« (Kleine Schriften, Leipzig 1850, S. 380-82). Seine ekklesiastischen Hoffnungen waren untrüglich auf die Wiedervereinigung der morgen- und abendländischen Kirchen gerichtet. Bei der morgenländischen Kirche glaubte Baader einer der korporativen Natur der Kirche entsprechendere kollegiale Form des Kirchenregiments zu finden, ursprünglich reinere Formen in der Verwaltung der Sakramente, einen reineren Begriff von den Bedingungen, unter denen der unfrei gewordene Mensch von der Macht der Sünde und   Schuld befreit werden könne. Die idealistische deutsche Philosophie war ihm nur ein Vorläufer der Auflösung des Protestantismus.

241 »Tagebücher aus den Jahren 1786 bis 1793«, Bd. XI der Gesammelten Schriften, Leipzig 1850, S. 253.

keinen Sinn, so wenig als du einen solchen für das wahrhaft Göttliche im Menschen hast. Wissen willst du? Nun so wisse, daß dir deine Vernunft außer den sinnlichen Erfahrungen weiter nichts taugt, als dich in dem heillosen dialektischen Schattenspiele herumzujagen, und daß es also wohl sehr vernünftig, größte, reinste Vernunft ist, da zu glauben, wo du nie wissen kannst.«[242]

Zugegeben: die Schauer-, Ritter- und Pomp-Romantik und auch noch die Heroldsbläserei Wagnerscher Ouvertüren haben die deutsche Reichsgründung eröffnet. Und Friedrich Schlegel wurde, als er zu Jahren kam, Ritter des päpstlichen Christusordens. Aber neben den Obskuranten, die in Abhängigkeit gerieten, – gab es nicht reine begeisterte unabhängige Mystiker, die uns den Blick rein hielten für das, was wir wollen müssen: eine ecclesia militans, deren Hauptstadt Paris ist; deren Väter Pascal, Münzer und Tschaadajew heißen; deren Gott in der Zukunft wartet und erkämpft werden muß; deren Reich nicht von dieser Welt, sondern von einer neuen ist, die wir schaffen und nur in der Unendlichkeit erreichen werden?

Gewiß: Trägheit und Laster um ihrer selbst willen, Askese und Weltflucht, wie die Romantik in ihrer Entartung sie zeigt, sind nicht Heiligtümer; sie sind Verzweiflung; Nachwirkungen des furchtbar paulinischen Dogmas: Gott ist tot, Gott ist am Kreuze gestorben. Und auch das Motto einer heutigen Romantik: die Kirche hat einen guten Magen, sie kann selbst Aas und Verwesung vertragen, gilt nicht für die neue Kirche, die streitende Demokratie. Wir sind keine skeptischen Hamlets mehr, keine schlechten Pauliner. Wir sind eine Conspiratio in Christo[243]. Wenn Heine sagt: »Die neufranzösischen Romantiker sind Dilettanten des Christentums, sie schwärmen für die Kirche, ohne ihrer Symbolik gehorsam anzuhängen; sie sind catholiques marrons«, so geben wir ihm recht. Wir sind keine Prokatholiken nach René Gillouins glücklicher Prägung in einem Aufsatz über das Prokatholikentum der Lemaître, Maurras und Barrès[244]. Und wenn Heine von der Staël sagt: »Sie spricht von unserer Ehrlichkeit und unserer Tugend

---

242 Ebd., S. 82.

243 »Il y a parmi nous«, sagt George D. Herron, »un sentiment de la présence de Christ sans correspondant dans le passé«. (»Le Germanisme et la croisade américaine«, Genève 1918.)

244 »Mercure de France«, Paris, November 1916.

und unserer Geistesbildung – sie hat unsere Zuchthäuser, unsere Bordelle und unsere Kasernen nicht gesehen«[245], so war es gewiß artig, ihr den Krieg zu machen, wenn er sich auch in der Waffe vergriff.

Wir glauben an Don Quixote und an das phantastischste aller Leben. Wir glauben daran, daß die Ketten fallen und daß es keine Galeeren mehr gibt. So sehr sind wir bereit, Opfer zu bringen, daß Kants Pflichtideal uns als moralischer Dilettantismus erscheint. Wir glauben nicht an die sichtbare Kirche, aber an eine unsichtbare und wer in ihr kämpfen will, ist ihr Glied. Wir glauben an eine heilige christliche Revolution und an die unio mystica der befreiten Welt. Wir glauben an die küssende Verbrüderung von Mensch, Tier und Pflanze; an den Boden, auf dem wir stehen und an die Sonne, die über ihm scheint. Wir glauben an einen unendlichen Jubel der Menschheit. Wie sagt Jan van Ruysbroek im »Buch der zwölf Beginen«:

»Verschmelzen mit der Liebe Angesichte

Und ganz von Liebe trunken sein

Ist selige Weise.«

Die Romantik durchbrach in Deutschland die Tradition von 1517. Das ist ihre Tat. Sie stellte die Verbindung wieder her mit der alten Spiritualität Europas. Sie versuchte eine Kritik des Protestantismus und wies über den Konfessionsstreit hinaus. Sie ist mächtig genug, Deutschland eine Renaissance des Christentums zu bringen, wenn man nur wollen wird. Der Heilige und das Genie dürfen nicht einsam und Zufall bleiben. Mögen sie vorstellig werden wie das Gewöhnliche und das Gemeine. Allerheiligen ist das christlichste Fest.

8

Die Gründung der Berliner Universität nach dem Plane Wilhelm von Humboldts (1810) war einer jener konterrevolutionären Maßnahmen, über die Metternich und Humboldt sich einig waren und die

---

245 »Gedanken und Einfälle«, Bd. XII der Vermischten Schriften.

fünf Jahre später gegen die »aufgeregten Stände« ihren Triumph feierten auf dem Wiener Kongreß.

Man hat die Verdienste Humboldts um die Reaktion bislang unterschätzt. Herr Moeller van den Bruck unternahm es, sie ins gebührende Licht zu setzen. Humboldts »Idealstaat«, theoretisch ein Versuch, die »moralische Weltordnung« in Preußen anzusiedeln, erwies sich in der Praxis als ein Zwangs- und Sicherheitsinstitut, »in dem das Volk der Deutschen nach außen seine Sicherheit und nach innen seine Freiheiten bekommen hatte«, unter denen nach Herrn Moeller »die Sicherheit vor Gemeinplätzen und die Freiheit von Schlagwörtern am selbstverständlichsten, aber auch am dringlichsten zu sein pflegt«[246]; ein Staatsinstitut also, dessen Grundsatz in jener uns unlängst beschiedenen Ballinschen Formel »Mauhalten und Durchhalten« gipfelte.

Humboldts Idee einer Berliner Universität erscheint mir als reaktionäres Entwurf bedeutender. Man bedenke: der König von Preußen Rector magnificentissimus der Universität seiner Residenzstadt! Rector magnificentissimus war vor der Reformation der Papst, nach der Reformation aber der protestantische Landesfürst! Da der König von Preußen zugleich das Summepiskopat seiner Landeskirche innehatte und absoluter Soldatenkönig war, so ergab sich für die neue Residenzhochschule ein religiöses Militärprotektorat, das alle Anlagen zeigte, die päpstliche Despotie des Mittelalters in furchtbarer Weise abzulösen, wenn nur ein geschickter Interpret sich fand. Und dieser ließ denn auch nicht lange auf sich warten.

1818 kam Georg Wilhelm Friedrich Hegel nach Berlin, und ihm ist es zu danken, daß Preußen Basis eines neuen Strebens nach dem Universalstaat wurde, einem Universalstaate, worin die irdischen Interessen die himmlischen ablösten, Berlin einen zynischen Ersatz bot für Rom, und ein allmächtiger Beamtenklerus für die Geistlichkeit; worin unter dem Namen der Staatspragmatik eine neue Scholastik aufkam und der preußische König mit Hilfe seiner Geheimräte und Professoren die verworfene Sträflingswelt seiner Untertanen regierte als höchste geistliche und weltliche Macht.

Hegel war als Privatmann ein ziemlich lächerlicher Kleinbürger aus Schwaben. Auf dem Tübinger Stift war er »schulmäßig zum

---

246 Moeller van den Bruck, »Wilhelm von Humboldt und die preußische Freiheit«.

Theologen gebildet«[247]. In Heidelberg, Nürnberg und Jena hatte er
doziert als Professor und Rektor. Es war die Zeit, da poetische Exal-
tationen und Übertreibungen sogar den Philister ergriffen. »Als wir
noch im Leibe vor einander wallten«, schrieb man sich in Briefen[248],
und wenn einer das namenlose Glück erlebte, Napoleon Bonaparte
zu Gesicht zu bekommen, so nannte er ihn wie Goethe »die sichtbar
gewordene Idee des Höchsten« oder wie Hegel »die Weltseele zu
Pferd«[249].

Schon in seiner Habilitationsschrift vom 27. August 1801 stellt
Hegel den Satz auf »Principium scientiae moralis est reverentia fato
habenda«[250], und sein Biograph erzählt, daß es des großen Hegel Ehrgeiz war, »gleichsam der Machiavell Deutschlands zu werden«[251].
Die Gesundheit eines Staates offenbare sich, sagte Hegel und noch im
Jahre 1917 mußte Prof. Nicolai den Satz widerlegen, »nicht sowohl
in der Ruhe des Friedens, als in der Bewegung des Krieges«[252]. Jeder
Fürst sei der »geborene General seines Truppenkontingents«. Und
– das ist ja ein kausaler Zusammenhang – den Protestantismus erhob
er mit Begeisterung » als den Wiederhersteller der Gewissenhaftigkeit und Gewissensfreiheit der Einheit des Göttlichen und Menschlichen, wie sich dies besonders auch darin ausdrücke, daß der Fürst
eines protestantischen Staates zugleich der oberste Bischof seiner

---

247 Karl Rosenkranz, »Georg Friedrich Wilhelm Hegels Leben«, Berlin 1844, S. 48.
248 Brief Hufnagels an Hegel, 4. Mai 1803 (Rosenkranz, S. 224).
249 Hier der Brief Hegels, der auch sonst interessant ist: »Jena, Montag, den 13. Oktober
     1806, am Tage, da Jena von den Franzosen besetzt wurde und der Kaiser Napoleon in
     seinen Mauern eintraf: Den Kaiser, diese Weltseele, sah ich durch die Stadt zum Recog-
     noszieren hinausreiten. Es ist in der Tat eine wunderbare Empfindung, ein solches Indivi-
     duum zu sehen, das hier auf einen Punkt concentriert, auf einem Pferde sitzend, über die
     Welt übergreift und sie beherrscht. Wie ich schon früher tat, wünschen nun Alle der Fran-
     zosen Armee Glück, was ihr bei dem ganz ungeheuren Unterschied ihrer Anführer und
     des gemeinen Soldaten von ihren Feinden (den Preußen!) auch gar nicht fehlen kann.
     So wird unsere Gegend von dem Schwall bald befreit werden.« – Ein seltsamer Patriot,
     wird man sagen! Und doch behauptet sein Herausgeber, daß er das »Höchste« gab, was
     »deutscher Idealismus überhaupt geschaffen hat«. (Vgl. K. P. Hasse, Vorwort zu »Hegels
     Philosophie«. Deutsche Bibliothek, Berlin 1917.)
250 Rosenkranz, S. 159. Die beiden ersten Sätze seiner Habilitationsschrift lauteten: I. »Con-
     tradictio est regula veri, non contradictio falsi«, II. »Syllogismus est principium idealis-
     mi«.
251 Ebd., S. 236.
252 S. 239.

Kirche sei«[253]. Mit Nachdruck verwarf Hegel »den unseligen Irrtum, daß man einen Staat wähne gründlich konstituieren zu können, ohne den Glauben an Gott als das innerste Prinzip alles Denkens, Tuns und Lassens« aufzustellen, und ohne die geringste Skepsis identifiziert er Protestantismus und Christentum als die natürlichste Sache von der Welt, obgleich gerade seine Form von Protestantismus dem Seelenheile des Nächsten und der Bergpredigt widerspricht, und keineswegs der Menschheit, sondern in erster Linie dem übergeordneten Prinzip eines heidnischen Aufsichtsstaates und der erfolgreichsten Dynastie verantwortlich ist[254].

In Hegels Berliner Antrittsrede finden sich bereits alle pomphaften Wendungen, die der spätere Hegelianismus über den Zusammenhang der Hegelschen Philosophie mit der »welthistorischen« Bestimmung des preußischen Staates geltend zu machen pflegte. Die Berliner Universität ist ihm die »Universität des Mittelpunktes«, die »auch der

---

253 S. 411. Die Einheit des Göttlichen und Menschlichen – da hat man die ganze Blasphemie des Protestantismus. Die Einheit des Göttlichen und Menschlichen, repräsentiert vom preußischen Soldatenkönig, da hat man den doktrinären Satanismus, dessen die lutheranische Theologie sich schuldig machte.

254 Von der privaten Moralität ist nirgends bei Hegel die Rede. Überall nur von den Tugenden der Stände, des Staates, der Gesamtheit. Sein Aberglaube ist der Begriff, das Kollektivum. Ein Reich von Begriffen soll die persönliche Immoral vergessen machen und den moralischen Quietismus entschuldigen. Seine Philosophie ist eine Flucht ins Abstraktum. Der Widerspruch, den er an den Anfang seiner Philosophie setzt, hebt die Moral auf, indem Gott und der Teufel gleiche Rechte genießen. Der Widerspruch, Hegels persönlichstes Problem (ausgedrückt durch These und Antithese), soll in der Synthese, im höheren Begriff vergessen und begraben werden. Da hat man auch den »ideologischen Überbau«, den Marx meinte, und als dessen Basis und Realität er den gröbsten Materialismus und Fatalismus erkannt und bezeichnet hat. Alle jene abstrusen dialektischen Prozesse, mit denen Hegel und Marx in der Geschichte zur Moralität zu gelangen glaubten, sind nur verzweifelte Versuche, über die ursprüngliche Immoral und ekelhafte materialistische Begehrlichkeit hinwegzutäuschen. Niemand hat tiefer als Erneste Hello (in seinem großmütigen Buche »Philosophie et Athéisme«, Neuausgabe Paris 1903) den moralischen Nihilismus der Hegelschen Philosophie aufgedeckt. »Par cette théorie de l'identité des contraires, où Hegel a-t-il été conduit? Si, en effet, l'affirmation et la négation sont identiques, toutes les doctrines deviennent égales et indifférentes. Hegel proclame l'égalité, l'identite de l'etre et du neant. Voilà l'erreur radicale, fondamentale, immense de ce siècle-ci; voilà la négation mère; voilà ce doute absolu, qui est l'absence même de philosophie, érigé en philosophie absolue.« Und er bezeichnete auch die Wurzel dieser Philosophie des Nichts: »le grand malheur, le péché original de la société moderne: le protestantisme« (L'Allemagne et le Christianisme, S. 247–260).

116

Mittelpunkt aller Geistesbildung und aller Wissenschaft« werden muß[255]. Die Deutschen preist er wie bereits in einer Heidelberger Rede »als das auserwählte Volk Gottes in der Philosophie«[256]. Seine erste Tat aber ist die Wiederverdunkelung der Kantischen Errungenschaften, indem er nämlich von Kants Trennung zwischen Obskurantismus und reiner Vernunft sagte: »Zuletzt hat die sogenannte kritische Philosophie dem Nichtwissen des Ewigen und Göttlichen ein gutes Gewissen gemacht, indem sie versichert, bewiesen zu haben, daß vom Ewigen und Göttlichen nichts gewußt werden könne. Diese vermeinte Kenntnis hat sich sogar den Namen Philosophie angemaßt.«[257] Hegel seinerseits glaubte die absolute Kenntnis vom Ewigen und Göttlichen zu haben. Er versprach eine Philosophie, die »Gehalt« haben werde, und rief dazu die Jugend auf, die noch unbefangen sei »vom negativen Geiste der Eitelkeit, von dem Gehaltlosen eines bloß kritischen Bemühens«. Wie Hegel sich indessen diesen »Gehalt« in Wirklichkeit dachte, das ergab sich bei Gelegenheit seiner Festrede zur Feier der Augsburgischen Konfession im Jahre 1830.

Die Augsburgische Konfession ist das vornehmste symbolische Buch der Lutheraner, das Hauptdokument des preußisch-deutschen Byzantinismus. Nur mit ihrer völligen Diskreditierung kann Deutschland dem Christentum wiedergewonnen werden. Hegel nannte die Augustana, ohne auf den Kardinalpunkt näher einzugehen, die »Magna carta des Protestantismus« (des sola fides justificat wegen). Er schilderte – was schilderte er wohl? Die Verderbtheit der Kirche durch den papistischen Katholizismus, schilderte die Tyrannei, mit welcher die Kirche alle Selbständigkeit der Wissenschaft darniedergehalten habe. Er schilderte die Verunsittlichung des Lebens durch die Zerstörung der Familie mittels des Zölibats, durch die Zerstörung des werktätigen Fleißes mittels der Vergötterung der Armut und Faulheit und stupiden Werkheiligkeit, durch die Zerstörung der Gewissenhaftigkeit mittels eines stumpfen unmündigen Gehorsams, der in seiner Gedankenlosigkeit die Verantwortung für sein Tun den Priestern

---

255 Rosenkranz, S. 328.
256 In seiner Heidelberger Rede hatte er ausdrücklich an das auserwählte Volk der Juden erinnert.
257 Rosenkranz, S. 328, bemerkt indessen, daß Hegel der »Kantschen Philosophie, der ursprünglich preußischen, seine eigene Philosophie in den wesentlichsten Punkten verdankte«, und das trifft auch zu.

überläßt, endlich durch die Zerstörung des Staates infolge Nichtanerkennung der wahren fürstlichen Souveränität[258]. Kurz er schilderte all das, das wir heute als Folge der Augsburgischen Konfession und der protestantischen Kirchengründung dem Staatslutheranismus vorzuwerfen haben: die Verderbtheit der Kirche (durch Abhängigkeit von der Fürstengewalt), die Sklaverei der Wissenschaft (durch Abhängigkeit von der Fürstengewalt), die Verunsittlichung des Lebens (durch einen unbedenklichen Positivismus), die Zerstörung der Familie (durch Kriege und Deportationen), die Zerstörung des werktätigen Lebens (durch Monopole und Privilegien), die Vergötterung der Armut (durch defaitistische Propaganda im Ausland), die Zerstörung der Gewissenhaftigkeit (durch politische Entmündigung).

Der Senat machte bei Gelegenheit dieser Feier auf den Mangel einer Universitätskirche für Berlin aufmerksam (trotz Kant) und Hegel, der inzwischen Rektor geworden war, nahm sich der Sache »aus allen Kräften« an, indem er darauf drang, man möge wenigstens »vorerst einen Betsaal bewilligen«, wenn noch keine Kirche gebaut werden könne. Eine besondere Kirche gehöre »schon zum Anstand einer Universität«. Nachdem selbe (die Universität) »auf eine Anzahl von 1800 Studierenden angewachsen sei, bilde sie mit den Familien der über 100 sich belaufenden Dozenten eine nicht unansehnliche Gemeinde«[259]. Hegel als Rektor und der Landesfürst als Rector magnificentissimus verhielten sich auf der theologischen Linie zueinander wie der Prediger zum Bischof.

Die Philosophie Hegels läuft hinaus auf eine Erweiterung des protestantischen Gedankens und des absolutistischen Bewußtseins, nicht aber der Wahrheit und Erkenntnis. Jener Satz Hegels aus seiner Vorrede zur Rechtsphilosophie: »Was vernünftig ist, das ist wirklich und was wirklich ist, das ist vernünftig«, mag einmal eine Tat gewesen sein, als Anerkennung der Wirklichkeit gegenüber der doktrinären Verdächtigung und Verfluchung aller Realität im Heiligen Römischen Reich. Eine Erkenntnis aber enthielt er nie, und er konnte auch in all seiner summarischen Anerkennung des Verruchten wie des Verklärten nur innerhalb eines Systems aufrechterhalten werden, das sich im Balancement von Abstraktionen und Begriffen intellectualiter begnügte.

258 Rosenkranz, S. 411.
259 Ebd., S. 412.

Jener andere Hauptsatz Hegels aber, »der einzige Gedanke, den die Philosophie mitbringt«, der einfache Gedanke der Vernunft, »daß die Vernunft die Welt beherrsche, daß es also auch in der Weltgeschichte vernünftig zugegangen sei«[260]: ist nicht auch dieser Satz eine Unwahrheit, eine so handgreifliche moralische Kapitulation, daß nur ein in theologischen Dingen kritikloses Volk den hinterhältigen Glauben an die Absurdität übersehen konnte, der sich hier verbarg[261]?

Die Hegelsche Rechts- und Geschichtsphilosophie zusammen hatten nur die Bestimmung, eine Art Beweisführung für des Autors im protestantischen Dogma befangene Überzeugung zu liefern, daß »die preußische Monarchie das Ideal eines politischen Organismus« sei[262]. Denn ebenso wie Bismarck später an den »großen Entwicklungsprozeß« glaubte, »in welchem Moses, die christliche Offenbarung und die Reformation als Etappen erscheinen«, so glaubte Hegel in seiner »Philosophie des Rechts« an den »germanischen Geist« als den »Geist der neuen Welt« und an einen »Trieb der Perfektibilität«[263]

---

260 Philosophie des Rechts, § 341/342.

261 Erst Schopenhauer und Nietzsche haben Gegensysteme gegen Hegel aufgestellt, mit denen sie auf der absoluten Unvernunft der Geschichte einen neuen (heroischen) Idealismus zu errichten hofften. Die Ekrasierung Gottes aus dem Weltgetriebe, die Schopenhauer vornahm, ist eine Ekrasierung der optimistischen Hegelschen Voraussetzung einer universalen Vernunft. Die wahrhafte Theodicee war für Hegel »die Rechtfertigung Gottes in der Geschichte« (Philosophie der Geschichte). »Nur die Einsicht«, schrieb er, »kann den Geist mit der (preußischen. H. B.) Weltgeschichte und der (preußischen. H. B.) Wirklichkeit versöhnen, daß das, was geschehen ist und alle Tage geschieht, nicht nur nicht ohne Gott, sondern wesentlich das Werk seiner selbst ist«. Fast wörtlich hatte sich Kant in der »Kritik der praktischen Vernunft« so geäußert.

262 Nicht nur die preußische Monarchie, sondern der preußische Absolutismus. »Die Regierung ruht in der Beamtenwelt (!) und die persönliche Entscheidung des Monarchen steht an der Spitze; denn eine letzte Entscheidung ist... schlechthin notwendig.« Oder: »Allerdings ist es für ein großes Glück zu halten, wenn einem Volk ein edler Monarch zugeteilt ist; doch auch das hat in einem großen Staat weniger auf sich, denn dieser hat die Stärke in seiner Vernunft.« Oder: »Es sollen die Wissenden regieren, οι αριστοι, nicht die Ignoranz und die Eitelkeit des Besserwissens« (Philosophie der Geschichte). Der preußische Militär- und der Hegelsche Intellekt-Absolutismus erklären sich gleicherweise aus den menschlich und moralisch verzweifelten Zuständen der vom 30jährigen Krieg und den Habsburgern her fortwirkenden Volksverwahrlosung.

263 Masaryk (»Die philosophischen und soziologischen Grundlagen des Marxismus«, Wien 1899) hat klar und bündig gezeigt, wohin der »Trieb der Perfektibilität« und der Glaube an die »historischen Naturgesetze« bei dem schlimmsten Schüler Hegels, bei Marx führte – zur moralischen Anarchie. Religion und Moral (die Ideologie) sind abgetan. Das

Wie argumentierte er doch? »Die dritte Periode der germanischen Welt geht von der Reformation bis auf unsere Zeiten. Das Prinzip des freien Geistes ist hier zum Panier der Welt gemacht und an diesem Prinzip entwickeln sich die allgemeinen Grundsätze der Vernunft.«[264] »Was die Gesinnung betrifft, so ist es schon gesagt worden, daß durch die protestantische Kirche die Versöhnung der Religion mit dem Rechte zustande gekommen ist.« Und als Folge: »Es gibt kein heiliges, kein religiöses Gewissen, das vom weltlichen Rechte getrennt oder ihm gar entgegengesetzt wäre.«[265] Das aber hieß im Zusammenhang des Hegelschen Systems: es gibt kein heiliges, kein religiöses Gewissen außerhalb oder gar gegen den protestantischen Absolutismus. Und doch schrieb dieser fürchterliche Jesuit den Satz: »Die Weltgeschichte ist der Fortschritt im Bewußtsein der Freiheit.«

Wie erklärt sich solche alleruntertänigste Devotion? Daß Preußen »das absolute Ideal« sei, dachte sich Hegel schon bei seiner Berufung. Eine Anstellung an der Berliner Universität war schon in Heidelberg sein höchster Traum. Was ihn nach Preußen zog, war es am Ende wohl Preußens »Gehalt«? Wie hätte diese Monarchie die Universität Berlin gründen und so reichlich dotieren können, wenn Preußen nicht alle andern Staaten übertraf[266]? Wie hätte sie ihn, Hegel, den armen Schlucker, dem Goethe nach Jena Beigefügtes im Brief zukommen ließ, weil man von den sächsischen Kollegiengeldern nicht leben

Fatum herrscht. Die Entwicklung, die die Vernunft ist, wird alles selbsttätig entscheiden und die Moral lautet einfach: Wer die Macht hat, hat das Recht. Moral ist jetzt »Anerkennung der Tatsachen«, bei aller Freiheit, moralisch oder unmoralisch handeln zu können. Die Entfesselung des Verbrechertums ist die Folge.

264 Wobei aber zu sagen ist, daß das Freiheitspanier, das die Reformation errichtete, nicht politischen, sondern religiösen Ursprungs und sein Herold nicht jener Luther war, der die Augsburgische Konfession guthieß, sondern jener Roger Williams, der von gewaltigem, tief religiösem Enthusiasmus getrieben, in die   Einöde auszog, um ein Reich der Glaubensfreiheit zu gründen. (Vgl. J. Jellinek, »Die Erklärung der Menschen- und Bürgerrechte. Ein Beitrag zur modernen Verfassungsgeschichte«, 1895, S. 42.)

265 »Philosophie der Geschichte.«

266 »Das Ministerium unterstützte Hegel beständig auf außerordentliche Weise, bald durch ansehnliche Remunerationen, bald durch splendide Reisegelder, und ging auch aufs Freundlichste auf möglichste Realisierung anderer Wünsche desselben ein. Alles stellt ihn zufrieden und die kühnsten Hoffnungen für seine Wirksamkeit breiten sich mit behaglichem Lächeln aus. Wer weiß, was für Perspektiven sich seinem gewaltigen Geist noch vorspiegelten! Wer weiß, ob er nicht in die Regierung selbst einzutreten sich Aussicht machte.« So Rosenkranz, S. 318 f.

konnte[267], dorthin berufen? Aber dann stimmte es auch überein mit Hegels »Spekulation« und schulmäßiger Theologie. Und es kam nur darauf an, den »Idealstaat« Humboldts möglichst zu überbieten. Das war man der Berufung und dem Landesfürsten schuldig.

Also griff Hegel zur »Weltseele« und ließ sie sich mittels These, Antithese und Synthese zum Selbstbewußtsein des preußischen Untertanen und Staates hinaufentwickeln. Das war für die Weltseele ein anstrengender Prozeß und für den Herrn Professor auch, und der Vorgang wurde etwas dunkel, aber desto verdienstlicher das Resultat für den Impresario. Und was Hegel ebenfalls schon vorher wußte: daß nämlich alles, was konterrevolutionär ist, auch vernünftig ist, also auch die allgemeine Wehrpflicht, mit der Friedrich Wilhelm III. nach den »Freiheitskriegen« sein Volk beglückte (1814), – auch das deduzierte er von der Idee, ohne sich seiner französischen Sympathien vom Jahre 1806 zu erinnern, und deduzierte von ihr das Erbkönigtum, die Majorate und das Zweikammersystem. Und so wurde der deutsche »Idealismus« zu jenem Geheimkabinett, auf dessen Dach die Flagge der Vernunft und Aufklärung wehte, während im Innern ein Mystagoge seiner Nation eine Chloroformmaske übers Gesicht warf, und das betäubte Objekt dem Sadismus der Herrscher auslieferte.

Die ganze Weltgeschichte setzte Hegel in Bewegung, um Preußen als Taube daraus hervorzuzaubern. Eine solch abergläubische Wichtigkeit hatte niemand vor ihm dieser Monarchie beigemessen. Die instinktive Ahnung der Absurdität seines Systems war die Ursache von Hegels europäischem Erfolg, die Charlatanerie und Dreistigkeit dieses Systems aber war es, was Schopenhauer rasen machte[268].

---

267 Brief Goethes an Hegel vom 27. Juni 1806: »Sehen Sie Beikommendes, mein lieber Herr Doctor, wenigstens als einen Beweis an, daß ich nicht aufgehört habe, im Stillen für Sie zu wirken. Zwar wünschte ich mehr anzukündigen, allein in solchen Fällen ist manches für die Zukunft gewonnen, wenn nur einmal ein Anfang gemacht ist. Der ich recht wohl zu leben und Sie gesund und froh wieder zu sehen wünsche.« (Rosenkranz, S. 223)

268 Es wäre ein Irrtum, anzunehmen, daß Goethe der Hegelschen »Philosophie« zustimmte. Er hatte eine gewisse Bonhommie für den trockenen Schwaben, der so wacker die preußische Konjunktur für seine Karriere zu nutzen verstand. Er ahnte wohl nicht die Folgen. 1821 schickte er Hegel einen Weinbecher mit dem ironischen Begleitwort:

Zweierlei Rebellionen sind möglich. Eine Rebellion gegen die natürlichen Grundlagen der Gesellschaft und des Gewissens. Sie ist töricht
und verbrecherisch. Und eine Rebellion für diese Grundlagen, aus
universalem Gewissen. Sie fördert die Freiheit, die nichts anderes ist
als der Höchstertrag allerlösender Leistung.

Unbegreiflich, wie man Hegel für einen Rebellen im Sinne der Freiheit halten konnte. Man erinnert sich Heines optimistischer Prophezeiung: »Unsere philosophische Revolution ist beendet. Hegel hat
ihren großen Kreis beschlossen... Lächelt nicht über meinen Rat, über
den Rat eines Träumers, der euch vor Kantianern, Fichteanern und
Naturphilosophen warnt. Lächelt nicht über den Phantasten, der im
Reiche der Erscheinungen dieselbe Revolution erwartet, die im Gebiete des Geistes stattgefunden...«[269] Unbegreiflich, wie man den Protestantismus als Prinzip der deutschen Philosophie und Entwicklung
erkennen und trotzdem eine »Revolution«, ausgehend von den Professoren dieses Prinzips, erwarten konnte. Ich stimme der Meinung
des französischen Historikers Théodore Duret zu, der in einer Enquête
über die Möglichkeit einer Revolution in Deutschland die skeptischen
Sätze schrieb: »L'idée de révolution, d'un changement profond à réali-
ser brusquement, n'a pu naître et se développer que dans un pays latin,
idéaliste et catholique comme la France. Elle est restée sans prise réelle
et le restera toujours, sur des pays germaniques, positifs et protestants,
comme l'Allemagne et l'Angleterre.«[270]

Der lutherische Protestantismus ganz besonders setzt das materielle Wohl über alles persönliche Opfer, den Egoismus über alle Ziele
der Gesamtheit. Die Carbocherie und der Eigensinn, aus denen er entspringt, verhindern jede Solidarität in Gewissensfragen und schließen
jene sublime Reizbarkeit in Fragen der moralischen und politischen
Freiheit aus, die letzten Endes ihren Ursprung im Selbstbewußtsein
kollektiv entwickelter Generationen hat. Vom Kollektivbewußtsein
allein wird die Überhebung von Individuen oder Klassen als uner-

---

269 Heine, »Zur Geschichte der Religion und Philosophie in Deutschland«, S. 121–124.
270 »En Allemagne une Révolution est-elle possible?« Introduction et Notes de Marius-Ary
    Leblond (unter Mitarbeit von Barrès, Huret, Lichtenberger, Rolland, Schuré, Seignobos,
    Sembat, Wetterlé u. a.), Paris 1917.

trägliche Vergewaltigung des sozialen Moralbegriffes empfunden und gerichtet werden können. Das Kollektivbewußtsein ist die Voraussetzung jeder produktiven Rebellion.

Die Deutschen rebellierten immer nur gegen das Gewissen, gegen die Grundlagen der Moral und der Gesellschaft, ob sie Luther, Kant, Hegel oder Marx hießen. Der Protestantismus von Individuen, Klassen oder Völkern kommt heute der Vergewaltigung der übrigen Gesellschaft von Individuen, Klassen oder Völkern gleich, aus denen er entsprang und sich isolierte. Nicht einmal eine soziale und politische, geschweige denn eine moralische Revolution, ist heute in Deutschland möglich ohne einen tiefen Umschwung im religiösen Ideal. Die Umwelt ist es, die rebelliert, die unterdrückte Tradition der vorreformatorischen christlichen Idee, und diesen mächtigen Faktoren wird das unterdrückende Individuum, heute das ganze protestantische Deutschland, auf die Dauer nicht gewachsen sein. Der deutsche Protestantismus war die Konterrevolution gegen die christlich-kommunistischen Bauernaufstände des Mittelalters.

Hegels Rebellion gegen Gott hatte durchaus keine synthetischen, wohl aber zerstörende, nihilistische Motive. Man konnte Preußen nicht gut von Gott ableiten. Das sah selbst Hegel ein; ebenso wie Kant, der an Gott wohl nur deshalb nicht mehr glaubte, weil er die preußische Wirklichkeit und Friedrich Wilhelm I. noch kannte und sich schämte. Also mußte man Gott von Preußen ableiten oder ihn ganz beiseite lassen und einen Ersatz für ihn suchen. Kant fand das »Ding an sich«, Hegel die »Weltseele«. Hegels Weltseele war ein immerhin respektables Objekt. Kein preußischer Regent konnte sich beklagen, mit ihr in intime Beziehungen gesetzt zu werden.

In der »Weltseele« war ein Gott-Ersatzmittel gefunden von erklecklicher Würde. Hegel setzte seine Weltseele bei Adam und Eva in eine Art Krankenfahrstuhl, gab ihr These und Antithese als zwei Hebel in die Hände und ließ sie in der Synthese sich fortbewegen. Er nannte das die »Fortbewegung der reinen Vernunft vom An-sich durch das Für-sich zum An-und-für-sich«. Den zurückgelegten Weg nannte er Prozeß oder Fortschritt. Nach Verlauf von einigen tausend Jahren kam die Weltseele in Berlin an und die Studenten jubelten ihr zu, als sie im Königlichen Palast abstieg. Dem Herrn Professor Hegel aber, als dem Erfinder dieser Maschine, brachten die Studenten einen Fackelzug.

Die Sache ist nicht so spaßig, wie sie klingt. Denn abgesehen davon, daß nun jedermann eine solche dialektische Maschine erfinden wollte – man nannte das ein System –, so hatte Hegels Weltseele den Berlinern und ihrem König von der Reise auch etwas mitgebracht. Das war das »Inventar« der Weltseele: eine Art Rangordnung und Tabelle der Staatswissenschaften, ein utilitarischer Stammbaum der Fakultäten und Disziplinen. Vergebens wies Baader darauf hin, daß der göttliche und der menschliche Denkprozeß, die Metaphysik und die Logik, nicht identifiziert werden dürften[271]; zeigte er auf die Servilisten, Pietisten und Rationalisten, die einen Gegensatz zwischen Wissen und Glauben aus dem Zweifel »per generationem aequivocam« entstehen ließen; vergebens schrieb er in einem Briefe vom 30. September 1830 an Hegel selbst: »Der Teufel ist überall los, und weil sie die Idee in ihrer himmlischen Gestalt verachteten, müssen sie nun vor ihrer höllischen Karikatur erzittern.«[272] Da der preußische Staat einmal der Gipfel der Weltgeschichte war und sich noch weiter darin entwickeln konnte gemäß jenem Trieb zur Perfektibilität, der später in der Sozialdemokratie zur Perfektibilität der Konservenbüchsen, Kinderwägen und Sodaflaschen wurde, so gab es in der Folge keine Wissenschaft mehr außer an ihm, durch ihn und für ihn. Gehalt der Staatswissenschaft aber wurde die antichristliche Platitüde.

Und was wurde aus der Gelehrtenrepublik? Sie wurde nach und nach abgelöst von jener unversorgten und instinktlahmen Beamtenhierarchie, die nach Auflösung des Heiligen Römischen Reichs mit ihrer ganzen seelischen Popen- und Bonzenträgheit von Österreich überging an Preußen. Erster und mächtigster Agitator hierfür war Hegel der Beamte; Demiurg und Operateur der Weltseele zu Berlin. Mit seinen »intrikaten Floskeln«, wie Schopenhauer schimpfte, lähmte Hegel die Temperamente, indem er sie in Weltprozesse verwickelte, erstickte er 1848 den Volksunwillen in Phrasen und Räsonnement. Mit der Theorie von der »selbsttätigen Entwicklung« aber beschwichtigte er sogar das neue Ereignis des 19. Jahrhunderts, das revolutionäre Proletariat. »Selbsttätige Entwicklung«, das war so bequem und verlangte keine

---

271 An vielen Stellen seiner Schriften (vgl. Werke, Bd. I, »Gesammelte Schriften zur philosophischen Erkenntniswissenschaft als spekulative Logik«, hrsg. von Franz Hoffmann, Leipzig 1851).

272 Rosenkranz, a. a. O., S. 408.

Frondierung! Einer verläßt sich auf den andern. Alle erwarten's vom Ganzen, keiner von sich. Indem Hegel nichts vernünftiger erscheinen ließ als das ganz und gar Absurde, zog er die von Frankreich ermunterten »Jungdeutschen« in ein pragmatisches Verhältnis zu demselben Staate, der diese Jugend, wo er ihrer habhaft werden konnte, wie Kriminelle in seine »Erziehungsanstalt«, die Armee abschob. Das alles aber mit dem dünkelhaften Selbstbewußtsein eines weltseelenvergnügten Kathederheldentums, dessen Ja- und Amen-sagender Opportunismus für Pedelle leichter zu durchschauen war als für biderbe Hörer.

10

Und hier ergibt sich das Problem der deutschen Universität und Staatspragmatik, dessen wahrhaft regenerative Lösung den völligen Zusammenbruch des jetzigen Reichssystems, den demokratischen Völkerbund und einen beratenden Kongreß der intellektuellen Partei aller Länder voraussetzt.

Nur eine großzügig eingeleitete Restituierung der ursprünglichen evangelischen Tradition, eine durchgreifende Internationalisierung der Lehrstühle und der lebhafteste Austausch wissenschaftlicher Autoritäten aller Länder würde den Begriff der Universität überhaupt und das Wiederaufblühen der moralischen und wissenschaftlichen Bildungsanstalten Deutschlands im besonderen garantieren[273]. Die jahrhundertelange Abhängigkeit unserer Universitäten von absolutistischen barbarischen Höfen, Abhängigkeit zuletzt von einer Militärdespotie, der alle speichelleckend sich boten, hat in deutschen Köpfen zu einer Konfusion der religiösen und freiheitlichen Überzeugungen geführt, von der nur derjenige sich einen Begriff bilden kann, der Religion und Freiheit in der offiziellen und inoffiziellen Literatur vergebens gesucht hat. Die intellektuelle Erkrankung der Nation, die daraus resultierte, – nur durch einen gemeinsamen Aufwand heilsamer Kräfte aller üb-

---

273 Schon Constantin Frantz schlug die Gründung einer Internationalen Akademie für das Studium speziell der historischen und politischen Wissenschaften vor, als der wichtigsten für die Begründung und Ausbildung eines internationalen Rechts (»European Peace Institution« , in: »The Chronicle«, 1874). Freilich sind wir Deutsche an der Errichtung solcher Akademien mehr als alle anderen Völker interessiert.

rigen Völker ist sie zu beheben. Die Berliner Universität insbesondere wurde zum Schröpfkopf unserer moralischen und kulturellen Kräfte, und wir gehen in Siechtum und Weltverpestung zugrunde, wenn wir die Hilfe nicht finden, diese Bastillen und Lügenbuden zu stürmen.

Unsere wissenschaftlichen Entdeckungen, soweit sie nicht im Materialismus beschlossen lagen, waren nie sonderlich neu. »Die Deutschen mögen sagen, was sie wollen«, weiß schon Lichtenberg, »so kann nicht geleugnet werden, daß unsere Gelehrsamkeit mehr darin besteht, recht gut inne zu haben, was zu einer Wissenschaft gehört, und zumal deutlich angeben zu können, was dieser und jener darin getan hat, als selbst auf Erweiterung zu denken. Selbst unter unsern größten Schriftstellern gibt es welche, die eigentlich nur das, was man schon wußte, gut geordnet wieder drucken lassen.«[274] Unter Hegel wurden die Wissenschaften, die in früherer Zeit einmal dem Himmelreich dienten, »vernünftig«, die Weltgeschichte vernünftig, die Vernunft selber vernünftig, und man kann ruhig für vernünftig jeweilen preußisch-protestantisch setzen. Der germanisch-protestantische Vernunftstaat (oder die Destruktion der abendländischen Moral) wurde der Wissenschaften höchstes Prinzip, und was für eine jämmerliche Freiheit dabei übrig blieb, weiß jeder, der die Sophistik heutiger Berliner Philosophen und Philologen nicht für Tiefsinn hält, das Schicksal eines wahrhaft freien Gelehrten aber wie des Berliner Biologen G. F. Nicolai für ein Symptom.

Vernunft in die Geschichte tragen, dieses höchste Ziel jeden Denkens im großen Stil – kann es darin bestehen, daß man die Vernunft aus den Tatsachen ableitet und dadurch die Weltgeschichte und alles individuelle Streben zum Stillstand bringt? Hegel wußte: »Die Idee der Freiheit ist durch das Christentum in die Welt gekommen, nach welchem das Individuum als solches einen unendlichen Wert hat«; wußte, »daß der Mensch an sich zur höchsten Freiheit bestimmt ist«[275]. Was machte er daraus? Er fand, die Freiheit sei »zunächst nur ein Begriff, Prinzip des Geistes und Herzens«, der »sich zur Gegenständlichkeit zu entwickeln bestimmt« sei, »zur rechtlichen, sittlichen und religiösen wie wissenschaftlichen Wirklichkeit«. Auf diesem Wege kam er zu seiner positiven Rechtsphilosophie und endete

274   G. Ch. Lichtenberg, »Schriften, Bd. I, Literarische Bemerkungen., S. 287.
275   »Enzyklopädie«, § 482.

mit dem schönen Satze: »Die Strafgerechtigkeit der Regierung, ihre Rechte der Verwaltung usw. sind zugleich Pflichten derselben, zu strafen, zu verwalten usw., wie die Leistungen der Staatsangehörigen an Abgaben, Kriegsdiensten usw. Pflichten sind. Wesentlich gilt es, daß, wer keine Rechte hat, keine Pflichten hat, und umgekehrt.«[276] Hegels philosophische Methode bestand eben nur darin, die theologischen und staatlichen Grundbegriffe in ihrem beim bestehenden Regime beliebten Werte anzuerkennen und sie durch entsprechende Paraphrasierung systematisch miteinander in Beziehung zu setzen.

Jede wahrhaft selbstbewußte Stellungnahme zur bestehenden Welt ist aber notwendig eine Revolte und nur die Rebellion gegen das Bestehende, die Revolte der Vernunft gegen das Erreichte, das immer unzulänglich ist und sein muß, weil das Ideal nicht realisierbar ist, darf sich das Recht zumessen, Vernunft in die Geschichte zu tragen. Das aber heißt die Geschichte revidieren, denn eine Vernunft der Geschichte oder des Weltprozesses an sich gibt es nicht. Wir, die wir heute leben und zu sagen haben, wie wir leben wollen, existieren nur, indem wir uns zur Geltung bringen, indem wir Rebellen sind gegen die Unvernunft, die die Geschichte uns überliefert hat, und Befürworter jener wenigen Momente von Vernunft, die wir als uns verwandt empfinden. Es gibt keine Pragmatik, keine Idee und Entwicklung, die der Wille einer Persönlichkeit nicht durchbrechen kann, es gibt keine »Zwangsläufigkeiten«; Mensch sein, heißt der Natur überlegen sein, alles andere ist Aberglaube. Wir sind zwar überall in Banden, aber freigeboren nach Rousseaus Wort, und es ist nur Kleinmut, Ausflucht und erbärmliche Feigheit, Staatspfaffen, Magistern und Entwicklungstheologen mehr zu glauben als dem Genie. Die Geschichte »entwickelt« sich nicht »zu immer höheren Formen«, sie tut's nicht »von selbst«.

Der preußische Staat hat ein Blutbad angerichtet in der Welt und vorher die Grundlagen des Gewissens zu untergraben versucht. Die Menschheit stirbt und verwest, wenn wir ihr nicht zu Hilfe kommen. An diesem Werke der freien Vernunft soll auch der Geringste unter uns mitarbeiten, denn für sein Recht, für seine Liebe, für seine Vernunft kämpfen wir. Und wir kämpfen dafür, weil unsere eigene Vernunft Einbuße erleidet, so lange nicht der Geringste, Gedrückteste und Verlorenste der menschlichen Gesellschaft in Stand gesetzt ist,

---

276 Ebd., § 485/486.

sein eigenes Wort zu sagen, das vielleicht die Erlösung für alle enthält. Es gibt keinen Menschen, der alles allein weiß, und es gäbe keinen Staat, der sich anmaßte, alles allein und am besten zu wissen, wenn die Gelehrten uns nicht verraten hätten und jeder von uns seine Meinung offen zur Geltung brächte. Die Trägheit ist die einzige Todsünde des Menschen, und alles Unglück und Elend, das uns verdirbt, kommt nur von ihr.

»Wenn Deutschland nicht der Ort ist«, sagt der Staatsmogul Rathenau, »wo alle Pragmatik als Willensübertragung transzendent ethischer Wertung und nur als diese betrachtet werden muß, so haben wir uns über die deutsche Sendung getäuscht.«[277] Wer sind diese »Wir« und wer lacht da nicht? Was die »transzendent ethische Wertung« ist, von der Herr Rathenau spricht, habe ich gezeigt in den Abschnitten über Luther, Kant, Fichte, und hier über Hegel. Daß sie der Pragmatik Deutschlands, den »Zwangsläufigkeiten«, unter denen heute das Volk verblutet, ihre Bestätigung und ihren diabolischen Segen verliehen hat, ist erwiesen. Wozu noch Worte verlieren? Es liegt an uns allen, diese Pragmatik, diese Zwangsläufigkeiten zu durchbrechen und zu beweisen, daß Deutschland nicht der Ort ist, wo sich arrivierte Rathenaus über ihre Sendung nicht täuschen. Derselbe Herr bemüht sich an anderer Stelle, die »germanischen Herren des Abendlandes« von der Beihilfe zur heutigen Pragmatik freizusprechen[278] und führt als Beweis an, daß ein holsteinischer Kramladen »sachlicher, zweckfreier und ungeschäftlicher geleitet wird als eine amerikanische Kirche«. Aber gilt das auch für die A. E. G. und den preußischen Generalstab? Oder für jene anderen 50 Gesellschaften, deren spiritus rector gerade Herr Rathenau ist? Man lasse die transzendent ethische Wertung beiseite, wenn man für einen Räuberstaat Rohstoffe ordnet und man spreche nicht von der intelligiblen Freiheit, wenn man mit Aktien handelt.

Die deutschen Universitäten haben das Volk entmündigt, haben jede Wissenschaft, die nicht auf den Krieg, den Staat und den Patriotismus abzielte, die nicht die Köpfe verwirrte, sie isolierte und unfruchtbar machte, entstellt, unterdrückt, oder gegen das Wohl des Volkes benutzt. Die Erziehung der Jugend in der feudalen Tradition, in

277   »Von kommenden Dingen«, Berlin 1917, S. 169/170.
278   »Zur Kritik der Zeit«, Berlin 1912.

der Kaserne und auf der militarisierten Universität hat das Freiheits-
gefühl vollends verkümmern und aussterben lassen. Es gibt keine Wissenschaft mehr, die der Freiheit dient, es gibt nur noch liberalistisch
verbrämte Staatswissenschaft.

Was aber ist der Staat, von dem seine Lobredner sagen, daß sich in
ihm der religiöse Fortschritt mit dem wissenschaftlichen und ökonomischen Fortschritt deckt; der Staat, für dessen Bedienung Herr Rathenau ein »Gemeinschaftsgefühl handfester Menschen« empfiehlt
[279], nachdem er von Platos, Lionardos und Goethes Eindringen in die
»handfeste Welt der Dinge« gesprochen hat?

Der Staat ist ein praktisches, also minderwertiges Institut. Er ist
bestenfalls eine Nützlichkeitseinrichtung und kann nur das sein, weil
er stets den Interessen von Individuen, Fürsten, Klassen oder Parteien
zugute kommt. Er ist gottlos und unchristlich, weil er nur materiell
nützlich ist. Der Fortschritt, den der Staat protegiert, ist bestenfalls
eine Art Aufkläricht, das zu beweisen bezweckt, es gebe keinen Gott,
um desto gewisser die Freiheit knebeln zu können. Die Freiheit ohne
Religion ist aber undenkbar.

Die Verstandesphilosophie hat den Staat als höchstes Prinzip aufgestellt. Das höchste Prinzip ist aber nicht der Staat, sondern jene Freiheit des Individuums und der Gesamtheit, der die Wissenschaft und
der Staat zu dienen haben. Diese Freiheit allein verbürgt, daß Gott eines Tages zur Erde herniedersteigt, weil wir ihn zwingen dazu durch
Reinheit und Güte.

Und das ist die Aufgabe einer Neuordnung, daß der Staat von uns
überwältigt wird; daß er nichts anderes mehr als ein Ordner ist in unserer Hand; daß die Universitäten unsere Sache, die Sache des Volkes,
der Freiheit und Gottes führen, nicht die eines Fürsten, des Staates
und seiner Bedienten[280]. Wo finden wir aber das Beispiel und die Ta-

---

279 »Von kommenden Dingen«, Berlin 1917, S. 18.

280 Charles Péguy (»De la situation faite au parti intellectuelle dans le monde moderne«,
Cahiers de la Quinzaine VIII/5, 1906) pflichtet mir bei, wenn er nicht nur die Trennung
von Staat und Kirche empfiehlt, sondern auch die Trennung von Staat und Metaphysik.
»Le parti intellectuel moderne a infiniment le droit d'avoir une metaphysique, une philosophie, une religion, une superstition tout aussi grossière et aussi bête qu'il est nécessaire
pour leur faire plaisir. J'entends sinon le droit civique, du moins le droit social, politique,
enfin le droit légal. Mais ce qui est en cause et ce dont il s'agit, ce qui est le débat, c'est de
savoir si l'Etat moderne a le droit et si c'est son métier, son devoir, sa fonction, son office

ten, die uns zu solchem Berufe stärken, läutern und führen? »Die heilige Geschichte ist es allein«, sagt Franz von Baader, »die uns solche Fakta rein und unverfälscht aufbewahrt, und die darauf gebaute heilige Physik (nicht die Kriegschemie, H. B.) bleibt auch immer die schönste, humanste, unseren beschränkten Kräften angemessenste Theorie und Philosophie darüber.«[281]

---

d'adopter cette métaphysique, de se l'assimiler, de l'imposer au monde en mettant à son service tous les énormes moyens de la gouvernementale force. Il n'y a pas de métaphysique universellement démontrable, et ainsi politiquement et socialement valable. Quand donc l'Etat, fabricant d'allumettes et de contraventions, comprendra-t-il que ce n'est point son affaire que de se faire philosophe et métaphysicien. Nous avons le désétablissement des Eglises. Quand aurons-nous le désétablissement de la métaphysique? Faudra-t-il que ce Monde sans Dieu, par un retournement que sans doute vous n'escomptiez pas, devienne à son tour un nouveau catéchisme gouvernemental, enseigné par les gendarmes, avec la bienveillante collaboration de messieurs les gardiens de la paix?« Heute, wo die marxistische Staatsmetaphysik verzweifelte Anstrengungen macht, die Diktatur zu erlangen, sind diese Sätze eines früheren Freundes von Jean Jaurès nicht genug zu beherzigen.

281   Franz von Baader, »Tagebücher«, Gesammelte Schriften, Bd. XI, S. 113.

Drittes Kapitel

1

Wir sollten in unseren Reden und Schriften zurückkehren zur Simplizität unserer Vorfahren, jener himmlischen Chronisten des Wahren und Falschen, die über die Beweggründe ihres mit Fleiß und Geduld stilisierten Bemühens keinen Zweifel aufkommen ließen; deren bona voluntas, ins Werk gesetzt für Menschen, die eine bona fides ihnen entgegenbrachten, jene dreifache Frucht trug, die die Sache, den Autor und sein Publikum gleichzeitig förderte. Eure Rede sei Ja ja, Nein nein, alle Sophistik aber sei euch Ausflucht, Schwäche und Blendwerk. In einer Zeit, die, wie vielleicht keine vorher, aus der Ideologie demagogisches Werkzeug macht; in der jede politische, soziale und religiöse Äußerung der Eitelkeit und dem Interesse von Personen, Gesellschaften und Klassen zum Opfer fällt – kann die Autorität des geschriebenen und gesprochenen Wortes anders wiederhergestellt werden, als durch die äußerste Aufrichtigkeit?

Von der Ansprache eines apokalyptischen Herrn von Hohenzollern bis hinab zur Zeitungsannonce: welche Selbstsicherheit im Irreführen und Überlisten! Welcher Mangel an Redlichkeit, welch verschlagener Sinn im Mißbrauch naiven Vertrauens! Wessen Motive sind noch identisch mit dem Wort, das er schreibt oder spricht? Wer besitzt noch den Mut, einzustehen für seine Erlebnisse, sein Tun und seine Überzeugung? Das große Abdanken zum »Besten« des Vaterlands und der persönlichen Wohlfahrt – grassiert es nicht schlimmer als eine Seuche? Und ist es weniger verächtlich, weil heute mehr auf dem Spiele steht, weil die Gefahr größer ist?

Menschen, Geschöpfe derselben Mutter, durch Sonne, Mond und Sterne mit uns verwandt, kriechen mit hängenden Eingeweiden und zerrissenen Gliedern in wirrem Leichenhaufen, fressen spärliches Gras in Gefangenenlagern, verenden in Angst, Qual und Tortur verkoteter Gräben, Gefängnisse und Transporte. Ist es nicht an der Zeit, ihr meine Brüder, den Streit in die Heimat zu tragen statt in das »Feindesland«? Keinen Rücksichten mehr zu folgen als denen der Wahrheit und Gerechtigkeit?

Dieses Buch handelt von Freiheit und Heiligung; von den Prinzipien jener Heroen, denen die Wohlfahrt des deutschen Volkes identisch war oder hätte identisch sein müssen mit dem Wohle der Welt. Im Konvent von 1793 trat ein Deutscher auf namens Cloots und sprach: »Ich kämpfte mein Leben lang gegen die Herren der Erde und des Himmels. Es gibt nur einen Gott, die Natur, nur einen Herrn, das Menschengeschlecht, das göttliche Volk, durch die Vernunft zur allgemeinen Republik vereinigt. Ich stehe auf der Tribüne des Universums, ich wiederhole, das menschliche Geschlecht ist Gott – le Peuple Dieu!«[282] Darüber läßt sich sprechen. Er träumte von einer Liga aller Menschen, in der die Nationen aufgehen sollten; er schlug den Franzosen vor, sich nicht mehr »Français«, sondern »Universel« zu nennen, und er war nicht einmal ein Agent provocateur, sondern Präsident des Jakobinerklubs. Schäbige Schreiberseelen, die sich seine Landsleute nennen, höhnten von diesem Vorkämpfer einer deutschen Zukunft, daß der Deutsche, wenn er verrückt wird, alle anderen Nationen an Verrücktheit überbietet, aber das ändert nichts an der Tatsache, daß im Paris von 1793 vielleicht niemand die Universalität der großen Französischen Revolution stärker geahnt und empfunden hat als er.

Die intellektuellen Kämpfe des 19. Jahrhunderts sind die Exegese der großen Französischen Revolution von 1789 und 1793. Das Prinzip der Freiheit, das in den Zeiten der Renaissance und der Aufklärung eine Despotenfreiheit war, erhielt eine christlich-restaurative Wendung durch die ihm beigegebenen Begriffe der Gleichheit und Brüderlichkeit, und wenn auch alle die weltbeglückenden Ideen und Systeme, alle die Konspirationen der Dekabristen und Anarchisten, alle die utopischen Bemühungen christlicher Apologeten und sozialer Emanzipatoren sich wiederspruchsvoll und im Kampfe gegeneinander erwiesen, so wurden doch unverlierbarer Besitz: die Menschenrechte, die Rechte der Masse und jedes ihrer Individuen, die Rechte der Nation; und wurde Gewissensurgrund einer neuen Menschheit die Abschaffung aller knebelnden, hemmenden, despotischen Gewalten.

Wir Deutschen am wenigsten haben Veranlassung, uns verwirren

---

282 Nach dem »Moniteur«, Nr. 120 vom Jahre 1793, mitgeteilt von Tim Klein, Sondernummer »Die deutschen Träumer«, der »Süddeutschen Monatshefte«, April 1918.

zu lassen von Rabulisten der Reaktion, die mit der Karikatur die Idee widerlegen möchten, indem sie uns sagen, daß »Freiheiten nicht die Freiheit bedeuten«, »daß Freiheiten nicht einmal Freiheiten sind, sondern nur polizierte Interessen« und die uns für die politische Freiheit die »innere civitas dei« als Ersatz anbieten[283]. Wir wissen, daß die Klassenpolitik die Brüderlichkeit nicht förderte, sondern verkümmern ließ in den Vereinsbruder, den Kegelbruder, den Parteibruder oder das Genossentum wirtschaftlicher Interessentengruppen. Wir wissen, daß die Brüderlichkeit »unmenschlich« wurde, indem sie sich partikularisierte in Zirkeln, Verbänden, Parteien. Aber das spricht nur gegen die Art der Verwirklichung, nicht gegen das Prinzip; nicht gegen die restlose Parteinahme, noch gegen den »unablässigen Kampf für die Befreiung von Armen und Köpfen zur glückhaften Anschauung und zur Betätigung der Güte«, wovon in früheren Zeiten René Schickele einmal sprach[284]. Die Herren Naumann, Sombart, Scheler und Rathenau wissen viel Materielles und Unbrauchbares von der Französischen Revolution zu erzählen[285]. Vom Ideensturm haben sie nichts gefühlt. Es wäre ja auch verwunderlich.

Die neue Demokratie, an die wir glauben, und um deren Prinzipien heute die Welt kämpft, ist nicht in der Ansicht beschlossen, daß die »Freiheit in Gott« gleichzeitig bestehen kann mit der Unfreiheit im Gesetz, der Vergewaltigung im Staat und der Tyrannei im Absolutismus; nicht darin beschlossen, daß ein parlamentarisches System in Deutschland nach dem Muster der westlichen Demokratien die Lösung aller Konflikte bringt, die Deutschland heute trennen von der Welt. Es ist schlimmste deutsche Tradition, auf die politische Freiheit zu verzichten unter Hinweis auf die berühmte intelligible »Freiheit in

283 Vgl. Franz Blei, »Menschliche Betrachtungen zur Politik., München 1916.
284 »Die Pflicht zur Demokratie«, III. Jahrgang der »Weißen Blätter«, November 1916.
285 Es ist immer dasselbe Lied: Die bourgeoisen Freiheiten, die Krämerfreiheiten, die vermeintlichen, gottlosen, verfluchenden Freiheiten. Man vergißt dabei nur, daß die Entwicklung in den westlichen Demokratien beim Jahre 1830 nicht stehen blieb, sondern allmählich zur religiösen Durchdringung und Vertiefung jener »Freiheiten« führte. Wir kämpfen heute durchaus nicht mehr wie in den Zeiten der Heiligen Allianz als Verteidiger theologischer Heiligtümer gegen ein nationalistisches Heidentum, sondern umgekehrt: man macht uns den heiligen Krieg als aufgeklärten Satanisten und Antichristen, mehr als es selbst den politischen Führern der Entente zu Bewußtsein kommt. Aus der Fusion von Ideen Calvins und Rousseaus entsprang in großartiger Weise der Gedanke des Kreuzzugs gegen die deutsche Ideologie.

Gott«, und die Revolution von 1793 zu verwerfen, weil sie zur Zeit ihres Ausbruchs »die Religion abschaffte«. Aber ebenso unsinnig wäre es, den heutigen deutschen Regierungs-Satanismus ohne die Freiheit in Gott bekämpfen zu wollen mit den demokratisch-liberalistischen Tendenzen, die in England, Frankreich, Amerika und Italien politische Errungenschaft geworden sind. Das kaiserliche Deutschland repräsentiert heute die ungeheuerlichste Akkumulation der reaktionären Methoden dreier Kaiserreiche und des Papsttums, und die Bekämpfung dieses antichristlichen Bollwerks, dessen Zentrale Berlin ist, führt notwendigerweise zu einer Prüfung gerade der revolutionärsten Gedanken des vorigen Jahrhunderts auf ihren Freiheitsgehalt. So nur bieten sich Hebel, die es ermöglichen, jene satanische Residenz aus den Angeln zu heben.

Frankreich hat den Gedanken des Kommunismus wiedergefunden, der seit den Tagen der Taboriten und Thomas Münzers verloren war. Babeuf hieß sein Entdecker, und auf dem Wege der Konspirationen Buonarottis kam er zu Weitling, der in der Schweiz ihn zum erstenmal offen wieder verkündigte. Brissot sprach bereits 1780 davon, daß Eigentum Diebstahl sei. In der erhabenen Gestalt Proudhons führte ein ebenso kühner wie weiser Idealismus zur Kritik des Eigentums und zur Anarchie, dem Verzicht auf den Staat. Karl Marx, ein Schüler Proudhons und Hegels, fand die Prinzipien einer neuen (proletarischen und materiellen) Geschichtsbetrachtung. Michael Bakunin und sein großer russischer Lehrer, der Dekabrist Pestel, stellten den Föderalismus und die Dezentralisation der Staaten für die Neuordnung der slawischen Welt und Europas auf. Mazzini aber und Lamennais, Weitling und Tolstoi versuchten die Freiheit unabhängig von der Kirche zu heiligen und schufen so, Thomas Münzer grüßend, den Begriff des christlichen Anarchisten, Demokraten, Republikaners und Revolutionärs.

Die Resultante aller dieser Prinzipien muß in unseren Köpfen und Händen neues Leben gewinnen, wenn wir das heutige deutsche Staatssystem nicht nur beschimpfen, sondern treffen und auflösen wollen. Enthusiastisch zu jedem Opfer bereit muß die deutsche Jugend sich verbünden mit dem Freiheitsgeist aller uns fürchtenden Völker, wenn sie nicht an der Zukunft ihrer Nation verzweifelnd, den Kampf aufgeben und sich zynisch verkriechen will. Rücksichtslos gilt es, die ganze Erbärmlichkeit des sogenannten deutschen Geisteslebens aufzudecken, und erst wenn wir dahintergekommen sind, wie viel hier gesündigt, versäumt und getäuscht worden ist; wenn Männer unter uns selbst den Mut finden, einzugestehen, daß wir in Sachen der Menschheit und Menschlichkeit die hinterhältigste, feigste und bequemste Nation der Welt gewesen sind, erst dann werden wir festen und sicheren Boden finden, an der Gerechtigkeit mitzubauen und uns dem Sumpf zu entwinden, wo man noch immer verkappte Servilität für Finesse und Tiefsinn hält, Religion, Kunst und Philosophie aber für eine Maske vor dem Tiergesicht.

Voraussetzung dieses Buches ist: daß das neudeutsche Regime, das mit gesegnetem Appetit heute Belgier und Franzosen, Italiener und Russen verschlingt; das allen Ernstes sich damit beschäftigt zeigt, den mittelalterlich-konföderierten Universalstaat der Hohenstaufen wieder erstehen zu lassen, stürzen muß, sei es durch eine Niederlage seiner Waffen, den Zusammenbruch seiner Wirtschaft oder die vereinte geistige Arbeit seiner Revolutionäre. Dieser Popanzen- und Götzenstaat, der die Zentralisation aller Kräfte eines großen, arbeitsamen Volkes und seiner mörderischen Bundesgenossen darstellt; dieser Staat, den der fahrlässige Optimismus oder Ehrgeiz seiner verantwortlichen Geistesgrößen mitbegründen half; der jegliche oppositionelle Bestrebung aufzusaugen oder unschädlich zu machen verstand; dieser Staat, der, hervorgegangen aus einem pietistischen Zwangsmilitarismus und einer despotischen Strafanstalt, nicht nur der eigenen Nation, sondern der Welt gegenüber sich zum moralischen Richter und Gesetz aufwarf, während er selbst sich herausnahm, Völkerrechte und Neutralitäten zu brechen, Krieg zu verhängen und Länderraub zu treiben; dieser Staat muß gerichtet und niedergeworfen werden, wenn es Garantien geben soll für den Wiederaufbau der Menschheit, für eine Weltrepublik, für die Friedensarbeit zum Heil der betroffenen Völker. An die Attila-Pose seines Herrschers, an die Säbelpolitik seiner Berater klammern sich alle lichtscheuen und zynischen Elemente der Welt, alle geheimen Großspekulanten und Obskuranten, nebst der jesuitischen Krebsgängerei kirchlicher Hofpolitik. Diese Gewalt wird und muß fallen, früher oder später, und die Aufgabe der verantwortlichen Intelligenz wird es sein, zu verhindern, daß innerhalb der prinzipienlosen Nation eine Schlächterei dann anhebt, die alle Entsetzlichkeiten des Krieges überbietet. Kein einzelner Charakter wird rein und groß genug sein, der zerstörenden Gewalt standzuhalten, die dann im eigenen Lande wüten wird, wie sie im fremden Land wütete. Kein einzelner wird, von welch mächtiger Konstitution seine moralischen und physischen Kräfte sein mögen, den Aufgaben und dem Jubel gewachsen sein, die dann aufs neue die Welt erschüttern. Das alles aber ist unausbleiblich, wenn das menschliche Dasein auf dieser Erde nicht zum Gespött der Tiere werden soll.

Und so gilt es: ein höchstes Prinzip der Freiheit zu suchen und aufzustellen, als hänge von uns das künftige Heil der Menschheit ab, wie wir sie in Elend, Trauer und Schutt gestürzt haben. So gilt es, die Konsequenzen dessen zu ziehen, was jeder unter uns weiß und empfindet. So gilt es, innerhalb unserer Nation im Vertrauen auf die Garantien, die eine erlöste Welt nicht verweigern wird, die große Scheidung vorzunehmen zwischen den überhündischen Sadisten, die am Werke sind, uns zu verderben, und den übermenschlichen Leiden derer, die seit nunmehr vier Jahren getäuscht und betrogen die »Ehre« der Nation verteidigen. Wir haben keine Feinde außer im eigenen Lande. Wir haben keine Hoffnung außer jenseits der Schützengräben. Im Jahre 1842 veröffentlichte Michael Bakunin in Ruges »Deutschen Jahrbüchern« einen Aufsatz, betitelt »Die Reaktion in Deutschland«. Der Schlußpassus lautete: »Lasset uns also dem ewigen Geiste vertrauen, der nur deshalb zerstört und vernichtet, weil er der unergründliche und ewig schaffende Quell alles Lebens ist. Die Lust der Zerstörung ist zugleich eine schaffende Lust.«

2

Die Geschichte der christlichen Idee im 19. Jahrhundert müßte geschrieben sein, sollte die Isolation evident erscheinen, in die sich Deutschland, angeregt durch Friedrich und Napoleon, durch Hegels Wirklichkeitsphilosophie und Bismarcks Blut- und Eisenpolitik begab. Der Sizilianer Borgese hat das neue Ideal einer Ecclesia militans beschrieben, das mehr und mehr in das Gewissen der heute gegen Deutschland verbündeten Heere und Philosophien übergeht. »Un chant s'élève, inconscient de lui-même, comme ce discours de Malines (du Cardinal Mercier). Il est ardent comme de langage de Saint-Paul, pur comme celui de Pascal; il est sublime et modeste, sacré et profane, orthodoxe et rationnel, pieux et héroïque, européen et universel, aussi bon pour la béguine de Bruges que pour l'esprit cultivé.«[286] Die Geister, die im 20. Jahrhundert gegen einander streiten, heißen Napoleon und Christus, und der Napoleonismus als Leitmotiv bezeichnet die intellektuelle Entwicklung Deutschlands. »Mehr noch als das Europa von 1800 bis 1801, das im Sieger von Marengo den Muhamed einer neuen Epoche sah, den Vorläufer eines neuen Glaubens, studiert das heutige Deutschland den Napoleonismus und den Werken Treitschkes und Nietzsches. Der Korse hat den Galiläer besiegt.«[287]

Wogegen nachzuweisen ist, daß Rußland, Frankreich und Italien, ja auch England und Amerika in ihren Quäkern und Pazifisten, indem sie die Emanzipation des Christentums aus der Orthodoxie vollzogen und das christliche Ideal in einem von Kirche und Dogma unabhängigen Sinne restituierten, sich tiefer von Deutschland trennten, als alle nationalen und politischen Unterschiede die Völker je trennen konnten.

Borgese wies auf den Nutzen hin, den in diesem Sinne noch heute die Lektüre von Tolstois »Krieg und Frieden« bietet. »Man sieht darin«, schreibt er, »wie ein Russe, der weder Konstrukteur eitler Ideensysteme, noch Chauvinist und Nationalist war, die Mission des russischen Volkes während der napoleonischen Kriege auffaßt, insbesondere während des Krieges von 1812, der das Scheitern des vielbewunderten Antichrist brachte.« Anna Pawlowna nennt Bonaparte von der ersten Seite des Buches an einen Antichristen. »Seht diese heidnischen Bestien!« schreit die wütende Menge, als die Franzosen Moskau räumen und sich an einem Leichnam vergreifen. Dem Idol der Gewalt und Energie in der Gestalt Napoleons stellt Tolstoi seinen Heiligen, Platon Karatajew gegenüber, den kleinen Bauernmärtyrer, und das ganze Buch stellt den Gegensatz zwischen dem christlichen Ideal und dem napoleonischen Natur-Götzentum dar[288].

Die ernsthafte, wilde, blonde und schöne Bestie (Schlegel, Schiller, Nietzsche, Wedekind) findet bei den russischen Philosophen und

286 G. A. Borgese, »L'Italie contre l'Allemagne«, S. 68.
287 Ebd., S. 55.
288 Ebd., S. 71.

Dichtern keinen Eingang. Im Gegenteil: Trauer und Klage, daß das entsetzliche Tier im Menschen noch immer nicht erstorben ist. Die Kultur der Kraft- und Halbgötter, jene epigonide Renaissance, die in Deutschland an Einfluß gewann, als sie anderwärts bereits in ihren letzten Ausläufern Napoleon und Stendhal überwunden war, konnten das russische Genie des 19. Jahrhunderts nicht bestechen[289], und es ist bezeichnend genug, daß die Ablehnung der Renaissance-Ideologie ihre Vorkämpfer gerade unter den Slawophilen (Danilewskij, Strachow u. a.) fand, die man in Deutschland als Vertreter aller expansiven Barbarei der Feindschaft gegen die »europäische Kultur« verdächtigte[290].

Die Russen aber wandten sich gegen das Antichristentum nicht nur

---

289 Turgenjew!, ruft man mir zu. Aber Dostojewskij entgegnet: »Que nous ont-ils apporté ces Tourgénief, Herzen, Outine, Tschernischevsky? Au lieu de la beauté divine, dont ils se moquent, nous voyons chez eux une vanité affreuse, un orgueil frivole« (Serge Persky, »La vie et l'oeuvre de Dostojevsky«, Paris, 1918). Bjelinski!, ruft man. Und wieder Dostojewskij: »Cet homme n'était pas capable de se mettre lui-même et ceux qui conduiraient le peuple, à côté du Christ pour tirer de là une comparaison. Il ne remarqua pas combien il y avait en lui et en eux de vanté, de haine, d'impatience et surtout d'amour-propre. Il ne çest jamais demandé: Que mettons-nous à sa place? Est-ce nous mêmes qui sommes si dignes? Il n'était content que lorsqu'on trouvait de mauvais côtés chez les Russes.« (Ebd.)

290 Die Analyse des deutschen Begriffs von »europäischer Kultur« ergibt, daß ein krasser Naturfetischismus gerade dort herrschte, wo man die »moskowitische Barbarei« am meisten fürchtete: in Deutschland. Die Identifikation des göttlichen mit dem menschlichen Denkprozeß, die Ableitung des Geistes aus der Materie, zwei Grundanschauungen der deutschen Philosophie des 19. Jahrhunderts, bedeuteten die Zerstörung der Idee und die Verherrlichung des Naturzustandes. Der Katholizismus hatte den Primat des Geistes allzu despotisch geschützt. Die Reformation aber und ihre Tochter, die Französische Revolution, hoben mit den   Privilegien der Intelligenz, mit der   Versklavung der Natur bedauerlicherweise zugleich auch den ewigen Widerspruch zwischen diesen beiden feindlichen Reichen auf: gerade die Germanen fanden ihr Genie in der   Entfesselung und   Bejahung der   natürlichen Leidenschaften (Schiller, Kleist, Wagner, Nietzsche), während die Romanen und Slawen, kurz die katholischen Völker, im allgemeinen ihre geistige Arbeit der Sublimierung und Elevation, der   Befreiung von den Geistes-,   von den Körper- und Naturfesseln widmeten. Die unter dem Einfluß Napoleons entstandene anthropomorphe Schule der Herren Feuerbach, Stirner, Marx und Nietzsche, die so überzeugt ihre vereinten Katapulte gegen den »göttlichen Irrwahn« richtete, hatte keinerlei Veranlassung, Barbarei von   draußen zu befürchten. Sie mag es sich von den Dostojewskij, Strachow, Danilewskij, Solowjew gesagt sein lassen, daß ihr   menschlicher Größenwahn tausendmal schlimmer und der Aufklärung dringender bedürftig ist, als die »reaktionäre« Dogmatik einer wenigstens prinzipiell auf dem richtigen Wege haltenden Orthodoxie.

138

nach außen, sondern auch nach innen. Die Raskolniken predigten, daß die orthodoxe Autokratie religiös unmöglich sei. Sie waren die ersten, die die russische Autokratie ein Reich des Antichrist nannten. Damit gelangten sie, als Vorläufer Tolstois, zur religiösen Anarchie. Der Katechismus der Dekabristen Pestel und Rylejew (1825) enthielt den Passus: »Was befiehlt nun Gottes Gesetz dem russischen Volke und der russischen Armee zu tun? Ihre lange Knechtschaft zu bereuen, sich gegen die Tyrannei und Gottlosigkeit zu erheben und zu schwören, daß es nur einen König auf Erden und im Himmel gibt, Jesum Christum.«[291]

Tschaadajew hielt die Orthodoxie für die größte Sünde. »Erst an dem Tage sind wir wirklich frei, wo sich unseren Lippen das Bekenntnis aller Sünden der Vergangenheit entreißen wird und unserer Brust ein mächtiger Schrei der Reue und des Schmerzes entfährt.«[292] Er war überzeugt, daß das Heil Rußlands weder in der Orthodoxie noch im Katholizismus, sondern in einer neuen, noch unbekannten Offenbarung neuer sozial-religiöser Grundlagen für die Kirche, für das Reich Gottes auf Erden zu suchen sei, die in der Lehre Christi wohl enthalten, aber von den Menschen noch nicht erfaßt worden seien. Tschaadajew, den Schelling für den »geistreichsten Mann in Rußland« hielt, wurde durch kaiserlichen Erlaß für verrückt erklärt, aber in seinem Werke »Nekropolis« begrub er das ganze orthodoxe und autokratische Rußland als in einer Totenstadt.

Dostojewskij in seinen Romanen gibt die genialste und gewaltigste Auseinandersetzung des Christentums mit dem Antichristentum. Der Marburger Professor Hermann Cohen, bekannt durch sein Eintreten für eine jüdische Universität in Deutschland, meinte zwar, erst dann werde »unser Sieg allmählich ein vollständiger werden«, wenn wir »alle diese falschen Literaturgrößen der Ausländerei in ihrer Differenz von uns erkannt und überwunden haben werden«[293], und Julius Bab,

---

291 Dmitri Mereschkowsky, »Der Zar und die Revolution«, München 1908.
292 Ebd.
293 Hermann Cohen, »Deutschtum und Judentum«, Gießen 1915. Wörtlich: »indessen erfordert nicht nur die aktuelle Not, sondern das Verhältnis unserer Zukunft zu Rußlands Imperialismus vor allem die Nennung des vielleicht gewaltigsten russischen Poeten Dostojewskij, der die ganze Gefahr des byzantinischen Christentums und des Fanatismus jener orientalischen Mystik in sich enthält, mit seiner Kraft sie entfaltend und verhüllend. Erst wenn wir alle diese falschen Literaturgrößen der Ausländerei (sic!) in ihrer Differenz

ein kleinlauterer Literator, hat sich sogar bereitgefunden, die ganze Gottverschwärmtheit des hieratischen Rußland als eine romantische Angelegenheit auf die Indifferenzseite zu schieben, unseren »Realisten« und Rationalisten zuliebe[294]. Daraus ergibt sich aber nur, daß es eine bedenkliche Sache ist, die Literatur für die Folge den Herren Bab, und die Philosophie den Herren Cohen zu überlassen.

Dostojewskijs Hauptgestalten von Raskolnikow bis Karamasow sind so real und unromantisch, als man sich denken kann; politische oder religiöse Rebellen, napoleonide Verbrecher und Atheisten von gestern, heute und morgen. »Die Empörung gegen die menschliche Ordnung ruft in ihnen auch eine Empörung gegen die göttliche Ordnung hervor«, sagt Mereschkowskij. »Der Haß gegen Religion und Christentum, gegen den Heiland wird nicht nur verneint, er führt ihn auch als der Versucher selbst bis zur Bejahung der Antireligion und des Antichristentums.« Am Ende aber hält er Rußland für den »Besessenen, der von Christus geheilt ist« und die atheistischen Revolutionäre für jene »vom Teufel besessenen Schweine, die in den Abgrund stürzen«. Seine Flucht in die Orthodoxie ist sein vorletztes Wort, sein letztes Wort aber die Erklärung dieser Flucht, eine Tagebuchnotiz, ehe er am 1. März 1881 starb. »Es naht das Ende der Welt, der Antichrist kommt.« Und ebenso sein Schüler Solowjew, der jenes Sterbewort in seiner »Geschichte des Antichrist« wiederholt; Solowjew, dessen Lehre darin besteht, daß die orthodoxe Autokratie, und nicht nur für die russische gilt das, sondern für die protestantisch-preußische noch viel mehr, einer der größten weltgeschichtlichen Wege zum Reiche des apokalyptischen Tieres ist[295].

In Italien wurde der Kampf gegen Papst- und Königtum vom asketischen Geiste Giuseppe Mazzinis geführt. Die mit Garibaldis Waffenhilfe erzwungene Flucht des Papstes 1848 nach Gaëta war

<hr>

von uns erkannt und überwunden haben werden, erst dann wird unser Sieg allmählich ein vollständiger werden« (S. 43).

294 Julius Bab, »Fortinbras oder der Kampf des 19. Jahrhunderts mit dem Geiste der Romantik«, Berlin 1914. Das Buch schließt: »In welche Farbe sind sie also gekleidet, die Bilder der neuen Geister, der Tatfrommen, Erdfrohen, der   Überwinder der Romantik? Von Stahl ist die Rede, die Rede von Feuer, und von Kanonenschlag!« Fortinbras: »Geht, heißt die Truppen feuern!« (S. 208).

295 Solowjews letztes Werk, »Die Rechtfertigung des Guten« (deutsch Jena 1897) war gegen den Antichristen Nietzsche gerichtet.

Mazzinis Werk, der als Präsident der römischen Republik die theologisch gestützte Autokratie im Bewußtsein des italienischen Volkes ein für allemal erschütterte. Mazzinis Idee eines unabhängigen Christentums und der religiösen Demokratie war in edelstem Fanatismus unerbittlich und streng. In seinem Hauptwerk »I doveri dell' uomo« bekämpfte er die aufgeklärte Vernunftmoral der Französischen Revolution, wie er im Kampfe gegen die atheistische und materialistische Arbeiter-Internationale und ihr Genuß-Philisterium, im Sinne Tolstois und Dostojewskijs das »höchste Glück im Opfer« forderte[296].

Wie Mazzini sich gegen das Papsttum in Italien und den Atheismus des 19. Jahrhunderts gleichzeitig wandte, so wandte er sich, eine der suggestivsten und brennendsten Gestalten seiner Zeit, gegen die »Apostolische Majestät« auf dem habsburgischen Throne – »mein gefährlichster Feind«, sagte Metternich von ihm – und so hätte er sich, wäre er 1871 noch jung genug gewesen, auch gegen den protestantischen Papst zu Berlin gewandt. Die Menschenpflichten gegenüber den Menschenrechten hat niemand beredter und großartiger gefordert als er, und geriet er damit auch, wie Dostojewskij und Tschaadajew, in eine fatale Allianz mit der »schwarzen Seelenpolizei«, so mußte sein mächtigster Gegner, Michael Bakunin, doch anerkennen, daß er der »Großsiegelbewahrer des religiösen, metaphysischen und politischen Idealismus« blieb[297].

Im christlichen Streite wider die Theokratie fühlte Mazzini, »daß Italien bei seinem Auferstehen der Beginn eines neuen Lebens, der Beginn einer neuen gewaltigen Einheit für die europäischen Nationen sein werde«; empfand er, »daß in Europa eine Leere bestand, daß die Autorität, die wahre, die gute und heilige Autorität, in deren Erforschung noch immer das Geheimnis unseres Lebens liegt, ob wir es uns zugestehen oder nicht, von all denen unvernünftig verneint wird, die mit ihr ein Gespenst verwechseln, eine lügnerische Autorität, indem

---

296 Dostojewskijs Testament (Tagebuch, 1881): »Le socialisme des Russes n'est ni le communisme, ni la possesion des forces méchaniques: ce peuple croit qu'il n'aura le Salut quer par l'union universelle en Christ: voilà ce qu'est le socialisme russe« (Persky, S. 454). Und Tolstoi: »Trachtet am ersten nach dem Reich Gottes und nach seiner Gerechtigkeit, so wird euch solches alles zufallen: Dies ist das einzige Mittel zur Erreichung der Ziele des Sozialismus« (Leo Tolstois Tagebuch 1895–1899, hrsg. von L. Rubiner, Zürich 1918, S. 163).

297 Michael Bakunin, »Réponse d'un International à Mazzini«, Oeuvres, Bd. VI, S. 110.

sie glauben, Gott zu leugnen, wenn sie nur die Götzen leugnen«[298]. Er spricht von den Päpsten, »die einst so heilig waren, als sie heute verrucht sind«; und von den Revolutionen sagte er: »man muß sie mit Bildung vorbereiten; sie reifen mit der Vorsicht, vollziehen sich mit der Kraft und heiligen sich, indem man sie zum allgemeinen Guten leitet«. »Meine jungen Mitbrüder«, spricht er uns heutigen Republikanern zu, wie er zur Zeit Jungdeutschlands unseren Vätern zusprach, »fasset Mut und seid groß! Vertrauet auf Gott, auf euer Recht und auf uns! Erhebet diesen Ruf und vorwärts! Die Ereignisse werden uns zeigen, ob wir uns täuschten, wenn wir ausrufen: die Zukunft gehört uns.«[299] Und an die Dichter des 19. Jahrhunderts (1832): »Die individuelle Welt, die Welt des Mittelalters ist vergangen. Die soziale Welt, die neue Zeit beginnt. Wer wird nach Napoleon den europäischen Despotismus versuchen; die Völker mit Eroberung beherrschen, den Gedanken der Kultur mit seinem eigenen ersetzen können? Eine Weltrepublik ist notwendig, und eine Weltrepublik wird sein!«[300]

Italien ist das klassische Land der politischen und religiösen Konspiration. Wo gab es außer in Rußland eine ähnliche Macht gegen die Theokratie und ihre Jesuiten, wie im Italien der Carbonari und der Freimaurerorden? Wer kann es wissen, ob nicht in unseren Tagen noch der Palazzo Giustiniani in Rom triumphiert über den Vatikan; die Menschheit und Menschlichkeit über den theologischen Cäsar des Abendlandes, wie sie in Rußland triumphierte über den Cäsar des Orients? Das Papsttum beseitigt zu haben, die letzte regenerative Stütze der Kaiserthrone von Habsburg und Hohenzollern, mag einst der unsterbliche Ruhm Italiens sein!

3

Es ist interessant genug, nach einem Kampf gegen die religiöse Despotie in den deutschen Ländern zu fragen. Das Problem ist hier kaum bewußt. Es gibt eine »Apostolische Majestät« deutscher Zunge zu

---

298 Giuseppe Mazzini, Politische Schriften, Bd. I, »Erinnerungen aus dem Leben Mazzinis« (1861), übersetzt und eingeleitet von S. Flesch, Leipzig 1911, S. 28.

299 Politische Schriften, Bd. I, »Vom jungen Italien« (1832), S. 155.

300 Ebd., S. 256, 261.

Wien und einen protestantischen »Summus Episcopus« zu Berlin, außerdem aber eine Entente théologique beider theokratischen Systeme mit der päpstlichen Kurie zu Rom. Diese furchtbare und gewaltige doktrinäre Macht antichristlicher Tendenz ist gerade infolge ihrer Dreifaltigkeit und einer mitunter verfeindeten, dann wieder verbündeten jesuitischen Politik schwer zu fassen; es scheint, daß sie nur durch den universalen bewaffneten Aufstand im Bündnis mit der interessierten Intelligenz aller christlichen Völker, den Kreuzzug, zu Bewußtsein gebracht und gebrochen werden kann.

In der zweiten Hälfte des 19. Jahrhunderts traten von Napoleon I. angeregt, zwei sehr kühne Temperamente, Friedrich Nietzsche und Michael Bakunin, gegen sie auf[301]. Friedrich Nietzsche geleitet vom individualistischen Renaissance-Ideal; Michael Bakunin als Bannerträger der Revolution der Masse, der kollektivistischen Sozietät. Nietzsches Irrtum war, daß er glaubte, den Kampf gegen die Theologie exaltieren zu müssen zum Kampf gegen das Christentum selbst. So geriet er in Feindschaft mit dem italienischen, russischen und französischen Geiste[302]. Und ebenso setzte Bakunin sich in Widerspruch mit der gesamten christlichen Intelligenz[303], indem er seinen Sturmanlauf

301 Nietzsches »Wille zur Macht. ist eine Art Exegese und Anwendung des Begriffs Napoleon auf die Philosophie. »Die zwei großen Tentativen, die gemacht worden sind, das 18. Jahrhundert zu überwinden: Napoleon, indem er den Mann, den Soldaten, den großen Kampf um Macht wieder aufweckte« etc. (»Der Wille zur Macht«, Aphorism. 104). Und Bakunin nannte Napoleon, »diesen vermeintlichen Bezähmer des Demokratismus« einen »würdigen Sohn der Revolution, der ihre nivellierenden Prinzipien in ganz Europa mit siegender Hand verbreitet hat«. (»Die Reaktion in Deutschland«, in Ruges »Deutschen Jahrbüchern«, Dresden 1842.)

302 Von den Gegnern Nietzsches nenne ich den Franzosen André Suarès (»Nous et eux«), den Italiener G. A. Borgese (»Italia e Germania« und »La guerra dell'Idee«), den Russen Wladimir Solowjew (»Die Rechtfertigung des Guten«).

303 Genannt seien Mazzini und Dostojewskij. Der erstere trat gegen Bakunin zuerst in einem Artikel der Halbmonatsschrift »La Roma del Popolo« auf, indem er von politisch-religiösem Standpunkt aus die Commune angriff (Lugano, Frühjahr 1871); dann, als sich die weltberühmte Polemik entspann, auch sein Freund Aurelio Saffi in dem mazzinistischen Journal »L'Unità italiana« (Milano, September 1871). Dostojewskij suchte Bakunin und dessen Freund Netschajew mit den Figuren des Schigalew und Werkowensky in den »Besessenen« zu treffen. »Chigalev expose son utopique projet de l'organisation de l'humanité« schreibt Persky, »Dostojevsky souligne le fait que ce projet doit annuler tous les systèmes de Plato, de Rousseau, de Fourier, applicables selon Chigalev à des moineaux et non à une société humaine d'un caractère purement rational«

gegen den theologischen Staat ausdehnte auf die Gottesidee und den Idealismus[304]. Beide suchten die lügnerische Autorität samt der heiligen auszurotten und trieben, indem sie Götzen und Götter bekämpften, dem Abgrund zu.

In keinem anderen Volke hätte Nietzsche die schlimmen Folgen gehabt, die er in Deutschland haben mußte, wenn er die Moralität auflöste, den Staat aber bestehen ließ. Als echter Pastorensohn lutheranischer Abkunft mehrte er durch sein Wüten gegen die Prinzipien statt gegen den Mißbrauch, die moralische Verwirrung und damit wider Erwarten die Staatsomnipotenz[305]. Und auch Bakunins konsequenter Atheismus führte, wenngleich er ein neues Solidaritätsideal auf der entstaatlichten und enttheologisierten Erde errichten wollte, am Ende zur Stärkung des nationalistischen Staats- und Gewaltblocks. Die wirre Donquichotterie seines abenteuerlichen Leben, seine russische

---

304 Bakunins Hauptargumente lauteten: »Toute autorité temporelle ou humaine procède directement de l'autorité spirituelle ou divine. Mais l'autorité c'est la négation de la liberté. Dieu, ou plutôt la fiction de Dieu est donc la consécration et la cause intellectuelle et morale de tout esclavage sur la terre, et la liberté de l'homme ne sera complète que lorsqu'elle aura complètement anéanti la fiction néfaste d'un maître céleste.« (»Dieu et l'Etat«, Oeuvres, Bd. I, Paris, 1895, S. 283.) Und: »Sous la bannière de Dieu qui se trouve maintenant? Depuis Napoléon III jusqu'à Bismarck; depuis l'impératrice Eugénie jusqu'à la reine Isabelle et entre elles le pape avec sa rose mystique que galamment il présente, tour à tour, à l'une et à l'autre: ce sont tous les empereurs, tous les rois, tout le monde officiel, officieux, nobiliaire et autrement privilégié de l'Europe, soigneusement nomenclature dans l'almanach de Gotha; ce sont toutes les grosses sangsues de l'industrie, du commerce, de la banque, les professeurs patentés et tous les fonctionnaires des Etats; la haute et la basse police, les gendarmes, les geôliers, les bourreaux, sans oublier les prêtres constituant aujourd'hui la police noire des âmes au profit des Etats; ce sont les généraux, ces humains défenseurs de l'ordre public et les rédacteurs de la presse vendue, représentants si purs de toutes les vertus officielles. Voilà l'armée de Dieu.« (»Réponse d'un International à Mazzini«, Oeuvres, Bd. VI, Paris 1913, S. 110 f.) Aber er traf damit nicht die Armee Gottes, sondern die Armee des Teufels, der wir heute noch einige andere Elemente hinzuzurechnen haben, als da sind: materialistische Staatssozialisten, nationalistische »Aufklärer«, Propheten des gesunden Menschenverstandes, die wahren Jakobs der sozialdemokratischen Ausruferei, kommunistische Geldfetischisten und Generalgleichmacher des Göttlichen mit der Gemeinheit.

305 Seine Freigeisterei kam nur Bismarck und dessen Nachfolgern zustatten. Allerhand Sottisen gegen die Religion vorbringen zu dürfen, war in Preußen seit Friedrich II. gerne erlaubt. Dieser Umstand allein hätte genügen sollen, gegen die Freigeisterei und den Atheismus skeptisch zu stimmen. Es charakterisiert die Freiheit, daß sie zur Sklaverei führt, wenn sie sich gegen die Gottesidee richtet.

Seele und die apostolische Auffassung seiner Mission widersprechen an mehr als einer Stelle seiner Briefe und Schriften dem Wortlaut seiner Texte. Seine erbitterten Angriffe auf die Theokratie aber blieben infolge einer von deutschen Sozialpatrioten großzügig inszenierten Verleumdungs- und Unterdrückungskampagne[306], gerade dort unbekannt, wo sie hätten wirken sollen, in Deutschland, und so kann man auch von Bakunins Atheismus sagen, daß er nur dem Pangermanismus zustatten kam, indem er nämlich durch Marx auf die romanische Internationale und Rußland lokalisiert blieb, und dort zur Schwächung der Resistenz beitrug[307]. Die Voltairesche Geißel schwang in Deutschland erst Nietzsche. Die Originalität der von ihm vorgebrachten Argumente verblaßt jedoch bedenklich nach der Lektüre von Bakunins Schriften »Antithéologisme« (1867) und »Dieu et l'état« (1871), deren letztere, publiziert 1882 von Cafiero und Elisée Reclus, Nietzsche vielleicht sogar vorlag[308]. Beide Schriften gingen hervor aus der toskanischen Freimaurerei, mit der Bakunin durch ihren Großmeister Dolfi in Verbindung trat[309]

An der Wende vom 18. zum 19. Jahrhundert ist es allein die einsam

---

306   Protektor dieser Kampagne war Karl Marx.

307   Vgl. die beiden von Marx verfaßten und klandestin verbreiteten Schriften »Confidentielle Mitteilung International Working Men's Association entral Council London« nebst Brief an Kugelmann vom 28. März 1870 (mitgeteilt und in ihrem unerhörten Inhalt glossiert von Fritz Brupbacher, »Marx und Bakunin«. München, S. 79 ff.) und »Angebliche Spaltungen in der Internationale« (Mai 1872), deren Richtigstellung und Kommentar James Guillaume in seinen Erinnerungen gegeben hat. Vgl. auch James Guillaume, »Karl Marx Pangermaniste et l'Association Internationale des Travailleurs de 1864 à 1870«, Paris 1915. »Um sich eine rechte Vorstellung zu machen«, schreibt Brupbacher von der zweiten Schrift, »lese man die ›Konfidentielle Mitteilung‹ nochmals nach und erhebe sie in die zehnte Potenz.«

308   Es ist sehr naheliegend anzunehmen, daß Nietzsche   beide Schriften Bakunins gekannt hat. In »Féderalisme, Socialisme et Antithéologisme« (1867) finden sich Gedankengänge zur Genealogie der Moral, die fast wörtlich bei Nietzsche wiederkehren. Und die Lektüre von »Dieu et l'Etat« kann Nietzsche durch eine gemeinsame Freundin, Malwida von Meysenbug, vermittelt worden sein. »Dieu et l'Etat« wurde nach der ersten Veröffentlichung (1882) in fast alle wichtigeren Sprachen übersetzt.

309   Im Jahre 1864. Die ersten Aufzeichnungen zu »Antithéologisme« und »Dieu et l'Etat« entstanden als Antwort auf einen päpstlichen Syllabus vom Winter 1864. Gerade die toskanische Freimaurerei, an die Bakunin Empfehlungen von Mazzini hatte, führte damals einen heftigen Kampf gegen das Papsttum.

überragende Persönlichkeit Franz von Baaders, die in Deutschland bewußt und mit mächtigen Argumenten für das Christentum und die Einheit des Göttlichen eintritt gegen die antichristlichen Philosophien. »Εν Χριστω εισι παντες οι θησαυροι της σοφιας και της γνωσεως αποκρυφοι«: mit diesem Satze der philosophia occulta kämpft er gegen die pantheistischen und rationalistischen Allerweltshumanisten und Schwärmer; gegen Kant, Hegel gleicherweise wie gegen Schelling, dessen Naturphilosophie ihm nur ein »Ragout mit allerhand, auch christlichen Ingredienzien« ist. Jenseits von Systemkonstruktion und patentiertem Sittenkodex stellt er eine unabhängige christliche Moral als »höhere Physik des Geistes« auf. »Aller Mißbrauch der Kraft«, schreibt er in seinen Tagebüchern, »alle Usurpation muß schlechterdings aufhören. Sie muß in Trümmer gehen oder eine neue Organisation empfangen. Die meisten Menschen seufzen durch unsere widersinnige Politik unter diesem elenden Selbstbetruge und schrumpfen zu kümmerlichen Tieren ein.« »Die gütige Natur oder vielmehr Gott hat jedem Menschen ein Ideal, Vorbild von Güte und Größe eingegraben, dem er sein ganzes Leben durch nachleben und sich ihm nachbilden soll, das sich aber in dem Verhältnisse, in dem er sich ihm nähert, erweitert und vergrößert: denn wer hienieden hat wohl sich selbst erreicht?«[310] Er glaubt, »daß das sicherste Verhinderungsmittel alles Bösen nicht die Steinernen Tafeln allein, sondern ein lebendiger Enthusiasmus fürs Gute ist«. Er lebt nach der Maxime »wo immer ein Wesen meiner Art sich mir nähert, erkenne ich dasselbe Prinzip in ihm, dieselbe Natur; und die (erkannte) Vernunftsympathie (und keine bloß gefühlte) sei das Schibboleth, an dem sich Menschen und Menschen unter den übrigen Naturwesen suchen, finden, erkennen, vereinen und lieben«[311].

So kommt er zu seinem Fahneneid auf die Wahrheit, »fernher den Gedanken des Allmächtigen nachzudenken, mich seiner, der himmlischen Vernunft, zu fügen«[312]. Und so türmen sich in einem Impetus philosophicus für das Weihnachtsfest die herrlichen Sätze: »Was zanken doch unsere großen Chaldäer, Sternseher, Wahrsager und Zei-

---

310 »Franz von Baader als Begründer der Philosophie der Zukunft«, hrsg. von Franz Hoffmann, Leipzig 1856, S. 12, 18.
311 Ebd., S. 17, 19.
312 Ebd., S. 13.

chendeuter um diesen göttlichen Friedensfürsten, den sie doch nicht haben. Er ist zu Bethlehem und nicht zu Babel«, er ist »im zerknirschten, demütigen Geist und zerbrochenen Herzen, nicht aber in ihrem Gehirn, Büchern und hohen Schulen«[313].

Tiefe Heiligkeit verbindet ihn mit Thomas von Aquin und Franziskus, mit den großen Mystikern des Mittelalters und Jakob Böhme. Aber auch mit Pascal und d'Aurevilly und den Slawophilen Samarin und Chomjakow[314]. Er ist der einzige christliche Philosoph großen

---

313 Wo diese Worte sich in Baaders Werken finden, weiß ich nicht. Sie wurden mir von einer Schwester des Ordo Templi Orientalis (O. T. O.) mitgeteilt und für diese Arbeit zur Verfügung gestellt.

314 »Die Abhängigkeit der Slawophilen von der deutschen Philosophie«, schreibt Masaryk (»Rußland und Europa«, Studien über die geistigen Strömungen in Rußland, Bd. I, S. 250 f.), »erscheint immer größer. Baader hat mit Rußland längere Zeit eine intime Verbindung gehabt; in einer Denkschrift an den Kaiser Alexander I., an den Kaiser von Österreich und den König von Preußen hat er 1814 die Grundlinien der Heiligen Allianz vorgearbeitet und wahrscheinlich die Begründung derselben gefördert. Die Denkschrift (›Über das durch die französische Revolution herbeigeführte Bedürfnis einer neuen und innigeren Verbindung der Religion mit der Politik‹) war dem Fürsten Golizyn, dem Freunde Alexanders I. und damaligen Minister für geistliche Angelegenheiten, gewidmet, und er erhielt längere Zeit eine ansehnliche monatliche Remuneration dafür (140 Rubel). Alexander I. beauftragte Baader 1815, ein religiöses Werk für den russischen Klerus zu verfassen. Baader wollte in Petersburg eine theologische Akademie gründen, durch welche er die innige Verbindung von Religion, Wissenschaft und Kunst und auch die Aussöhnung der drei Kirchen fördern wollte. Er begab sich 1822 nach Rußland, mußte aber vor Riga umkehren, weil sein enthusiastischer Gönner und Reisebegleiter, Baron Yxküll, Benjamin Constant besucht hatte und in Ungnade fiel. Diese Unvorsichtigkeit kostete Baader auch seine Remuneration.« Um Baaders Entwurf für die Heilige Allianz nicht mit den reaktionären und knebelnden Maßnahmen zu verwechseln, die Metternich später praktizierte, muß man den Inhalt dieses Entwurfs kennen. »Der von den drei Monarchen von Rußland, Preußen und Österreich persönlich geschlossene Bund setzt in der Urkunde vom 26. September 1815 fest, daß sich die Monarchen nur von den Vorschriften der christlichen Religion, nämlich der Gerechtigkeit, der christlichen Liebe und des Friedens werden leiten lassen; sie wollen, weil nach der Heiligen Schrift alle Menschen Brüder sind, künftig als Brüder handeln, ihre Untertanen sollen sich als Glieder einer Nation betrachten: die Monarchen sehen sich nur als Bevollmächtigte der göttlichen Vorsehung an, um die drei Zweige derselben Familie zu regieren, und erkennen keinen anderen Souverän an, als Gott, Christus, das Lebenswort des Allerhöchsten.« (»Rußland und Europa«, Bd. I, S. 80.) Barbey d'Aurevilly sympathisierte mit diesem Entwurf (»Les prophètes du Passé«, S. 171) und Metternich war es, der sich über den Vorschlag Alexanders lustig machte, indem er Geschäftsrücksichten geltend machte. Übrigens mußte auch er bekennen: »Die Heilige Allianz war nicht eine Stiftung zur Niederhaltung der Volksrechte, zur

Stiles, den Deutschland gehabt hat, doch ersetzt er – die Neuausgabe seiner Schriften wird es zeigen – ganze Schulen und Generationen. Er kann, wenn nur die Jugend ihn verstehen will, zum Magnetberg werden, der einem ganzen Volke das Eisen aus den Händen windet. In Gott sah er die Ursozietät. Er verwarf – unter Deutschen ein Unikum – weder die Tradition noch die Schrift, weder die guten Werke noch den Glauben.

Die Denkkräfte sind nicht das Letzte, was wir heiligen müssen. Die zentrifugale Richtung der ganzen modernen, von Gott abgekehrten Philosophie, den Abfall der Geister, hat niemand so klar erkannt und umfassend bezeichnet wie Baader. »Liebe«, heißt sein schönstes Wort, »ist das allgemeine Band, das alle Wesen im Universum an und ineinander bindet und verwebt. Ohne Affinität kein Ganzes, keine Welt, nicht einmal denkbar; unser Erdball ein wüstes, ewig totes Chaos.« »Satan trennt«, schreibt er anderswo, »er ist Mörder von Anfang. Christus trennt, um zu vereinen«; und ein Wahn ist es ihm, »daß man das Christentum aufgeben müsse, um die intellektuelle und soziale Freiheit zu gewinnen, oder letztere aufgeben, um das Christentum aufrecht zu erhalten«[315]. Gegen den Klerus aber sind heftigere Worte nie geschrieben worden als die folgenden: »Auch in deiner Bude war

---

Beförderung des Absolutismus und irgendeiner Tyrannei. Sie war lediglich der Ausfluß einer pietistischen Stimmung des Kaisers Alexander und eine Anwendung der Grundlagen des Christentums auf die Politik. Aus einer Verbindung religiöser und politisch-liberaler Elemente hat sich unter dem Einfluß der Frau von Krüdener und des Herrn von Bergasse die Idee der Heiligen Allianz entwickelt. Niemand ist genauer als ich in der Kenntnis aller auf dieses ›lauttönende Nichts‹ bezüglicher Verhältnisse.« (Fürst von Metternich, Nachgelassene Papiere, I, S. 214.)

315 »Franz von Baader als Begründer der Philosophie der Zukunft«, S. 104. Hier auch seine Meinung über Kommunismus und Sozietät: »Eine wahrhafte Gemeine können die Menschen nur dann bilden, wenn sie mit Gott verbunden sind. Im bloß äußerlich aggregierten Leben des modernen Staates hat jeder seine eigene (schlechte, weil abstrakte) Selbständigkeit, die er sogar den übrigen entgegensetzt und die damit nicht bloß Gleichgültigkeit, sondern versteckte Feindschaft ist. Das große Reich Gottes hat keinen anderen Sinn, als die Menschen in eine wahrhaft organische Innung zu bringen, und zwar, weil nur in dieser lebendigen Gemeinschaft Gott Alles in Allem geworden ist, als der eine und derselbe Lebensgeist, der sich in jedem auf einzige Weise manifestiert. Und deshalb bedarf jeder aller Andern, um die Totalität der Manifestation Gottes zu bewerkstelligen. Jeder ist unentbehrlich, denn jeder hat eine andere Gabe. Auf diesem Geheimnis der Verteilung der Manifestation beruht die conjunctio in solidum der Menschheit.« (Sämtl. Werke, Bd. II, S. 73.)

ich, du Priester, der du die Schriften zwar noch hast, aber sie sind dir nur ein siebenfach verschlossen Schloß und den Schlüssel dazu hast du verloren. Mit elendem Sklavensinn klebst du am Buchstaben! Dein Abgott ist eine Mumie, woran nur noch die Form gut ist. Also diese und jene, und alle öffentlichen Buden des Marktes der großen Babel sind leer und darinnen ist weiter nichts als Theer und Schmiere zu holen, die Schnellfahrt jüngster Literatur zu befördern!«[316]

Das war Baader. Wo aber sind seine Nachfolger? Wer außer ihm und den großen Mystikern und Musikern hat sonst noch in Deutschland eine Apologie Christi geschrieben und den Antichristen bekämpft? Auch Hegel glaubte, eine Theodizee geschrieben zu haben in Übereinstimmung mit dem Christentum. Er war aber nur in Übereinstimmung mit dem Protestantismus und dem absolutistischen Preußentum. Durch die Staats- und Rechtslehre seiner platten Servilität war er Lutheraner und Napoleonist, ohne Ahnung des Göttlichen, das er verhöhnte.

Machiavellisten wurden sie alle. Friedrich II. war Machiavellist, und Fichte »legte sich auf das Studium Machiavells«[317]. Hegel wollte »gleichsam der Machiavell Deutschlands« werden. Treitschke und Bismarck haben den Machiavellismus »erweitert«. Nietzsche war Machiavellist, und Machiavellist ist heute Herr Rathenau. Oberster Grundsatz ist der individuelle und Staatsvorteil als Direktive der

---

316 »Tagebücher«, Sämtl. Werke, Bd. XI, S. 193 (Ende Nov. 1789).

317 Als Fichte seinen »Macchiavell« schrieb, war er Professor an der preußischen Universität Erlangen. Nach der mißlichen Oktober-Schlacht 1806 hielt er es nicht für »mit seinem Gewissen vereinbar«, in dem vom Feinde besetzten Berlin zu bleiben, sondern flüchtete über Pommern nach Königsberg. Er blieb zur Verfügung des Königs und wurde am 20. Dezember 1808 »von jetzt an bis zu hergestellter Ruhe an der hiesigen Universität als ordentlicher Professor angestellt«. Dazu heißt es in seinem Ernennungspatent: »Ihm wird zugleich die Zensur der hiesigen Zeitungen aufgetragen und deshalb zur Pflicht gemacht, dabei zu sehen, daß die Nachrichten von den Kriegs- und anderen öffentlichen Begebenheiten nicht in einem verführerischen, den Patriotismus niederschlagenden Tone erzählt, gegenteilig alle Anlässe, und den Mut der Untertanen zu beleben,   gehörig benützt werden. – (Mitgeteilt von Robert Prutz, »J. G. Fichte in Königsberg«, Beilage Nr. 181 zur »Allgemeinen Zeitung«, München 1893.) »Nach beiden Richtungen«, schreibt der Herausgeber seines »Macchiavell«, »war er nun tätig; er hielt Vorlesungen, solange er Hörer hatte, und waltete als Zensor, bis ihm dieses Amt   abgenommen wurde.« (J. G. Fichtes »Macchiavell«, nebst einem Briefe des Generals von Clausewitz an Fichte, Kritische Ausgabe von H. Schultz, Leipzig 1918, S. VII.)

Moral. Das Philosophie- und Kulturideal hält zum Staate, indem es eine Idee als Abstraktum aufstellt oder verhängt und Subordination verlangt. Der Staat wird auf der lüsternen Willfährigkeit der Untertanen errichtet. Der Wille zur Macht, der im Grunde nur identisch mit der Ohnmacht ist, bedient sich der Lüge, der Hinterlist und jeder Methode der Treulosigkeit, um zu Erfolg und zum Ziel zu gelangen. Das ist die machiavellistische Konspiration der preußisch-deutschen Philosophie von Kant bis zu Nietzsche. Alle zusammen aber sind theoretische Epigonen der Renaissance, jener Epoche glanzvollen Rückfalls ins Heidentum; alle zusammen arbeiten sie der Despotie in die Hände, begünstigen sie das Reich des verschlagenen apokalyptischen Tieres, mögen sie im Wappen selbst die Freiheit und Emanzipation, die Revolte und das Übermenschentum auf den Fahnen tragen.

Noch Solowjew und Lecky sprechen von der »Überlegenheit der Deutschen« auf dem Gebiete der rationalen Philosophie. Solowjew im Kampfe gegen den slawophilen Chauvinismus, den er zu demütigen hoffte[318]; Lecky in seiner »Geschichte der Aufklärung«, die im übrigen eines der schönsten Dokumente christlicher Gesinnung ist. Was ist das aber für eine traurige Überlegenheit, die Gott zum Menschen erniedrigt, um sich selbst zu erhöhen; die überall zur Enttäuschung und Katastrophe führt, weil sie ihr Maß verkennt, und die deshalb überall in die Bevormundung, die Staatsmaschinerie und ein zynisches Zwangssystem mündet! Solange wir nicht, anschließend an die menschlich reine Tradition unserer wahrhaft Großen, uns der Irrationalität unseres eigensten Wesens entsinnen, werden wir nur Spreu im Winde sein, und solange wir die Irrationalität nicht im Widerspruch des Menschen mit Gott; das Unlogische aller menschlichen Existenz nicht im Widerspruch des Ideals mit der Wirklichkeit empfinden; – solange werden uns die edelsten Errungenschaften des europäischen Geistes und aller Menschlichkeit im Götzenglauben an unsere rohe Überlegenheit verschlossen bleiben; solange werden wir nichts von alledem verstehen, was man gegen uns vorbringt; solange werden wir Barbaren bleiben trotz aller Anstrengung und Tüchtigkeit.

---

318 »Rußland und Europa«, Jena 1917. Solowjew ist hier sehr ungerecht gegen seine Landsleute und der Verlag hat die Schrift, die die Nichtigkeit der russischen Literatur und die »Sünden Rußlands« beweisen soll, wohl nur aus chauvinistischen Gründen als Separatdruck erscheinen lassen.

Man berufe sich doch nicht länger auf die »Göttin Vernunft«, die Abschaffung der Religion und des Gottesglaubens durch die Ereignisse von 1793! Die Prinzipien der Französischen Revolution, Freiheit, Gleichheit und Brüderlichkeit, die weiterwirkten, sind tief christlich und göttlich. Die Sklavenbefreiung und der Kommunismus, die in dieser Revolution wieder auflebten, gerade sie sind christlich. Die Evangelisten und die Apostel, die Kirchenväter und Campanella, Thomas Münzer, die Wiedertäufer und teilweise die Mönche, die Quäker, die russischen Sektierer, gerade sie sind Sozialisten[319].

Der christliche Sinn der Französischen Revolution konnte Europa und dem französischen Geiste nicht lange verborgen bleiben, wenn auch die Aufklärung es war, die den ersten Anstoß zur Revolution gab. Hat man 1793 die Religion abgeschafft, so wurde sie 1801 bereits wieder eingeführt, und über die Hälfte der französischen Nation wurde streng römisch-katholisch. Und war durch die Französische Revolution auch ein für allemal das ekklesiastische Dogma erschüttert, so ist doch die ganze intellektuelle Entwicklung Frankreichs von 1801 an ein immer bewußteres Sichwiederbesinnen auf die christliche Tradition, ein immer tieferes Erfassen und Ausgestalten hoher christlicher Werte. Ich spreche nicht vom Parade-Katholizismus und Prokatholikentum der Geister zweiter und dritter Ordnung. Ich spreche von jenem mächtigen Kathedralenbau einer christlichen Apologie, die Frankreich von Chateaubriand, de Maistre und Lamennais bis zu Charles Péguy, André Suarès und der Pascal-Schule Boutroux', unabhängig von der Kirche zu immer menschlicherer und tieferer Symbolik führte, zu stets luzideren und umfassenderen Gebilden, und zuletzt zu einem nationalen Jeanne-d'Arc-Kult von zartester Sublimität[320].

---

319 Alexander Herzen wies schon 1849 in einem Briefe darauf hin. »Die sozialen Ideen treten, wenn man will, gleichzeitig nicht allein mit der politischen Ökonomie auf, sondern selbst mit der allgemeinen Geschichte. Jeder Protest gegen die ungerechte Verteilung der Arbeitsmittel, gegen den Wucher, gegen den Mißbrauch des Eigentums – ist Sozialismus. Das Evangelium und die Apostel – um hier nur von der neuen Welt zu reden – predigen Kommunismus. Campanella, Thomas Münzer, die Wiedertäufer, teilweise die Mönche, die Quäker, die mährischen Brüder, der größere Teil der russischen Schismatiker sind Sozialisten.« (»Die Feinde des Sozialismus«, »Aktion«, Nr. 41/42, Berlin 1917.)

320 Aus einem 1916 erschienenen Buch des André Suarès über Charles Péguy möchte ich folgenden charakteristischen Passus zitieren, den ich Oktober 1916 für die »Weißen Blätter« übersetzte: »Man bilde sich nicht ein, Jeanne d'Arc sei für Péguy ein literarisches Sujet. Jeanne d'Arc ist sein Lebenswerk, seine Aufgabe, seine Mission. Er betrachtete sich

Sollte Kardinal Mercier Gegenpapst werden und eine Kirche der christlichen Intelligenz begründen: – eine seiner ersten Maßnahmen müßte sein, ein der neuen Zeit entsprechendes Übersetzungskollegium de propaganda fide einzusetzen, dessen Aufgabe darin bestünde, die Universität der christlichen Renaissance ad oculos zu demonstrieren und die in Bereitschaft stehende orientalische Kirche mit der occidentalen wieder zu vereinen[321]. Die Zeiten sind reif. Ein gemeinsamer Glaube lebt auf.

Und um auch davon zu sprechen: jede Theodizee, die die Bestialität dieses Krieges als »Grimm Gottes« zu defaitistischen und fatalistischen Zwecken benützt und damit einerseits die Rebellion verhindern, anderseits eine Philosophie des Irrationalen glaubt begründen zu können, ist Mystifikation, nicht Mystik; sie anerkennt den Antichristen, sie spricht ihm sogar Göttlichkeit zu und läßt Messen lesen zu seiner Besänftigung, statt ihn abzuschaffen. Solche Theodizee versucht heute[322] das germanophile Papsttum, doch sie scheint nur in Deutschland Schule zu machen, wo nichts so absurd sein kann, um nicht Beifall zu finden und das Dekorum einer fruchtlosen Intelligenz zu fristen[323].

---

gesandt und geboren für Jeanne d'Arc wie Joinville für den heiligen Ludwig. Sein erstes Buch, mit 25 Jahren, ist eine Jeanne d'Arc. Er gestand mir, daß er sein ganzes Leben über Jeanne d'Arc zu schreiben gedenke, sollte er hundert Jahre alt werden. Zwanzig und selbst dreißig weitere Bände schreckten ihn nicht. Er widmete alles insgeheim Jeanne d'Arc. Er übersetzte alles in Jeanne d'Arc, steigerte es in eine höhere Realität. Jeanne d'Arc war für Péguy zuletzt das passionierte Frankreich in seiner höchsten Gegenwart. Der wahre Christ lebt unaufhörlich in der Passion Jesu Christi. Péguy ward nicht müde zu leben in der Passion unserer lieben streitbaren Frau von Orléans. Alle seine Werke, seine Pamphlete, Abhandlungen, seine Reden an und über sich selbst, sind nur die Kämpfe und Scharmützel der heiligen Jeanne im 20. Jahrhundert.«

321 »Le pape aurait toute la puissance«, sagte Suarès (»Remarques IV«, Nouvelle Revue Française, November 1917), »s'il ne gardait pas le regret et la superstition de la force temporelle. Fût-il seul, fît-il sans ville, sans Vatican et sans armée, il aurait l'autorité, qui est l'âme du pouvoir. Mais quoi? il ne serait pas seul; pour armée il aurait toutes les foules catholiques, et tous mêmes qui ne vont pas à la messe: pour ville, toute l'Occident; pour Vatican le monde entier. Faites en l'essai: allez-vous en, pape Benoît, et laissez la tiare au cardinal Mercier.«

322 Frühjahr 1918 nach der italienischen Isonzoniederlage.

323 Vgl. das Buch des Marburger Theologen und Religionsphilosophen Rudolf Otto, »Das Heilige. Über das Irrationale in der Idee des Göttlichen und sein Verhältnis zum Rationalen«, Breslau 1917. Schon Jakob Böhme verlegte den »Grimm«, das alttestamentarisch-teutonische Pathos, in das Wesen des Göttlichen und ließ alle seine weiteren

4

Die hohle Großsprecherei, die im Gefolge Napoleons überall ihren Einzug hielt, fand nirgends so lebhafte Bewunderung wie in Deutschland, und nirgends einen so treulichen Niederschlag wie in der Philosophie Hegels und seiner Nachfolger. Wirklichkeitsfetischismus und Erfolgsmoral, Bejahung von Karriere, Ehrgeiz und Leidenschaft noch in der zweifelhaftesten Ausprägung; Überlegenheitspose und Mangel an Selbstkritik –: das sind die Motive, die den Bewußtseinsinhalt des Atheismus ausmachen.

Doch so wenig der Osten, so wenig ließ sich der Westen vom Hegelianismus bestechen. Jene Sekte russischer Hegelianer in Moskau, der Stankjewitsch, Bjelinskij, Ogarjow und Bakunin angehörten, zerstreute sich rasch und erlangte keineswegs eine Bedeutung, die die weitwirkende Produktivität der deutschen Philosophie beweisen könnte. Stankjewitsch starb früh. Bjelinskij und Herzen gingen begeistert zur Theorie des französischen Sozialismus über. Und auch Bakunin hatte nach seinem eigenen Geständnis bereits 1842 die Hegelsche Philosophie durchschaut und »in sich beiseite gebracht«[324]. In »Anarchie und Staatstum« (1873) wandte er sich sogar gegen die radikalsten Junghegelianer mit den Worten: »An der Spitze dieser Partei stand Ludwig Feuerbach, den die logische Konsequenz nicht nur zur Leugnung jeder göttlichen Welt, sondern auch zur Leugnung der Metaphysik selbst führte. Weiter konnte er nicht gehen. Er selbst blieb trotz alledem ein Metaphysiker. Er mußte seinen gesetzlichen Liquidatoren, den Vertretern der Schule der Materialisten oder Realisten weichen, deren größter Teil übrigens, wie die Herren Büchner, Marx und andere mehr, nicht verstanden und nicht verstehen, sich von der Herrschaft des metaphysischen, abstrakten Gedankens zu befreien.«[325] Selbst der

---

Manifestationen aus dieser »Uroffenbarung« hervorgehen. So findet Rudolf Otto, vom Alten Testament und Luther ausgehend, den dunklen, grausigen, und von den Evangelien ausgehend den hellen, faszinierenden Grund bei seiner Analyse des Heiligen und des Gottgefühls. Die Irrationalität entsteht hier nur aus dem Bewußtseinswiderspruch in der Heiligen Schrift.

324 Vgl. die autobiographischen Äußerungen Bakunins zu Richard Wagner während des Dresdner Maiaufstandes 1849. (R. Wagner, »Mein Leben«, München 1911.)

325 Noch heute hat man in Deutschland nicht verstanden, sich von der Herrschaft des metaphysischen, abstrakten Gedankens völlig zu befreien. Die intellektualistischen Werke un-

hervorragendste russische Hegelianer also, der Geister wie Tschaadajew und Proudhon in die Hegelsche »Phänomenologie« einführte[326],
kam von seinem Glauben an die deutsche »Geistesüberlegenheit«
bald zurück. Jener »germanische philosophische Idealismus«, den
Solowjew rühmt, – gerade in Bakunin fand er später einen prinzipiellen Gegner[327].

Im Westen stießen die Junghegelianer mit ihrem Selbstbewußt-

serer jüngsten Philosophen beweisen es. In Zeiten, die mehr wie je die Identifikation des
Autors mit dem geschriebenen Wort verlangen, ist das besonders schlimm. In Deutschland kam zur umschweifigen Bonhommie und Inkonsequenz des Denkens die talmudistische Freude am Räsonnement.

326 Alexander Herzen berichtet in seinen »Erinnerungen« von »endlosen Gesprächen über
Phänomenologie«, die Bakunin 1847 in Paris mit Proudhon über Hegel führte. »Bakunin
wohnte damals bei Adolph Reichel, in einer äußerst bescheidenen Wohnung jenseits der
Seine, in der Rue de Bourgogne. Proudhon pflegte öfters hinzugehen, um Reichels Beet-
hoven und   Bakunins Hegel zu hören, doch dauerten die philosophischen Debatten
länger als die Symphonien. Sie erinnerten an den berühmten ›Abendgottesdienst‹, den
Bakunin mit Chomjakow bei Tschaadajew und der Jelagina im Gespräche über denselben
Hegel nächtelang abzuhalten pflegte.«

327 In einem Manuskript gegen den religiösen Dogmatismus Mazzinis (1871) schrieb er:
»Hier, was uns in jungen Jahren so sehr revoltierte und was der Grund war, weshalb wir
alle mehr oder weniger Idealisten waren. Wir fühlten uns, dank unserer jugendlichen
Phantasie und dem jugendlich hitzigen Blute, das in unsern Adern glühte, so unendlich,
daß selbst die Unendlichkeit der sichtbaren Welt uns zu eng erschien. Wir sahen mit
Verachtung auf sie herab und flogen sehr hoch. Wohin? In die Leere der Abstraktion, ins
Nichts. Ja, unsere Unendlichkeit war das Nichts, das ›absolute Nichts‹, das wir eifrigst mit
phantasmagorischen Gebilden, mit den Träumen unserer Delirien-Einbildung zu erfüllen
suchten. Als wir aber diese Gebilde näher betrachteten, sahen wir, daß unsere Phantasien
und Träume, anscheinend so unendlich und reich, nichts als bleiche Reproduktionen und
monströse Übertreibungen derselben wirklichen Welt waren, die wir mit soviel Verachtung behandelten. Und begriffen schließlich, daß wir, wenn wir uns so hoch, bis ins Leere, erhoben, nicht reicher, sondern im Gegenteil an Herz und Geist ärmer wurden; nicht
mächtiger, sondern im Gegenteil ohnmächtig. Sahen schließlich ein, daß wir mit unserm
kindlichen Vergnügen, träumend die unermeßliche Leere, Gott, das von unserer eigenen
Abstraktions- oder Negationskraft geschaffene Nichts zu beleben – daß wir, sage ich, die
Gesellschaft, uns selbst, unsere ganze reale Existenz im Stiche ließen und dafür Propheten, Träumer, religiöse, politische und ökonomische Exploiteure der ›göttlichen Idee von
der Welt‹ wurden. Und daß wir, auf der Suche nach einer ideellen Freiheit außerhalb der
Bedingungen der wirklichen Welt, uns selbst zur traurigsten und schändlichsten Abhängigkeit verurteilten. Wir begriffen, daß wir, um unser Erdengeschick zu erfüllen, jeden
unserer Gedanken und unsere Anstrengungen einzig auf die Emanzipation der menschlichen Gesellschaft auf dieser Erde zu richten hätten.« (Max Nettlau, »Michael Bakunin,
Eine Biographie«, hektographiertes Manuskript, Bd. I, S. 37, London 1900.)

sein und ihrer Wirklichkeitsdoktrin auf denselben Widerstand des religiösen Geistes, auf den der Napoleonismus und Rationalismus in Rußland stieß. Im Herbst 1843 siedelten Arnold Ruge und Karl Marx nach Frankreich über, um nach dem Eingehen der »Deutschen Jahrbücher« die »Deutsch-französischen Jahrbücher« in Paris herauszugeben. Bei deren Gründung ereignete sich, was sich immer ereignet, wenn Deutsche von der Zensur gezwungen werden, im Auslande zu publizieren. Die Verbreitung in der Heimat stößt man dann auf »unüberbrückbare Hindernisse« und die Finanzen versagen. Noch heute zieht man daraus nicht den Schluß, daß nur ein resoluter Bruch mit der patriotischen Clique und der Verzicht auf jegliche Zweideutigkeit eine neue Basis zu schaffen vermag und den Gedanken erweitert. Der jungdeutschen Emigration von 1843 gelang es so wenig, die Franzosen von der deutschen Überlegenheit zu überzeugen, wie es der neudeutschen von 1914/18 gelang, die europäische Idee zu exaltieren und neue Prinzipien dem eigenen Lande zuzuführen[328]. Die Herausgeber der »Deutsch-französischen Jahrbücher«, an denen Heine, Herwegh, Jacoby, Marx, Engels und Ruge mitarbeiteten, erfuhren von seiten der französischen Intellektuellen eine Ablehnung.

Franz Mehring, der zwar ein großer Marxist, aber auch ein großer Patriot ist, hat sich darüber bitter geäußert[329]. »Lamennais hielt den Herausgebern einen zweistündigen Vortrag über seine religiösen Mucken und erklärte dann, er werde ihre Taten abwarten, ehe er sich daran beteilige.« Louis Blanc, »dieser ängstliche Kleinbürger, konnte nicht von der süßen Gewohnheit lassen, sich die Kämpfe des praktischen Lebens in irgendeiner Religion zu verhimmeln und sich dadurch ihr erschöpfendes Verständnis zu verrammeln«[330]. »Einige

---

328 Die während des Krieges in der Schweiz erschienenen deutschen Zeitschriften »Die weißen Blätter« (Herausgeber René Schickele) und »Zeitecho« (Herausgeber Ludwig Rubiner) versuchten wohl das internationale Verständnis zu fördern. Beide konnten sich jedoch nicht entschließen, völlig mit den deutschen Vorurteilen zu brechen, und so blieb ihre Wirkung sowohl nach Deutschland wie nach dem Auslande auf jene Kreise beschränkt, die noch heute den Sinn dieses Krieges, die Einordnung einer gegen die Sozietät rebellierenden Nation, nicht zugeben wollen.

329 »Geschichte der deutschen Sozialdemokratie«, Bd. I, S. 157 f., Stuttgart 1903.

330 Diese Stelle ist doppelt amüsant deshalb, weil Marx gerade bei Louis Blanc reichliche Anleihen machte für das »Kommunistische Manifest«, während umgekehrt von Anleihen Louis Blancs für sein 1847 erschienenes Werk »Organisation du travail« nichts bekannt geworden ist. Bereits 1833 begann Louis Blanc in seiner Zeitschrift »Revue du Progrès«

hatten zugesagt (Lamartine z. B.), aber nichts geliefert, andere sagten in manchmal nicht erfreulicher Weise ab.« Mehring verkennt aber in krasser Weise und ungerecht wie alle Marxisten und gerade die überzeugtesten sind, die damalige intellektuelle Situation. Er spricht von Lamennais' »religiösen Mucken«. Sollte er den großartigen prinzipiellen Kampf nicht kennen, den Lamennais gerade damals mit der Kirche ausfocht? Haben die Marxisten so sehr die Wahrheit und die Methode gepachtet, daß sie nur noch für Marx-Zitate empfänglich sind? »Wir hoffen«, schrieb Lamennais, »das Reich der Gewalt zu Boden zu schmettern und an seine Stelle das Reich der Gerechtigkeit und der Liebe zu setzen, welches zwischen den Gliedern der großen Menschenfamilie jene Einigkeit erzeugt, in der jedes Individuum als Teil des Ganzen gilt und am allgemeinen Wohl teil hat«[331]. Sind das religiöse Mucken? Der Atheismus der Enzyklopädisten hatte ihn abgestoßen, wie ihn die Megalomanie und der Atheismus der Junghegelianer abstieß. Er suchte die Emanzipation der Menschheit in der Macht religiösen Brüderbewußtseins und er brach, als er die Freiheit nicht fand, kühn und konsequent mit der Kirche und demselben Papst Gregor, der ihn einen neuen Bossuet und den letzten der Kirchenväter

---

mit der Veröffentlichung seines Systems des Staatssozialismus. (Vgl. Wladimir Tscherkessow, »Blätter aus der Geschichte des Sozialismus; die Lehren und Handlungen der Sozialdemokratie«, 1893; vgl. auch Anton Labriola, »Die Urheberschaft des kommunistischen Manifestes«, Berlin 1906, worin die Feststellungen Tscherkessows bestätigt werden, und Pierre Ramus, »Marx und Engels als Plagiatoren« in der »Freien Generation«, Heft 4, 6, 8, 1906/07.) Selbst Kautsky mußte zugeben, daß die grundlegenden Ideen des »Kommunistischen Manifestes« nicht original und keine großen Entdeckungen von Karl Marx und Friedrich Engels waren, wie dies bis dahin Kautsky, Bebel u. a. behauptet hatten. (Kautsky, »Das Kommunistische Manifest ein Plagiat« in der »Neuen Zeit«, Stuttgart, Nr. 47, 18. August 1906, S. 693–702.) Marx selbst gestand 1857, daß er 1842 weder Ökonomik noch Sozialismus gekannt habe. Das Studium der Ökonomie habe er in Paris (also 1843) begonnen. (»Zur Kritik der politischen Ökonomie«, Vorrede.)

331 In seiner Zeitschrift »L'Avenir«. In seinem »Versuch über die Gleichgültigkeit gegen religiöse Dinge«, 1817, der den Herren Sozialdemokraten übrigens noch heute zu empfehlen ist, betonte er: »Die durch die Sünde verderbte spekulative Vernunft ist an sich nicht imstande, die Wahrheit zu erkennen. Die Wahrheit ist vielmehr durch göttliche Offenbarung gegeben, die Vernunft hat also diese als einzige, untrügliche Richtschnur anzuerkennen.« Aber von Sünde, Schuld, Sühne, und wie dergleichen unangenehme Dinge mehr heißen, will ja die höchst selbst- und klassenbewußte deutsche Führer- und Verführerschaft des Proletariats nichts wissen. Wie viel weniger von Offenbarung, es handle sich denn um ihre eigene platte Doktrin.

hatte rühmen lassen. Sind die Kapitel IV, XIII, XX, XXXV und XXXVI der »Paroles d'un Croyant« religiöse Mucken oder aktuellste Prophetie, und haben wir in unserer sozialistischen Literatur diesem großen Vorläufer Charles Péguys auch nur etwas Ähnliches an die Seite zu stellen[332]? Es wäre wohl an der Zeit, sich daran zu erinnern, daß Ludwig Börne, den Mehring freilich ebenso als Spießer abtun wird, wie Heine ihn abtat, diese »Paroles d'un Croyant« 1834 ins Deutsche übertrug, weil er es für möglich hielt, »durch ein Bündnis zwischen politischem und religiösem Radikalismus« eher als mittels rationaler Philosophie »dem heillosen und infamen Treiben der deutschen Regierungen ein Ende zu machen«!

Und Louis Blanc, der ängstliche Kleinbürger: – hatte er Unrecht, wenn er die deutsche Jugend »zwar beglückwünschte, daß sie anfange, ihre Aufmerksamkeit auf die Praxis des Lebens zu richten«, aber sie vor dem Atheismus warnte, »da der Atheismus in der Philosophie die Anarchie in der Politik zur notwendigen Folge habe«? Wenn er sie darauf aufmerksam machte, daß sie als Junghegelianer durch ihr Bekenntnis zu Diderot, Holbach und den französischen Materialisten um fast ein Jahrhundert zu spät kamen? Verhimmeln sich die Marxisten nicht die intellektuellen Kämpfe des praktischen Lebens heute viel ärgerlicher und blinder in ihrem famosen Klassenkampf? Wo wagt denn einer mit der päpstlichen Kirche des Marxismus zu brechen und einen geläuterten Sozialismus zu restituieren[333]? Was ist denn Marx den Vertretern des damaligen Westens gewesen? Zunächst ein schlechter Charakter, und es ist nicht erhört worden, daß man unter Franzosen, Engländern oder Russen ein großer Mann bleiben und doch ein schlechter Charakter könne gewesen sein.

---

332 Hier ein Passus aus den »Paroles d'un Croyant«, der einer jungen deutschen Republik gewidmet sei: »Laßt euch von eitlen Worten nicht täuschen. Viele werden euch zu überreden suchen, daß ihr wahrhaft frei seid, weil sie auf ein Blatt Papier das Wort Freiheit geschrieben und es an allen Straßen angeheftet haben. Die Freiheit ist keine Ankündigung, die man an den Straßenecken liest. Sie ist eine lebendige Macht, die man in sich und um sich fühlt, der Schutzgeist des häuslichen Herdes, die Bürgschaft der geselligen Rechte. Hütet euch also vor denen, die sagen: Freiheit, Freiheit, und sie durch ihre Werke zerstören.«

333 Gustav Landauer ausgenommen, von dessen menschlich freiem »Aufruf zum Sozialismus« (Berlin 1912) ich hier gerne gestehe, daß seine Bedeutung nach 1914 meine Einsicht übertraf.

Ob Marx und sein Kreis sich in Paris, Brüssel oder London präsentierten, immer sind es dieselben Klagen über perfides, spießerhaftes und verleumderisches Wesen, die sich in den Briefen und Memoiren der damaligen Führer finden, und man fälscht die Geschichte, wenn man die Gründe hierfür aus Chauvinismus den andern zuschiebt, statt sie bei sich zu Hause zu suchen. Bakunin über Marx (Brüssel, Dezember 1847, an Georg Herwegh): »Die deutschen Handwerker, Bornstädt, Marx und Engels, vor allem Marx, treiben hier ihr gewöhnliches Unheil. Eitelkeit, Gehässigkeit, Klatscherei, theoretischer Hochmut und praktische Kleinmütigkeit; Reflektieren auf Leben, Tun und Einfachheit, literarische und diskutierende Handwerker und ekliges Liebäugeln mit ihnen, ›Feuerbach ist ein Bourgeois‹, und das Wort Bourgeois zu einem bis zum Überdruß wiederholten Stichwort geworden, alle selbst aber vom Kopf bis zu Füßen durch und durch kleinstädtische Bourgeois... ich halte mich fern von ihnen und habe ganz entschieden erklärt, ich gehe in ihren kommunistischen Handwerkerverein nicht und will mit ihm nichts zu tun haben.«[334] Alexander Herzen über die Marxisten in London: »... Die Bande verkannter deutscher Staatsmänner, die das Genie erster Größe, Marx, umgaben. Sie bildeten aus seinem mißlungenen Patriotismus und seiner fürchterlichen Prätention eine Art Hochschule der Verleumdung und Verdächtigung aller Leute, die mit größerem Erfolge als sie selbst aufgetreten waren.«[335] Und Proudhon zum »Libell eines Doctor Marx« über seine »Philosophie des Elends«: »ein Gewebe von Grobheiten, Verleumdungen, Fälschungen und Plagiaten«[336].

Ich habe die Zeugnisse dreier führender Geister des damaligen Westens nebeneinander gestellt. Sie zeigen eine merkwürdige Übereinstimmung und erklären zur Genüge die Abneigung, die man Marx und seinem Kreise nach kurzer Bekanntschaft überall entgegenbrachte. Das kam daher: die Deutschen fühlten sich als Vertreter des »auserwählten Volkes in der Philosophie«, als Verkörperer des Weltgeistes und der Weltseele. Ihr hohes doktrinäres Selbstbewußtsein ließ

---

334 Nettlau, »Michael Bakunin«, Bd. I, S. 78.
335 »Nachgelassene Schriften«, Die Deutschen in der Emigration.
336 Proudhon, Correspondance, Paris 1875, II, S. 198. Das »Libell eines Doctor Marx« ist Karl Marxens »Misère de la philosophie. Réponse à la philosophie de la misère de M. Proudhon«, Brüssel-Paris 1847, dt. von Ed. Bernstein und Karl Kautsky, 1892.

sie keinen Augenblick an ihrer inneren Überlegenheit zweifeln. In den großen runden Flaschen ihrer Köpfe trugen sie den Spiritus der absoluten Idee. Ihre Rechthaberei machte sie zu unerfreulichen Räsoneuren, und wo sie von ihrer Gottähnlichkeit stillere Geister nicht zu überzeugen vermochten, dort schimpften sie »Bourgeois, Spießer, Utopist«.

Was hat die marxistische Sozialdemokratie mit ihrem Schlagwort der Utopie nicht alles totgeschlagen! Die reiche Literatur der französischen und englischen Sozialisten des beginnenden 19. Jahrhunderts, ohne die der Marxismus überhaupt nicht existieren würde, – durch die despotische Eifersucht der orthodoxen Marxisten blieb sie von Deutschland entfernt und verfemt. Die Diktatur Marxens und das Aposteltum seiner Epigonen verstanden es, nicht nur die Anfänge des Sozialismus zu diskreditieren, sie verhinderten auch, daß Ideenkonflikte von so außerordentlicher prinzipieller Bedeutung wie die der ersten Internationale anders als in ganz bewußter Entstellung nach Deutschland gelangten[337]. Jene Polemik sans façon aber, der sogenann-

337 Noch Mehring trägt die Legenden von Bakunins Panslawismus, Agententum und persönlicher Eifersucht auf Marx in seinem großen und hervorragenden Geschichtswerk weiter. Während er Dilettanten wie Borkheim und Hess, nur weil sie im großen Lichtkreis der Marxschen Sonne standen, über Gebühr unterstreicht, ist von Bakunins Föderalismus und Anti-Etatismus, von seiner Marxkritik und seinem aktiven Humanitätsideal, das viele deutsche Wurzeln hat, kaum die Rede. Bd. II, S. 176, kann man lesen, daß Bakunin »am eifrigsten daran gearbeitet hat, den Bund (die herrliche marxistische Internationale) zu zerrütten«; S. 370, daß er »den ideologischen Überbau mit der ökonomischen Unterlage verwechselte«, trotzdem weder das eine noch das andere haltbar ist. Die ganze Internationale war sich bis zur Londoner Konferenz (1871) darüber einig, daß die Wahlaktion dem ökonomischen Emanzipationskampf als Mittel unterzuordnen sei. Während Bakunins System von seiner ersten Formulierung (1867) bis zu seinem Tode konsequent dasselbe blieb, die Beteiligung an den bürgerlichen Parlamenten und besonders am prusso-germanischen Parlament bekämpfte, hat gerade Marx durch seine Schwenkung zur Wahlpolitik 1871 die Internationale in staatliche Gruppen aufgelöst, und damit recht eigentlich die völkerverbindende Idee des Sozialismus zerrüttet und korrumpiert. Auf dem berüchtigten Haager Kongreß (1872), wo Marx nach Mehring die Internationale vom »anarchistischen Roste« säuberte, während er sich tatsächlich nur auf dem Reptilienwege eine Mehrheit gegen die föderalistische und antistaatliche Opposition zu sichern wußte, vollzog Marx seine Reaktion gegen den humanistischen Geist der Internationale, der schon damals den Zentralismus der Bismarck und Marx zu identifizieren begann. »Der Kongreß«, schreibt Mehring (IV, S. 54), »sagte sich durch einen feierlichen Beschluß von jeder Verantwortung für das Treiben der Bakunisten los« (wer hatte ihm diese Verantwortung übertragen?) »und stieß Bakunin nebst einem seiner Helfershelfer aus dem

159

te »Mistgabelstil«, der den ersten Jahrzehnten der deutschen Sozialdemokratie eignete, hielt der Bewegung gerade die junge brüderliche Intelligenz fern, aus der sich überall anderswo in Italien, Rußland, Frankreich und England die begeisterten Vorkämpfer rekrutierten. Erst in den letzten Jahren gelang es dem Sozialismus wieder, weitere Kreise der Bürgerjugend in seinen Bannkreis zu ziehen.

Die Deutschen von 1840 übertrieben die Hegelschen Errungenschaften. Worin bestanden sie? Was brachte man mit nach Paris? Heine spricht von den »Schriftstellern des heutigen jungen Deutschlands, die keinen Unterschied machen wollen zwischen Leben und Schreiben, die nimmermehr die Politik trennen von Wissenschaft, Kunst und Religion, und die zu gleicher Zeit Künstler, Tribune und Apostel sind«[338]. Das klingt zwar zuversichtlich und stolz, in Wirklichkeit aber traten die Jungdeutschen etwas anders auf. Italiener behaupten, der Sammelruf »Jungdeutschland« selbst sei ein Geschenk Mazzinis gewesen, dessen programmatische Aufsätze »Unterweisung für die Verbrüderten des jungen Italien«, »Manifest der Giovane Italia« und »Vom jungen Italien« alle 1831 und 1832 erschienen, und, bei Mazzinis Mitarbeit an deutschen Journalen, in Deutschland nicht geringeres Aufsehen erregten als im übrigen Europa[339].

Für Jungdeutschland charakteristisch ist der Mangel einer freiheitlichen Tradition, verbunden mit dem Mangel an Praxis und einem klar sichtbaren Angriffspunkt. Man litt unter der Zensur aller fünfzig Duodezfürsten und ihrer Polizei, ohne doch die Zentralkabinette der Humboldt und Metternich systematisch angreifen und kompromittieren zu können[340]. Revolutionen von allen Seiten her (Griechenland,

Bunde.« Der »Helfershelfer« war James Guillaume, Freund Bakunins und Führer der berühmten Jurassienne. Nirgends ist in Mehrings vierbändigem Werk, das alle Sottisen und Lächerlichkeiten der deutschen sozialdemokratischen Entwicklung aufzählt, von ihm die Rede. Und doch hat gerade Guillaume eine »Geschichte der Internationale« geschrieben, die man wenigstens mit der »Geschichte der deutschen Sozialdemokratie« vergleichen sollte, um sich ein Urteil zu bilden. Es geht nicht an, länger Geheimpolitik und Sektendogmatik mit einer der wichtigsten Angelegenheiten der Menschheit zu treiben. Deutsche Gesamtausgaben der Werke Bakunins und James Guillaumes würden die nützlichsten Dienste leisten.

338 »Die romantische Schule«, Halle o. J., S. 95.
339 Zur Zeit des Hambacher Festes erschienen Aufsätze Mazzinis in einem von Dr. Wirth in Zweibrücken herausgegebenen demokratischen Journal. Vgl. auch die Anmerkung
340 Das humane System Ludwig Feuerbachs soll hiermit nicht unterschätzt werden. Wenn

Flandern, Italien, Frankreich) und kritische Fortschritte in der Philosophie begünstigten eine Art Sympathie-Rebellentum von Hörensagen. Aber die Reaktion im Leibe infolge Vergiftung durch Fichte und Hegel, blieb es beim Lärm. Man nannte wohl Goethe einen »gereimten« und Hegel einen »ungereimten Knecht« (Börne); man brach mit der besten klassizistischen Bildungstradition, ohne die neue preußische jedoch ganz zu begreifen. Schlimmer war, daß weder eine Kritik des klassizistischen, noch des Hegelschen Systems in großen Formen das Volk erreichte. Die protestantisch-rationalistische Philosophie

es auch erst heute mit Marx, Bakunin und Nietzsche zu populärer Wirkung gelangt, so stellt es doch die erste reine, reale, gesellschaftlich rebellierende Philosophie des neueren Deutschland dar und zählt damit zu den wahrhaft klassischen Leistungen der Nation. »Wer von mir nichts weiter sagt und weiß«, schrieb Feuerbach (Werke I, S. XIV, XV), »als: ich bin Atheist, der sagt und weiß soviel von mir wie Nichts. Die Frage, ob ein Gott ist, oder nicht ist, der Gegensatz von Theismus und Atheismus gehört dem 17. und 18. Jahrhundert an. Ich negiere Gott, das heißt bei mir, ich negiere die Negation des Menschen, ich stelle an die Stelle der illusorischen, phantastischen, himmlischen Position des Menschen, welche im wirklichen Leben notwendig zur Negation des Menschen wird, die sinnliche, wirkliche, folglich notwendig auch politische und soziale Position des Menschen.« Durch seine Identifikation der Vernunft mit der Liebe (»Die Liebe ist Vernunft«, Werke I, S. 119), überhaupt durch Betonung der diesseitigen Aufgaben und Pflichten, rückte er in höchst produktiver Weise dem herrschenden theokratischen System zu Leibe, und Masaryk bestätigt, daß Feuerbachs Einfluß gerade auf Marx »sehr bedeutend war, viel bedeutender als man bisher anzunehmen pflegt«. Feuerbach schrieb: »Der Zweck meiner Schriften, so auch meiner Vorlesungen ist, die Menschen aus Theologen zu Anthropologen, aus Theophilen zu Philanthropen, aus Kandidaten des Jenseits zu Studenten des Diesseits, aus religiösen und politischen Kammerdienern der himmlischen und irdischen Monarchie und Aristokratie zu freien, selbstbewußten Bürgern der Erde zu machen« (»Vorlesungen über das Wesen der Religion«). Und Marx hierzu: »Erst Feuerbach, der den Hegel auf Hegelschem Standpunkt vollendete und kritisierte, indem er den metaphysischen absoluten Geist in den wirklichen Menschen auf der Grundlage der Natur auflöste, vollendete die Kritik der Religion, indem er zugleich zur Kritik der Hegelschen Spekulation und daher aller Metaphysik die großen und meisterhaften Grundzüge entwarf« (»Die heilige Familie«, 1845, S. 220). Auf Feuerbach fußend gelangte Marx dann zur »umwälzenden Praxis«: »Die Philosophen haben die Welt nur verschieden interpretiert; es kömmt darauf an, sie zu verändern.« – (Vgl. über das Verhältnis Feuerbach-Marx, das die Grundzüge der jungdeutschen Rebellion aufhellt, Th. G. Masaryks eingehende Analyse in »Die philosophischen und soziologischen Grundlagen des Marxismus«, Wien 1899, ein heute leider vergriffenes Buch, das zum Besten der Marx-Literatur gehört, weil es zugleich die Phraseologie des Edelprotestantismus aus der Feuerbach-Schule (bei Stirner, Marx, Nietzsche) und die eklektische Aphoristik des Marxschen philosophischen Systems aufhellt.)

galt für revolutionär (siehe Heine), Feuerbach für ultrarevolutionär. Man glaubte sich Voltaire bei weitem überlegen, schon deshalb, weil man in der Evangelienkritik mit dialektischen Methoden den größeren Anschein von Tiefsinn verband und hielt das Übertrumpfen im Atheismus für Freiheitsgeist[341]. Was man aber für Hoffnungen daran knüpfte, das verrät wiederum Heine: »Wenn einst der zähmende Talisman, das Kreuz, zerbricht, dann rasselt wieder empor die Wildheit der alten Kämpfer, die unsinnige Berserkerwut, wovon die nordischen Dichter so viel singen und sagen. Die alten steinernen Götter erheben sich dann aus dem verschollenen Schutt und reiben sich den tausendjährigen Staub aus den Augen, und Thor mit dem Riesenhammer springt endlich empor und zerschlägt die gotischen Dome.«[342]

Die großen Reaktionsmächte der Zeit wurden systematisch nicht vorgestellt. Eine weltmännisch-liberalistische Politik kam nicht auf. Selbst Heine, der Ansätze zeigt, vergriff sich im Ziel und im Maß. Man war Räsoneur, Frondeur und Rebell ohne Wirklichkeit, trotzdem man als Hegelianer gerade im Wirklichkeitssinn (und in hundert anderen Dingen) den Franzosen sich überlegen fühlte. Die Theologen, Bruno Bauer und seine Jünger, empfanden sich (nach Mehring) als »persönliche Inkarnationen der Kritik, des absoluten Geistes, der durch sie mit Bewußtsein im Gegensatz zur übrigen Menschheit die Rolle des Weltgeistes spiele«[343]. Und doch übersah man den Zusammenhang

341 Schon Heine schrieb: »Ich habe ihnen (den Franzosen) den letzten Gedanken verraten, der allen diesen Systemen zugrunde liegt, und der eben das Gegenteil ist von allem, was wir bisher Gottesfurcht nannten. Die Philosophie hat in Deutschland gegen das Christentum denselben Krieg geführt, den sie einst in der griechischen Welt gegen die ältere Mythologie geführt hat, und sie erfocht hier wieder den Sieg. In der Theorie ist die heutige Religion ebenso aufs Haupt geschlagen, sie ist in der Idee getötet, und lebt nur noch ein mechanisches Leben, wie eine Fliege, der man den Kopf abgeschnitten, und die es gar nicht zu merken scheint, und noch immer wohlgemut umherfliegt (1835!). Wir haben jetzt Mönche des Atheismus, die Herrn von Voltaire lebendig braten würden, weil er ein verstockter Deist ist. Ich muß gestehen, diese Musik gefällt mir nicht,   aber sie schreckt mich auch nicht. Mit dem Umsturz der alten Glaubensdoktrinen ist auch die ältere Moral entwurzelt. Die Massen tragen nicht mehr mit christlicher Geduld ihr irdisches Elend, und lechzen nach Glückseligkeit auf Erden.« (»Briefe über Deutschland«, Zur Geschichte der Religion und Philosophie, S. 129-31.)

342 Ebd., S. 124. Ob er wohl die Kathedrale von Reims damit meinte?

343 »War die Hegelsche Philosophie der spekulative Ausdruck des christlichen germanischen Dogmas von der Herrschaft Gottes über die Welt, des Geistes über die Theorie«, sagt Mehring, »so war die ›Allgemeine Literaturzeitung‹ (an der jene Leute mitarbeiteten)

Hegels mit dem Geiste des Talmud, einen Zusammenhang, der meines Wissens selbst Marx nicht zu Bewußtsein kam; und übersah den Mendelssohnschen Messianismus, der sich in Hegels »auserwählter« Philosophie so bewußt schon zur Geltung brachte. Was Grillparzer von dem Junghegelianer Hebel sagte, als dieser in den vierziger Jahren nach Wien kam: er wisse alles, er wisse sogar, wer Gott sei – das traf genauso auf die politischen Junghegelianer zu, die zwischen Paris, Brüssel, Köln und London aufgeregt und unerschütterlich überzeugt von der Weltbedeutung der Hegelschen Reglementierungs- und Disziplinarparagraphen, aber ohne jene letzte Offenheit, die wirklich bereit ist, neue Ideen liebevoll aufzunehmen, in der Schnellpost fuhren.

Die Revolution von 1848 brachte es an den Tag. Das konterrevolutionäre Prinzip, dessen Schüler man war, widersprach den Anforderungen, die die Wirklichkeit stellte. Geist-Surrogat und Sprach-Surrogat erwiesen sich gleichermaßen als unzulänglich, das Wesen der Dinge zu treffen. Die blasphemische Stellung Hegels zur Freiheit, seine Staats- und Rechtsphilosophie, sein Amoralismus, entmannte die Aktion, und es ergab sich, alles in allem, jene Verwirrung, die an eine verpfuschte Operette mehr als an eine Revolution erinnert. Die politische und theologische Naivetät bildeten schlimmere Barrikaden als die auf den Straßen. Der von Marx und Engels neu entdeckte Sozialismus sabotierte das Zusammengehen mit der bürgerlichen Opposition und Herweghs badischer Bauernlegion. Der zynische Nihilismus Stirners blieb in der Weinstube sitzen. Und die Berliner Barrikadenkämpfer waren Leute, deren Namen überwiegend auf sky und ic endigten; Führer der Dresdener Maiaufstände waren Russen und Polen.

Instruktiv ist ein damaliger Briefwechsel. Berlin, August 1848, Bakunin an Herwegh: »Deutschland stellt jetzt das interessanteste und sonderbarste Schauspiel dar: nicht ein Schattenkampf – ein

---

die kritische Karikatur, in der sich die Hegelsche Philosophie selbst ins Absurde trieb.« (»Geschichte der deutschen Sozialdemokratie«, Bd. I, S. 195.) Die »Allgemeine Literaturzeitung« erschien seit Dezember 1843 in Charlottenburg. Gegen sie richtete sich 1845 »Die Heilige Familie oder Kritik der kritischen Kritik, gegen Bruno Bauer und Konsorten, von Friedrich Engels und Karl Marx«, übrigens ein typisches Beispiel dafür, wie Marx mit früheren Freunden zu verfahren pflegte, denen er einiges verdankte. Bruno Bauer gehörte zusammen mit Max Stirner noch 1842 zum Mitarbeiterkreis der »Rheinischen Zeitung«, als Marx deren Redaktion übernahm. Er war Marxens Studienfreund und Intimus, der ihn in die Hegelsche Philosophie einführte.

Kampf von Schatten, welche sich für Wirklichkeiten nehmen und doch in jedem Augenblick ihre unermeßliche Schwäche fühlen und unwillkürlich zeigen. Die offizielle Reaktion und die offizielle Revolution wetteifern in Nichtigkeit und Dummheit, und dabei alle hohlen, philosophisch-religiös-politisch-gemütlich-gewichtigen Phrasen.«[344] Oder Köthen, 8. Dezember 1848, Bakunin an Herwegh: »Nirgends ist der Bourgeois ein liebenswürdiger Mensch, aber der deutsche Bourgeois ist niederträchtig mit Gemütlichkeit. Selbst die Art dieser Leute, sich zu empören, ist empörend. Dies mein letztes und wirklich ein sehr begründetes Urteil: wenn die deutsche Nation bloß aus der großen, leider zu großen Masse der Spießbürger, der Bourgeois bestünde, aus dem, was man heute das offizielle, sichtbare Deutschland nennen könnte – wenn es unter dieser offiziellen deutschen Nation nicht Stadtproletarier, besonders aber eine große Bauernmasse gäbe, dann würde ich sagen müssen: es gibt keine deutsche Nation mehr, Deutschland wird erobert und zugrunde gerichtet werden«[345]. Bakunin stand 1848 – man weiß das in Deutschland noch heute kaum – im Mittelpunkt der Konspiration, er sprach aus Erfahrung. Er war der Führer der Dresdener Maiaufstände, befreundet mit Ruge, Varnhagen von Ense, Jacoby, Wagner, Röckel, Heubner und damals auch noch mit Marx.

Wenn es einen gemeinsamen Gedanken gab, der alle Parteien gleichzeitig leitete, so war es der Gedanke der deutschen Einheit; die republikanische Auffassung jedoch, die Mazzini den italienischen Einheitsbestrebungen zu verleihen wußte, war in verschwindender Minderheit. Was wirklich die Köpfe bewegte, war – ob man es sich eingestand oder nicht – der napoleonisch-machiavellistische Kaisergedanke, dessen Glanz und Gewalt den deutschen Kleinbürger vom ersten Jahr des Empire an beherrschte. Napoleon rief das mittelalterliche Hohenstaufentum aus der Rumpelkammer hervor. Predikanten wie Arndt zählten der Nation an den Fingern die Heldentaten der Kaiser von Otto bis Konradin vor, und es handelte sich nur darum, ob Preußen oder Österreich die neue deutsche Einheit und das Kaisertum »annehmen« würden.

Und wiederum Bakunin über die Revolution von 1848, – es ist das

344 Nettlau, »Michael Bakunin«, Bd. I, S. 95.
345 Ebd., S. 103.

164

Zutreffendste, was über diese Revolution geäußert wurde: »Wären die deutschen Demokraten weniger doktrinär und dafür revolutionären gewesen, als sie es in Wirklichkeit waren; hätten sie, statt ihr Heil in National- und Provinzparlamenten zu suchen, die Hand jener spontanen Bauernbewegung reichen wollen; hätten sie sich dazu mit dem städtischen Proletariat verbunden – so wäre bei der allgemeinen Verwirrung und der vollkommenen Ohnmacht, in der sich die Regierungen befanden, im März und April der Triumph einer ernstlichen Revolution in Deutschland möglich gewesen. Die deutschen Parlamente von 1848 brachten, was alle Parlamente der Welt in Zeiten der Revolution bringen: sehr viele Phrasen und eine Flut wenn nicht direkt reaktionärer, so doch die Reaktion begünstigender Akte. Die deutschen Parlamente von 1848 haben für die Freiheit Ernstes und Bleibendes tatsächlich nicht geleistet. Sie bereiteten im Gegenteil die Elemente der gegenwärtigen deutschen Einheit vor. Und so kann man sagen, daß der Pseudorevolutionarismus der deutschen Patrioten von 1848 für den Bismarckianismus von 1871 war, was in Frankreich der General Cavaignac für Napoleon III.: ein Vorläufer«[346].

5

Einem deutschen Handwerksburschen, Wilhelm Weitling, gebührt die Ehre, jenes Bündnis zwischen politischem und religiösem Radikalismus, von dem Börne spricht, nicht nur gesucht, sondern vertreten und in weitverzweigten Brüderschaften, die sich über den ganzen Westen Europas erstreckten, als neues geistiges Ideal aufgestellt zu haben. Die Romantiker hatten die Handwerksburschenpoesie wieder entdeckt; Weitling, der Handwerksbursche, fand wieder: die Idee des Urchristentums. »Es sind besonders die Handwerksburschen«, schrieb Heine in der »Romantischen Schule«; »gar oft auf meinen Fußreisen verkehrte ich mit diesen Leuten und bemerkte, wie sie zuweilen, angeregt von irgendeinem ungewöhnlichen Ereignisse, ein Stück Volkslied improvisierten oder in die freie Luft hineinpfiffen. Die Worte fallen solchem Burschen vom Himmel herab auf die Lippen und er braucht

---

346 Michael Bakunin, »Aux compagnons de la Fédération jurassienne«, Manuskript, 1872, mitgeteilt von Nettlau, Biographie Bd. I, S. 94.

sie nur auszusprechen, und sie sind dann noch poetischer als all die schönen poetischen Phrasen, die wir aus der Tiefe unseres Herzens hervorgrübeln.«[347]

Da hat man ein Bild Wilhelm Weitlings. Die Handwerksburschen, die Weitlings »Bund der Gerechten« angehörten, zeigten einen Idealismus, ein Feuer und einen Opferwillen, die der bürgerlichen Gesellschaft verloren gegangen schienen. »Von ihrem Bildungstrieb und Wissensdurst«, schreibt Mehring, »kann man sich nicht leicht eine zu hohe Vorstellung machen.« Sie besoldeten Lehrer, von denen sie sich in den verschiedenen Wissenszweigen unterrichten ließen, sie gaben ihre ganzen Ersparnisse her für den Druck wichtiger Schriften[348].

Weitling wurde geboren 1808 als preußischer Untertan zu Magdeburg. Er war ein Schneider und wanderte sieben Jahre lang kreuz und quer durch Deutschland. 1830 soll er sich mit satirischen Versen an den sächsischen Tumulten beteiligt haben. Dann kam er nach Paris und lebte dort bis 1841. Seine »Garantien der Harmonie und Freiheit« (1842) enthalten die erste theoretische Begründung des deutschen Kommunismus und sind eines der hervorragendsten Dokumente der sozialistischen Literatur; sein »Evangelium der armen Sünder« (1845) eines der schönsten und rührendsten Zeugnisse deutschen Geistes. Durch Wilhelm Weitling wurden Karl Marx sowohl wie Michael Bakunin mit dem Kommunismus bekannt, und Weitlings Name wird unvergessen bleiben als edler Beweis dafür, daß der Sozialismus auch in seinen deutschen Anfängen keineswegs eine Interessenpolitik, sondern ein hohes geistiges Ideal war.

Marx war noch Redakteur der »Rheinischen Zeitung«, als er die Sätze schrieb: »Wo hätte die Bourgeoisie, ihre Philosophen und Schriftgelehrten eingerechnet, ein ähnliches Werk wie Weitlings ›Garantien der Harmonie und Freiheit‹ in bezug auf die Emanzipation, die politische Emanzipation, aufzuweisen. Vergleicht man die nüchterne, kleinlaute Mittelmäßigkeit der deutschen Literatur mit diesem maßlosen und brillanten literarischen Debut der deutschen Arbeiter;

---

347 Heine, »Die romantische Schule«, S. 83.

348 Um die erste Auflage der »Garantien der Harmonie und Freiheit« in zweitausend Exemplaren herzustellen, teilten sich dreihundert Arbeiter in die Kosten und nahmen dafür Bücher in Zahlung; vier Arbeiter gaben ihre ganzen Ersparnisse im Betrag von 200 Franken für den Druck her.

vergleicht man diese riesenhaften Kinderschuhe des Proletariats mit der Zwerghaftigkeit der ausgetretenen politischen Schuhe der Bourgeoisie, so muß man dem deutschen Aschenbrödel eine Athletengestalt prophezeien.«[349] Friedrich Engels nannte Weitling den »einzigen deutschen Sozialisten, der wirklich etwas getan habe«, und Bakunin schrieb, als er 1843 mit Herwegh nach Zürich kam, wo er nicht nur die »Garantien«, sondern den eben aus Lausanne eingetroffenen Weitling auch persönlich kennen lernte: »Man muß sich hüten, den Kosmopolitismus der Kommunisten mit dem des vorigen Jahrhunderts zu verwechseln. Der theoretische Kosmopolitismus des vorigen Jahrhunderts war kalt, indifferent, reflektiert, ohne Boden und Leidenschaft; es war eine tote und fruchtlose Abstraktion, ein theoretisches Machwerk, das keinen Funken von produktivem, schaffendem Feuer in sich enthielt. Dem Kommunismus dagegen kann man keinen Mangel an Leidenschaft, an Feuer vorwerfen. Der Kommunismus ist kein Phantom, kein Schatten; in ihm ist eine Wärme, eine Glut verborgen, die gewaltig nach Licht strebt; eine Glut, die nicht mehr zu unterdrücken ist, und deren Entladung gefährlich, ja schrecklich werden kann, wenn die bevorrechtigte Klasse ihm nicht mit Liebe, mit Opfer und mit einer vollständigen Anerkennung seines weltgeschichtlichen Berufs diesen Übergang zum Licht erleichtert.«[350]

Das war die politische Seite. Die religiöse Wirkung war nicht geringer. Ludwig Feuerbach, dem ein Handwerksbursche die »Garantien der Harmonie und Freiheit« überbrachte, rief aus: »Wie war ich überrascht von der Gesinnung und dem Geiste dieses Schneidergesellen! Wahrlich, er ist ein Prophet seines Standes. Wie frappierten mich der Ernst, die Haltung, der Bildungstrieb! Was ist der Troß unserer akademischen Burschen gegen diesen!«[351] Und Bakunin: »Seit das Christentum nicht mehr das zusammenhaltende und belebende Band der europäischen Staaten ist – was verbindet sie noch? Was hält noch in ihnen die Weihe der Eintracht und Liebe aufrecht, die durch das Christentum über sie ausgesprochen war? Der heilige Geist der Freiheit und der Gleichheit, der Geist der reinen Menschlichkeit, der durch

349 Mehring, a. a. O., Bd. I, S. 115.
350 Artikelserie »Kommunismus« in Fröbels »Schweizerischem Republikaner«, Juni 1842, mitgeteilt von Nettlau, Bd. I, S. 55–60.
351 Mehring, a. a. O., Bd. I, S. 115.

die französische Revolution unter Blitz und Donner der Menschheit geoffenbart und durch die stürmischen Revolutionskriege als Same eines neuen Lebens überall verbreitet wurde. Dieser Geist verbindet jetzt auf eine unsichtbare Weise alle Völker ohne Unterschied der Nationen; diesem Geiste, diesem erhabenen Sohne des Christentums widerstreben jetzt die sogenannten christlichen Regierungen und alle monarchischen Fürsten und Gewalthaber, weil sie wohl wissen, daß ihr selbstsüchtiges Treiben nicht imstande sein wird, seinen flammenden Blick zu ertragen.«[352]

Weitlings religiöser Kommunismus kam aus Frankreich und England. In England sprach Owen von der positiven Religion, dem persönlichen Eigentum und der unzertrennbaren Ehe als einer »Dreieinigkeit des Bösen«, und Owen war es, der Weitling, als dieser auf der Flucht nach London kam, den »Führer der deutschen Kommunisten« nannte[353].

Ein Buch von Mary Wollstonecraft über die Frauenrechte (1792) und Godwins Schilderungen des sozialen Elends in seinem Werke »Enquiry concerning Political justice and its Influence on Morals and Happiness« hatten Franz von Baader angeregt zu dem Satze: »Man muß zeigen, daß Könige Staatsgefangene und alle Reichen Pensionäre sind.«[354] In Frankreich aber gab Buchez den religiösen Momenten des Saint-Simonismus eine praktische Wendung, indem er verlangte, die Gebote der christlichen Moral auf sozialem Gebiet zu verwirklichen. Louis Cabet lehrte unter ungeheurem Beifall: »Der ikarische Kommunismus ist das Christentum, das Jesus Christus eingesetzt hat, in seiner ursprünglichen Reinheit, denn das Christentum ist das Prinzip

---

352 Bakunin, »Kommunismus«, a. a. O., S. 60.

353 Mehring, a. a. O., Bd. I, S. 232: »Weitling ging (nach seiner Gefangenschaft und Entlassung) nach London; in einem großen Meeting begrüßten die deutschen, englischen und französischen Sozialisten der Weltstadt den ›mutigen und talentvollen Führer der deutschen Kommunisten‹, wie ihn Owens Organ nannte.« Das war 1845 oder 1846, jedenfalls aber in der Zeit, bevor Marx nach London kam. Damals traten in Paris auf den von der schweizerischen Polizei veröffentlichten Kommunistenbericht hin dreihundert deutsche Handwerksburschen in Weitlings »Bund der Gerechten« ein. Ein deutsches Fabrikproletariat existierte kaum.

354 F. Hoffmann (Hrsg.), »Franz von Baader als Begründer der Philosophie der Zukunft«, S. 102: »Die Schilderung des sozialen Elends in England bei Godwin erregt sein ganzes Mitgefühl. Sein Tagebuch enthält ausführliche Auszüge aus seinen Werken. Godwins maurische Ideen begleiteten ihn.«

der Bruderliebe, der Gleichheit, der Freiheit, der Assoziation und der Gütergemeinschaft.«[355] Béranger rief aus: »Völker, schließen wir eine heilige Allianz!« Lamennais, der das Priestertum des Volkes aufstellte und in so vielen Dingen Prophetengabe besaß, warnte vor sozialistischen Systemen, durch die »die Völker zu einer Sklaverei verurteilt würden, wie die Welt sie noch nicht gesehen habe«; die »den Menschen zu einer bloßen Maschine, zu einem Werkzeug herabsetzen, ihn unter den Neger, ja sogar unter das Tier stellen würden«. Und noch Proudhons »Philosophie des Elends«, desselben Proudhon, der in seinen Mußestunden die Apokalypse des heiligen Johannes las, zeigt deutlich genug die christliche Hilfsbereitschaft, die ihn zu seiner Kritik des Eigentums führte. Ist es ein Zufall, daß jene beiden Männer, die Bakunin die Begründer des revolutionären Sozialismus nennt[356], Cabet und Louis Blanc, zugleich revolutionäre Christen waren? Weitling hat nach Franz Mehring »die Schranke niedergeworfen, die die Utopisten des Westens von der Arbeiterklasse schied«. Das ist Weitlings historisches Verdienst, nicht aber seine heutige Bedeutung.

»Nachdem die französische Revolution eines jeden Individuums Menschenrechte und -pflichten proklamiert hatte«, schreibt Bakunin[357], gelangte sie in ihrer letzten Konsequenz zum Babouvismus. Babeuf, einer der letzten reinen und energischen Charaktere, deren die Revolution so viele geschaffen und wieder vernichtet hat, vereinigte in einzigartiger Weise die alten politischen Traditionen seines Landes mit den modernsten Ideen einer sozialen Revolution. Als er sah, daß die Revolution in ihrer ökonomischen Lage unmöglich und einer wei-

---

355 Mehring, a. a. O., Bd. I, S. 35. Cabet seinerseits gelangte durch Thomas Moore und Owen zu kommunistischen Anschauungen. Er formulierte die religiösen Grundlagen des Kommunismus so begeistert, daß man ihn als Handlanger der Heiligen Allianz denunzierte. Mehring bestätigt übrigens: »Cabet traf in diesem Punkte das Empfinden des modernen Proletariats, das in den Anfängen seines Emanzipationskampfes gerne den Blick auf das Christentum zurücklenkt. Indem Dezamy den Kommunismus auf den Atheismus und Materialismus zu begründen suchte, verfuhr er weit konsequenter als Cabet (?), erlangte aber nicht entfernt einen gleichen Einfluß auf die Arbeiter.«

356 Michael Bakunin, »Fédéralisme, Socialisme et Antithéologisme«, Paris 1895, S. 37: »Les idées communistes germèrent dans l'imagination populaire. Elles trouvèrent depuis 1830 jusqu'à 1848 d'habiles interprètes dans Cabet et M. Louis Blanc, qui établirent définitivement le socialisme révolutionnaire.«

357 Ebd., S. 36.

teren radikalen Änderung unfähig geworden war[358], schuf er, getreu
dem Geiste dieser Revolution, die am Ende doch jede individuelle Initiative durch die allmähliche Staatsaktion ersetzt hatte, ein politisch-
soziales System, nach welchem die Republik als Ausdruck des Kollek-
tivwillens der Bürger alles individuelle Vermögen konfiszieren und es
im Interesse aller verwalten sollte. Zu gleichen Bedingungen sollten
jedermann Erziehung, Unterricht, Existenzmittel, Vermögen zukommen, und jedermann ohne Ausnahme sollte gezwungen sein, nach
Maßgabe seiner Kräfte und Fähigkeiten ebenso Muskel- wie Nerven-
arbeit zu leisten. Die Babeufsche Verschwörung mißlang. Er wurde
mit mehreren seiner Freunde guillotiniert. Aber sein Ideal einer sozialistischen Republik starb nicht mit ihm. Seine Idee wurde von seinem
Freunde Buonarotti, dem größten Konspirator seines Jahrhunderts, in
ihren Bruchstücken gesammelt und als kostbarstes Vermächtnis der
neuen Generation übergeben.

In den von Buonarotti gegründeten Geheimgesellschaften der
Schweiz, Belgiens und Frankreichs lebten die kollektivistischen Ideen
weiter, trafen sie mit der romantisch-religiösen Bewegung zusammen
und entwickelten den Kommunismus[359]. Von Buonarottisten erhielt

---

358 Ich lasse diese Stelle kursiv drucken, weil sie beweist, daß der ursprüngliche Kollektivismus aus einer Reihe von praktischen Vorschlägen bestand, die einer speziellen ökonomischen Situation entsprachen. Er war ein Liquidationssystem, das die Freiheitsideologie
der Revolution mit den erschöpften Finanzen in Einklang zu bringen suchte.

359 Es ist wichtig, festzustellen, daß also der Kollektivismus anfänglich wesentlich verschieden war vom Kommunismus, der sich erst später anschloß. Der Kollektivismus (Babeufs
Erfindung) ist politisch, positiv; der Kommunismus, dessen Tradition auf die Evangelien
und das Essäertum zurückweist, ist ursprünglich religiös-idealistisch. Die Vermengung
der verschiedenen kollektivistischen und kommunistischen, der praktischen und utopischen Systeme führte zum doktrinären Staatskommunismus der Marxisten, der weder als
praktisches System der heutigen ökonomischen Situation entspricht, noch sich als religiöses System jene Sittenreinheit und den Opfergeist bewahrt hat, der alle Individuen der
christlichen Brüdergemeinde gleichmäßig erfüllte. Der Kollektivismus wird auch heute
noch jenen Ländern am meisten entsprechen, wo ein verlorener Krieg die Finanzen und
die Wirtschaft vernichtet hat. Er enthält eine ganze Anzahl überaus nützlicher Vorschläge für einen sozialen Neuaufbau, wobei jedoch zu bedenken ist, daß die Liquidation je
nach dem ökonomischen und intellektuellen Bildungsgrade in Deutschland andere Bedingungen vorfindet als etwa in Rußland oder der Türkei. Der Kommunismus aber
als eine allgemein-menschliche, utopische Bewegung kann zwar mit dem Programm des
Kollektivismus zusammentreffen, wird aber nur dort einen wirklichen Boden finden, wo
eine stark religiöse, katholische Tradition vorgearbeitet hat. Das war in Rußland der Fall,

Weitling seine erste Förderung, auf Buonarottistische Brüdergemeinden gründete er seinen »Bund der Gerechten«. Vorbild war ihm dabei allem Anschein nach jener »Bund der Geächteten« in Paris, dem Börne angehörte, und dessen Statut bereits 1834 forderte: Befreiung und Wiedergeburt Deutschlands, Begründung und Erhaltung der sozialen und politischen Gleichheit, Freiheit, Bürgertugend und Volkseinheit[360].

---

und deshalb konnte dort, wo Niederlage und religiöse Tradition zusammentrafen, der Bolschewismus, dieser Zwitter aus Jacobinertum und Evangelium, eine so mächtige Resonanz finden.

360 Vgl. Mehring, a. a. O., I, S. 97–101: »Paris war damals die Hauptstadt der europäischen Revolution und hier entstand, als ein öffentlicher Volksverein zur Unterstützung der süddeutschen Opposition, die von der französischen Regierung unterdrückt worden war, im Jahre 1834 die erste geheime Organisation der deutschen Flüchtlinge, der ›Bund der Geächteten‹. Sein Zweck war nach den Statuten: Befreiung und Wiedergeburt Deutschlands, Begründung der sozialen und politischen Gleichheit, Freiheit, Bürgertugend und Volkseinheit. Er verfolgte demokratisch-republikanische Ziele, wie die französische Gesellschaft der Menschenrechte, und wie diese war er als hierarchisch-abgestufte Verschwörergesellschaft mit unbedingtem Gehorsam gegen die geheimen Oberen organisiert. Organ des Bundes war die Monatsschrift ›Der Geächtete‹, herausgegeben seit 1834 von Venedey. Sie begann mit einem schwärmerischen Aufsatz Börnes über die ›Worte eines Gläubigen‹, die   Lamennais eben veröffentlicht hatte. Auch Venedey selbst knüpfte an Lamennais an... Kurz nach der Stiftung des Bundes war auch in der Schweiz die erste Organisation deutscher Flüchtlinge entstanden. Von hier aus hatte Mazzini im Februar 1834 einen bewaffneten Einfall nach Savoyen unternommen, wobei ihn deutsche Revolutionäre unterstützten. Der Savoyer Zug mißglückte und nun bildete Mazzini ein ›Junges Europa der Völker‹ gegen das alte Europa der Könige. Es bestand aus einem jungen Deutschland, einem jungen Italien und einem jungen Polen, denen sich später ein junges Frankreich und eine junge Schweiz anschlossen. In seiner Akte der Verbrüderung, die aus dem April 1834 datiert, werden Freiheit, Gleichheit und Humanität als die drei unverletzlichen Elemente genannt, aus denen allein die Lösung des sozialen Problems hervorgehen könne.« – Man beachte die Tatsache, daß also die Emigrantenbewegung der 30er Jahre, von Lamennais und Mazzini geführt, eine religiös-demokratische Bewegung war. 1839 gingen dann Karl Schapper und Heinrich Bauer nach längerer Haft von Frankreich nach London und gründeten dort gemeinsam mit Josef Moll, einem Uhrmacher aus Köln, am 7. Februar 1840 einen öffentlichen »Arbeiterbildungsverein«. Zugleich stellten sie den »Bund der Gerechten« wieder her und verlegten seinen Schwerpunkt nach London. Das   Hinzukommen Marxens vertrieb aus der schwärmerisch-idealistischen Bewegung durch seinen Positivismus den Opfermut. Man könnte auch sagen, daß Hegel der Vater dieser Korruption eines hohen Gedankens war. Die Religion brauchte nicht beseitigt, sie brauchte nur vertieft und mit der Wissenschaft in Einklang gebracht zu werden. Dazu war Marx nicht geschaffen.

171

Die Idee einer brüderlichen Durchdringung Europas im Sinne des Urchristentums ist für Weitling Bedingung auch der politischen Wiedergeburt. Hierin ist er wahrhaft modern. Man glaube doch nicht, daß das Wissen die Religion ausschließt oder die ökonomische Analyse den Christus. Sie schließen das theokratische Dogma aus und den Jenseitskult, nicht aber die Liebe, das Herz und den Opfermut. Die Gerechtigkeit ist es, auf der man bestehen muß. Ihre Voraussetzung aber ist die exakte Wissenschaft von den natürlichen Grenzen und Rechten.

Zu Weitlings Anhängern und Brüdern zählten nicht nur Handwerker und Arbeiter, sondern auch Bürgerliche und Besitzer. Gerade die werbende Kraft seiner Idee ist bezeichnend für ihn. Die Haßphilosophie, die durch Marx und den Klassenkampf im deutschen Proletariat aufkam, lag ihm durchaus fern[361]. Weitling lehnte die Jungdeutschen ab, nicht weil er sie für »Bourgeois« hielt – er hätte sie dafür halten dürfen –, sondern weil sie »im Reiche des Übersinnlichen nach Abstraktion im Trüben fischten«. »Kommt alle her«, schrieb er im »Evangelium der armen Sünder«, »die ihr arbeitet, die ihr mühselig, beladen, arm, verachtet, verspottet und unterdrückt seid; wenn ihr Freiheit und Gerechtigkeit für alle Menschen wollt, dann wird dies Evangelium euren Mut von neuem stählen und eure Hoffnung frische Blüten treiben. Die entmutigten schwachen Herzen wird es stärken, und in das Herz des Zweiflers die Macht der Überzeugung gießen. Auf die Stirn des Verbrechers wird es den Kuß der Verzeihung drücken und die finstern Mauern ihrer Kerker mit einem Schein der Hoffnung lichten. Der Liebe und der Freiheit Glut wird es in aller

---

361 Die Forderungen des Proletariats! Des klassenbewußten Proletariats!, dekretiert diese Haßphilosophie. Je gerechter aber Forderungen sind, desto strenger sollten deren Anwälte über ihre eigene Moral und die Moral der ihnen vertrauenden Individuen und Massen wachen. Dazu bedarf es zunächst eines   Rechtsbewußtseins. Man sollte annehmen, daß eine Partei der Entrechteten die Begriffe von Freiheit und gegenseitiger Achtung, die Wissenschaft von den natürlichen Gesetzen und Grenzen besonders entwickelt hätte, kurz, daß sie die form- und maßvollste wäre. Welche Deroute und Verwirrung aller Moral- und Freiheitsbegriffe herrschen dagegen im deutschen klassenbewußten Proletariat! Steriler Doktrinismus, aufdringliche und opportunistische Politik, Animalität, Pseudowissenschaft und Vernachlässigung alles wahrhaften, nicht nur materiellen, sondern auch geistigen Elends regieren das arrivierte Parteiprogramm. Und diese Partei, die dem wirklichen Elend nicht lange mehr standhalten wird, soll die moralische Kraft finden, die Internationale zu fördern!

Sünder Herzen schütten. So geschehe es.«[362] Von Voltaire spricht es
wie Erneste Hello, der ihn einen Farceur nannte: »Die Religion muß
zerstört werden, um die Menschheit zu befreien, dies war der Grundsatz Voltaires und anderer. Lamennais und vor ihm viele christliche
Reformatoren wie Karlstadt, Thomas Münzer und andere zeigten, daß
alle demokratischen Ideen der Ausfluß des Christentums seien.«[363] Er
verschmähte nicht die Ergebnisse der Evangelienkritik, er meinte nur,
es sei nicht seine Aufgabe, die Widersprüche ans Licht zu ziehen, wie
David Strauß es getan habe, sondern das Wesentliche und Mögliche,
worauf das Christentum beruhe, als wahr anzunehmen und daraus das
Prinzip des Christentums zu ermitteln[364]. Die deutschen Philosophen
nannte er Nebler. »Hegel ist für mich ebenso ein Nebler. Ich darf ihn
so nennen, obgleich ich nichts von ihm gelesen habe. Warum? Weil
niemand mir sagen konnte, was er wollte, obgleich die ganze deutsche
Nebelphilosophie von ihm ein großes Geschrei macht.« Für ihn hat
in der Weltgeschichte nicht schlechthin Vernunft regiert; ihm ist sie
nichts als eine »große Räubergeschichte«, worin die ehrlichen Leute
zu allen Zeiten die Geprellten waren. »Aus der Freiheit und der Harmonie der Begierden und Leidenschaften entsteht alles Gute und aus
der Unterdrückung und Bekämpfung derselben zum Vorteil einiger,
alles Böse.«[365] »Eine vollkommene Gesellschaft hat keine Regierung,
sondern eine Verwaltung, keine Gesetze, sondern Pflichten, keine Strafen, sondern Heilmittel. Hier gibt es weder Ehrenbezeugungen noch
Unterwürfigkeitsformeln, weder Zeichen des Ruhmes, noch der Verachtung; hier ist nichts zu befehlen und zu gehorchen, sondern zu regeln, anzuordnen und zu vollenden. Da gibt es weder Verbrechen noch
Strafen, sondern nur noch einen Rest menschlicher Krankheiten und
Schwächen, welche die Natur uns in den Weg legte, um durch ihre Beseitigung unsere physischen und geistigen Fähigkeiten anzufeuern.«[366]

---

362 Wilhelm Weitling, »Das Evangelium der armen Sünder«, Zürich, Mai 1843, konfisziert,
     dann 1845 erschienen unter dem Titel »Das Evangelium eines armen Sünders« (Bern,
     Jenni Sohn), S. III f.
363 Ebd., S. 17: »Die Religion muß also nicht zerstört, sondern benützt werden, um die Men-
     schen zu befreien. Christus ist ein Prophet der Freiheit, und er darum uns ein Sinnbild
     Gottes und der Liebe.«
364 Ebd., S. 20
365 »Garantien der Harmonie und Freiheit«, im Verlage des Verfassers, 1842, S. 17.
366 Ebd., S. 23.

Er will die bestehende Unordnung auf den höchsten Gipfel treiben, die leidenden Klassen im grenzenlosesten Elend sehen. In der Verzweiflung erblickt er den wirksamsten Hebel der Revolution, und er nennt den Diebstahl die »letzte Waffe der Armen gegen die Reichen«. Seine Religion ist die des Leidens und Mitleidens, der Armen und der Liederlichen, Verachteten und Verworfenen, die einzige Religion und Philosophie, die es gibt. Er liebt den Verbrecher wie die Dirne, liebt sie, wie Jesus Christus sie liebte. Und daß er behauptete, der Herr habe von liebenden Frauen sich aushalten lassen, warf ihn für zehn Monate ins Gefängnis[367]. Aber »ein neuer Messias wird kommen«, prophezeite er, »um die Lehre des ersten zu verwirklichen. Er wird den morschen Bau der alten gesellschaftlichen Ordnung zertrümmern, die Tränenquellen in das Meer der Vergessenheit leiten und die Erde in ein Paradies verwandeln. Er wird niedersteigen von den Höhen des Reichtums in den Abgrund des Elends, unter das Gewühl der Elenden und Verachteten und seine Tränen mit den ihrigen vermischen. Die Gewalt aber, die ihm verliehen, wird er nicht eher aus der Hand lassen, bis das kühne Werk vollendet ist.«[368]

Nein, der Weitlingsche Kommunismus war keine Interessenpolitik, zu der Marx und Lassalle ihn umgestalteten; er war eine Philosophie des Elends wie die des großen Proudhon, eine Philosophie der sozialen Schuld, und es ist wichtig, dies zu unterstreichen in einer Zeit, in der eine materielle und geistige Katastrophe die ganze Nation bedroht; wo der Arbeiter aus Interesse ebenso schuldig wurde wie jeder andere Bürger, und aus den Betroffenen jeder Klasse ein neues Proletariat sich bildet, ein neues Verbrechertum und ein neuer Elendsabgrund. Was aber Weitling 1843 vom Evangelium der Kleriker sagte,

---

367 Das betreffende Kapitel im »Evangelium der armen Sünder« war überschrieben: »Jesus reist mit sündigen Weibern und Mädchen im Lande herum und wird von ihnen unterstützt.« Die Verhaftung und Bestrafung Weitlings wegen Gotteslästerung erfolgte auf Betreiben des Zürcher Kirchenrats und erregte großes Aufsehen; um so mehr, da ein Regierungsbericht über die kommunistischen Umtriebe in der Schweiz die Folge war. Von den wichtigeren Schriften über Prozeß und Bewegung nenne ich: »Die Kommunisten in der Schweiz nach den bei Weitling vorgefundenen Papieren«, Kommissionalbericht von Dr. Bluntschli, Zürich, 1843; »Der Schriftsteller Wilhelm Weitling und der Kommunistenlärm in Zürich«, Bern 1843, und »Die geheimen deutschen Verbindungen in der Schweiz seit 1833«, Basel 1847.

368 »Garantien der Harmonie und Freiheit«, S. 260.

gilt heute ebenso vom Sozialismus der Marxisten: »Wohl, ihr Herren, ihr habt es bewiesen, ihr habt ein Evangelium der Tyrannei, der Bedrückung und der Täuschung daraus gemacht, ich wollte eines der Freiheit, Gleichheit und Gemeinschaft, des Wissens, der Hoffnung und der Liebe daraus machen. Wenn jene sich irrten, so geschah es aus persönlichem Interesse; wenn ich mich irre, so geschieht es aus Liebe für die Menschheit. Meine Absicht ist bekannt und die Stellen, aus denen ich schöpfe, angemerkt. Der Leser mag nun lesen, prüfen, urteilen und glauben, was er will.«[369]

Aus dem zentralen Punkte der Bergpredigt kommen diese Sätze. Sie handeln vom »radikalen, revolutionären Christus«, von der christlichen Republik[370]. Vor dem Essäertum zerstäuben Nützlichkeit, Interesse, Staat, Despotie; zerstäuben Rassenhaß und patriotische Lüge, »die den wütendsten Feinden des Fortschritts und der Freiheit aller zum letzten Notanker ihrer Irrtümer, zum Rettungsbalken ihrer Vorrechte dient«. Für Deutschland ist es geschrieben, wenn Weitling sagt: »Welche Liebe kann heute wohl der zum sogenannten Vater-

---

369 »Das Evangelium der armen Sünder«, S. 133.

370 Niemand hat reiner als Weitling die Grundsätze einer christlichen Republik dargelegt. Er zitiert Math. 23, Vers 8, 11 und 12, und folgert: »Aus diesem geht hervor, daß die Monarchie mit dem Christentum unvereinbar ist, oder deutlicher, daß ein Christ nicht Monarch sein kann. Desgleichen geht daraus hervor, daß in einer christlichen Republik niemand sich eine politische Gewalt anmaßen, noch dieselbe annehmen darf, denn der Christ soll weder ein Recht, noch eine Gewalt, noch einen Befehl über seine Mitmenschen ausüben, der Christ soll gar kein Amt annehmen, in welchem er gezwungen ist, zu richten und zu strafen, wenigstens soll er es nur in der Absicht annehmen, das Regieren, Befehlen, Strafen usw. dadurch aufhören zu machen. Ferner soll in einer christlichen Republik niemand vornehm, niemand gering, niemand Herr oder Knecht sein, noch sich Meister nennen, oder sonst Ehrentitel sich beilegen lassen. Dies haben zu Zeiten der Reformation die Wiedertäufer wohl begriffen, welche, obwohl sie in den damaligen Kriegen dem Einfluß der Reichen verbunden, dennoch bis auf den heutigen Tag an einigen damals aufgestellten Grundsätzen festhielten. So nehmen sie z. B. gar kein öffentliches, obrigkeitliches Amt an, welches es auch sei; sie beschwören nicht, werden nicht Kaufleute, Wirte und Soldaten; und glaubten von Jesus, daß er nicht Gottes Sohn gewesen sei, sondern der Heiligste von allen Heiligen. Ein anderer ihrer damaligen Grundsätze war der: Kein Christ kann mit gutem Gewissen irgendein Eigentum, welches es auch sei, besitzen; sondern alles, was jeder einzelne besitzt, muß in die Gemeinschaft gegeben werden.« (S. 83/84.) Man vgl. damit Dostojewskijs soziales Credo: »Der Christ, der wahre, ideale, vollendete Christ, sagt: ›Ich muß meine Güter mit meinen armen Brüdern teilen. Ich muß allen dienen.‹ Der Kommunard sagt: ›Du mußt mit mir teilen, weil ich arm bin, du mußt mir dienen.‹ Der Christ hat Recht, der Kommunard Unrecht.«

lande haben, der nichts darin zu verlieren hat, was er nicht in allen fremden Ländern wieder zu finden imstande ist?« Und ein deutsches Versprechen ist es, wenn Weitling seinen französischen Freunden in Aussicht stellt: »Ihr werdet in der Folge sehen, daß uns die Idee, aus der Welt ein Zuchthaus oder eine Kaserne machen zu wollen, anekelt. Ihr werdet sehen, daß wir nicht die persönliche Freiheit der allgemeinen Gleichheit zum Opfer bringen wollen, da es gerade dieser natürliche Freiheitstrieb ist, der uns zu Verteidigern des Prinzips der Gleichheit macht.«[371] Wem aber soll der »freie Rhein« gehören? »Das Volk, welches zuerst das reine Prinzip der Nächstenliebe zu verwirklichen sucht, wird ohne Schwertstreich die Herzen aller Völker erobern. Darin liegt die Lösung der Rheinfrage, sonst gibt es keine.«

Mehring findet, auch dieser sei ein Utopist gewesen, und er verbindet mit dem Wort, wie alle Marxisten, etwas absprechend Richtendes. Warum wohl? Was heißt denn das: ein Utopist sein? Utopist sein heißt in der Marxschen Terminologie Ideen äußern, die nicht verwirklicht werden können oder richtiger, deren Wirklichkeit dem Marxismus widerspricht. »Die Freiheit kann verwirklicht werden«, dieser Hegelsche Satz terrorisiert auf dem Umweg über Marx noch heute die Geister. Aber ist er deshalb auch richtig? Der Kampf gegen die Utopie hat unermeßlichen Schaden angerichtet, und die doktrinäre Allwissenheit, der er entsprang, trug nicht wenig zu jener »geistreichen« Impotenz bei, deren Vertreter zu den Rezepten schworen, trotzdem der Geschichtsverlauf hundertmal sie verwarf[372]. Der Kanzleihegelia-

---

371 »Garantien der Harmonie und Freiheit«, S. 72.

372 Was ist denn heute vom ganzen Marxismus noch haltbar? Der Evolutionismus, die Katastrophentheorie, der Klassenkampf, die Eroberung der politischen Macht, die materialistische Geschichtsauffassung, der Animalismus und Amoralismus – was ist denn von alledem heute nicht durch die Wissenschaft widerlegt? Schon zur Zeit seiner Blüte nannte Bakunin den   Marxismus eine Utopie. Die Verwirklichung der Freiheit durch die Wahlbeteiligung an Bismarcks Parvenustaat – dieser politische Gipfelpunkt des Marxismus in den 70er Jahren, bedeutete er nicht auch den moralischen und ideellen Verfall? Das war schon die Auffassung der Mehrheit in der ersten Internationale. Und widerlegt die Katastrophe, in der wir uns heute befinden, – eine Katastrophe, die nicht sowohl wirtschaftliche, als moralische Ursachen hat –, nicht die ganze Schule? Man bleibe doch bei den Tatsachen und lasse die Dogmen beiseite! Die heutige Situation fordert neue Methoden, sowohl der Philosophie, wie der praktischen Politik. Die heutige Liquidation erfordert ein neues moralisches und religiöses System, eine freiere Geschichtsbetrachtung, eine gewitzigte »Katastrophentheorie«, eine Neuorientierung von Grund aus. Kein neuer

nismus aber, der ja ebenfalls gegen die »Utopisten« wütete, ging nur noch einen Schritt weiter wie die Marxisten, wenn er behauptete: die Freiheit ist bereits verwirklicht, im Gesetz. Es ist eine wahre Erlösung, daß sich endlich gerade aus Sozialistenkreisen immer kühnere Stimmen erheben, die die verpönte »Utopie« in ihr Recht wieder einsetzen wollen. Nettlau und Guillaume zerstörten das Märchen von Bakunins »Utopie«[373]; Brupbacher zerstörte die Marx-Legende[374], und es mag eine Philosophie eintreffen, die mit den Wirklichkeitsutopisten aufzuräumen gewillt ist.

Gewiß, die Utopie hat ihre Gefahren. In Zeiten revolutionärer Spannung und himmelschreiender Massenvergewaltigung kann sie verächtlich sein; sie entzieht edle und wertvolle Kräfte, auf die die Gesellschaft Anspruch hat, der Aktion. Aber andererseits: ist der verwirklichte oder in der Verwirklichung begriffene Gedanke noch frei? Und muß nicht in wenigen Geistern der Menschheit ein Residuum reinen Gedankens bleiben, ein Reservat von Geist für etwaigen Bankerott der Verwirklicher? Muß es nicht immer Utopisten geben und sogar Skeptiker der Tat, wenn die Menschheit nicht verkümmern und versanden soll? Sind die Utopisten nicht gerade jene Geister, die dem Streben nach Freiheit stets wieder neue Waffen und Wege zeigen? Und sind die großen Praktiker nicht ebenso ungerecht, hart, ja unmenschlich, wie die Träumer und Versunkenen, die aussichtslosen Idealisten und Ideenkapaune weltflüchtig und gerade aus Reichtum irreal sind?

Vielleicht aber war Weitling gar kein Utopist? Seine Brüdergemeinden erstreckten sich über die wichtigsten Städte Europas. Nachge-

---

deutscher Systematiker wird aufbauen können ohne eine umfassende Exaltation und Sublimierung des Schuldbegriffes. Die   moralische Revolution ist die Voraussetzung jeder sozialen und politischen. Die Schuldfrage allein (die Frage nach dem, was jeder schuldet und verschuldet hat), verbürgt eine Wiedergeburt und die Rettung vor äußerstem materiellem und geistigem Elend.

373 Nettlau in seiner Bakunin-Biographie (London 1900, 3 Bände), die leider Manuskript blieb. Guillaume durch Herausgabe der Werke Bakunins (Paris, 1895–1913), und sein Geschichtswerk »L'Internationale. Documents et Souvenirs« (P. V. Stock, Paris 1905–1910, 4 Bände). Bakunins Föderalismus freier Produktivgenossenschaften außerhalb des historischen Staates wäre zur Zeit Bismarcks eine stärkere Garantie der Freiheit und Wohlfahrt gewesen, als Marxens Lehre von der Staats- und Wirtschaftszentralisation, die zwar den Proletarier arrivieren ließ, aber ihn dann durch den Krieg in doppeltes Elend stürzte. Der Zentralismus zerstört, der Dezentralismus fördert Moral und Freiheit.

374 Fritz Brupbacher, »Marx und Bakunin«, München 1911.

wiesen sind Frankfurt, Leipzig, Zürich, Paris, Brüssel, London, Genf und Berlin. Vielleicht waren alle jene französischen »Utopisten« und Jesusschwärmer gar keine Utopisten, sondern nur – Franzosen? Und vielleicht waren die Jungdeutschen, die nach Paris kamen, gar nicht so sehr Verwirklicher großer Ideen, als vielmehr – Franzosenfresser? Das wäre doch seltsam!

6

War Wilhelm Weitling der Begründer des deutschen Kommunismus, so wurden Ferdinand Lassalle und Karl Marx die Begründer der deutschen Sozialdemokratie. Die Tatsache, daß Weitling heute nahezu vergessen ist, während die Sozialdemokratie »nicht an letzter Stelle als eine Eigenart deutschen Geistes« bezeichnet wird[375] , ist ermunternd genug, einige zur Beurteilung der sozialistischen Anfänge in Deutschland unerläßliche Fakta in Erinnerung zu bringen. Vorausschicken möchte ich, daß es mir durchaus fernliegt, dem Antisemitismus und der Sozialistenhetze im geringsten Material zu liefern. Ich würde mich glücklich schätzen, der sozialen, jüdischen und deutschen Emanzipation gleicherweise einen Dienst zu leisten.

Die Gründung der deutschen Sozialdemokratie muß in erster Linie als eine Etappe im jüdischen Emanzipationskampf betrachtet werden. Hermann Cohen, der jüngst verstorbene Vorkämpfer des deutschen Judentums, hat die Bezüge nachgewiesen, die seit Luthers Übersetzung des Alten Testaments und Moses Mendelssohns Ritualreform den jüdischen mit dem deutschen Geiste verbinden. Seine aufschlußreiche Broschüre »Deutschtum und Judentum« stellt zwischen der jüdischen Messiasidee und dem protestantischen Staatsgedanken eine Allianz fest, deren Tiefe und Bedeutung gerade Cohen nachdrücklichst betont[376]. Ich bin ganz seiner Meinung, daß diese Allianz besteht, und ich stimme ihm zu, wenn er die Gründung der deutschen Sozialdemokratie vorzüglich innerhalb dieser Allianz beurteilt wissen will, aber ich bin nicht der Ansicht, daß sie der Welt und Deutschland selbst zum Heile gereicht, und ich möchte sagen, weshalb ich nicht dieser Ansicht bin.

---

375 Hermann Cohen, »Deutschtum und Judentum«, Gießen 1915
376 Ebd., S. 19 ff.

178

Zunächst scheint mir der deutsche Anteil an diesem Bündnis nicht spezifisch und stark genug. Jener quasideutsche Staatsgedanke ist ein Produkt der lutheranischen Entwicklung viel mehr als des deutschen Volkes und setzt die jüdische Theologie voraus. Der autoritäre Obrigkeitsstaat, den Cohen von der Reformation herdatiert, ist eher alttestamentarisch, paulinisch und römisch, als deutsch; er steht im Gegensatz zum Sinn, wenn auch nicht durchaus zum Wortlaut des Neuen Testaments, und nur Luthers Buchstabenglaube, der die jüdische Theologie zur deutschen machte und den jüdischen Messianismus zum deutschen, gab ihm seine Sanktion. In dem Augenblick, wo der Nachweis erbracht werden kann, daß die »protestantische Staatsidee« von der jüdischen Theologie ihre Macht bezieht, fällt die importierte Autorität dieses Staatsgedankens, und seine orientalischen Elemente, Despotie und Prostration, Isolierung im Anspruch das auserwählte Volk zu sein, Unterordnung unter eine göttliche Abstraktion, Ausbeutung durch egoistische Prinzipien, werden verschwinden vor der eigentlichen, rein menschlichen Mission sowohl des Deutschtums wie des Judentums.

Hermann Cohen betrachtet die deutsche Sozialdemokratie mit Recht als ein Hauptbollwerk dieser autoritären Allianz. Doch sie war mehr. Man vergegenwärtige sich das Ziel, das er dem jüdisch-deutschen Einvernehmen stellt, nämlich einen Staatenbund zu errichten, dessen Mittelpunkt und Vormacht Deutschland ist; einen Staatenbund, der gleichwohl den »Frieden der Welt begründen und in ihm die wahrhafte Begründung einer Kulturwelt stiften wird!«[377].

Wer der Ansicht ist, daß die messianische Vorherrschaft irgendeines Staates den Frieden und die Wohlfahrt der Welt bedeutet, der wird Paulus und Luther, den preußisch-protestantischen Staatsgedanken und Hegel, der wird den Machiavellismus Fichtes und Treitschkes, die »deutsche« Sozialdemokratie der Herren Marx und Lassalle, der wird Walter Rathenaus Staatskommunismus und Cohens Staatsmetaphysik befürworten müssen. Wer aber der anderen Ansicht ist, daß nicht die Ausbeutung der Welt, sondern Wohlfahrt Freiheit und Selbständigkeit der Individuen Sinn dieses Daseins ist, der wird die Alternative stellen: Christus oder Jehova.

Die Hingabe sowohl Marxens wie Lassalles zu Beginn ihrer Lauf-

---

377   Ebd., S. 45.

bahn ist nicht zu bezweifeln. Zwar läßt sich kein größerer Gegensatz denken als das Ideal der Weitlingianer, an deren Spitze sie traten, und die positive Methode ihrer dialektischen und autoritären Begabung. Aber die politische Entrechtung eines Breslauer Juden der 1840er Jahre wie Lassalle, und die rechnerische, im Talmud geschärfte Intelligenz eines aus Rabbinergeschlecht stammenden Geistes wie Marx versprachen der proletarischen Bewegung grundsätzlich die größte Förderung. Gerade jüdischer Revolutionäre bedurfte ein antisemitischer Staat wie das Preußen der Junker und eine wirtschaftliche Situation wie die Europas in der ersten Hälfte des 19. Jahrhunderts, wenn der Freiheitsidee neue Heroen erstehen sollten. Niemand fühlte sich je so entrechtet wie Lassalle, niemand sich für die Kritik des Kapitals so geschaffen wie Marx. Gerade dem jüdischen Rebellen war ein Aktionsfeld geboten, wenn er seine persönliche Emanzipation und die seiner Rasse identifizierte mit der entrechteten Schicht seiner Zeit, dem Proletariat. Der hart aufsässige Enthusiasmus Lassalles und das tief in die Wirtschaftsprobleme einschneidende Temperament Marxens schienen berufen, sich zu ergänzen, um als Ziel mit ebenso großem politischem Wagemut wie ökonomischem Wissen die politische und soziale Emanzipation des Deutschtums sowohl wie des Judentums zu erwirken.

Wie kam es, daß die Emanzipation gleichwohl ausblieb und an ihre Stelle eine Partei trat, die zwar die letzten und modernsten Prinzipien einer sozialen Revolution zu vertreten schien, aber verhältnismäßig rasch in den Bürger-, Beamten- und Militärstaat einging? Marx sowohl wie Lassalle hüteten sich, den Staat anzugreifen; lehnten es ab, sich außerhalb der offiziellen Machtaspirationen zu stellen; Marx insbesondere verfolgte, als er die Gefahren seines Systems durchschaut sah, erbittert alle in dieser Hinsicht vorgebrachten Bedenken[378]. Die deutschen Rebellen waren sehr unduldsam gegen den Bonapartismus wie gegen den Zarismus, den Bismarckianismus aber förderten sie instinktiv. Theoretisch predigten sie die Revolution, praktisch aber liebäugelten sie mit dem zentralistischen Reichssystem und wollten nicht abseits stehen, als der Erfolg und Milliardensegen hereinbrach[379].

---

378 Keines dieser Bedenken wurde in Deutschland selbst vorgebracht, wo der Sozialismus kaum getrennt von der kleinbürgerlichen Demokratie auftrat, und ein strenger Marxist wie Mehring noch 1917 ein Wundertier war. Alle kamen von draußen.

379 1871 war es, auf der Londoner Konferenz, nach der Niederlage der Pariser Kommune,

Ein Wort Bakunins bezeichnete treffend ihre historische Situation: »Wie der Doctor Faust, verfolgten diese hervorragenden Patrioten zwei Ziele, zwei Tendenzen, die einander widersprachen: sie wollten zugleich eine mächtige nationale Einheit und zugleich die Freiheit. Indem sie zwei unversöhnliche Dinge vereinbaren wollten, lähmten sie das eine mit dem andern, bis sie schließlich durch die Erfahrung belehrt, sich entschlossen, die Freiheit zu opfern, um die politische Macht zu erobern. Und so kommt es, daß sie gegenwärtig (1871) damit beschäftigt sind, auf den Ruinen – nicht ihrer Freiheit, denn sie waren nie frei – sondern ihrer liberalen Träume, ihr großes prusso-germanisches Kaiserreich zu errichten.«[380]

---

als Marx und Engels den Generalstatuten der Internationale jene Interpretation gaben, die die Wahlaktion in den Vordergrund stellte, den Geist der bisherigen Internationale verletzte und deren Spaltung hervorrief. (Vgl. Brupbacher, »Marx und Bakunin«, S. 104–109, und James Guillaume, »L'Internationale«, Bd. II.) In den Statuten der Internationale war festgelegt worden, »daß die ökonomische Emanzipation des Proletariats das große Ziel sei, dem jede politische Aktion als Mittel (as a means) untergeordnet werden müsse«. »Wir waren himmelweit davon entfernt, zu denken«, schreibt Guillaume, »daß eines schönen Tages jemand die Worte as a means in anderer Weise interpretierte und behauptete, in ihnen zu entdecken, daß sie den Sozialisten die Pflicht auferlegen, Wahlpolitik zu betreiben, bei Androhung des Ausschlusses. Außerdem hatten wir gezeigt, daß wir der Anwesenheit oder Abwesenheit der Worte >als Mittel< oder >als einfaches Mittel< keinerlei Bedeutung zugeschrieben, da wir keine Ahnung hatten von der speziellen Bedeutung, die Marx und seine Getreuen diesen Worten zuschrieben.« Der strittige Punkt der Resolution, die Marx und Engels auf der Londoner Konferenz zur Genehmigung brachten, begann: »In Erwägung, daß gegen die kollektive Gewalt der besitzenden Klassen das Proletariat als Klasse nur dann auftreten kann, wenn es sich als besondere politische Partei konstituiert« und schloß: »ruft die Konferenz den Mitgliedern der Internationale in Erinnerung, daß in dem Kampfzustand der Arbeiterklasse ihre ökonomische und ihre politische Betätigung untrennbar verbunden sind« (Brupbacher, S. 108).

380 »L'empire knoutogermanique et la révolution sociale«, 1870/71, Oeuvres, Bd. II, Paris 1907, S. 417. Auch diese Äußerung bestätigt Guillaume: »Dès sa constitution sous l'inspiration de Marx, la Socialdémocratie allemande a été un parti impérialiste, c'est-à-dire visant à la fondation d'une Allemagne centralisée, fût-ce par le militarisme prussien, et voyant en Bismarck un collaborateur qu'il fallait se résigner à subir.« (»Karl Marx Pangermaniste«, S. III.)

Viertes Kapitel

1

Lassalle wurde am 11. April 1825 in Breslau geboren, wo nach Eduard Bernstein bis zum Jahre 1848 die Juden nicht einmal formell emanzipiert waren. Das Bewußtsein, von jüdischer Herkunft zu sein, war ihm, ebenfalls nach Bernstein, »eingestandenermaßen noch in vorgeschrittenen Jahren peinlich«[381]. Nach seinem erst um 1890 veröffentlichten Tagebuch ist es die Qual seiner jüdischen Abstammung, die ihn leitet und die den Schlüssel gibt für sein Leben. Schon als Fünfzehnjähriger schreibt er: »Ich könnte wie jener Jude in Bulwers ›Leila‹ mein Leben wagen, die Juden aus ihrer jetzigen drückenden Lage zu reißen. Ich würde selbst das Schafott nicht scheuen, könnte ich sie wieder zu einem geachteten Volke machen.«[382] Sein Lieblingstraum ist, »an der Spitze der Juden, mit den Waffen in der Hand, sie selbständig zu machen«. Der Stachel der Torturen, von denen er spricht, drängt ihn, sich um jeden Preis Anerkennung und Geltung zu verschaffen. Alle seine hochfliegenden Pläne gelten der jüdischen Emanzipation. Er führt den sogenannten »Kasettenprozeß« der Gräfin Hatzfeld, führt ihn mit allen Mitteln, Spionage, Bestechung, Klatsch und Schmutz, nur um als jüdischer Ritter einer adligen Dame den Beweis zu liefern, daß das Talent entscheidet, nicht der Geburtsadel eines preußischen Junkers, gegen den der Prozeß sich richtet. Seine Passion, durch außergewöhnliche Unternehmungen zu verblüffen, entspringt einem Heißhunger nach Glanz, Macht und Ruhm.

Einen jüdischen Alkibiades erlebt Deutschland. 1845 tragen ihm Leipziger Weitlingianer ihre Führung an. 37jährig stellt er sich an die Spitze einer Bewegung, mit deren freiwilligem Verzicht auf Genuß, Macht und Ruhm, ja mit deren kommunistischer Intention, von Weitlings christlicher Idee ganz zu schweigen, er nicht das geringste gemeinsam hatte; denn typisch wie sein Ziel, diese Bewegung »zu ei-

---

381 »Ferd. Lassalles Reden und Schriften«, mit einer biographischen Einleitung, hrsg. von Eduard Bernstein. Berlin 1892, Bd. I, S. 18.
382 Ebd., S. 18.

nem Heerbann für seine hochfliegenden Pläne zu gestalten«[383], ist der Vorwurf, den Marx ihm später machen konnte, er habe das »Kommunistische Manifest« gefälscht oder nicht verstanden.

Er läßt sich von seiner Freundin Hatzfeld phantastische Unterredungen mit Bismarck vermitteln und schlägt ihm, kurze Zeit vor Ausbruch des Krieges von 1866, der als Bruderkrieg keineswegs Aussicht auf Volkstümlichkeit hatte, die Oktroyierung des allgemeinen Wahlrechts und Produktivgenossenschaften mit Staatsmitteln vor, zwei Vorschläge, die einem groben Vertrauensbruch der ihm blindlings ergebenen Arbeiterschaft gegenüber gleichkamen[384]. Seine maßlose Eitelkeit gefällt sich in der Rolle eines Vertrauten Bismarcks, dem er von allen seinen Veröffentlichungen durch das Sekretariat des »Allgemeinen deutschen Arbeitervereins« ein Doppelexemplar in verschlossenem Kuvert mit der Aufschrift »persönlich« senden läßt[385]; und der Ehrgeiz, Bräutigam eines adligen Fräuleins zu werden, zeigt diesen seltsamen jüdischen Revolutionär bereit, zum Katholizismus überzutreten, bei Ministern zu antichambrieren und junkerliche Du-

---

383 „Ebd., S. 17. Er prophezeite sogar, daß einmal revolutionäre »deutsche Soldaten- oder Arbeiterregimenter am Bosporus stehen« (Briefe an Carl Rodbertus-Jagetzow, 8. Mai 1863).

384 Bernstein, S. 160: »Daß Lassalle im Winter 1863/64 (also zur Zeit der Gründung der Internationale) wiederholte und eingehende Besprechungen unter vier Augen mit dem damaligen Herrn von   Bismarck hatte, ist heute über jeden Zweifel sichergestellt. Die langjährige Vertraute Lassalles, die Gräfin Sophie von Hatzfeld, hat es im Sommer 1878, als Bismarck sein Knebelungsgesetz gegen die deutsche Sozialdemokratie einbrachte, aus eigener Initiative Vertretern derselben unter Hinzufügung der näheren Umstände mitgeteilt, und als der Abgeordnete Bebel die Sache im deutschen Reichstag zur Sprache brachte, gab Bismarck Tags darauf zu, Zusammenkünfte mit Lassalle gehabt zu haben, und suchte nur in Abrede zu stellen, daß es sich dabei um politische Verhandlungen gedreht habe. Bebel hatte, gestützt auf die Mitteilungen der Gräfin Hatzfeld, gesagt: ›Es drehte sich bei diesen Unterhaltungen und Unterhandlungen um zweierlei: erstens um Oktroyierung des allgemeinen Stimmrechts und zweitens um die Gewährung von Staatsmitteln zu Produktivgenossenschaften‹.« Lassalles Sympathie für den   Machtpolitiker Bismarck ging so weit, daß er, als 1863 die Schleswig-Holsteinische Frage auf die Tagesordnung kam, allen Ernstes entschlossen war, auf einer Hamburger Massenversammlung eine Resolution einzubringen, des Inhalts, Bismarck sei   verpflichtet, die Herzogtümer gegen den Willen Österreichs und der übrigen deutschen Staaten zu annektieren. Zur Zeit des Krimkriegs (1857) hatte Lassalle die besten Beziehungen zum preußischen Kabinett und zugleich zu Karl Marx in London, dessen Korrespondent er war.

385 Ebd., S. 163.

elle auszufechten[386]. Er verwechselt in naivster Weise den äußeren mit dem inneren Adel. Er kennt keine Rücksichten und Hemmungen, wenn seine »Ehre« (bei Junkern!) und seine Karriere (unter Deutschen!) auf dem Spiele steht, und gleichwohl schwuren auf dem »Gothaer Einigungskongress« zwischen Marxisten und Lassalleanern (1875) zwei Drittel der jungen sozialdemokratischen Partei auf seinen Namen. Zu spät verrieten seine Tagebücher das Geheimnis seiner Pläne, in denen das Proletariat nur die Rolle eines von ihm benutzten Instrumentes spielte, die Rolle einer Waffe, mit der er die persönliche Kraftprobe zu liefern gedachte. Man kennt die schmeichelhaften Worte, die Lassalle für die deutschen Arbeiter fand: »Sie sind der Fels, auf welchen die Kirche der Gegenwart gebaut werden soll!« Oder messianisch: »Der deutsche Volksgeist ist die metaphysische Volksidee und seine Bedeutung besteht darin, daß die Deutschen die hohe weltgeschichtliche Bedeutung haben, aus dem reinen Geiste heraus (!) demselben nicht bloß eine reale Wirklichkeit, sondern sogar die bloße Stätte seines Daseins, sein Territorium zu schaffen!«[387] Um so erstaunlicher, wie viel Nachsicht Eduard Bernstein noch 1892 für die delikate Natur der Lassalleschen Verhandlungen mit Bismarck besitzt. Bismarck schrieb zwar 1878: »Was hätte Lassalle mir bieten und geben können! Er hatte nichts hinter sich! In allen politischen Verhandlungen ist das do ut des eine Sache, die im Hintergrunde steht, wenn man auch anstandshalber einstweilen nicht davon spricht«, und er hatte darin recht! Aber ist es, nachdem das »allgemeine Wahlrecht« und die »Sozialgesetzgebung« der proletarischen Opposition die

---

386 Bernstein: »Jedes Mittel ist (ihm) recht, das Erfolg verspricht. Spione werden angestellt, die die Familie Dönniges (die Eltern der Braut) beobachten und jeden ihrer Schritte rapportieren müssen. Durch die Vermittlung Hans von Bülows wird Richard Wagner ersucht, den König von Bayern zu veranlassen, zugunsten Lassalles bei Herrn von Dönniges zu intervenieren, während dem Bischof Ketteler von Mainz der Übertritt Lassalles zum Katholizismus angeboten wird, damit der Bischof seinen Einfluß zugunsten Lassalles geltend mache« (S. 176).

387 Das erste Zitat aus einer Berliner Rede »Über den besonderen Zusammenhang der Idee des Arbeiterstandes mit der gegenwärtigen Geschichtsperiode« (Frühjahr 1862), das zweite aus einer Festrede »Die Philosophie Fichtes und die Bedeutung des deutschen Volksgeistes«, gehalten am 19. Mai 1862 in der Berliner »Philosophischen Gesellschaft« zum 100jährigen Geburtstage Fichtes (mitgeteilt von Bernstein, S. 103, 105). Auch hier wieder zeigt sich die lebhafte Einwirkung des chauvinistischen Geistes der protestantischen Philosophie.

Spitze abbrachen, angebracht, mit fast Lassalleschem Stolz hierauf zu antworten: »Etwas konnte Lassalle ihm immerhin geben. Die Sache war nur die, daß es nicht genug war, um Bismarck zu bestimmen«[388]?

Bismarck charakterisierte Lassalle sehr richtig: »Er war einer der geistreichsten und liebenswürdigsten Menschen, mit denen ich verkehrt habe, ein Mann, der ehrgeizig im großen Stile war, durchaus nicht Republikaner; er hatte eine ausgeprägte nationale und monarchische Gesinnung. Seine Idee, der er zustrebte, war das deutsche Kaisertum, und darin hatten wir einen Berührungspunkt. Ob das deutsche Kaisertum gerade mit der Dynastie Hohenzollern oder mit der Dynastie Lassalle abschließen sollte, das war ihm vielleicht zweifelhaft, aber monarchisch war seine Gesinnung durch und durch.«[389] Hierzu bemerkt Mehring, bei diesen Unterredungen sei Bismarck der arme Teufel gewesen und sein Versuch, mit dem Sozialismus Kirschen zu essen (doch wohl Lassalles Versuch, mit Bismarck Kirschen zu essen), habe denn auch damit geendet, daß Bismarck die Steine bekam[390]. Das ist jedoch eitel Großsprecherei, wie überhaupt die Sozialdemokratie unterm Einfluß des »Idealismus« zur Renommage neigt[391]. Lassalles Schwäche läßt sich nicht bemänteln. Er selbst gesteht: »Ich weiß nicht, trotzdem ich jetzt revolutionär-demokratisch-republikanische Gesinnungen habe wie Einer, so fühle ich doch, daß ich an der Stelle des Grafen Lavagna (in Schillers Fiesko) ebenso gehandelt und mich nicht damit begnügt hätte, Genuas erster Bürger zu sein, sondern nach dem Diadem meine Hand ausgestreckt hätte. Daraus ergibt sich, wenn ich die Sache bei Lichte besehe, daß ich bloß Egoist bin. Wäre ich als Prinz oder Fürst geboren, ich würde mit Leib und Leben Aristokrat sein.«[392]

---

388 Bernstein, S. 164.

389 Mehring, »Geschichte der deutschen Sozialdemokratie«, Bd. III, S. 118.

390 Ebd., S. 119.

391 Man beachte die prunkend militaristischen Kapitelüberschriften, die Mehrings Lassalle-Darstellung begleiten: »Lassalles Feldzugsplan«, »Lassalles Schlachtenplan«, »Die rheinische Heerschau und der Sturm auf die Bastille«. Dabei ist Lassalle zeit seines Lebens nie an der Spitze einer bewaffneten Macht gestanden, wie etwa Mazzini und Garibaldi, noch hat man für ihn und seine Ideen je rebellisch zu den Waffen gegriffen. Mehring selbst gesteht: »Von den Tausenden, die atemlos an Lassalles Lippen gehangen hatten, schrieben sich höchstens Hunderte in die Liste des Allgemeinen Deutschen Arbeitervereins ein, und von diesen Hunderten erfüllten kaum Dutzende die Pflichten, die sie damit übernahmen« (III, 141).

392 Bernstein, S. 19.

Und am Ende seiner Karriere: »Ach wie wenig Sie au fait in mir sind! Ich wünsche nichts sehnlicher, als die ganze Politik loszuwerden. Ich bin der Politik müde und satt. Zwar ich würde so leidenschaftlich wie je für dieselbe entflammen, wenn ernste Ereignisse da wären oder wenn ich die Macht hätte oder ein Mittel sähe, sie zu erobern – ein solches Mittel, das sich für mich schickt (!); denn ohne höchste Macht läßt sich nichts machen.«[393]

Diese Gesinnung ist keineswegs als vorübergehende Depression oder als Scherz aufzufassen. Sie drückt die Enttäuschung Lassalles über das Mißlingen seiner allerpersönlichsten Machtpläne aus. Sie begleitete Lassalles Leben, und lebte in seiner Partei auch fort nach Lassalles Tode, als seine Testamentsvollstreckerin, eben jene Gräfin Hatzfeld versuchte, die Partei der Regierung in die Hände zu spielen[394].

---

393 Ebd., S. 179.

394 Als Lassalles Verdienst   rühmen die deutschen Sozialdemokraten, daß er das »Klassenbewußtsein« der Arbeiter geschaffen habe. Das »Klassenbewußtsein« in Deutschland ist ein euphemistischer Ausdruck für die preußische Militarisierung und Disziplinierung, deren politisches Instrument Lassalle war. Man hat 1866, 1871 und 1914 gesehen, was es mit dem Klassenbewußtsein auf sich hatte. Man sieht heute (November 1918) bei der sogenannten Revolution, wie die Sozialdemokratie bis in die Reihen ihrer Unabhängigen hinein sich als Gendarmerie- und Sicherheitsinstitut bis zur reaktionären Einberufung der Konstituante gebrauchen läßt. Schon 1847 sahen sich Marx und Engels genötigt (in der »Deutschen Brüsseler Zeitung«) gegen den »königlich-preußischen Regierungssozialismus« zu schreiben. 1864 war der »leitende Kopf« des »Sozialdemokrat« (Organ des Allgemeinen Deutschen Arbeitervereins, Mitarbeiter Engels, Herwegh, Heß, Marx, Liebknecht) Jean Baptiste von Schweitzer, ein Mann, der von der »bedeutenden Politik« Bismarcks sprach, den »alten Fritz« (Friedrich II.) als »mächtiges Genie« pries und mit seinen Bismarckartikeln den Anschein erweckte, als solle die junge Arbeiterpartei in aller Aufrichtigkeit borussifiziert werden. Ein anderer Nachfolger Lassalles,   Bernhard Becker, karikierte noch die persönliche Diktatur Lassalles im Allgemeinen Deutschen Arbeiterverein, indem er sich als »Präsident der Menschheit« aufspielte. Und von der Testamentsvollstreckerin Lassalles, jener Gräfin Hatzfeld, berichtet Mehring, daß sie »in ihrer Verblendung die preußische Bundesreform als die Erfüllung von Lassalles nationalem Programm auffaßte, ja daß ihr ganzes patriotisches Treiben seit 1866 darauf hinauslief, den ›Allgemeinen Deutschen Arbeiterverein‹ zu einem Werkzeug Bismarcks zu machen, mochte sie nun mit dem ›großen Minister‹ in näherer oder fernerer Verbindung stehen und die reichen Geldmittel, die sie aus dem Fenster warf, aus ihrem eigenen Vermögen oder aus anderen Fonds schöpfen«. Was damals aber Bismarck war, ist heute Hindenburg. Bernstein rühmt als das »große, unvergängliche Verdienst« Lassalles –: die Arbeiterschaft »zum Kampfe einexerziert, ihr, wie es im Liede heißt, Schwerter gegeben zu haben«. (S. 185.)

Heines Wort, daß die preußische Regierung sogar von ihren Revolutionären Vorteil zu ziehen weiß, auf Lassalle traf es zu. Lassalle wußte und schrieb an Marx: »Die preußische Justiz scheinst du in einem noch viel zu rosigen Lichte betrachtet zu haben. Da habe ich noch ganz andere Erfahrungen an diesen Burschen gemacht. Wenn ich an diesen zehnjährigen täglichen Justizmord denke, den ich erlebt habe, so zittert es mir wie Blutwellen vor den Augen, und es ist mir, als ob mich ein Wutstrom ersticken wollte!«[395] Gleichwohl konnte er sich nicht entschließen, resolut mit diesem System zu brechen und sich ins Volk zu werfen, sondern verlangte 1863, als die Annexion Schleswig-Holsteins in Frage stand, Preußen solle mit einem »revolutionären« Entschlusse das Londoner Protokoll zerreißen und die Fetzen den europäischen Großmächten ins Gesicht werfen[396]. Und vor denselben Richtern, die den »täglichen Justizmord« doch praktizierten, sagte er gelegentlich: »Wie breite Unterschiede Sie und mich auch trennen, das uralte Vestafeuer der Zivilisation, den Staat verteidige ich mit Ihnen gegen jene modernen Barbaren.«[397]

Als 1866 dann der Krieg mit Österreich bevorstand, erklärte Bebel

---

395 Mehring, Bd. II, S. 327.

396 Ebd., S. 306. Der »chiffon de papier« war also nicht erst Bethmanns Erfindung.

397 Mehring, Bd. III, S. 130. Schon Georg Brandes fand, daß Lassalles Bekenntnis zur revolutionären Demokratie und zugleich zum allgemeinen Stimmrecht des damaligen Preußenstaates ein Widerspruch war, den man »nicht ungestraft in seinem Gemüte hegt«. (»Ferd. Lassalle, ein literarisches Charakterbild«, Berlin 1877.) Das kam von der Hegel- und Fichteschule und vom Optivprotestantentum, dem außer Lassalle auch Heine und Marx verfielen. Lassalle war begeisterter Hegelianer. In seinem »System der erworbenen Rechte« (1861) bezeichnete er die Hegelsche Rechtsphilosophie als den ersten Versuch, das Recht »als einen vernünftigen, sich aus sich selbst entwickelnden Organismus nachzuweisen«, und wenn er auch eine »totale Reformation« der Hegelschen Philosophie verlangte, so wollte er mit seiner Auffassung des Positiven und Historischen »als notwendiger Ausflüsse der jederzeitigen historischen Geistesbegriffe« doch nur erweisen, »daß die Hegelsche Philosophie noch weit mehr recht hatte, als Hegel selbst wußte, und daß der spekulative Begriff noch weitere Gebiete und noch viel intensiver beherrscht, als Hegel selbst erkannt hatte« (Vorwort zum »System der erworbenen Rechte«). Wie viel freier zeigt sich dieser Erstickung des Naturrechts gegenüber die Rechtsphilosophie etwa des Jesuiten Victor Cathrein und anderer katholischer Rechtslehrer des 19. Jahrhunderts, die weit davon entfernt, das Ideal darzustellen, aber auch ohne den Anspruch, revolutionär zu sein, der positivistischen Verflachung entgegenarbeiteten. (Vgl. Victor Cathrein S. J., »Die Grundlagen des Völkerrechts«, Ergänzungshefte zu den »Stimmen der Zeit«, Kulturfragen, Heft 5.)

als Opponent in einer Versammlung von Fortschrittlern und Natio-
nalvereinlern, die ihre Bedenken vorbrachten: man solle doch nicht
so furchtsam sein; aus dem Krieg könne etwas ganz anderes hervorgehen, als die Kriegführenden dächten. Was sollte wohl daraus hervorgehen? Die Revolution oder ein kaiserliches Großdeutschland?
Der »Sozialdemokrat«, das Organ des »Allgemeinen Deutschen
Arbeitervereins« bot Preußen ein Bündnis an zur Herstellung eines
»freien und einigen Deutschland«. J. B. von Schweitzer, jener Nachfolger Lassalles, den seine deutschen Genossen im Auslande selbst
als Spion Bismarcks verschrien, betonte nach Mehring »namentlich,
daß er und die Arbeiter seiner Richtung dem Auslande gegenüber auf
preußischer Seite ständen«[398]. Von den beiden damaligen Fraktionen
warfen die »Lassalleaner« den »Eisenachern« vor, es sei ihnen mit
dem proletarischen Klassenkampf nicht ernst, sie seien »Halbsozia-
listen«; die Eisenacher aber rächten sich, indem sie in ihrem »Volks-
staat« schrieben: »Wäre Lassalle nicht von selbst gekommen, so hätte
Bismarck ihn erfinden müssen.«[399]

---

398 Mehring, Bd. III, S. 288.
399 Ebd., Bd. IV, S. 63. Erst auf dem »Gothaer Einigungskongreß« (22.–27. Mai 1875) fand
     die Verschmelzung der beiden Fraktionen zur Sozialdemokratischen Partei statt. Die
     Konfusion des Gothaer Programms zeigt sich übrigens darin, daß es zugleich eine revo-
     lutionäre Forderung erhob (den »vollen Arbeitsertrag«), und eine bürgerliche Reform
     verlangte (»durchgreifende Arbeiterschutzgesetzgebung«), also den bestehenden Staat
     anerkannte. Die großen Ideenkämpfe der 1. Internationale (1864–1874) hatten nach
     Mehrings Zeugnis »gar nicht oder so gut wie gar nicht« eingewirkt. Die Gräfin Hatzfeld
     hatte mit ihrer »stets gefüllten Kriegskasse« (etwa seit 1868) die Hauptagitatoren der
     Partei gewonnen, während Schweitzer die Arbeiterbewegung »in die breiteren und frei-
     eren Bahnen des Kommunistischen Manifestes« führte. Marx selbst hatte bis dahin bei
     seiner unpopulären, schwerverständlichen Schreibweise nur auf einige Führer gewirkt,
     mit denen er in persönlicher Korrespondenz stand. Überhaupt kümmerten sich ja Marx
     und Engels, die in London thronenden Parteipäpste, nach Eduard Bernstein »immer nur
     um die Weltrepublik und die Revolution; was aus Deutschland wurde,   war ihnen ganz
     egal«. (S. 47.) Die Führer der französischen, jurassischen, belgischen, italienischen und
     spanischen Internationale fanden das Reformprogramm der deutschen Sozialdemokra-
     tie verächtlich, deren Prinzipien verworren, deren Führer indiskutabel. Das änderte sich
     erst um 1870 herum, als Marx, nach den deutschen Siegen, auf der Londoner Konferenz
     plötzlich mit der politischen Wahlaktion und als   Diktator der Internationale im Namen
     des nach Deutschland verlegten »Schwerpunktes der Arbeiterbewegung« aufzutreten
     versuchte. (Haager Kongreß, 1872.) Jetzt beschäftigte man sich prinzipiell mit den deut-
     schen Doktrinen, und der Erfolg war die Verabschiedung des deutschen Generalrats von
     London nach New York.

Lassalle versuchte, mit der protestantisch-liberalistischen Tradition ein Arrangement zu treffen. Das verlieh seinen Argumenten eine gewisse Basis und Kraft, seinem Enthusiasmus Schwung. Einen Ausgleich seiner Aspiration und Begabung scheint er empfunden zu haben im Attachement an Ulrich von Hutten und Franz von Sickingen, jene beiden ritterlichen Oppositionelle des 16. Jahrhunderts, die Luther ein Bündnis anboten wider den Papst und für ein einiges Deutschland; und eine sympathetische Vorliebe für Fichte und Hegel, die spekulativen Machiavellisten. In einem Versdrama »Franz von Sickingen« (1859) zeigt dieser buntscheckige »Sozialist« sich als all das, was er nicht hätte sein dürfen, wenn er als Rebell für die Freiheit auftrat; zeigt er sich als Vernunftapologet, Schwertapostel und Monarchist.

»Ehrwürdiger Herr! Schlecht kennt Ihr die Geschichte, Ihr habt ganz Recht, es ist Vernunft ihr Inhalt«, läßt er sich hegelianisch vernehmen. Oder: nachdem er Oekolampadius (ist das ein Pseudonym für Weitling?) von der Entweihung der Liebeslehre durch das Schwert hat sprechen lassen, bringt er einen »Panegyrikus auf das Schwert«, an dem Bismarck und die Pangermanisten aller Zeiten ihre helle Freude haben konnten, und der schließt:

»So vor- wie seitdem ward durchs Schwert vollendet
Das Herrliche, das die Geschichte sah,
Und alles Große, was sich jemals wird vollbringen,
Dem Schwert zuletzt verdankt es sein Gelingen.«[400]

Eine hübsche Prophezeiung von 1871 und eine Prophezeiung noch des Herrlichen, dessen liquidierende Zeugen wir heute geworden sind. Daß Bismarck aber in seiner Tagebuchnotiz den Nagel auf den Kopf traf, wenn er diesen Mann keinen Republikaner, sondern einen Monarchisten nannte, bestätigen die Worte Sickingens zu Hutten:

»Was wir wollen – – – – – – – – – – – – –
Das ist ein ein'ges, großes, mächtiges Deutschland,

– –
Und machtvoll auf der Zeit gewalt'gem Drang
Gestützt, in ihrer Seele Tiefen wurzelnd
Ein – evangelisch Haupt als Kaiser an der Spitze
Des großen Reichs.«[401]

---

400 Bernstein, S. 35.
401 Ebd., S. 38.

Monarchisten mögen in Frankreich Gründe anführen, die diskutabel sind. Das französische Königtum hat der Welt Jeanne d'Arc und die französische Literatur geschenkt. In Deutschland dürfte es etwas mehr Anstrengung kosten, der Monarchie Geschmack abzugewinnen. Stellt sich aber an die Spitze eines Weitlingianerklubs ein streberischer Aventurier, ohne die Prinzipien seiner ersten Anhänger auch nur zu diskutieren, so sollten sozialistische Geschichtsschreiber endlich auch in Deutschland die Jugend aufmerksam machen, daß leider ein Pseudorebell einer der frühesten Führer gewesen ist.

2

Hatte Lassalle eine deutsche Tradition für sich, so ist es typisch für Marx, daß er mit ihr brach und im französischen und englischen Ausland neue Prinzipien suchte. Der jüdische Emanzipationskampf findet in Marx einen Vertreter von ungleich tieferer, grundsätzlicher Bedeutung. Fast hat es den Anschein, als sei das Judentum in der Figur Marxens aufgehoben. Das ist jedoch nur eine Täuschung.

Marx begann als Student der Rechtswissenschaften und der Philosophie. 1842 trug er sich noch mit der Absicht, sich als Dozent für Philosophie zu habilitieren. Als seinem Freunde und Studiengenossen, dem Theologen Bruno Bauer die venia legendi entzogen wird, geht Marx 24jährig als Redakteur der »Rheinischen Zeitung« in den Journalismus über.

Das jüdische Problem tritt bei Marx nicht nur tiefer und energischer, sondern auch differenzierter und in größerem Umriß zutage als bei Lassalle. Es darf nicht nach seinen einzelnen Äußerungen und Werken beurteilt werden, es ergibt sich nur aus dem Zusammenhang seiner Persönlichkeit mit der geistigen und politischen Situation seiner Zeit, ja seines Jahrhunderts. Die Sympathien und Antipathien Marxens entscheiden dabei oft mehr als sein persönliches Geständnis, und man würde das Werk dieses Mannes, der einer der verantwortlichsten Führer der Nation wurde, sehr unterschätzen, wenn man seine Prätention mehr im Auge behielt, als den politischen Umkreis, in den er sich stellte.

Mit ungestümem Temperament tritt Marx zur Zeit Jungdeutschlands auf. Erst völlig im Banne der Hegelschen Doktrinen, deren talmudistische Dialektik, deren theologischen Autoritätsglauben und abstrakte Subordinationsmethode er nie bezweifelte, ist er bemüht, unter Bauers und Feuerbachs Einfluß mit Hegelschem Werkzeug eine realistische Antithese gegen die Hegelsche Philosophie aufzustellen: eine Welt schonungsloser Verneinung sowohl auf politischem wie auf ökonomischem und religiösem Gebiet; eine Welt der Materialität gegen die theologisch-idealistische Theodizee; eine Welt der Revolte gegen den verhätschelten Staat; des Wissens gegen den Glauben, des Proletariats gegen die Bourgeoisie. Sein doktrinärer Widerspruch, sein gewollt antithetisches System zwangen ihn zu Gewaltsamkeiten und Gegensätzen, die heute nicht mehr aufrecht zu erhalten sind. Gegensätze wie Materialität und Idealismus, Wissen und Glauben, Proletariat und Bourgeoisie gibt es kaum mehr in solch schneidender Schärfe wie Marxens Methode sie vortrug. Auch schätzen wir nicht mehr Kritik für Kritik und die Negation um ihrer selbst willen. Aber das Nein auf das Ja, der Widerspruch, der als Rebellentum galt, war immerhin neu und von Wert einer Zeit gegenüber, die mit stets schmunzelndem Wohlgefallen sogar noch den Abgrund bewundern konnte.

Die »Deutsch-Französischen Jahrbücher« zeigen den Jüngstdeutschen Marx als ebenso scharfsichtigen wie selbstbewußten Kämpfer. In politischer Hinsicht zeigte er sich radikal in einem Maße, daß eine Steigerung kaum mehr denkbar war. Neben den heftigsten Ausfällen gegen die Monarchie findet sich eine fast zynische Verachtung aller derer, die sich beherrschen lassen. Der »Philisterstaat« Friedrich Wilhelms IV. ist es, dem unter offenbarer Nachwirkung romantischen Geniekultes sein ganzer Haß und Abscheu gilt. »Die Philisterwelt ist die politische Tierwelt, und wenn wir ihre Existenz anerkennen müssen, so bleibt uns nichts übrig, als dem status quo einfacherweise recht zu geben.« »Dem Philister gehört die Welt, um so genauer müssen wir diesen Herrn der Welt studieren. Es hindert uns also nichts, unsere Kritik an die Kritik der Politik, an die Parteinahme in der Politik, also an wirkliche Kämpfe anzuknüpfen.«[402]

Louis Blanc hatte recht, wenn er sagte, das sei ein löblicher Vorsatz. Aber hat Marx ihn befolgt? Hat er den »Herrn der Welt«, den

---

[402] Aus Briefen des jungen Marx mitgeteilt von Fritz Brupbacher, »Marx und Bakunin«, S.13.

192

Philister, studiert? Er analysierte die Anfänge Friedrich Wilhelms als den Versuch eines gescheiten Monarchen, den Philisterstaat auf seiner eigenen Basis aufzuheben, einen Versuch, der scheiterte und zum alten Diener- und Sklavenstaat zurückführte. Aber er glaubte dann, das Philistertum bestehe nur im Besitz, und die Säkularisation der Privilegien durch das Proletariat beseitige auch das Philistertum, und diese rein ökonomische Auffassung des »Bourgeois«, die die Ideologie unterschätzte, die übersah, daß nur der Verzicht auf den Besitz die moralische Macht hat, das Philistertum aufzuheben, wurde sein Evangelium. So trieb er die Analyse der Bourgeoisiemacht, des Kapitals, bis zur Auflösung und rührte doch im geringsten nicht an jenen »Schlaf der Welt«, vor dem Hebbels Kandaules Jahrzehnte später noch warnte; nicht im geringsten an die eigentlichen, ideologischen Ursachen des deutsch-österreichischen Philisterstaates, dessen tausendjährige Dornröschentradition sich keineswegs dem Besitz, sondern den spezifisch deutschen Lastern der geistigen Trägheit und Trunkenheit, und dem moralischen Quietismus mittelalterlicher Dogmen verdankte, unter denen das Heilige Römische Reich Deutscher Nation seit Olims Zeiten verwahrlost und brach lag. Wie konnte man ernsthaft von einer politischen oder sozialen Revolution sprechen, ehe das religiöse Philisterium zu Bewußtsein gebracht war? Ehe das Märchen vom toten, gekreuzigten Gotte beseitigt war, und die göttliche Aktivität wieder aufstand? Erst Schopenhauer und Nietzsche haben bei uns die Kritik des Moral-Philisteriums zu schreiben versucht. Ein Programm aber wie das damalige Marxens: »Selbstverständigung der Zeit über ihre Kämpfe und Wünsche« mußte notwendig an der Oberfläche bleiben, solange es unter »Kämpfen« nur die wirtschaftlichen Klassenkämpfe und unter »Wünschen« nur die Aufteilung der Genüsse verstand. Es bedurfte ganz anderer als kritischer Mächte, die gesamte Welt aus dem Schlafe zu rütteln, ehe heute an ihre Änderung geschritten werden kann, und dies ist der Grund, weshalb nur ein Lärmen blieb, was da so aufgeregt vor Bismarcks Zeiten nach Revolution schrie.

Das eine sah Marx, daß Deutschland hinter den anderen Staaten unendlich weit zurückblieb. Er fand, Deutschland sei längst noch nicht dort angelangt, wo Frankreich schon vor 1789 stand; sah, daß Deutschland zwar keine moderne Revolution mitgemacht, dafür aber die Restaurationen aller anderen Völker geteilt habe. »Ich gebe zu, sogar die Scham ist in Deutschland noch nicht vorhanden; im Gegenteil, diese Elenden sind noch Patrioten.« »Die Deutschtümelei ist sogar in die Materie gefahren; während das Problem in Frankreich und England lautet: Politische Ökonomie oder Herrschaft der Sozietät über den Reichtum, lautet es in Deutschland: Nationalökonomie oder Herrschaft des Privateigentums über die Nationalität.«[403] Einzig die Philosophie, und zwar die Hegelsche findet Anerkennung. Sie ist ihm »die einzige, mit der offiziellen modernen Gegenwart al pari stehende deutsche Geschichte«[404]. Das war die Hegelsche Philosophie zwar nicht, wenigstens wurde sie in Paris nicht al pari anerkannt, und Paris entscheidet nun einmal über den letzten Wert von Philosophien. Aber sie bot immerhin die Möglichkeit eines antithetischen Systems der Un-Vernunft, das, in Hegelschen Maßen aufgestellt, al pari mit der historischen Entwicklung Europas hätte stehen können[405], und wenn weder Marx noch Bauer, noch Feuerbach ein solches System lieferten, so blieb ihnen als doktrinären Atheisten, Materialisten und Anthropomorphisten das Verdienst, zwar die englische und französische Aufklärung von Grund aus zu verstehen, nicht aber den neuen christlichen Geist, den in England und Frankreich das Elend des Proletariats wachrief. Marx irrte sich genau wie Heine, wenn er, von Hegel und Feuerbach erfüllt, die protestantische Philosophie als Ausgangspunkt einer Revolution überschätzte. Nicht nur, daß die politische Situation in Deutschland, zerrissen und zerspalten wie sie war, in keiner Weise die französische und englische Parallele ertragen konnte. Philosophien und Systeme haben selbst heute noch im deutschen Volk gar keine Wurzel. Anzunehmen also wie Marx, die Theorie der Philosophie werde die Massen ergreifen und dadurch Macht gewinnen[406], hieß leere Versprechungen machen oder sich täuschen.

Aufschlußreicher als die Stellung zur Nation und zur Philosophie ist die Stellung des jungen Marx zur Religion. Sie führt ihn in einer Polemik mit Bauer zum jüdischen Problem und zwingt ihn, seine innersten Überzeugungen zu formulieren. Ein Aufsatz »Zur Judenfrage« in

---

403 »Zur Kritik der Hegelschen Rechtsphilosophie«, Deutsch-Französische Jahrbücher, S. 75 ff.

404 Ebd., S. 77.

405 Die Universalität der Vernunft war die Hauptthese Hegels. Ein System der universalen »Unvernunft« wäre die eigentliche Antithese gewesen.

406 »Zur Kritik der Hegelschen Rechtsphilosophie«, S. 85.

den »Deutsch-Französischen Jahrbüchern« ist für die Beurteilung Marxens von größter Wichtigkeit. Bauer hatte in seiner »Kritik der evangelischen Geschichte« (1841) hervorgehoben, daß der Weltherr in Rom, der alle Rechte repräsentiere, der Leben und Tod auf seinen Lippen trage, an dem Herrn der evangelischen Geschichte, der mit einem Hauch seines Mundes den Widerstand der Natur bezwinge oder seine Feinde niederschlage; der sich schon auf Erden als den Weltherrn und Weltrichter ankündige, einen feindlichen Bruder zwar, aber einen Bruder habe[407]. Bauers Kritik streifte bereits bedenklich den alttestamentarischen Obrigkeitsgott Jehova, den rächenden, strafenden Judengott, Ludwig Feuerbach vollends analysierte im »Wesen des Christentums« (1841) die jüdische Religion als die Religion des selbstischen Interesses. »Die Juden haben sich in ihrer religiösen Eigentümlichkeit bis heute erhalten. Ihr Prinzip, ihr Gott ist das praktischste Prinzip der Welt –, der Egoismus, und zwar der Egoismus in der Form der Religion. Der Egoismus ist der Gott, der seinen Diener nicht zuschanden werden läßt. Der Egoismus ist wesentlich monotheistisch, denn er hat nur eines, nur sich zum Zwecke. Der Egoismus sammelt, konzentriert den Menschen auf sich, aber er macht ihn theoretisch borniert, weil gleichgültig gegen alles, was nicht unmittelbar auf das Wohl des Selbst sich bezieht.«[408] Und wiederum meinte Bauer, solange die Juden Juden blieben, könnten sie nicht emanzipiert werden; das aber sei für die Juden, die sich von jeher dem geschichtlichen Fortschritt widersetzt und in ihrem Hasse aller Völker sich das abenteuerlichste und beschränkteste Volksleben geleistet hätten, deren Religion tierische Schlauheit und List sei, außerordentlich schwer, wenn nicht unmöglich[409].

Durch solche Kritik und Betrachtung war die jüdische Religion und Absonderung tief kompromittiert, und so findet sich in Marxens Polemik mit Bauer jener verzweifelte Sprung aus der Tradition seiner Väter, den Marx mit dem Satze unternimmt: die Kritik der Religion sei die Voraussetzung aller Kritik. Ohne die humanistisch sich neigende Haltung Feuerbachs einzunehmen, der die jüdischen Elemente des offiziellen Christentums abzulösen gedachte mit erlöster Liebe des

---

407 Mehring, »Geschichte der deutschen Sozialdemokratie«, Bd. I, S. 127.
408 Ebd., S. 130.
409 Ebd., S. 131.

Menschen zum Menschen, also mit dem Neuen Testament, warf Marx
die Religion als Kategorie beiseite wie ein verbrauchtes Gewand, ohne
in Freiheit, Gleichheit und Brüderlichkeit, die er ja ebenfalls später für
Phrasen erklärte, einen Ersatz zu finden. Die Religion ist ihm jetzt
»die phantastische Verwirklichung des Menschen«, »das Opium des
Volkes«, denn in der Religion »kommt das menschliche Elend zum
Ausdruck, und durch sie wird gleichzeitig das Bewußtsein eingeschlä-
fert«; die Aufhebung der Religion als des illusorischen Glücks des
Volkes ist die Forderung seines wirklichen Glücks[410]. Aber nicht genug
damit. Marx wendet sich gegen die ebenfalls kompromittierte ökonomische und egoistische Voraussetzung dieser Religion, den »weltlichen Grund des Judentums, den Schacher« und dessen »weltlichen
Gott, das Geld«[411]. Er zeigt im Judentum ein »allgemeines, gegenwär-
tiges, antisoziales Element«, das um so gefährlicher geworden sei, als
auch das Christentum sich wieder in das Judentum aufgelöst habe und
der praktische Christ wieder Jude geworden sei. Er trifft auf die »chi-
märische Nationalität des Juden«, die Nationalität des Geldmenschen
und Kaufmanns, und gelangt am Ende dieser Selbstzerfleischung zu
dem Schlusse: »Die gesellschaftliche Emanzipation der Juden ist die
Emanzipation der Gesellschaft vom Judentum.«

Für diese Untersuchung ist es wichtig, festzustellen, daß also Marxens Kritik des Kapitals seiner eigenen Auffassung nach ursprünglich
eine Kritik des Judentums darstellen soll, und es ist wichtig, zu betonen, daß sein Aufsatz »Zur Judenfrage« von 1844 nicht nur das religiöse, sondern auch das ökonomische Problem im Hinblick auf die
politische Emanzipation der Juden behandelt. Seine Irreligiosität und
sein Auftreten gegen das Kapital sind Opfer des Juden, der, da er seine

---

410 »Zur Kritik der Hegelschen Rechtsphilosophie«, Deutsch-Französische Jahrbücher, S.
72. Es ist dieselbe Verwechslung von Religion und Mißbrauch der Religion, Verwechslung der zeitlichen Form mit der ewigen Idee, die auch drei andere große Feuerbachschü-
ler (Stirner, Bakunin und Nietzsche) als resolute Anthropomorphisten und bewußte oder
unbewußte Protestanten das Kind mit dem Bade ausschütten ließ. »Der Protestantismus«, sagt Masaryk, »hat aus Gott einen Menschen gemacht: Christus der Mensch ist
der Gott des Protestantismus.« Und leider glaubte auch er 1899 noch, daß der Protestantismus durch seine »praktische Negation Gottes« das Denken gekräftigt habe, »bis sich
schließlich in ihm die Philosophie kundtat«. (Th. G. Masaryk, »Die philosophischen und
soziologischen Grundlagen des Marxismus., S. 24.)

411 »Zur Judenfrage«, Deutsch-Französische Jahrbücher, S. 209.

eigene Religion und die Finanzwut seiner Rasse zu opfern gezwungen ist, jegliche Religion und jegliches Eigentum geopfert wissen will[412].

Einen Unterschied zwischen Altem und Neuem Testament erkennt Marx nicht an. Ein gegen den Staat gerichtetes oder wenigstens außerhalb des Staates konstituiertes Christentum im Sinne Weitlings und Tolstois liegt ihm ganz fern. Die Trennung von Kirche und Staat, ohne beide einander entgegenzusetzen, genügt ihm. Und so versucht er, uns glauben zu machen, daß »dort, wo der Staat ein politischer Staat ohne Staatsreligion ist«, die Judenfrage »gänzlich ihren theologischen Charakter verliert und zu einer weltlichen Frage wird«[413].

Die Frage: wie sollen die Juden weiterhin »emanzipiert«, wie soll das Vorurteil gebrochen werden, das gegen sie besteht, führt ihn begeistert zum Kommunismus, dem er eine streng materielle, Religion und Moral zerstörende Wendung gibt. Er ist geschickt genug, sich nicht nur gegen die privilegierte Religion, den »christlichen Staat« (und zwar leider mehr gegen die Christlichkeit als gegen den Staat) zu wenden, sondern auch gegen das privilegierte Kapital. Er hofft, als ob solcher Optimismus nicht sträflich wäre, innerhalb Preußens und der gemeinsamen Staatsidee die Elemente eines neuen Staates vorbereiten zu können, in dem die Wissenschaft die Theologie ablöst und der Gelehrte den Rabbi[414].

---

412   Die superlativische Neigung, überall ins Extrem zu verfallen und sich zu berauschen an der eigenen Leidenschaft, Verzweiflung oder Radikalität, eignet nicht nur dem orientalischen Judentum, sie eignet allen Egozentrikern und Absolutisten. Bei Kleist und Wagner findet sich dieser überbietende, sich selbst und den Gegenstand zerfleischende Geist, ganz besonders auch bei Lassalle, der, als er Österreich als reaktionäres Prinzip einmal erkannt hatte, auch wollte, daß der Staatsbegriff Österreich »zerfetzt, zerstückt, vernichtet, zermalmt, in alle vier Winde zerstreut« werde.

413   »Zur Judenfrage«, S. 198.

414   Es lassen sich gewiß Dokumente anführen, nach denen sich Marx prinzipiell gegen   jeden Staat ausspricht. Masaryk hat sie zusammengestellt. (»Die Grundlagen des Marxismus«, Seite 390–394.) Sie stammen aus der Zeit von 1848 und bekämpfen unter dem Einfluß Feuerbachs und Proudhons mit demselben Temperament den »Christlichen Staat«, die Theokratie (siehe Deutsch-Französische Jahrbücher, S. 187 und 207), wie Marx unter dem Einflusse Hegels vorher im Staat den »eigentlichen Führer der Gesellschaft« sah. Bereits im »Kommunistischen Manifest« von 1847, unterm Einflusse Louis Blancs, kommt er wieder zum Staat zurück (Staatssozialismus und Eroberung der politischen Macht), ohne zu berücksichtigen, daß die preußische Staatsidee mit der französischen weder nach Stabilität noch nach Abscheulichkeit verglichen und gleichgesetzt werden kann. Enttäuschung der Jahre 1848/49 bestärkt ihn in seinen   politischen Anschauun-

So wie die Reformation theoretisch begonnen wurde, soll auch die Revolution der Zukunft theoretisch begonnen werden. Vom Proletariat, und zwar von dem durch die Fabrik schon halb militarisierten Fabrikproletariat, soll diese Revolution ausgehen. Das Proletariat wird das Kapital und die Produktionsmittel säkularisieren; das atheistische Proletariat wird mit der Religion die Judenfrage wegräumen und zugleich die Geldwirtschaft. Die Vergewaltigung ist nicht die Fabrik, die Maschine, die Entpersönlichung durch Akkordarbeit, sondern nur die Usurpation dieser Abstrakta durch ein noch abstrakteres Abstraktum, das privilegierte Kapital, das Geld.

Marx entfaltet eine fieberhafte wissenschaftliche Tätigkeit. Proudhons Kritik des Eigentums wird eine »Art Offenbarung« für ihn. Babeuf und Owen, Saint-Simon und Fourier lösen Hegel ab. Noch schreibt er in Briefen: »Ich bin nicht dafür, daß wir eine dogmatische Fahne aufpflanzen, im Gegenteil. Wir müssen den Dogmatikern nachzuhelfen suchen, daß sie ihre Sätze sich klar machen«[415], und doch schreibt er auch schon, daß die religiösen und politischen Fragen in die »selbstbewußte menschliche Form« gebracht werden sollen. Noch findet er, »der Kommunismus, wie ihn Cabet, Dezamy und Weitling etc. lehren, ist eine dogmatische Abstraktion«[416], und doch wird er später unduldsamer als der Papst gegen Andersgläubige. Während das Proletariat in Deutschland »erst durch die hereinbrechende industrielle Bewegung zu werden beginnt«, gelangt er bereits zur Auffassung, daß die politische Ökonomie, und sie allein, die Analyse der bürgerlichen Gesellschaft ermöglicht und sieht er in der grobmateriellen Produktion die Geburtsstätte für alle Geschichte[417].

Seltsam genug: dieser Revolutionär ohne revoltierbare Nation hat ein Interesse an der industriellen Zentralisierung, weil sie ein deut-

---

gen, und die deutschen Siege von 1870/71 lassen ihn sogar das Wahlsystem befürworten. Man muß sich hüten, diese verschiedenen Marxe durcheinander zu werfen oder aus der wissenschaftlichen Aufzählung der einzelnen Widersprüche eine Art arithmetisches Mittel zu ziehen. Marx war ein großer Eklektiker, ein riesig aufsaugender Schwamm fremder Ideen. Was er in Frankreich als besonders radikal und aussichtsvoll kennenlernte, das akzeptierte er für sein System, ohne den relativen Stand der deutschen Entwicklung in Betracht zu ziehen.

415 Brupbacher, »Marx und Bakunin«, S. 14.
416 Ebd., S. 14 f.
417 »Herr Vogt«, S. 35.

sches Proletariat schaffen wird, und auf diesen Zustand arbeitet er hin, weil er ein zentralisiertes Proletariat braucht für die Emanzipation, die er träumt. So wird er nach Brupbachers treffendem Wort der »ökonomische Psychoanalytiker« und »technische Verstand« der Arbeiterbewegung, und obgleich ihm die französischen und englischen Klassenkämpfe viel mehr Voraussetzungen liefern als die deutschen, empfindet er besonders seinen französischen Lehrern gegenüber doch nur wenig Dankbarkeit, ja sogar eine gewisse Feindschaft[418]. Das rein intellektuelle Interesse steht im Vordergrund, nicht die Liebe. Der Ehrgeiz, Autorität und Führer zu sein, diktieren ihm, nicht das Herz und der Glaube an Menschenrechte[419]. Wohlgefallen am eigenen Geist ersetzt ihm die Religion, und für den Stachel des Apostatentums rächt er sich durch eine hämisch-sarkastische, mitunter wohl auch perfide Polemik, wenn er im Allerheiligsten, seiner Eitelkeit, sich verletzt fühlt[420].

Weitlingianer und Buonarottisten sind es, an deren Spitze er, aus Paris vertrieben, 1845 in Brüssel tritt. So paradox die Berufung Lassalles durch Anhänger Weitlings war, so paradox ist es, daß die konspiratorische Führung des kommunistischen Handwerkervereins in Brüssel gerade an Marx übergeht. »Weißt du«, plaudert er 1848 in Berlin, »ich stehe jetzt an der Spitze einer so wohldisziplinierten sozialistischen Geheimgesellschaft, daß, wenn ich einem ihrer Mitglieder sagen würde: töte Bakunin, er dich töten würde.«[421] Weitlings Ur-

---

418 Siehe seine Polemik mit Proudhon, »Das Elend der Philosophie«, Brüssel 1847.

419 Die Anerkennung der Menschenrechte ist ihm, nach Mehring, »nichts anderes als die Anerkennung des egoistischen bürgerlichen Individuums (!) und der zügellosen Bewegung der geistigen und materiellen Elemente. Die Menschenrechte befreien den Menschen nicht von der Religion (!), sondern geben ihm die Religionsfreiheit; sie befreien ihn nicht vom Eigentum, sondern verschaffen ihm die Freiheit des Eigentums; sie befreien ihn nicht vom Schmutze des Erwerbes, sondern verleihen ihm vielmehr die Gewerbefreiheit. Die Anerkennung der Menschenrechte durch den modernen Staat hat keinen anderen Sinn als die Anerkennung der Sklaverei durch den antiken Staat.« (»Geschichte der deutschen Sozialdemokratie«, Bd. I, S. 175.)

420 Bakunin behauptet (ich glaube in einem Brief an Morago): die Tatsache, daß er Marxens »Kapital« nicht sofort nach Erhalt lobte, habe genügt, ihm die heftige Ungnade Marxens einzutragen. – Das »Kapital« erschien 1867, das erste öffentliche Rencontre zwischen Marx und Bakunin ereignete sich 1868 auf dem Kongreß zu Basel. Bakunin war der erste, der das »Kapital« und das »Kommunistische Manifest« ins Russische übersetzte.

421 Nettlau, »Michael Bakunin«, Bd. I, S. 93.

christentum mit der unendlichen Bedeutung des Individuums und der Freiheit, abgelöst von einem abstrakt subordinierenden und herrschsüchtigen jüdischen Gelehrten hier, von einem ehrgeizigen jüdischen Flagellanten dort! Beide aber als Staatsdoktrinäre und Wissenschaftsabsolutisten Hegelscher Provenienz in tiefem inneren Widerspruch mit dem Brüderbewußtsein, wie es in den Weitlingschen Zirkeln der vierziger Jahre im Aufleben begriffen war[422]!

Das Wissen, wo es als höchstes Prinzip auftritt, tötet notwendig den Enthusiasmus, den Geist und jenen aus irrationalen Quellen fließenden menschlichen Instinkt, der für die Konflikte die einfachste Lösung findet. Das Wissen multipliziert die Probleme, die Begeisterung löst und vereinfacht sie. Das Wissen lähmt und verwirrt, die Begeisterung stärkt und befreit. Das Wissen wird unter Marxens Führung zum Tabernakel des Weltgeistes, dessen erhabener Besitzer Karl Marx der Stifter wird einer Doktrin, an der so wenig gerüttelt werden darf, wie am allein seligmachenden Glauben der katholischen Kirche.

Hieß es bei Weitling noch: »Wir armen Sünder glauben auch alle an Gott, obwohl wir nicht viel davon sprechen und selten zu ihm beten; was aber wissen wir von Gott? Nichts«[423], so ist jetzt die Losung: »Selbstverständigung der Zeit über ihre Kämpfe und Wünsche.«[424]

---

422   Es waren Halbwahrheiten, wenn Marx damals in der »Deutschen Brüsseler Zeitung« schrieb: »Die sozialen Prinzipien des Christentums haben die antike Sklaverei gerechtfertigt. Die sozialen Prinzipien des Christentums predigen die Naturnotwendigkeit einer herrschenden und einer unterdrückten Klasse. Die sozialen Prinzipien des Christentums erklären alle Niederträchtigkeiten der Unterdrücker gegen die Unterdrückten entweder für gerechte Strafe der Erbsünde oder sonstiger Sünden. Die sozialen Prinzipien des Christentums predigen die Feigheit, die Selbstverachtung, die Erniedrigung, die Unterwürfigkeit, die Demut, kurz alle Eigenschaften der Canaille. Die sozialen Prinzipien des Christentums sind duckmäuserisch, und das Proletariat ist revolutionär.« Diese Sätze trafen auf die protestantische und katholische Theokratie, nicht aber auf die sozialen Prinzipien des Christentums zu, wie Münzer, Cabet, Weitling sie neu formulierten, und wie Marx sie wohl gut genug kannte, um einen Unterschied gelten zu lassen. Marxens antichristliche Aktion geht irrtümlicherweise von der Voraussetzung aus, daß die Analyse des Bewußtseins, das sogenannte »Wissen«, die Religion und den Glauben ausschließt. Über seinen Bruch mit Weitling vgl. Mehring Bd. I, S. 330: »Der utopistische Dünkel Weitlings (!) war nicht mehr zu kurieren, und so blieb nichts übrig, als der Entwicklung des Proletariats diesen Hemmschuh aus dem Wege zu räumen.« Hat je ein dreisteres Jakobinertum im Reich des Gedankens existiert?

423   »Evangelium der armen Sünder«, S. 12.

424   Brupbacher, S. 16.

Hieß es bei Weitling noch: »Christus ist ein Prophet der Freiheit, seine Lehre ist die der Freiheit und Liebe. Dieser Christus muß uns armen Sündern Freund und Bruder sein, kein übernatürliches, undenkbares Wesen, sondern wie wir, denselben Schwächen unterworfen«[425], so wurde nun aus dem in 20 Sprachen auf der Londoner Mitgliedskarte des kommunistischen Arbeitervereins stehenden Motto »Alle Menschen sind Brüder« die Parole »Proletarier aller Länder, vereinigt euch«[426]!

Nach der gelenkigen Abfertigung unbequemer Rivalen blieb die Arbeiterbewegung denn auch »vom christlichen Sozialismus« wie Mehring verkündet, »nicht lange mehr behelligt«. Als Marx und Engels auf dem Londoner Bundeskongreß 1847 ihr »Manifest der kommunistischen Partei« vorlegten, wußten sie (ebenfalls nach Mehring), »daß in harten Klassenkämpfen nichts ausgerichtet wird mit jener dünnen und unfruchtbaren Stimmung, die der Philister sein menschliches Mitleid und seine sittliche Entrüstung nennt«[427]; »keine Spur von Sentimentalität war in ihnen«. Aber dann ist es auch eine Philisterphrase, von ihnen zu sagen: »sie liebten das helle Lachen der Kinderwelt; am Christus der Bibel gefiel ihnen nichts so sehr als seine Kinderfreundschaft«[428].

425 »Evangelium der armen Sünder«, S. 17.
426 „Mehring, Bd. I, S. 207, bemerkt hierzu: »Die Fahne des wissenschaftlichen Kommunismus war aufgepflanzt.« Aber James Guillaume weiß es besser: »Es ist nicht wahr, daß die Internationale eine Schöpfung von Karl Marx war. Er war an den vorbereitenden Arbeiten, 1862 bis September 1864, durchaus nicht beteiligt. Er schloß sich der Internationale an, als sie soeben durch die Initiative englischer und französischer Arbeiter zustandegekommen war. Wie der Kuckuck kam er und legte sein Ei in ein fremdes Nest. Sein Plan vom ersten Tage an war, aus der großen Arbeiterorganisation ein Instrument seiner persönlichen Ansichten zu machen.« (»Karl Marx Pangermaniste«, S. 11.) Nicht einmal das Motto der Internationale stammt ursprünglich von Marx. Bereits Jean Meslier (1664–1733) schrieb: »Proletarier, vereinigt Euch! Vereinigt Euch, wenn Ihr das Herz habt, Euch von all Eurem gemeinsamen Elend zu befreien! Ermutigt Euch einander zu einem edlen und wichtigen Unternehmen... Vereint wird es den Völkern gelingen... Alle Streitigkeiten und Feindseligkeiten gegeneinander müssen die Völker unterdrücken, allen Unwillen gegen die gemeinsamen Feinde, gegen die übermütigen, überstolzen... Menschen wenden, die sie elend machen und ihnen die besten Früchte ihrer Arbeit rauben.« (Jahrbuch der Freien Generation für 1914, redigiert von Pierre Ramus, 5. Band, Zürich, S. 30.)
427 Mehring, Bd. I, S. 216.
428 Ebd.

Für Marx war die Ware gleich Arbeitskraft und die Arbeitskraft gleich Ware. Die revolutionäre Klasse war ihm »von allen Produktionsinstrumenten die größte Produktivkraft«[429]; er addierte sogar den Lebensunterhalt seiner Herdentiere wie ein abgefeimter Kapitalist zum Herstellungspreis der Ware. Freiheit, Gleichheit und Brüderlichkeit verdarben ihm als Imponderabilien notwendig die Rechnung, und man kann sogar sagen, daß Marx als erster Deutscher dem Begriff »Menschenmaterial« zu theoretischem Ausdruck verhalf.

War der Materialismus solcher Betrachtungsweise »revolutionär«, protestierend? Marx lieferte nicht nur der Arbeiterbewegung, er lieferte auch dem kritisierten Kapital die handfesten Begriffe. Und es ist doch merkwürdig genug, daß sich 1867, als das »Kapital« erschien, nach Freiligraths Zeugnis »am Rheine viele junge Kaufleute und Fabrikbesitzer für das Buch begeisterten«[430]. Arbeitern ohne Gymnasialbildung mußte es bei seinem undurchdringlichen Stil notwendig verschlossen bleiben.

3

Hat Marx die Religion seiner Väter wirklich verraten? Ist sein spiritueller Materialismus, die desillusionierende Betrachtungsweise, die er Kritik nennt, im konventionellen Sinne nicht jüdisch geblieben? Und spiegelt sich darin nicht viel mehr die Anschauung des Fabrikherrn wider als die des Arbeiters? Gewiß, er verlangte im »Kommunistischen Manifest« die Expropriation der »Bourgeoisie« und den Übergang der Produktionsinstrumente an das Proletariat. Das waren, solange die Gegensätze so schneidend zutage traten wie in der ersten Hälfte des 19. Jahrhunderts, unmißverständlich Prinzipien einer sozialen Revolution. Aber er schrieb auch von »Arbeitszwang« und »Armeen von Arbeitern«[431], und wenn man diese Dinge umdreht, heißen sie »Zwangsarbeit« und »Arbeiterarmee«. Wohin mußte

429 Mehring, Bd. I, S. 325, Marx gegen Proudhon.
430 Franz Mehring, »Sozialistische Lyrik«, Archiv für die Geschichte des Sozialismus und der Arbeiterbewegung, hrsg. von Karl Grünberg, IV. Jahrgang, Leipzig 1913, S. 112.
431 »Das Kommunistische Manifest«, Vorwort von Karl Kautsky, Vorwärts, Berlin 1917, S. 45.

seine Umsturzpartei gelangen, wenn er das Staatsmonopol bestehen ließ? Wenn er, 1847, den Feudalismus von der Bourgeoisie für »zu Boden geschlagen« halten konnte[432], während dieser Feudalismus wenige Jahrzehnte später eine Militärmacht aufstellte, die, auf den Namen Bismarcks getauft, den Kontinent erzittern ließ; und 1871 sogar riet, auf dem Boden des gerade von ihm doch so grimmig befehdeten Bourgeoisstaates den parlamentarischen Kampf aufzunehmen[433]?

Marx zerlegte den Mechanismus der Fabrik, des Kontors und des Marktes. Er war ein glänzender Wirtschaftsanalysator. Seine Zweiklassenteilung Proletarier – Bürger vergaß jedoch in der Rechnung den beide sehr bald beherrschenden Junker, und von dem Moment an, wo in Deutschland der souveräne Junkerstaat mittels Wahlrecht und einer umfassenden Sozialgesetzgebung den Proletarier zum Bürger und Beamten arrivieren ließ, um ihn für die Armee zu gewinnen, hatten der Fabrikarbeiter sowohl wie Marxens System zunächst aufgehört, die Freiheitsprinzipien zu verkörpern[434].

---

432 Ebd., S. 31.

433 In der Vorrede zur Ausgabe von 1872 (!) erklärten die Autoren des »Kommunistischen Manifestes«, daß sie auf praktische Forderungen kein besonderes Gewicht mehr legten, sich vielmehr »im Großen und Ganzen mit   allgemeinen Grundsätzen« begnügen wollten, und in der Ausgabe von 1883 setzte Engels auseinander, »der durchgehende Grundgedanke« des Manifestes sei der historische Materialismus. Erst in der Vorrede von 1890 (zur Zeit der Entlassung Bismarcks und des Eisenacher Programms) kann man wieder lesen, daß Marx an den endlichen Sieg der im Manifest niedergelegten »Grundsätze« glaube. Jetzt wurde auch der Streit zwischen den beiden durch die Namen Lassalle und Marx gekennzeichneten sozialdemokratischen Richtungen endgültig beigelegt (Erfurter Parteitag 1891). Der Hallesche Parteitag (1890) hatte beschlossen, daß die »Wissenschaft« im Programm zu vollen Ehren gelangen solle. Die Wissenschaft: das war in der Hauptsache das »Kommunistische Manifest«, das Elaborat eines deutschen Gelehrten: verschroben, utopisch und doktrinär.

434 Man hat diese Tatsache wenig beachtet und unterschätzt sie noch heute. Das deutsche »Proletariat« unterschied sich vor dem Krieg und unterscheidet sich noch heute nicht nur ökonomisch und ideell, sondern vor allem in seiner Stellung zur preußisch-protestantischen Staatsidee so ungeheuer von jedem anderen Proletariat der Welt, daß der internationale Begriff Sozialdemokratie dieses Proletariat mit den andern wirklich nur durch die gemeinsame rote Fahne verbindet. Die deutsche Staatsidee (vor der ich mit diesem Buch warnen möchte) ist mit dem Staatsgedanken keines anderen Volkes zu vergleichen, was Grausamkeit, Härte und Unmenschlichkeit betrifft. Da aber der Sinn der Sozialdemokratie gerade ist, daß sich in ihr der allgemeine soziale Gedanke auf die nationale   Staatsidee bezieht, so hätte man bei einiger Kenntnis des antisozialen Charakters unseres Staates billigerweise zu der Erkenntnis kommen müssen, daß eine sozialdemokratische Interna-

Marxens Internationale war von allem Anfang an nicht die der Freiheit, der Religion oder Moral, sondern die der Wirtschaftsinteressen und des Arbeitsmarktes, eine Staatsdoktrin κατ᾽ εξοχεν. Daß er die Bedarfs- und Gebrauchsgegenstände über die religiösen und ideellen stellte, die Materie über den Geist – diese Überschätzung des Schachers, die mit dem Anspruch einer Philosophie auftritt, trotzdem sie im Reich der Idee nichts zu suchen hat, diese Umwertung aller Werte, ist sein Werk. Seine Internationale ist weder die Weitlingsche des Christentums, noch die Bakuninsche einer auf die Arbeitssolidarität gegründeten Freiheit und Humanität, sondern eine Internationale des Angebots und der Käuflichkeit, der moralischen Destruktion[435]. Sie zielt auf die Abschaffung der Qualität und der Ritterlichkeit ab, auf die Verflachung der nationalen und persönlichen Individuen. Ihre zynische Überzeugung ist: der Profit regiert die Welt. Der Profit ist – die Weltseele.

Nach Marx sind die Probleme überall gleich, weil mit dem Aufschwung der Industrie der Häuptling von Owambu und der Telegraphenbeamte in Stockholm gleicherweise Röllchen tragen; nach Marx bestimmt in Amerika, England und Rußland gleicherweise »das Kapital« die letzten Ziele der Nation, weil der Weizen dort wie hier riecht, auch ebenso schmeckt und nur im Preis differiert[436]. Marx ist

tionale mit einer großen deutschen Partei überhaupt nicht möglich ist und im Ernstfall scheitern müsse. Die Sozialdemokratie schließt, solange nicht eine nach   gemeinsamen Gesichtspunkten geordnete Weltrepublik besteht, überhaupt jede gemeinsame internationale Aktion aus. In Deutschland gelang es dem Preußentum, die Sozialdemokratie als revolutionäre Partei völlig unschädlich zu machen. Die deutsche Sozialdemokratie ist bis auf verschwindende Minderheiten eine kleinbürgerlich-militaristische Organisation, von der nichts zu erwarten ist als ihre Zerstörung von seiten einer neuen moralischen Idee. Niemals hat in Deutschland auch nur eine universale   demokratische Partei bestanden, die den notwendigen Boden und die Voraussetzung des Sozialismus hätte schaffen können, wie das in den übrigen Kulturländern der Fall war.

435 Die russischen Bolschewiki, die konsequentesten und begeistertsten Marxschüler, die ihrem Meister Denkmäler setzen und an ihrer Marx-Universität frühere Agenten der »Ochrana« anstellen, haben es an den Tag gebracht.

436 Im Falle eines Krieges trifft infolgedessen nach den Marxisten das »internationale Kapital« die Schuld. Nach Marx war ja der Feudalismus bereits 1847 »zu Boden geschlagen«. Daß dieser Bodenschlag 1870 und 1914 dem Faß den Boden ausschlug, das wollen die deutschen »Internationalisten« keineswegs zugeben. So lächerlich ihr höchst nationaler Stolz ihre Junkerkaste schützt – lächerlicher noch ist, daß es ihnen gelang, in allen angrenzenden Ländern Proselyten zu machen und Verteidiger zu finden.

weit davon entfernt, aus der universalen Materialität, die er erkannt zu haben glaubt, den Schluß zu ziehen, daß dieser Zustand aufgehoben werden muß, und zwar durch seinen Gegensatz, die universale Idealität. Er erkennt ihn vielmehr an, er wird sein Prophet. Indem er bemüht ist, ihn überall nachzuweisen und ihn sogar als Prinzip der Geschichte aufzustellen, depraviert er als einer der tödlichsten Volksfeinde die letzte Kraftquelle der Moralität, die Armut, das proletarische Volk.

Hervor ging die marxistische Internationale aus der Desperation eines deutschen Patrioten, der sein Volk weder wirtschaftlich noch moralisch auf der Höhe des übrigen Europa sah und bei einer Generalgleichmacherei alles zu gewinnen, nichts zu verlieren hatte[437].

Die große christliche Bewegung, die auf das Auftreten Napoleons folgte, verkannte Marx völlig. Er zerlegte haarscharf die materielle Situation des Fabrikarbeiters, aber er verweigerte ihm ein seelisches Residuum und die Kraft, sich gegen die Entwertung seiner Persönlichkeit im autoritären Staat zu behaupten. Zum Vorteil des Staates und Unternehmertums zerstörte er mit vollem Bewußtsein den Freiheitsgedanken. Indem er nur Quantum und Maße bedachte, führte er denselben nihilistischen, auflösenden Geist in das Proletariat ein, der die Finanz beherrschte, revolutionierte er zwar die Wissenschaften, nicht aber die Personen. Seine unduldsame Haltung gegen allen Individualismus, der in der Arbeiterbewegung sich geltend machte, mußte notwendig den Enthusiasmus verwirren und furchtbar werden, wenn der einzelne erst begann, seine menschliche Mission über der Interessenpolitik zu vergessen.

Es hat an Warnungen vor dieser »Philosophie« diktaturlüsterner Notdurft nicht gefehlt. Um so mehr, da sie nicht auf den moralischen, sondern auch auf den politischen Idealismus verzichtete. Im Frühjahr 1868, zur selben Zeit, da Marxens »Kapital« erschien und die »Internationale« ihre ersten Kongresse abhielt, schrieb Michael Bakunin in einem Brief an Chassins »Démocratie européene« in Paris: »Ich bedaure gleich Ihnen die Verblendung jener, hoffen wir, an Zahl nicht allzu beträchtlichen Arbeiterpartei in Europa, die sich einbildet, daß sie ihren materiellen Interessen desto besser dient, je mehr sie sich in

---

437 Die Beweise hierfür finden sich in Marxens Jugendschriften, insbesondere in jenem Aufsatze »Zur Kritik der Hegelschen Rechtsphilosophie« in den Deutsch-Französischen Jahrbüchern, den ich Kap. IV, zitiere.

den politischen Fragen ihres Landes jeder Intervention enthält, und die glaubt, sie werde ökonomische Gleichheit und Gerechtigkeit auf einem anderen Wege als auf dem der Freiheit erlangen können. Die Gleichheit ohne die Freiheit ist eine heillose Fiktion, geschaffen von Betrügern, um Dummköpfe zu täuschen. Die Gleichheit ohne die Freiheit bedeutet den Staatsdespotismus. Unser aller großer Lehrer Proudhon sagte in seinem schönen Buche von der ›Gerechtigkeit in der Revolution und in der Kirche‹, die unglückseligste Kombination, die kommen könne, sei die, daß der Sozialismus sich mit dem Absolutismus verbände; die Bestrebungen des Volkes nach ökonomischer Emanzipation und materiellem Wohlstand mit der Diktatur und der Konzentration aller politischen und sozialen Gewalten im Staat. Mag uns die Zukunft schützen vor der Gunst des Despotismus; aber bewahre sie uns vor den unseligen Konsequenzen und Verdummungen des doktrinären oder Staatssozialismus. Seien wir Sozialisten, aber werden wir nie Herdenvölker... Suchen wir die Gerechtigkeit, jede politische, ökonomische und soziale Gerechtigkeit auf keinem andern Wege als auf dem der Freiheit. Es kann nichts Lebendiges und Menschliches gedeihen außerhalb der Freiheit, und ein Sozialismus, der sie aus seiner Mitte verstieße oder sie nicht als einziges schöpferisches Prinzip und als Basis annähme, würde uns geradenwegs in die Sklaverei und die Bestialität führen.«[438]

Wie stand Marx zur politischen Freiheit? Wie stand die Sache der Juden im »christlich-germanischen« Staat? Hören wir Mehring, einen der berufensten Kenner: »Der christlich-germanische Staat mißhandelte, unterdrückte, verfolgte die Juden, während er sie zugleich duldete, begünstigte, ja liebkoste. Im 18. Jahrhundert hatte der alte Fritz (Friedrich II.) die Juden vollständig rechtlos gemacht, ihnen aber

---

438 Nettlau, »Michael Bakunin«, Bd. II, S. 246 ff. Daß Marx diesen Brief gelesen hat, beweisen die Entstellungen, mit denen er ihn in seiner Allianzbroschüre (»L'Alliance de la Démocratie socialiste« etc., S. 85) zitierte, und von denen Nettlau schreibt, daß sie es gerade waren, die ihn auf das Original aufmerksam machten. Marx versuchte aus diesem Briefe Bakunins Zustimmung zur Wahlaktion zu beweisen, während dieser unter »politischer Intervention« etwas sehr anderes, nämlich   Sturz des Empire verstand. – Ch. L. Chassin war Mitglied der von Bakunin 1864 begründeten »Fraternité internationale«; die »Démocratie européenne« war also eigentlich eine bakunistische Gründung. Die betreffende Nummer enthielt u. a. Briefe von Victor Hugo, Michelet, Jules Barni, Aristide Rey; von Garibaldi, Garrido, Albert Richard.

zugleich einen weitreichenden Schutz gewährt, hauptsächlich deshalb, um >Handel, Commerce, Manufakturen, Fabriquen< zu fördern. Der philosophische König gab den Geldjuden, die ihm bei seinen Münzfälschungen und sonstigen zweifelhaften Finanzoperationen halfen, die Freiheit von christlichen Bankiers.« »In den vierziger Jahren des vorigen (19.) Jahrhunderts verfolgte Friedrich Wilhelm IV. die Juden mit allen möglichen Scherereien, aber das jüdische Kapital wurde deshalb nicht weniger durch die ökonomische Entwicklung gefördert. Es begann sich die herrschenden Klassen zu unterwerfen und schwang seine Geißel über die beherrschten Massen, über das Proletariat als Industrie-, und weit mehr noch über die große Masse der kleinbäuerlichen und kleinbürgerlichen Klassen als Wucherkapital.«[439]

Gegen die jüdische Idee, als die »Religion des selbstischen Interesses«, war Feuerbach aufgetreten. Gegen das unter königlichem Schutze stehende »jüdische Kapital« versprach Marx in seinem Aufsatze »Zur Judenfrage« die Feder zu führen. Aber das war eine prekäre Sache. Man mußte den königlichen Schutz und das Kapital zugleich angreifen, wenn man gegen das letztere etwas ausrichten wollte. Gegen den »Philisterstaat« Front machen, hieß nur das Problem divergieren, und vom »christlich«-germanischen Staat sprechen, hieß ebenfalls nur den Blick von der viel wesentlicheren jüdisch-germanischen Staatsidee ablenken, die immer bewußter die Grundlage des Preußentums bildete.

Für seine Ansicht über das Verhältnis vom Gelde zum Souverän ist eine Stelle in seiner Kritik der Proudhonschen »Philosophie des Elends« bezeichnend. Nach Proudhon waren Gold und Silber zu Geld geworden durch die souveräne Weihe, die ihnen das Siegel des Monarchen aufdrückte. Proudhons System war anarchisch. Die Abschaffung des Geldes bedeutete für ihn zugleich die Abschaffung der Monarchie und des Staates. Marx dagegen betonte: »Man muß jeder historischen Kenntnis bar sein, um nicht zu wissen, daß die Souveräne sich zu allen Zeiten den wirtschaftlichen Verhältnissen fügen mußten, aber ihnen niemals das Gesetz diktiert haben. Sowohl die politische wie die bürgerliche Gesetzgebung proklamieren, protokollieren nur das Wollen der ökonomischen Vorsehung. (!) Das Recht ist nur die offizielle Anerkennung der Tatsache.[440]

---

439 Mehring, »Geschichte der deutschen Sozialdemokratie«, Bd. I, S. 169/170.
440 Ebd., Bd. I, S. 315.

In diesen Sätzen findet sich nicht nur der Marxsche Superlativismus, der die Resultate gerade der französischen Wirtschaftskritik übertreibt, es findet sich bereits auch die völlige Verkennung der preußischen Dynastie, die sich gerade seit Friedrich II. entschlossen hatte, selber die Vorsehung zu spielen. Und es findet sich darin die später bei Marx und den Marxisten immer wiederkehrende Geneigtheit, die Monarchie trotz ihrer ungeheuren theologischen und militärischen Stützen als eine passagere, vom Kapital abhängige Erscheinung darzustellen, während man zu bemerken unterläßt, erstens daß der Monarch in gewissen Staaten der größte Grundbesitzer und Kapitalist ist, zweitens daß infolgedessen die Finanz das größte Interesse an der Aufrechterhaltung der Dynastie besitzt, wofür drittens die Dynastie mit allen ihr zu Gebote stehenden Machtmitteln und Repräsentationstiteln die kapitalistische Ausbeutung fördert. Die einstige Bekämpfung des Industriekapitals konnte von Bismarck sogar als eine besondere Demuts- und Ergebenheitsgeste aufgefaßt werden, und wenn Marx auch die Mitarbeit am amtlichen Staatsanzeiger ablehnte – der Antrag wurde ihm gestellt[441] –, so ist doch durch eine Publikation des preußischen Pressechefs Otto Hammann bekannt geworden, daß die preußisch-deutsche Regierung bereits unter Caprivi die marxistische Opposition gegen die Industriekonzerne ganz bewußt gewähren ließ, ja daß gerade einer der Gründe für Bismarcks Entlassung sein kurzsichtiger Terror gegenüber der Sozialdemokratie war[442].

---

441 Vgl. Mehring, Bd. III, S. 235: »Im Oktober 1865 schrieb Bucher an Marx, um ihm die Mitarbeit am amtlichen Staatsanzeiger anzutragen. Als er damit bei Marx abblitzte, wandte er sich mit demselben Anliegen an den Privatdozenten Eugen Dühring. Dühring ging auf die Mitarbeit am Staatsanzeiger ein, um sich bald mit der Redaktion zu überwerfen. Trotzdem erschien im April 1866 Wagener bei ihm und bestellte für den ›intimen Gebrauch‹ des Staatsministeriums eine Denkschrift über die Frage, wie ›etwas für die Arbeiter getan‹ werden könne. Dühring lieferte auch dies Pensum ab. Dann wurde Schweitzer am 9. Mai aus der Haft entlassen.«

442 Vgl. Otto Hammann »Der neue Kurs«, Berlin 1918, S. 3 und 131 ff. Hammann war Pressechef unter Caprivi, Hohenlohe, Bülow und Bethmann. Bezeichnend ist, daß ihm zwar die »auf lauter groben Kategorien, ›Arbeiterklasse‹ und ›Kapitalistenklasse‹, ›Staat‹ und ›Gesellschaft‹, ›Menschheit‹ und ›Menschentum‹ aufgebaute Marxsche Gedankenwelt« nicht gefällt, daß er aber »als Beispiel für die gleißende Sprache und die beispiellose, mit lauter schillernden Gegensätzen arbeitende Dialektik« Marxens einen längeren Passus aus dem »Kommunistischen Manifest« zitiert, in dem zu lesen ist, daß »die Bourgeoisie die buntscheckigen Feudalbande, die den Menschen an seinen natür-

Marxens Kampf geht nach Beseitigung der beiden stärksten Hindernisse, der »bürgerlichen« Ideologie (alias Moral) und der staatlich geschützten Religion (alias Christentum). Wozu aber den Staat selbst bekämpfen, der in Deutschland wie nirgends sonst eine Zwangsmacht darstellt? Wozu auch nur die Monarchie angreifen? Ist sie doch nur eine zufällige Verwaltungsform! Trägt sie doch dazu bei, die Masse gefügig zu machen, sie zum willigen Instrument abzurichten, dem jede Autorität, auch die eines Gelehrten, gebieten kann, wenn er versteht, mit dem Anschein profundester Rebellion die Geste des Menschenfreundes zu verbinden!

Marx bekämpfte das Kapital, aber innerhalb einer geschonten Monarchie, deren Willkürregiment ihn trotz eines Korrespondenten wie Lassalle nicht weiter beunruhigt[443]. Ja, er sympathisiert mit den offi-

---

lichen Vorgesetzten knüpfen, unbarmherzig   zerrissen und kein anderes Band zwischen Mensch und Mensch übrig gelassen habe als das nackte Interesse, als die gefühllos bare Zahlung«; worin der bösen Bourgeoisie vorgeworfen wird, daß sie »die heiligen Schauer der frommen Schwärmerei, der   ritterlichen Begeisterung, der spießbürgerlichen Wehmut in dem eiskalten Wasser egoistischer Berechnung ertränkt« habe etc. etc. Das Buch erschien im Frühjahr 1918, vor der großen Offensive gegen Paris, in einer Zeit, in der sich die Bolschewiki als konsequente Marxisten mit der »passageren« preußischen Heeresleitung über die »bourgeoisen« westlichen Demokratien einig waren.

443 Wie gut Marx durch Lassalle über Preußen unterrichtet war, geht aus folgendem Passus der Lassalle-Biographie Eduard Bernsteins hervor: »Es ist nicht unmöglich, daß Lassalle durch Verbindungen der Gräfin Hatzfeld, die ziemlich weit reichten, davon unterrichtet war, daß sich in den oberen Regionen Preußens ein neuer Wind vorbereite. Wie weit diese Verbindungen reichten, geht aus Informationen hervor, die Lassalle bereits im Jahre 1854, beim Ausbruch des Krimkrieges, an Marx nach London gelangen ließ. So teilt er Marx unterm 10. Februar 1854 den Wortlaut einer Erklärung mit, die einige Tage vorher vom Berliner Kabinett nach Paris und London abgegangen sei, schildert die Zustände im Berliner Kabinett – der König und fast alle Minister für Rußland, nur Manteuffel und der Prinz von Preußen für England – und die für gewisse Eventualitäten von demselben beschlossenen Maßregeln, worauf es heißt: >Alle die hier mitgeteilten Nachrichten kannst Du so betrachten, als wenn Du sie aus Manteuffels und Aberdeens eigenem Munde hättest!< Vier Wochen später machte er wieder allerhand Mitteilungen über beabsichtigte Schritte des Kabinetts, gestützt auf Mitteilungen >zwar nicht aus meiner offiziellen, aber doch aus ziemlich glaubhafter Quelle<. Am 20. Mai 1854 klagt er, daß seine >diplomatische Quelle< eine weite Reise angetreten habe. >Eine so vorzügliche Quelle, durch die man kabinettsmäßig informiert war, zu haben, und dann auf so lange Zeit wieder verlieren, ist überaus ärgerlich.< Aber er hat immer noch Nebenquellen, die ihn über Interna des Berliner Kabinetts unterrichten, und ist u. a. >zeitig vorher von Bonins Entlassung etc. benachrichtigt worden.« – (S. 27) Es besteht danach kaum ein Zweifel, daß das Berli-

209

ziellen Erfolgen des Junkerstaates. Beförderten sie doch den Zentralismus, den Marx für seine Verelendungstheorie braucht, trugen sie doch dazu bei, das Schwergewicht der Arbeiterbewegung allmählich nach Deutschland zu verlegen. Und darin konspirierte er mit Lassalle, der ja ebenfalls vom preußischen Geiste sich allerhand Nutzen für die Organisation der »revolutionären« Arbeitermassen versprach. Als aber die Revolution nicht hielt, was sie erst versprochen hatte – erlebte man nicht, daß Hermann Cohen 1915 in seiner zitierten Schrift gerade die Staatstreue der Marx und Lassalle der antisemitischen Autokratie in Rechnung stellte?

Es ist interessant genug, die historische Entwicklung des politischen Marxismus zu verfolgen. Im »Kommunistischen Manifest« von 1847 kämpft »die kommunistische Partei, sobald die Bourgeoisie revolutionär auftritt«, noch »gemeinsam mit der Bourgeoisie gegen die absolute Monarchie, das feudale Grundeigentum und die Kleinbürgerei«. 1848 aber, als es ernst wird mit der deutschen Revolution, wenden sich Marx und Engels nicht nach Berlin, sondern bleiben, literarisch beschäftigt, in dem weniger gefährlichen Köln, dekretieren gegen die »Revolutionsspielerei« Herweghs in Baden und spinnen Intrigen gegen den »Panslawismus« desselben Bakunin, der als erster Europäer in Prag die Auflösung Preußens, Österreichs und der Türkei verlangt[444].

---

ner Kabinett sich von den guten Beziehungen zu Herrn Lassalle mancherlei versprach, und man sollte einmal nachprüfen, wie Marx die guten Informationen verwertete. 1849 hatte Lassalle noch flammende Entrüstung für die »schmachvolle und unerträgliche Gewaltherrschaft«, die »über Preußen hereingebrochen«: »Warum zu soviel Gewalt noch soviel Heuchelei? Doch das ist preußisch.« Und: »Vergessen wir nichts, nie, niemals. Bewahren wir sie auf, diese Erinnerungen, sorgfältig auf, wie die Gebeine gemordeter Eltern, deren einziges Erbe ist der Racheschwur, der sich an diese Knochen knüpft.« 1854 aber hat er seine »kabinettsmäßigen Informationen«, und 1857 erwirkt er durch die Vermittlung Alexander von Humboldts (desselben Humboldt, der in Paris die Demokraten der Deutsch-Französischen Jahrbücher ausweisen ließ) vom König von Preußen die Erlaubnis, seinen Wohnsitz in Berlin nehmen zu dürfen. Es gehört schon eine gute Dosis Naivität dazu, all dies »interessant«, nicht aber zweideutig und kompromittierend zu finden. »Ihn dürstete nach Anerkennung, nach Ruhm, nach Taten, und dazu bedurfte er des Bodens der Hauptstadt«, so Bernstein. Nun, die Scheidemann, Radek und Parvus dürstet es ebenfalls nach Anerkennung, nach Ruhm und Taten! Nach Lassalles Informationen zur Zeit des Krimkriegs erscheint aber auch Marxens antislawische Politik in neuer Beleuchtung.

444 »Aufruf an die Slaven«, Selbstverlag, 1848: »Aufgelöst erklärt die Revolution aus ihrer

Jener Passus im »Kommunistischen Manifest« scheint eine Konzession Marxens an energische demokratische Strömungen innerhalb der Emigrantenbewegung gewesen zu sein. Denn 1843, bei der Lektüre von Weitlings »Garantien« nimmt er bereits jene Scheidung vor, die Bakunin in seinem oben zitierten Briefe an Chassin als Ausflucht vor der politischen Intervention bekämpft: »daß Deutschland einen ebenso klassischen Beruf zur sozialen Revolution habe, wie es zur politischen unfähig sei«; und 1847 in der Polemik mit Proudhon leugnete er die selbständige Macht der Souveräne, die doch gerade damals in Preußen infolge einer zielbewußten Hauspolitik und eines Bündnisses mit den schlimmsten romantischen Mächten der Reaktion schrullenhafter und selbstbewußter dekretierte als irgendwo sonst.

Unter dem nachhaltigen Eindruck der Ereignisse von 1849 rückt Marx noch entschiedener von der »politischen Intervention« ab. Warum wohl? Sanktioniert denn die Aussichtslosigkeit einer Sache den Verzicht auf die notwendige Stellungnahme? Wenn es auch richtig ist, daß, um mit Marx zu reden, eine politische Revolution ohne die soziale »die Pfeiler des Hauses stehen läßt«, so ist es doch ebenso richtig, daß eine soziale Revolution ohne die politische – wenigstens solange sich die Dinge in der Theorie aufhalten – die Rechnung ohne den Wirt macht. Beide aber sind wertlos, ja unmöglich ohne die moralische Revolution, und von der wollte Marx freilich nichts hören.

»Das Resultat der Bewegungen von 1848/49«, schreibt Brupbacher, »war, daß Marx nach dieser Zeit im schroffen Gegensatz zu Bakunin durchaus nicht mehr an die Möglichkeit einer nahen Revolution glaubte.«[445] Um so mehr mußte es darauf ankommen, die Freiheitsprinzipien sorgfältig zu prüfen und sie vor allen ihnen im Wege stehenden oder sie gefährdenden Elementen zu hüten. Je stärker der preußische Staat wurde, desto reinlicher und energischer galt es, von ihm abzurücken; galt es, nicht nur seine ökonomischen, sondern auch seine politisch-moralischen Grundlagen zur Diskussion zu stellen, das

---

Machtvollkommenheit die Despotenstaaten... aufgelöst das preußische Reich... aufgelöst Österreich... aufgelöst das türkische Reich... aufgelöst das russische Reich... aufgelöst also, umgestürzt und neugestaltet den ganzen Norden und Osten Europas... und das Endziel von allem: die allgemeine Föderation der europäischen Republiken, und das alles im Namen der Freiheit, der Gleichheit, der Brüderlichkeit aller Nationen.«

445 »Marx und Bakunin«, S. 16.

heißt: die seit 1848 zutage tretende Einheits- und Zentralisationsbe-
wegung auf ihre Gefahren hin zu analysieren.

Marx hat diese Aufgabe nicht anerkannt. Er verfolgte erbittert alle
in dieser Hinsicht innerhalb der Internationale seit 1868 vorgebrachten Ideen. Mit allen ihm zu Gebote stehenden erlaubten und uner-
laubten Mitteln wandte er sich gegen die föderalistisch-anarchische
Richtung, wie gegen das christliche Hilfsideal. »Wie von den Demokraten das Wort Volk zu einem heiligen Wesen gemacht wird, so von
uns das Wort Proletariat!« Marx wollte sich damit gegen die »Phrase
der Revolution« gewandt haben, gegen die bürgerlichen Begriffe von
Freiheit, Gleichheit und Brüderlichkeit, in die das Proletariat nach
dem Willen der »Bourgeoissozialisten« »gehoben« werden sollte.
Er war also wohl mit den Anarchisten der Meinung, daß das Proletariat aus sich selbst heraus neue, vereinfachte, menschlichere Formen
der Gesellschaft zu produzieren habe, und einen anderen Sinn durfte die Konservierung des Proletariates auch nicht haben, wenn klas-
senbewußtes Proletariat nicht gleichbedeutend mit klassenbewußter
Unfreiheit, klassenbewußtem Bildungsmangel und klassenbewußtem
Elend sein sollte. Man kann zwar philosophisch den Primitivismus
einer unausgeprägten, entrechteten Menschenschicht gegen eine ent-
artete, entwurzelte, unterdrückende und ausbeutende Gesellschaft
ausspielen – ist das aber nicht schon eine Frivolität? Ist nicht die große
Aufgabe des Sozialismus Vertiefung der Menschlichkeit? Die Diktatur
des Proletariats aufstellen, hieß auf die Emanzipation verzichten, zu
Gewaltmethoden greifen und die Grundlagen der Gesellschaft zerstören. Wir haben die Lehre des Bolschewikentums. Die Eroberung der
politischen Macht vorschlagen (Eroberung also eines verbrauchten
politischen Systems), hieß auf die eigentümlichsten moralischen Kräfte der Masse verzichten, ja sie der Korruption ausliefern, und dieser
pseudorebellische Widerspruch in Marxens politischem Programm,
das gleichwohl mit aller Arroganz der Unfehlbarkeit auftrat, war es,
was die großen Vorzüge seiner ökonomischen Kritik aufwog und ihn
ganz wie Lassalle in eifersüchtigerem Wettstreit mit den Vertretern der
offiziellen Politik, als mit den großen Emanzipatoren der Menschheit
erscheinen ließ[446].

---

446 Worauf Marxens »Politik« abzielte, offenbar ein Brief an Engels vom 11. September
      1868: »Unsere Assoziation (die ›Internationale Arbeiter-Assoziation‹, Generalrat Lon-

Gegen den »Bonapartismus« zur Rechten, gegen den »Zaris-mus« zur Linken hatte Marx die Donnerkeile des Jupiter. Für den in der Maienblüte seiner Abscheulichkeit stehenden Bismarckianismus aber nur eitel Nachsicht und Naivität. Engels an Marx, 11. September 1868: »Da Du Beziehungen zu Vermorel hast, könntest Du nicht dafür sorgen, daß er nicht solche Dummheiten über Deutschland schreibt? Er versteift sich darauf, zu verlangen, daß Napoleon III. sich liberalisiert, bürgerlich liberalisiert, und dann Deutschland den Krieg erklärt, um es von der Tyrannei Bismarcks zu befreien! Diese Kröten etc. etc.«[447] Und Marx an Engels, 20. Juli 1870, als dann, von Bismarck provoziert, der Krieg ausbrach: »Die Franzosen brauchen Prügel. Siegen die Preußen, so wird die Zentralisation der Staatsgewalt nützlich der Zentralisation der deutschen Arbeiterklasse. Das deutsche Übergewicht wird ferner den Schwerpunkt der westeuropäischen Arbeiterbewegung von Frankreich nach Deutschland verlegen (!), und man hat bloß die Bewegung von 1866 bis jetzt in den beiden Ländern zu vergleichen, um zu sehen, daß die deutsche Arbeiterklasse theoretisch und organisatorisch der französischen überlegen ist. Ihr Übergewicht auf dem Welttheater (!) wäre zugleich das Übergewicht unserer Theorie über die Proudhons.«[448] Eine seltsame Logik und Argumentati-

---

don, Leitung Karl Marx›) hat große Fortschritte gemacht... Bei der nächsten Revolution, die vielleicht näher ist, als es scheint, werden wir (das heißt Du und ich) dies mächtige Instrument in unserer Hand haben. Vergleiche damit das Resultat der Operationen von Mazzini etc. während dreißig Jahren! Und alles das ohne Geld, und trotz der Intrige der Proudhonisten in Paris, Mazzinis in Italien, und der Odger, Cremer, Potter in London, die uns beneiden; und trotzdem wir Schultze-Delitzsch und die Lassalleaner in Deutschland gegen uns hatten. Wir können wirklich sehr zufrieden sein!« (James Guillaume, S. 54, zurückübersetzt.)

447 »Karl Marx Pangermaniste«, S. 34. Die Motivierung, warum die Franzosen »Kröten« sind, ist außerordentlich lehrreich, und die Vorschrift, wie sie sich gegen Deutschland zu benehmen haben, selbst wenn sie eine Revolution machen, noch unverschämter als die hier zitierte Stelle. Die volkserzieherische Wirkung der Marx und Engels kann man nach solchen Kraftproben unschwer ermessen.

448 Ebd., S. 85. Die französische Arbeiterschaft hatte am 12. Juli 1870 eine Adresse an die Deutsche Arbeiterschaft gerichtet, die mit den Worten begann: »Frères d'Allemagne, au nom de la paix n'écoutez pas les voix stipendiées ou serviles qui cherchent à vous tromper sur le véritable esprit de la France. Restez sourds à des provocations insensées, car la guerre entre nous serait une guerre fratricide.« Daß diese Adresse, unterzeichnet u. a. von Tolain, Murat, Avrial, Pindy, Theisz, Camélinat, Chauvrière, Langevin, Landrin, Malon, aufrichtig war, bewies die Commune. Marxens hier zitierter Brief bezog sich ausdrücklich

213

on: preußische Siege bringen das »Übergewicht« über die Theorie Proudhons! Unterscheidet sich diese Ansicht von der Lassalles, daß durch das Schwert zuletzt alles Herrliche vollendet wird?

Brupbacher leitet Marxens geringe Wertung des Freiheitsbegriffes aus der »Besitznahme von Marx durch Hegel« ab. »Marx wird durch Hegel zum Propheten der Idee der historischen Notwendigkeit für die Vergangenheit, aber auch für die Zukunft. Er wird Mitwisser der Gesetze des Weltgeistes und erhält das harte rücksichtslose Selbstbewußtsein der Wissenden gegenüber den Unwissenden. Er wird wie Engels die Schweizer, die für ihre Freiheit kämpfen, Reaktionäre schelten, weil die Weltgeschichte Zentralisation verlangt und sie für Föderalismus und Freiheit eintreten. Er hat nicht das Bewußtsein, ein Autoritär zu sein, aber er weiß, die Weltgeschichte ist autoritär, und er ist ihr Diener auf Erden.«[449] Das heißt idealistische Erklärungen finden für sehr materielle Beweggründe. Es ging um die Macht, und Marx wußte das Proletariat tüchtig zu handhaben.

Ohne sich Rechenschaft darüber zu geben, wo der Weltgeist mit Preußen denn eigentlich hinwollte und ob der Weltgeist nicht samt Preußen zum Teufel unterwegs sei, trat Marx bereits 1852 gegen Bonaparte auf. Und die zweite Auflage seiner Schrift »Der achtzehnte Brumaire des Louis Bonaparte« erschien just 1869, als der deutschfranzösische Krieg vor der Türe stand! Statt den österreichisch-preußischen Rivalitätsstreit um die deutsche Kaiserkrone seiner hohen Aufmerksamkeit zu würdigen, wandte er sich 1866 in seinem Pamphlet »Herr Vogt« wiederholt mit den heftigsten Ausfällen gegen die »verrottete bonapartistische Wirtschaft«. Statt die Thronbesteigung Wilhelms I., die Heeresreform und die Blut- und Eisenpolitik derer von Roon und Bismarck mit einem Gedenkblatt zu versehen, enthalten die Statuten der »Internationale« (1864) in aller Allgemeinheit nur den hinterhältigen Paragraphen, daß die politische Aktion der ökonomischen als Mittel unterzuordnen sei[450] Die Erstausgabe des

auf diese Adresse; denn er beginnt: »Ich schicke Dir den Réveil.« Es war die Nummer des Réveil vom 12. Juli, in der die Adresse erschienen war. (James Guillaume, S. 84.)

449   »Marx und Bakunin«, S. 8.

450   Es ist evident, daß dieser Paragraph selbst für Marx und Engels anfänglich etwas ganz anderes bedeutete, als sie später hineininterpretierten. 1864 kam es ihnen darauf an, die politische Intervention in den Angelegenheiten der nationalen Politik der ökonomischen Emanzipation   unterzuordnen, das heißt, die Bismarckische Politik möglichst gewäh-

»Kapital« (1867) enthält noch den später verschwundenen Passus: »Wenn in Europa die Entwicklung des kapitalistischen Einflusses gleichen Schritt hält mit dem wachsenden Militarismus, den Staatsschulden und Steuern etc., möchte die vom Halbrussen und ganzen Moskowiter Herzen so ernst prophezeite Verjüngung Europas durch die Knute und obligate Infusion mit Kalmückenblut schließlich doch unvermeidlich werden.«[451] 1868 aber, als die Luxemburger Streitfrage mit dem Krieg zwischen Deutschland und Frankreich drohte, erscheint auf dem Berner Kongreß der »Friedens- und Freiheitsliga« mit Marxschen Instruktionen Borkheim, um gegen die »Friedensagitation« zu sprechen, die nur ausgespielt werde gegen eine »Einzelregierung Zentral- und Westeuropas« (also Deutschland) und in deren Hintergrund Rußland, der »erklärte Feind der ökonomischen Entwicklung« stehe[452].

Wer sich einen Begriff davon machen will, mit welchen Mitteln

---

ren zu lassen. 1871 aber, auf der Londoner Konferenz, nach den glänzenden Bismarcksiegen, fürchteten sie, den Anschluß zu versäumen. Also schoben sie jetzt das Mittel der politischen Aktion in den Vordergrund und legten es im Sinne einer parlamentarischen Reformpartei aus.

451 Es bedarf keiner Erwähnung, daß Alexander Herzen dergleichen nie gefordert oder prophezeit hat. Herzen glaubte an die verjüngende Kraft der russischen Dorfgemeinde, des Mir, an die regnerative Bauernkraft Rußlands, dem westlichen »Verfall« gegenüber. Er glaubte an den ungebrochenen naiven Idealismus des russischen Volkstums. Keineswegs aber verlangte er eine »obligate Infusion mit Kalmückenblut und eine Verjüngung durch die Knute«. Das war nur der gewissenlose Superlativismus Marxens und eine seiner böswilligen Entstellungen in der Hetze gegen die »Panslawisten«.

452 Michael Bakunin, »Aux compagnons de la Fédération jurassienne«, Manuskript 1873 (mitgeteilt von Nettlau). Bakunin bemerkt dazu: »Wenn Herr von Bismarck auf den Genfer Kongreß einen Agenten hätte schicken wollen, – hätte er eine andere Sprache führen können? Im Augenblick, da er mit furchtbaren Mitteln den Sturz der französischen Hegemonie und die Begründung der deutschen Herrschaft auf deren Trümmern vorbereitete, – wäre es nicht von seinem Standpunkte aus hervorragende Politik gewesen, die öffentliche Aufmerksamkeit von seinen Rüstungen und dem deutschen Ehrgeiz auf die viel fernere Gefahr einer Drohung Rußlands abzulenken? War das nicht Pangermanismus, der sich Europa unter dem frommen Vorwand berechtigten und gemeinsamen Hasses gegen den Panslawismus anempfahl? Hieß das nicht Deutschland von allem politischen und sozialen Unheil, das es angerichtet hat und das es heute (1873) in monströsem Maße verbreitet, reinwaschen, dafür aber die Schuld auf seinen leider nur allzu gefügigen und getreuen Schüler Rußland schieben?« – Die Friedens- und Freiheitskongresse von Genf und Bern (1867/68) waren in der Hauptsache von Westschweizern und Franzosen einberufen und beschickt. Im Mittelpunkt ihrer Aktion stand der Russe Bakunin.

Marx gegen den »Panslawismus« auftrat, ohne den Pangermanismus mit einem Wort zu erwähnen, der lese zwei Schriften Bakunins: »Aux citoyens rédacteurs du Réveil« (1869) und in »L'Empire knoutoger-manique« von 1870/71 den Abschnitt »L'alliance russe et la russo-phobie des Allemands«. Es ist kein Zufall, daß beide Schriften um die Zeit des deutsch-französischen Krieges erschienen. Sie enthüllen rest-los nicht nur den mit der Bismarckpolitik konspirierenden Charakter der Marxschen Aktion und eine der unerhörtesten Verleumdungs-kampagnen; sie beweisen auch, daß Marxens Panslawistenhetze, in die alle deutschen Sozialisten seiner Zeit einstimmten, schon damals als das erkannt wurde, was sie war: ein Versuch deutscher Patrioten, die Aufmerksamkeit von dem in Aussicht stehenden pangermani-schen Kaiserreich auf das »die westliche Kultur bedrohende« Ruß-land abzulenken[453].

Wie sehr Bakunin recht behielt, als er schon 1871 das neue deut-sche Reich als eine größere Gefahr für die Zivilisation empfand als das zaristische Rußland, hat die russische Revolution von 1917 erwie-sen, und es ist nicht nur sehr zu bedauern, sondern es kennzeichnet die Wut und Nachhaltigkeit der marxistischen Intrige, daß die für die Beurteilung Marxens wichtigsten Schriften Bakunins noch 1918 ins Deutsche nicht übersetzt sind. Etwas mehr Kenntnis dieser Dinge hätte vielleicht 1914 in Deutschland und 1915/1916 auf den Konfe-renzen von Zimmerwald und Kienthal dazu beigetragen, die Stellung-nahme zu erleichtern.

Man kann bei den Geschichtsschreibern der deutschen Sozial-demokratie immer wieder in der gehässigsten Variation die dunkle Nachricht vernehmen, daß ein gewisser Utopist Bakunin die erste (deutsche) Internationale gesprengt habe. Warum er diese Frivolität beging, vernimmt man nicht. So soll es hier mit klaren und unzwei-deutigen Worten stehen: weil er sie als ein Propagandainstitut für die Bismarckschen Pläne empfand, wie wir heute die Reste der zweiten (sozialdemokratischen) Internationale, die marxistische Zimmer-wald-Kienthal-Gründung, als ein Propagandainstrument Ludendorffs

---

453 Erbitterte Anti-Slawisten waren neben Marx und Engels auch Lassalle, Bebel und Wil-helm Liebknecht. Noch 1914 fiel fast die gesamte deutsche Sozialdemokratie auf das Märchen vom russischen Angriffskrieg herein. Es war tüchtig vorgearbeitet: ein halbes Jahrhundert lang.

bekämpfen und die Beweise in den Friedensverträgen von Brest-Litowsk vorzeigen[454]. Die Marxsche Doktrin vom abstrakten internationalen Kapital, gegen das in erster Linie revoltiert werden müsse, und das überall, ja in England und Amerika despotischer als sonstwo, die Herrschaft führe, enthüllt sich als die Ausflucht eines patriotischen Juden, der über die mit kontinentalen Ansprüchen auftretende Militärautokratie seines Landes hinwegtäuschen wollte; hinwegtäuschen wollte über die Tatsache, daß der Sitz der Weltseele, Berlin, seit 1871 Sitz der Weltreaktion geworden war[455]

---

454   Vgl. die ausgezeichnete Darstellung »Der Irrtum von Zimmerwald-Kienthal« von S. Grumbach, Bümpliz-Bern 1916, die bestätigt, daß der doktrinäre Verzicht auf die Landesverteidigung und die   marxistische Wirtschaftsideologie es waren, die Rußland der obersten deutschen Heeresleitung auslieferten. Präsident der Zimmerwald-Kienthal-Gründung war der germanophile Schweizer Sozialdemokrat Robert Grimm, Hauptwortführer Genosse Radek und der Großinquisitor der »verbürgerlichten« Internationale, Ulianow Lenin, dessen Überschätzung der revolutionären Neigungen des deutschen Proletariats sich noch bei weitem utopischer zeigte, als sein Versuch, den Marxismus zu »verwirklichen«. Lenin sowohl wie seine russischen Genossen Trotzkij und Sinovjew nennen sich »   revolutionäre Marxisten«. Die groben Irrtümer Lenins hinsichtlich der deutschen Mentalität sind samt und sonders in seinem Marxismus beschlossen. Gleich Marx hielt er den preußisch-französischen Krieg von 1870 bis zum Sturze Napoleons für einen »Freiheitskrieg«: »Im deutsch-französischen Kriege beraubte Deutschland Frankreich, aber dies ändert den grundlegenden historischen Charakter dieses Krieges nicht, der viele Millionen Deutsche von der feudalen Zersplitterung und Unterdrückung durch zwei Despoten, den russischen Zaren und Napoleon III. befreite.« (Lenin und Trotzkij, »Krieg und Revolution«, hrsg. von Eugen Levin-Dorsch, Zürich 1918, S. 102.) Mit Marx versuchte er, noch am 8. April 1917 die internationale Arbeiterschaft glauben zu machen, das deutsche Proletariat sei »der treueste und zuverlässigste Bundesgenosse der russischen und der internationalen Revolution« (Ebd., »Abschiedsbrief an die Schweizer Arbeiter«, S. 159). Und gleichwohl hat er den Marxismus, von dessen »lebendiger revolutionärer Seele« er noch heute überzeugt zu sein scheint, schlechter verstanden als der preußische Generalstab, sonst hätte er nicht schreiben können: »In Wirklichkeit wird diese (deutsche) Bourgeoisie zusammen mit den Junkern alle ihre Kräfte, ohne Rücksicht auf den Ausgang des Krieges anstrengen, um die zarische Monarchie gegen die Revolution in Rußland zu schützen« (S. 137). Oh nein! Dieser Generalstab (von der antislawistischen Bourgeoisie, auch der sozialdemokratischen, gar nicht zu reden) wußte sehr wohl, daß sich mit »revolutionären Marxisten« bei weitem besser arbeiten läßt, als mit einer von religiöser Feindschaft getragenen Monarchie. Und die Ereignisse bewiesen, daß es dem Generalstab gelang, Rußland durch seine Marxisten gründlicher zu ruinieren, als zehn schreckliche Iwans es vermocht hätten.

455   Aus Bakunins »Abschiedsbrief an die jurassische Föderation« nach dem Kongreß der antiautoritären Internationalisten, 1873: »So ist Euer Sieg, der Sieg der Freiheit und der

217

Vielleicht schlägt einmal die Stunde der allgemeinen Völkerverbrüderung. Dann hat den deutschen Gedanken die Arbeit aller Generationen Europas genährt. Solange aber ist die Exaltierung der wichtigsten Idee Europas und der Welt, der Freiheit, nicht möglich, als in einem Volk von der Größe des deutschen die primitivsten Voraussetzungen dafür fehlen. Die Zeit theoretischer Versprechungen ist vorbei. Die ganze Welt wartet auf uns. Werfen wir die Gewaltmethoden und die Sophistik ab, und die neue Internationale ist gegründet. Die marxistische Pseudologie hat Rußland ins Verderben gestürzt und den Despotismus stärker gemacht als je. Sie versucht heute Revolutionen in Frankreich und Italien zu provozieren, um im eigenen Lande den Militärgeist zu retten; denn Bevormundung, »Ordnung und Sicherheit« erscheinen dem deutschen Philister und auch Proleten bequemer und weniger schrecklich als Rebellion. Unsere historische Schuld ist zu groß. Bekennen wir es! Gestehen wir's zu! Wir werden nicht eher Versöhnung finden, als bis wir in weißen Fahnen die Freiheit tragen.

4

Die Bedeutung des preußischen Junkertums und sein detestabler Einfluß auf die deutsche Politik konnten nur deshalb im Auslande unterschätzt werden und 1914 überraschen, weil man im deutschen Parteileben in den wenigen Jahrzehnten seines Bestehens zu wenig politische Schule und zu viele patriotische Hemmungen hatte.

Über kein Thema ist in Deutschland so wenig geschrieben worden, wie über den deutschen Adel. Und wenn schon geschrieben wurde,

---

Internationale gegen die autoritäre Intrige, vollständig. Aber bevor wir uns trennen, gestattet mir noch einen letzten brüderlichen Rat: Meine Freunde, die internationale Reaktion hat ihr Zentrum heute nicht mehr in diesem armen Frankreich – so possierlich von der Versailler Versammlung dem Sacré-Coeur geweiht –, sondern in Deutschland, in Berlin; und ihre beiden Vertreter sind ebenso gut der   Sozialismus von Marx als die Diplomatie Bismarcks. Diese Reaktion setzt sich als Endziel die   Veralldeutschung Europas und droht zu dieser Stunde alles zu verschlingen und umzukehren. Sie hat der Internationale, die heute nur noch aus den autonomen und freien Föderationen besteht, den Krieg aufs Messer erklärt. Wie die Proletarier aller anderen Länder, sollt auch Ihr, obgleich Ihr zu einer heute noch freien Republik gehört, die Reaktion bekämpfen, denn sie steht zwischen Euch und dem Endziel, der Emanzipation des Proletariats der ganzen Welt. – (Brupbacher, »Marx und Bakunin«, S. 160.)

so mit einer himmelschreienden Harmlosigkeit, mit einer jeder Nerven- und Phantasiekraft baren Devotion; ohne allen Blick für den volksfeindlichen Charakter seiner Ränke, für die Gefährlichkeit seiner erheuchelten oder verschimmelten nationalen Beteuerungen; ohne die leiseste Skepsis seiner Gedankenarmut und säbelsicheren Staatsräson gegenüber. Ganz und gar aber ohne jene bis zum Exzeß gehende Eindringlichkeit, die dem Gegenstand angemessen gewesen wäre und die von unserer, der Rebellen Seite, auch der außerdeutschen Mitwelt Neues sagen konnte.

Wer kennt im Auslande Franz Mehrings »Lessinglegende«, in der sich das friderizianische Junkertum und die vertuschende Zuhaltetaktik deutscher Universitätsprofessoren in die Geißelhiebe eines überlegenen Gelehrten teilen? Wer glaubte bei uns zu Hause auch nur an die Möglichkeit ehrlicher Entrüstung und den Fanatismus, der Hermann Roesemeiers kraß plakatierende Junkerskizzen mit grimmiger Ironie erfüllt? Und ist es nicht ebenso traurig wie wahr, daß bis zum Erscheinen von Hermann Fernaus Ostelbierbuch »Das Königtum ist der Krieg«, das einen ungeschminkten Abriß der preußischen Verfassungsgeschichte und des Junkertums enthält, Mehrings Pamphlet gar vereinsamt blieb?

Das ist nur für denjenigen überraschend, der die Geschichte der deutschen Zensur und die Tradition der deutschen Staatsidee nicht kennt; der die Herabstimmung der freiheitlichen Forderungen durch ein rückständiges Parlament und die überwältigende Bestechlichkeit physikalischer Kraftleistungen für deutsche Gemüter außer acht läßt. Mit einer Naivität und Hingabe, wovon noch 1917 Herr Walther Rathenau verzeichnen konnte, daß man »bis an die äußerste Grenze der Kraft jede geforderte Leistung hergibt«, hat das Volk seinen Fürsten gedient. »Pflichtbewußtsein ist nicht der Ausdruck dieses Verhältnisses, noch weniger ist es blinder Gehorsam, weil freie Neigung mitspielt, am nächsten ist es kindlicher Folgsamkeit verwandt.«[456]

---

456 Walther Rathenau, »Von kommenden Dingen«, S. 263. Wörtlich beginnt dies Zitat: »Dieses hingebungsvolle Unterschichten- und Untertanenbewußtsein erfüllt in Preußen Millionen von Seelen und dringt bis hinauf in das freiere (!) Bürgertum, wo es dann freilich verderbte und sittlich gefährliche Formen annimmt. In seiner reinsten Form zeigt es kindlich schöne Züge (!) und fügt sich in das glückliche Patriarchenverhältnis, das uns in jeder Völkerjugend rührt. Volkspsychologisch sind diese Züge von hohem Wert; sie schaffen die disziplinierbarste und organisierbarste Masse, die wir kennen etc. etc.« Der

Bezeichnend für solche Gesinnung ist, daß man während des Krieges jegliche Warnungsstimme im Lande widerstandslos ersticken oder verdächtigen durfte; bezeichnend, daß man ohne nennenswerte Empörung im Reichstag nicht nur Liebknecht und Dittmann verurteilen, Muehlon und Lichnowsky für geisteskrank erklären konnte, sondern auch den 70jährigen Mehring in Schutzhaft nahm.

Die Reden und Schriften dieser ausgezeichneten Männer sind weiten Kreisen bekannt. Gleichwohl möchte ich mir nicht versagen, Adel und Junkertum auch in ihrem ideellen Zusammenhang etwas näher zu beschreiben. Ihre drei Haupteigenschaften sind:

1. Die Verkrampfung in die theokratische Ideologie des deutschen Mittelalters, die sie als Sachwalter der heiligsten nationalen Überzeugungen gegen befremdliche internationale Strömungen (Sozialismus, Pazifismus und Judentum) erscheinen läßt.

2. Die aristokratisch-sporthafte Auffassung des Soldatentums, worin sie sich seit dem friderizianischen Zeitalter dem um Hab und Gut besorgten Zivilisten und der sogenannten Nützlichkeitsmoral überlegen fühlten; ihr Idealismus und Heroismus sozusagen, eine bäurisch dandyhafte Philosophie von der Nichtsnutzigkeit des Privatmanns und der Wertlosigkeit des Lebens, der in der Politik ein ebenso dreister wie grober Machiavellismus entspricht[457].

3. Ein skrupelloser Zynismus, der nicht nur weite Kreise der bürgerlichen Intelligenz, sondern auch des werktätigen Volkes zu verführen wußte; der sich trotz Ludwig XIV. und der Französischen Revolution, trotz 1830 und 1848 gegen Christlichkeit und Aufklärung, gegen Humanität und Menschenrechte so wohl zu behaupten wußte, daß man heute fast sagen kann, diese Begriffe seien dem Bewußtsein der Nation entschwunden.

»Es soll schwer sein«, sagt Mehring, »in der ganzen Weltgeschich-

---

solchen Galimathias schreibt, erläßt heute als »Führer der Nation« und Präsident der A. E. G. Aufrufe an die Jugend und versteht es auch sonst, die »spekulative« deutsche Tradition bestens zu handhaben.

457 Hauptverteidiger dieses junkerlichen Heroismus sind die Herren Dr. Max Scheler und Prof. Werner Sombart, letzterer in seinem Buche »Händler und Helden«, das Nietzsches Angriff auf den »philosophischen Geist überhaupt« für seine fadenscheinige Beweisführung in Anspruch nimmt und damit die »platte englische Krämermoral«, den Common sense der Bentham, Spencer, Godwin, Owen, Hume, zu erschlagen sucht. »Deutsch sein heißt Held sein!«

te eine Klasse aufzufinden, die durch so lange Zeit so arm an Geist und Kraft und so überschwenglich reich an menschlicher Verworfenheit gewesen ist wie die deutschen Fürsten vom fünfzehnten bis zum achtzehnten Jahrhundert.«[458]Das ist der Ausgangspunkt.

Den zum Jenseits gewandten phantastischen österreichischen Kaisern zur Zeit der Reformation gelang es nicht, diesen Adel zu bändigen. In Frankreich führte die Unterwerfung der Provinzialfürsten zu jenem Hofadel, der die Blüte der französischen Literatur schuf. In England paßte sich der die Revolution überlebende Adel den Interessen des Volkes an. Ja, im russischen Dekabristenaufstand verschwor sich der Adel sogar im Sinne der Volksemanzipation und gegen seine eigenen Privilegien wider den Zaren. In Deutschland aber? »Deutschland wimmelt von Fürsten«, schrieb in der ersten Hälfte des 18. Jahrhunderts ein Kenner der deutschen Höfe, Graf Manteuffel, »von denen drei Viertel kaum gesunden Menschenverstand haben und die Schmach und Geißel der Menschheit sind. So klein ihre Länder, so bilden sie sich doch ein, die Menschheit sei für sie gemacht, um ihren Albernheiten als Gegenstand zu dienen. Ihre oft sehr zweideutige Geburt als Zentrum allen Verdienstes betrachtend, halten sie die Mühe, ihren Geist und ihr Herz zu bilden, für überflüssig oder unter ihrer Würde. Wenn man sie handeln sieht, sollte man glauben, sie wären nur da, um ihre Mitmenschen zu verlieren, indem sie durch die Verkehrtheiten ihrer Handlungen alle Grundsätze zerstören, ohne die der Mensch nicht wert ist, ein Vernunftswesen zu heißen.«[459] Die Intelligenz aber – sympathisierte oder fluchte sie? Von Luther bis Rathenau trugen die hervorragendsten Geister zur Stärkung dieses Adels bei, indem sie sich begnügten mit der » intelligiblen Freiheit«, die, ob sie Musik, Transzendenz, innere civitas dei oder »Freiheit eines Christenmenschen« hieß, auf ein freiwilliges oder notgedrungenes Abdanken hinauslief und sogar auf eine versteckte, servile, zwinkernde Konspiration wider die Weltmoral.

Überall waren die Vorrechte des Adels mit dem Aufkommen des Bürgertums beschnitten worden, nur, dank Luther, in Deutschland und Preußen nicht. Die Bauernkriege versanken im Blutbad. Drei wei-

---

458 Franz Mehring, »Die Lessinglegende. Zur Geschichte und Kritik des preußischen Despotismus und der klassischen Literatur«, S. 76.
459 Ebd., S. 224.

tere Revolutionen gingen spurlos vorüber. Der preußische Junker, der verwegenste von allen, saß und sitzt noch heute auf seinem Dominium wie ein König, mit dem Bewußtsein, sein Stammbaum ist ebenso alt, wenn nicht älter als der seines Dienstherrn. Die alten Begriffe von Lehensherrschaft und Vasallentum blieben bestehen. Die alten augsburgischen Begriffe von gottgewollter Abhängigkeit leben noch heute. In dem skurrilen Verhältnis Bismarcks zu Wilhelm I. genossen noch unsere Väter ein Beispiel davon. Bismarck: »Er kann nicht lügen, ohne daß man es merkt.« Der König: »Mein größtes Glück, mit Ihnen zu leben.« Der Vasall beherrscht seinen Fürsten, setzt ihm zu, faßt ihn beim Porte-épée, macht ihn schamrot in einer Unterhaltung über Pietismus. Der König, eingeschüchtert, ist ihm verfallen wie die Taube dem Habicht. »Warum«, fragt der Junker, »wenn es nicht Gottes Gebot ist, soll ich mich sonst diesen Hohenzollern unterordnen? Es ist eine schwäbische Familie und nicht besser als die meine.«[460] Als 1848 die Truppen unter den Steinwürfen der Menge auf Königs Befehl zurückgehen müssen ohne zu feuern, rät er den Generalen ganz offen zur Insurrektion. Kadavergehorsam kennt er nicht. Oberster Kriegsherr? Zum Lachen! Nur vor der Kanaille gilt es Dekorum zu wahren.

In Preußen zeigt das Naturburschentum der Junker die rührigste Farbe. Mit einem »üppig wuchernden, zahlreichen, scheußlichen Krautjunkergeschlecht« balgt sich der Große Kurfürst um die Kontribution für sein stehendes Heer[461]. Die Junker sind pfiffig. Der Bauer muß schließlich die Lasten tragen. Friedrich Wilhelm I., Begründer der preußischen Hausmacht, dekretiert im Jahre 1717, daß »die Junkers ihre Autorität wird ruinieret werden. Ich aber stabiliere die souveräineté wie ein rocher von bronce.« Doch schon Friedrich II. sieht sich gezwungen, mit den Junkern zu paktieren, »sintemalen des Edelmannes Söhne das Land defendieren und die Rasse davon so gut ist, daß sie auf alle Art meritieret, conservieret zu werden«[462]. Friedrich Wilhelm I. ging ärgerlich prügelnd mit dem Stock durch Berlin, wenn er nach dem Rechten sah, und noch Friedrich II. läßt seine Journalisten ausprügeln. In deutschen Geschichtsbüchern findet man das schnurrig genug, als vergilbte Historie, aber noch 1918 erlebte man

460 Zitate aus Emil Ludwig, »Bismarck«, S. 70/73; 58.
461 Vgl. Kap. II, S. 96 f.
462 Zitate aus Hermann Fernau, »Das Königtum ist der Krieg«, Bümpliz-Bern 1918, S. 27 ff.

den Prozeß gegen den mecklenburgischen Junker von Oertzen zu Roggow, der einen Schnitter sich entkleiden ließ, ihn an einen Baum schnürte und ihm 50 Hiebe mit der Reitpeitsche auf den nackten Körper zeichnete.

Es ist wohl ohne weiteres klar, daß in dem völlig verrohten Knuten- und Schinderstaate Preußen von milderen Regungen schwerlich die Rede sein konnte. Was die vielgerühmte Toleranz unter Friedrich II. betrifft, so hat Lessing ihr ein Denkmal gesetzt, das gerade heute wieder eine gewisse Aktualität erlangt hat. In einem Brief an Nicolai vom August 1769 schreibt er: »Sagen Sie mir von Ihrer Berlinischen Freiheit zu denken und zu schreiben ja nichts. Sie reduziert sich einzig und allein auf die Freiheit, gegen die Religion (siehe Marx und Nietzsche) so viele Sottisen zu Markt zu bringen, als man will; und dieser Freiheit muß sich der rechtliche Mann nun bald zu bedienen schämen. Lassen Sie es aber doch einmal einen in Berlin versuchen, über andere Dinge so frei zu schreiben... , dem vornehmen Hofpöbel so die Wahrheit zu sagen..., lassen Sie einen in Berlin auftreten, der für die Rechte der Untertanen, der gegen Aussaugung und Despotismus seine Stimme erheben wollte... und Sie werden bald die Erfahrung haben, welches Land bis auf den heutigen Tag das sklavischste Land von Europa ist.«[463] Man vergleiche auch die Auszüge aus den Briefen Winckelmanns, die Mehring mitteilt und aus denen die tiefste Verzweiflung eines preußischen Untertanen Friedrichs II. spricht.

Nach der Niederlage von Jena und Auerstädt (1806) ist das preußi-

---

463 »Die Lessinglegende«, S. 340. Nicht nur Lessing hat sich übrigens über die Denkfreiheit unter Friedrich II. so geäußert. Ähnlich schrieb auch Sir Charles Hanbury Williams 1750 aus Berlin: »Es ist gar nicht zu glauben, wie dieser pater patriae sich um seine Untertanen sorgt: er läßt ihnen in der Tat keine andere Freiheit als die des Denkens. Ich denke Hamlet sagt irgendwo: Dänemark ist ein Gefängnis. Das ganze preußische Gebiet ist ein solches im buchstäblichen Sinne des Wortes«. Oder der italienische Dichter Alfieri in seiner Selbstbiographie über einen Aufenthalt 1770 in Preußen: Berlin sei ihm vorgekommen wie » eine große Kaserne, die Abscheu einflößt«, der ganze preußische Staat aber »mit seinen vielen Tausend bezahlter Satelliten wie eine ungeheure ununterbrochene Wachstube«. Oder Lord Malmesbury, 1772: »Berlin ist eine Stadt, wo es weder einen ehrlichen Mann, noch eine keusche Frau gibt. Eine totale Sittenverderbnis beherrscht beide Geschlechter aller Klassen. Die Männer sind fortwährend beschäftigt, mit beschränkten Mitteln ein sehr ausschweifendes Leben zu führen, die Frauen sind Harpyen, denen Zartgefühl und wahre Liebe unbekannt sind und die sich jedem preisgeben, der sie bezahlt« (S. 250).

sche Junkertum gezwungen, sich bürgerliche Heeresreformen gefallen zu lassen. Scharnhorst und Gneisenau als Revolutionäre, weil sie die »Junkerstellen« im preußischen Heer abschaffen und die »Freiheit des Rückens«, das heißt die Abschaffung der Prügelstrafen, erwirken! Im Handumdrehen aber erzwingt die junkerliche Fronde die Entlassung zweier reformlerischer Freiherren, des vom Stein und des von Hardenberg, dieweil der eine eine Art »preußischen Volksstaats«, der andere versöhnlicher, eine »Revolution im guten Sinne« verlangte. Die Reformen ermöglichen es gerade, daß unter Preußens Führung die »Befreiungskriege« unternommen werden können, und diese verhelfen der Reaktion wieder zur Herrschaft[464].

Die Philosophie aber, die große Führer- und Verführerin zu Freiheit und Volkswohl, die Schutzheilige und Madonna der Menschheit gegen die Attentate der Usurpatoren, diese unsere Jeanne d'Arc der Erlösung vom Dunkel und allen Verbrechen wider die Soziität – wo blieb sie? »In einer weltgeschichtlichen Komödie«, schreibt Mehring, »hatte der preußische Korporalstock die deutsche Philosophie in immer höhere Höhen getrieben, bis er, was eine gewitterschwangere Wolke war, für ein harmloses Kamel oder Wiesel ansah.«[465]

Die romantisch-deutschen Ideen verbanden sich mit dem Protestantismus, die Reichsherrlichkeit des feudalen Mittelalters mit der protestantischen Prätention einer Ablösung der päpstlichen Autokratie durch das preußische Summepiskopat. In Hegels Philosophie wurde System, was unter Friedrich Wilhelm IV. Philisterideal war: der exaltierte, vertiefte, der kirchlich begründete Absolutismus. »Es drängt mich«, erklärte der König im April 1847 bei Eröffnung des vereinigten Landtags, »zu der feierlichen Erklärung: Daß es keiner Macht der Erde je gelingen soll, Mich zu bewegen, das natürliche, gerade bei uns durch eine innere Wahrheit so mächtig machende Verhältnis zwischen

---

464 Es ist typisch für Preußen, daß dort »Revolutionen« von Zeit zu Zeit gerade dann gestattet werden, wenn der Despotismus neuer Kraftzufuhr bedarf. Die Revolution ist eine Art vereinfachter Beamtenselektion und Karriere. Man sollte sich warnen lassen, heute, Dezember 1918, wo wieder, wie 1848, eine Nationalversammlung bevorsteht und in politicis eine Verwirrung herrscht, die sich von der um 1848 in keiner Weise unterscheidet, weder im Mangel an Energie auf Seiten der Rebellen, noch im Mangel an Dreistigkeit auf Seiten der Reaktion. Deutschland erscheint unfähig, Revolutionen, selbst wenn sie ihm aufgezwungen werden, zu erfassen und im volksfreundlichen Sinne durchzuführen.

465 »Lessinglegende«, S. 421.

Fürst und Volk in ein konventionell-konstitutionelles zu wandeln, und daß Ich es nun und nimmermehr zugeben werde, daß sich zwischen unseren Herrgott im Himmel und dieses Land ein beschriebenes Blatt, gleichsam als eine zweite Vorsehung eindränge, um uns mit seinen Paragraphen zu regieren.«[466] Es war am Vorabend der Revolution. Dem von englisch-französischen Revolutionsideen gestärkten Bürgertum riß die Geduld. Am 18. März 1848 war der patentierte Stellvertreter Gottes gezwungen, zu dekretieren: »Der König will, daß Pressefreiheit herrsche; der König will, daß der Landtag sofort berufen werde; der König will, daß eine Konstitution auf der freisinnigsten Grundlage alle deutschen Lande umfasse etc. etc.«

Die Nation ließ sich düpieren. Sie redete und schwatzte, räsonierte und zankte, aber sie handelte nicht. Sie war über ihren eigenen Erfolg verblüfft, wie die Junker verblüfft waren über das sonderbare Schicksal ihres bislang so absoluten Königs. Die Parallele zur heutigen Situation liegt erschreckend nah. Am 27. April 1849 bereits hatte sich das Junkertum von seinem Schreck wieder erholt. Die preußische Regierung jagte die zweite Kammer auseinander. Am 28. April lud sie diejenigen Regierungen, die mit ihr die »deutsche Einheit gründen wollten«, zu gemeinsamen Konferenzen nach Berlin ein, versicherte, daß für unvorhergesehene Fälle alles Nötige bereit sei, und bot sich für etwaige Bedürfnisse in »gefährlichen Krisen« sogar nach auswärts an. Die Hofkamarilla schien zwar beseitigt. Aber Wilhelm I. richtete als »leidenschaftlicher Soldat« alsbald sein berühmtes Militärkabinett ein. Leiter dieses Kabinetts wurde von Manteuffel, Kriegsminister der junkerliche Hetzer von Roon, und der letztere erklärte gleich bei seiner Berufung, daß er »von der ganzen konstitutionellen Wirtschaft nie etwas gehalten habe«. Militärkabinett und Kriegsmi-

---

466 »Von großer Frömmigkeit«, beschreibt Fernau diesen verrücktesten preußischen Monarchen, »und doch scheinbar liberal, ganz vollgepfropft mit mittelalterlichen Vorstellungen und doch, wie er sich im Gegensatz zu seinem Vater selbst nannte, ein ›moderner Mensch‹, versuchte er die Herrlichkeit eines romantischen teutschen Mittelalters und die Prächtigkeit einer römischen Herrscherkirche mit den Freiheitsideen (!) des Protestantismus und des 19. Jahrhunderts zu verbinden. Die ›Schreiberkaste‹ war ihm zuwider. Und darum hatte das Junkertum sein Wohlgefallen an diesem Herrscher. Es umgab ihn mit ›Heiligen und Rittern‹, entfremdete ihn völlig seinem Volk und seiner Zeit und lullte ihn in Weihrauch und herrliche Redensarten von Gottesgnadentum ein.« (»Das Königtum ist der Krieg«, S. 45.)

nisterium heckten zusammen den neuen Mann aus: den Junker Otto
von Bismarck.

5

Die Umkehr der Moralbegriffe, die Luther vornahm, indem er der
Brutalität deutscher Fürsten des 16. Jahrhunderts die päpstliche Wür-
de, der Obrigkeit und dem Staate göttliche Kraft verlieh, bestätigt
die Erbsünde unserer Nation, ihren paradoxalen Freiheitsbegriff, das
Wohlbehagen im Zustande der Barbarei. Mereschkowski nannte die
Reformation den »zweiten Einbruch der Barbaren« in die lateini-
schen Sitten[467]. Und in der Tat: die Freude an der geglückten Zerstö-
rung – die sogenannte Schadenfreude – und die Heiligsprechung der
Profanation sind der Sinn des Lutheranismus, dessen Gipfel ist: die
Verherrlichung aller Attentate auf den Geist, die Abschaffung der Mo-
ral und des Allmenschentums, die Zerstörung der Religion und des
Menschheitsgewissens.

Die Weltseele mußte Bismarck erfinden, um Europa an einem fla-
granten Beispiel zu zeigen, worin man in Deutschland sich einig ist
und was einer vermag, der die deutschen Freiheitsbegriffe versteht.
Man hat Bismarck »von allen Deutschen den deutschesten Mann«
genannt[468], und wenn die Bismarcktürme aller deutschen Gaue etwas beweisen, dann mit Recht. Er hat die Nation tiefer entfesselt als
Luther und Nietzsche. Er war der »freieste Deutsche. Selbst vor den
schlimmsten Instinkten scheute er nicht zurück. Er hat die Nation an
den Tag gebracht wie keiner vor ihm, unmißverständlich und ohne
Bedenken.

Der Begriff deutsch steht selbst unter Deutschen keineswegs fest,
und unter Ausländern nur als Schimpfwort. Hervorragende Führer
haben sich vergebens bemüht, eine Norm aufzustellen, was eigentlich
deutsch sei. Sie widersprachen sich alle. Fichte kam dem Problem am
nächsten. Deutsch sein, heißt originell sein, fand er. Und da er Luthe-

---

467   Dmitri Mereschkowski, »Vom Krieg zur Revolution«, München 1918, S. 96 (Von der
      religiösen Lüge des Nationalismus).
468   Houston Stewart Chamberlain, »Deutsches Wesen«, München 1916, in dem Kapitel
      »Bismarck der Deutsche«, S. 40.

226

raner war, bedeutete das, die Originalität bestehe im Bruch mit der Tradition, in jenem stets neu und von vorne Beginnen, das die Ideen verneint, statt sie auszubauen, das den Gedanken bekämpft, kaum daß er gefunden ist. Deutsch sein, heißt quer zu der Menschheit stehen; deutsch sein, heißt alle Begriffe verwirren, umwerfen, beugen, um sich die »Freiheit« zu wahren. Deutsch sein, heißt babylonische Türme errichten, auf denen in zehntausend Zungen der Unsinn Anspruch auf Neuheit macht; deutsch sein, heißt renitente Systeme voller Sophistik ersinnen aus einfacher Furcht von Wahrheit und Güte.

Mit solcher Philosophie ist man Widersacher und Sonderling. Mit solcher Philosophie ist man Nörgler und Volksfeind, flieht man die Realität und das Elend und Opfer, bleibt man in Konstruktionen, Verschrobenheiten; stammelt, verneint man und schwebt in der Luft. Das erklärt zur Genüge den Beifall, den Bismarck fand, als er bestimmte: deutsch sein, heißt Erfolg haben, gleichviel mit welchen Mitteln. Es war überraschend, daß einer es wagte, sozial zu sprechen, gleichviel mit welcher Gesinnung. Es war eine plausible und handliche Formel, die viel Spintisieren und fruchtloses Grübeln beendete; auf die sich heißhungrig alle die torturierten Gemütsmenschen stürzten, die gerne Geschäfte machten, dieweil es verboten war. Das Leben bekam einen Sinn, die Nation einen Sinn, Verschlagenheit wurde jetzt Recht, Gerissenheit wurde Moral. Keine Faxen mehr, seien wir praktisch[469]!

Und Bismarck hatte Erfolg, eminenten Erfolg, wenigstens für den Augenblick von einigen Jahrzehnten. Mit den verwegensten Mitteln »öffnete er Deutschland die Bahn«; war er der deutscheste Mann; glückte es ihm, Alldeutschland berauscht und gefesselt der Junker-

---

469 Die Ablösung der Ideologie durch den praktischen Geschäftsgeist war es, was Bismarck so rasch zum Heroen erhob. Die abstrakte, volksfremde Ideologie (der deutsche Träumer) hatte die Nation so furchtbar verwildern lassen, daß der Geschäftsgeist, der jetzt zutage trat, an Immoralität den »Kapitalismus« jeden anderen Landes überbot. Die alldeutschen Verbände (Junkertum und Schwerindustrie), Händler und Helden in innigem Verband, wuchsen in kurzem zu jener ungeheuren, die deutsche Politik und das Wirtschaftsleben fast unumschränkt beherrschenden Macht, die seit den 80er Jahren mit vollem Bewußtsein auf einen neuen segensreichen Krieg, auf den Weltkrieg hinarbeitet. Die religiöse Weihe aber gab diesem Bunde Luther. »Sobald Luther erhaben wird, wird er praktisch«, schrieb Chamberlain, und er selbst unterstrich den Satz und fügte hinzu, daß der praktische Geist nach seinem Dafürhalten sogar »die Achse dieser gewaltigen Persönlichkeit ausmacht«. (»Deutsches Wesen«, S. 51, »Martin Luther, ein ergänzender Abschnitt zu den Grundlagen des neunzehnten Jahrhunderts«.)

schaft auszuliefern, wie ein geschickter Detektiv sein Opfer erst ködert und dann überrumpelt. Alle Kronen schmiedete er gewaltsam zum Ring, und daran band er ein großes Volk in entsetzlicher, heute dem Volke noch kaum zu Bewußtsein gekommener Sklaverei. Wenn aber sein System nun zusammenbrach? Das Erfolgssystem, das Gewaltsystem, das Betrugsystem, die moralische Freibeuterei? Was blieb dann vom Deutschtum übrig? Was mehr als ein Jammer?

»Roter Reaktionär, riecht nach Blut, später zu gebrauchen«, soll Friedrich Wilhelm IV. gesagt haben, als er Bismarck fürs erste von der Ministerliste strich[470]. Der verschuldete, arme und hungrige Landjunker Bismarck war ein Kind seiner romantischen Zeit. Als Romantiker las er Byron und Shakespeare, als Junker Machiavelli. Es war die Zeit, da erbötige Hegelianer die Offenbarungen der Weltseele übersetzten in den Jargon der preußischen Bürokratie, und einer von ihnen schrieb eine Rechts- und Staatsgeschichte, worin der preußische Staat auftrat als Riesenharfe, ausgespannt im Garten Gottes, um den Weltchoral zu leiten. Gegen diese Bürokratie, deren Pünktlichkeit, Ordnung und Stabilität das Königtum stützte, kämpften die Junker. Für sie brauchte die Vernunft der preußischen Monarchie nicht erst aus der Weltseele abgeleitet zu werden. Das war ihnen zu hoch und abgeschmackt, Schöngeisterei.

Den Widerwillen gegen die staatsrechtlich argumentierende Bürokratie, die sich allerhand auf ihr akademisches Wissen zugute tat, teilte auch Herr von Bismarck. Nicht daß er Volksrechte geltend machte, wie sollte er auch? Dem Deichhauptmann war die »Schreiberkaste« zuwider. Er fand vielmehr die delikaten Worte: »Die Bürokratie ist krebsfräßig an Haupt und Gliedern. Nur ihr Magen ist gesund, und die Gesetzesexkremente, die sie von sich gibt, sind der natürlichste Dreck von der Welt.«[471] Man beachte den Neid in der Magenfrage und die Anspielung aufs Naturrecht, das damals noch im Gelehrtentum spukte!

Die Romantik Bismarcks ist von der üblichen Romantik etwas verschieden. Sie ist eine junkerliche Romantik. Von all den abenteuerlichen geistigen Exkursionen seiner Zeit, die instinktiv zurück zum

---

470 Fernau, »Das Königtum ist der Krieg«, S. 54.
471 Mehring, »Geschichte der deutschen Sozialdemokratie«, Bd. II, S. 217. (Brief an Wagener.)

Mittelalter strebte, blieb ihm allein der Machtgedanke jener frühen Kaiser, der Scharfrichterglaube an die gewaltsame Lösung von Konflikten, die Shakespearewelt voll monströser Intrige, der Glaube an Blut und Eisen als Universalmittel politischer Kuren; und so selbstbewußt er gegen die Ideologen, Träumer und Phantasten auftrat, so sehr blieb er seiner junkerlichen Kraft-, Rauf- und Zechromantik treu[472]. Das Raubritter- und Vasallentum, der blutige Sadismus altdeutscher Landsknechtsmetzeleien, der rostige Waffenspektakel elisabethanischer Trauerspiele – in Bismarck fanden sie ihren spätesten Apologeten, geschwächt durch Nervenkrisen und Weinkrämpfe, beargwöhnt von einem fadenscheinigen »Christenglauben«, der in beständigen Konflikt geriet mit den Wirtschaftsproblemen des 19. Jahrhunderts, aber beklatscht vom ganzen egoistischen Pseudo-Nationalismus der Lutherschule. Wo konnte jene feudal-heroische Reichsherrlichkeit des Mittelalters, die in der Rumpelkammer und auf dem habsburgischen Throne moderte, überhaupt noch einmal auferstehen, wenn nicht in Hinterpommern, in Preußen? Aber mußte sie noch einmal auferstehen? Das ist eine andere Frage.

Der ungeduldig sich langweilende junge Herr von Bismarck, dem es bevorstand, sich »noch einige Jahr mit der Rekruten dressierenden Fuchtelklinge zu amüsieren, dann ein Weib zu nehmen, Kinder zu zeugen, das Land zu bauen und die Seelen seiner Bauern durch planmäßige Branntweinfabrikation zu untergraben« (seine eigenen Worte), leidet an »Verwilderung und Liebesmangel«. Der »Umgang mit Pferden, Hunden und Landjunkern« (seine eigenen Worte) ruiniert ihn. Er ist eine Art Rimbaud ohne Paris. Zu Königs Geburtstag wird er sich

---

472 Die politische Sackgasse, in die Bismarcks zentralistische Machtromantik führte, hat unter Deutschen seit Konstantin Frantz besonders Fr. W. Förster systematisch bekämpft. (Vgl. »Bismarcks Werk im Lichte der großdeutschen Kritik« in der »Friedenswarte«, Bern, Januar 1916): »Die rein individualistische Großmachtstheorie ist nur eine kurze Phase, eine Verwirrung, sie konnte nur in jenem Interregnum aufkommen, in dem die mittelalterliche Vorstellung der civitas humana zerfallen war, ohne daß neue große weltorganisatorische Ideen an ihre Stelle getreten wären... Diese Entwicklung kann nun allerdings nicht durch bloße politische Vorschläge in Gang gebracht werden. Es kommt vielmehr darauf an, daß die junge Generation in Deutschland sich gründlich von der Bezauberung freimacht, mit der die falsche Romantik der neuen Reichsgründung die Seelen der älteren Generation umspannen, deren ganzes Denken über völkerpolitische Probleme verengt und es im Namen der Realpolitik den realsten Tatsachen und Bedürfnissen der neueren Weltentwicklung entfremdet hat.«

»besaufen und Vivat schreien«. Im ersten Rang der Oper benimmt er sich »so flegelhaft wie möglich«[473]. Aber während Rimbaud seine hochbrandende Charität aus der Verkommenheit des Kontinents zu den Negern trägt und am Ende seines Lebens in Marseille nach blendenden Wirren und Abenteuern sich schluchzend zu Jesus bekennt, ist Bismarck im Sachsenwald eine Caliban mit umgeschnalltem Schleppsäbel und doppelten Tränensäcken, dem zwei große Tränen betbrüderlich aus den Augen rinnen, als Dryander ihm aus der Bibel zitiert: »Vor unseligem Großwerden behüte uns, o Herr«[474].

Der schwarze Tag von Olmütz, wo Preußen 1850 von Österreich eine so komplette Abfuhr erlebte, daß sich die richtigen Junker, nach Mehring, wie Katzen in Baldrian wälzten, dieser Tag lenkte den Blick seines romantischen Königs auf ihn. Bismarck, der 1848 noch die deutsche Einheit als Gefährdung der preußischen Junkerherrlichkeit verstand und als ein echter Teufel in die Menge feuern lassen wollte, wird Vertreter des gedemütigten Preußischen Hofes am wiederhergestellten Frankfurter Bundestage, und so beginnt seine Laufbahn.

Die Ära Bismarck ist typisch junkerlich. Gekennzeichnet in der inneren Politik durch Staatsstreiche, Massenverbote, »Maulkorbgesetze« und alle empörenden Gewaltmaßregeln einer mit dem Polizeiknüppel argumentierenden Milltärdiktatur. In der äußeren Politik erst durch allerergebenstes Zukreuzekriechen (Olmütz), dann durch

---

473 Zitate aus Emil Ludwig, »Bismarck«, Berlin 1917, S. 19, 28.
474 Die Parallele zwischen dem jungen Bismarck und dem jungen Rimbaud liegt sehr nahe. Auch Rimbaud ist in seiner Jugend ein »Desperado des Instinkts«; von seinen gallischen Vorfahren hat er die »Idolatrie und die Liebe zum Sakrileg«. Christus ist ihm ein »éternel voleur des énergies«, Moral »une faiblesse de cervelle«. Germanisch und barbarisch, sagte man von ihm, brachen seine Verse in die französische Kultur ein. »Ich war niemals aus diesem Volke, war niemals Christ. Ich bin von der Rasse, die beim Todesurteil sang; ich verstehe die Gesetze nicht, habe keine Moral, bin ein roher Mensch.« (So Rimbaud, und fast ebenso Bismarck.) – Aber – und hier trennen sich die Wege dieser beiden so verwandten Geister – Rimbaud findet: »Die minderwertige Rasse hat alles bedeckt – Volkstum, wie man sagt, Vernunft, Nation, Wissenschaft.« Und er zieht daraus den Schluß: »Das Böseste ist, diesen Kontinent zu verlassen, wo die Tollheit herumstreicht, um diese Armen mit Geißeln zu versehen.« Er wird Heiliger, Gott und hilfreicher Medizinmann verschollenen Negerstämmen im schwärzesten Sudan. »Ich bin ein Tier, ein Neger; aber vielleicht bin ich gerettet. Ihr seid falsche Neger, Wahnsinnige, Wilde, Geizige.« In inbrünstigen Gebeten stirbt er am 10. November 1891. Welcher von diesen beiden Männern war der größere Held? Die Frage ist an das Volk und die Jugend gerichtet.

ein frischfröhliches Schieben (die sogenannten »dilatorischen Verhandlungen«), dann durch Düpierungsmanöver (1866 und 1870)
und zuletzt durch eine weltgeschichtliche Provokation, die preußisch-
deutsche Reichsgründung. In der Diplomatie ergänzen sich Anmaßung, bäurischer Jesuitismus und frömmelnde Heuchelei, um den
völligen Mangel einer moralischen Überzeugung zu verdecken. Ziel
ist gleichwohl die Herrschaft über den Kontinent.

Einige Kernsprüche Bismarcks, Parade- und Gemeinplätze von
ebenso unbewiesener wie selbstgewisser Wucht, mögen die erschre-
ckende Geistesarmut belegen. »Revolution machen in Preußen nur
die Könige.« (Zu Napoleon III., Abschiedskonferenz, 1862.) Oder:
»Die einzige gesunde Grundlage eines großen Staates ist der staatliche Egoismus, nicht die Romantik.« (Vor dem preußischen Landtag,
1853.) Oder: »Die Einflüsse und Abhängigkeiten, die das praktische
Leben mit sich bringt, sind gottgewollte Abhängigkeiten, die man
nicht ignorieren soll und kann etc. etc.«[475] Als er gegen Österreich
rüstet, hält er die »Phrase vom Bruderkrieg« für nicht stichfest. Es
gibt nur eine »ungemütliche Politik, Zug um Zug und bar«. Und an
Andrassy schreibt er nach Abschluß des deutsch-österreichischen De-
fensivvertrages von 1879: »Si vis pacem, para bellum. Nicht unsere
guten Absichten, nur unsere verbündeten Streitkräfte sind die Bürger
des Friedens.«[476] In seinen »Gedanken und Erinnerungen« gesteht
er: »Das europäische Recht wird durch europäische Traktate geschaffen, wenn man aber diese Traktate nach den Grundsätzen der Gerechtigkeit und der Moral für haltbar hielte, wäre das eine Illusion.«
Und erst im Alter wächst dieser »ehrliche Makler, der das Geschäft
wirklich zustande bringen will«, nach den Worten seines Predigers

---

475 Emil Ludwig, »Bismarck«, S. 65, 193, 195.
476 Hans Blum, »Fürst Bismarck und seine Zeit«, München 1895, Bd. V, S. 293. Der Brief
   ist datiert 18. Dezember 1879 und bezieht sich auf das »schließliche Ergebnis unserer
   Anstrengungen« (den Vertrag vom 7. Oktober 1879). Beachtenswert ist, daß Bismarck
   den französischen Botschafter in Wien, Herrn Teisserance de Bort, von den vorhergehenden Verhandlungen unterrichtet hatte, dabei aber den   friedlichen Charakter des
   deutsch-österreichischen Bündnisses betonte. Bismarck hatte sich am 21. September
   1879 nach Wien begeben und verhandelte dort mit Andrassy, dem Baron Haymerle und
   dem ungarischen Ministerpräsidenten Tisza, sowie mit Kaiser Franz Joseph selbst. Dieses
   Parabellum-Bündnis war der Keim des Krieges von 1914. Seine Vorbereitung bedeutet
   einen Betrug gegenüber Frankreich.

»in eine immer freiere und weitere Frömmigkeit hinein« und bringt denen, die »keine Offenbarung mehr glauben« (!) im Reichstag von 1882 zum Bewußtsein, daß »ihre Begriffe von Moral, Ehre und Pflichtgefühl wesentlich nur die fossilen Überreste des Christentums ihrer Väter sind«[477].

Ist der Staat an sich schon die Negation der Menschlichkeit, und der preußische insbesondere, weil seine militärischen, juridischen und theologischen Grundlagen die Grausamkeit und den Hohn korrumpierter Klassen systematisch zur Geltung bringen, so muß er unter der Despotie einer Persönlichkeit wie Bismarck unerträglich und für die ganze Welt eine um so empörendere Herausforderung werden, je weniger die Nation, die ihm zum Opfer fällt, ein Empfinden dafür zeigt. Aber nicht nur die Gewalt, noch mehr empört seine pharisäerhafte Unaufrichtigkeit.

Bismarck ist ebenso typisch Protestant wie Junker. Ja, man kann sagen, daß er dem Begriff des Protestantismus unter Deutschen zu einer Renaissance verholfen hat: durch Einbeziehung romantischer Kaiserideen, die wesentlich auf das vorlutheranische Mittelalter zurückgingen[478]. Als Privatperson: er geht zum Abendmahl, und Tränen rollen ihm über die Wangen. Es handelt sich jedoch nicht um das Mysterium der Liebe, sondern um den Staat, »denn im Reiche dieser Welt hat Er (der Staat) das Recht und den Vortritt«. Er hält Betstunden ab mit seinem Prediger, aber dem Konsul Michahelles legt er seines Glaubens Zeugnis ab: »Ja, wir stehen alle in Gottes Hand, und in solcher Lage ist der beste Trost ein guter Revolver, damit man die Reise wenigstens nicht allein anzutreten braucht.«[479] Durch die Ausnahmegesetze gegen die Sozialisten werden 500 Familien brotlos. Die Höhe der gerichtlich

---

477 Emil Ludwig, S. 133, Ideale, Gottesfurcht.
478 Ebd., S. 130/32: »Bismarck war ganz und gar Protestant. Rom ist ihm ewig wesensfremd geblieben. Sein Wissen von den Mächten der Welt, sein starker Verstand, seine Selbständigkeit, vor allem sein   weit über die Grenze der Religion hinausragender Glaube an die eigene Absolution drängten ihm den Protestantismus geradezu auf. Es klingt, als hätte es Luther selbst geschrieben, wenn man ihn am Abend des entscheidenden Juli 1870 ein Lied im Gesangbuch lesen, einen Eintrag über diesen bedeutungsvollen Tag machen und die plattdeutschen Worte hinzufügen sieht: ›Dat walt Gott und dat kolt Isen‹ (Das walte Gott und das kalte Eisen)«. Herr Emil Ludwig fährt fort: »Bismarcks Protestantismus hat eine besondere Färbung; man möchte ihn preußisch nennen. Er nennt sich Gottes Soldat; sein Amt werde er tun; ›daß Gott mir den Verstand dazu gibt, ist seine Sache‹.«
479 Ebd., s. 131, 132.

232

verhängten Freiheitsstrafen verteilt sich auf 1500 Personen und beläuft sich auf etwa 1000 Jahre. Aber die berühmte Sozialgesetzgebung, einer der größten und verhängnisvollsten Korruptionsversuche aller Zeiten, erfolgt »im Anschluß an die realen Kräfte des christlichen Volkslebens« und ist eine Eingabe »praktischen Christentums«, wie das stehende Heer des Großen Kurfürsten eine Eingabe praktischen Christentums und protestantischer Armenpflege war[480].

Wann überzeugt man sich in Deutschland, daß jener Mönch von Wittenberg ein Verhängnis war? Wenn Friedrich Naumann fand: »Die katholische Gegenreformation war das Grab des deutschen Geistes an der Donau«, so nannte man Bismarck den »zweiten Luther«, den »größten der Protestanten«, denn er verdrängte ja die reformationsfeindliche Dynastie Habsburg aus Deutschland und ersetzte sie durch das Haus Hohenzollern. Wenn die »Preußischen Jahrbücher« für 1900 von den Befreiungskämpfen schreiben konnten: »Der Genius Luthers zog in dem Frühlingsbrausen des Jahres 1813 vor seinem heiligen Volke einher wie die Feuersäule vor dem Volke Israels in der Wüste«, wie sehr hatte dann jener Superintendent Meyer recht, der Bismarcks Kaiserreich als die »nationale Krönung des Reformationswerkes« bezeichnete! Einen rosigen Blick in die Zukunft aber eröffnete Treitschke, indem er verkündete: »Es ist Preußen, die größte protestantische Macht der Neuzeit, welche den andern dazu helfen wird, die Fesseln der allumspannenden Kirche abzuschütteln.«[481]

---

480 Zu Luthers Geburtstag, 10. November 1888 wurde Bismarck von der Universität Gießen zum Ehrendoktor der Theologie ernannt. Das lateinische Elogium widmete diese Ehrung »dem reichbewährten, vornehmsten Ratgeber der evangelischen Könige von Preußen, der erlauchten Stütze der evangelischen Sache in aller Welt, welcher darüber wacht, daß die evangelische Kirche gemäß ihrer Eigenart und nicht nach fremdartigem, für sie verderblichem Vorbilde regiert werde; dem   tiefblickenden Staatsmanne, der erkannt hat, daß die christliche Religion, die ihm die Religion der tatkräftigen Liebe, nicht der Worte, des Herzens und Willens,   nicht der bloßen Spekulation ist; dem einsichtigen Freunde aller deutschen Universitäten, der   zumal den evangelischen Fakultäten teuer geworden ist durch die Entschlossenheit, mit der er für deren Freiheit eintrat, ohne die sie dem Evangelium und der Kirche nicht dienen können«. Und Bismarck erwiderte (22. November) dankend: »Meinem Eintreten für duldsames und   praktisches Christentum verdanke ich diese Auszeichnung etc.« (Hans Blum, »Bismarck und seine Zeit«, Bd. VI. S. 323).

481 Zitate aus einer sehr interessanten kleinen Schrift: »Ist Deutschland anti-katholisch?«, Bums & Oates Ltd., London 1918. Man erinnere sich übrigens, damit auch der Humor

Da hat man neben der protestantischen Politik auch die protestantische Philosophie: sie »schüttelt die Fesseln ab«. Der Krieg ist für Bismarck »doch eigentlich der natürliche Zustand des Menschen«. Das Jägerleben ist »doch eigentlich das dem Menschen natürliche«. Also Jagd auf Tiere und Menschen. »Gefangene?«, ruft er in Versailles aus, »daß sie noch immer Gefangene machen. Sie hätten sie der Reihe nach füsilieren sollen!« Und als man ihm von verlassenen Häusern spricht, deren Wertsachen für die Kriegskasse konfisziert worden seien, lobt er dies und meint: »Eigentlich sollten solche Häuser niedergebrannt werden, nur träfe das die vernünftigen Leute mit, und so geht es leider nicht.«[482] Eigentlich. Eigentlich...

Wie Bismarck blasphemisch zur Religion steht, so steht er höhnisch zum Volke. Das Parlament nennt er ein »Haus der Phrasen«, was sich gut sagen läßt, wenn man geladene Gewehre hinter sich weiß, und er hält dafür: die äußere Politik, die er zu seiner Privatsache gemacht hat, sei schwer genug; durch »dreihundert Schafsköpfe« könne sie nur noch mehr verwirrt werden. Ein Gemütsmensch, ohne Zweifel; »von allen Deutschen der deutscheste Mann«. Kennt er praktische Rücksicht? Praktische Güte? Er kennt nur praktische Brutalität. Er folgt »dem Naturtrieb ohne große Skrupel«. Ihn empört es nun einmal, wenn ein preußischer General sich mit der Bevölkerung von Tours, die die weiße Fahne hißt, in Verhandlungen einläßt. Er, Bismarck, hätte »mit Granaten gegen die Kerls« fortgefahren, bis sie »400 Geiseln herausgeschickt hätten«[483]. Es ist die sattsam bekannte, in ihrem

---

nicht fehlt, jener Worte des Prinzen Heinrich von Preußen am Vorabend seiner Abreise nach China im Jahre 1897: »Mich zieht nur eines: das Evangelium Ew. Majestät christlicher Person im Auslande zu künden, zu predigen jedem, der es hören will, und auch denen, die es nicht hören wollen.« Wilhelm II. als Jesus, und der Prinz Heinrich, sein Bruder, als Apostel! Wann wird man beginnen, Preußen den umgekehrten Kulturkampf zu machen?

482 Zitate aus Emil Ludwig, S. 57, 77. (Emil Ludwig benutzt Bismarcks Reden, Briefe, »Gedanken und Erinnerungen«, die Memoirenwerke von Booth, Busch, P. Hahn, Hofmann, Keudell etc. etc., sowie die von Brauer, Marcks und v. Müller neuerdings gesammelten Erinnerungen.)

483 Ebd., S. 82. (Vgl. auch Moritz Busch, »Tagebuchblätter«, Leipzig 1899, III. Bd.), woraus folgende Äußerungen Bismarcks Erwähnung verdienen; »Frankreich ist eine Nation von Nullen, eine Herde... Es waren 30 000 000 gehorsame Kaffern, jeder Einzelne von ihnen ohne Klang und Wert – nicht einmal mit den Russen und Italienern auf einen Fuß zu stellen, geschweige denn mit uns Deutschen« (Bd. I, S. 200). Oder: »Wenn wir in unserem

rüden Tonfall immer wiederkehrende Sprache der Junker, die nicht erst Schule zu machen brauchte, und die zwischen Feinden und den eigenen Volksgenossen nicht einmal einen Unterschied kennt. Es ist jene wüste Instinktbarbarei, welcher schöngeistige Feuilletonisten wie Herr Emil Ludwig vergebens den Goetheschen Mantel der Dämonie und der Problematik umzuhängen bemüht sind. Es ist jene Erhebung der heiligen Blut- und Gewaltmenschen, die den preußischdeutschen Parnass auszeichnet[484].

Das Aufkommen Bismarcks und seiner Gesinnung bedeutet: daß die Bestialität sich fürder ihres Namens nicht mehr zu schämen braucht; daß sie Philosophie wird. Das Aufkommen Bismarcks bedeutet die Vorbereitung des dritten und letzten Einbruchs deutscher Barbarei in die romanische Zivilisation: den Weltkrieg von 1914. Pascal

---

Kreise nicht alles mit Garnisonen versehen können, so schicken wir von Zeit zu Zeit fliegende Kolonnen nach solchen Orten, die sich rekalzitrant benehmen, erschießen, hängen und sengen.« Oder:»Für jeden Tag Rückstand sollen den Gemeinden fünf Prozent des Betrages mehr abgefordert werden. Fliegende Kolonnen mit Geschützen sollen vor die sich hartnäckig weigernden Ortschaften rücken, sich die Steuern herausbringen lassen und falls dies nicht ohne Verzug geschieht, mit Beschießung und Anzünden vorgehen.« Und weiter: »Ich (Bismarck) denke, wenn die Franzosen erst Zufuhr an Lebensmitteln gekriegt haben und dann wieder auf halbe Ration gesetzt werden und wieder hungern müssen, das wird wirken. Es ist wie mit der Prügelbank. Wenn da etwas länger gehauen wird – hintereinander – so macht das nicht viel aus. Aber wenn ausgesetzt wird und nach einer Weile wieder angefangen, das ist unerwünscht.« (Bd. II, 57/58, 81/82 und 84.)

484 Vgl. die vom preußischen Generalstab inspirierten Dokumente alldeutscher Kriegswut in O. Nippolds berühmten Buche »Der deutsche Chauvinismus« (Bern 1913 und 1917), insbesondere die den Tatsachen durchaus entsprechende Äußerung eines Medizinalrat Dr. W. Fuchs vom 12. Januar 1912: »Welche Männer ragen denn am höchsten in der Geschichte der Nation, wen umfängt der Herzschlag der Deutschen mit heißester Liebe? Etwa Goethe, Schiller, Wagner, Marx? O nein, sondern Barbarossa, den großen Friedrich, Blücher, Moltke, Bismarck, die harten Blutmenschen. Sie, die Tausende von Leben hinopferten, sie sind es, welchen aus der Seele des Volkes das weicheste Gefühl, eine wahrhaft anbetende Dankbarkeit entgegenströmt. Weil sie getan haben, was wir jetzt tun sollen. Weil sie so tapfer, so verantwortungsfreudig waren, wie sonst keiner.« »Nun muß aber die bürgerliche Moral«, fährt der Medizinalrat fort, »alle jene Großen verdammen; denn der Volksgenosse hütet nichts ängstlicher als seine bürgerliche Moral – und   trotzdem huldigen seine heiligsten Schauer den Titanen der Bluttat! etc.« – Heil dem großen Psychoanalytiker Fuchs! Er hat die Wahrheit, die lauterste Wahrheit gesprochen und das Rätsel aufgedeckt. Das schlechte Gewissen des deutschen Volkes ist seine – Moral. Das Verbrechen ist seine Natur, Rebellen aber sind diejenigen, die das Naturrecht der Bluttat restituieren! Das ist das Geheimnis der deutschen Geistesgeschichte.

und Rousseau, wenn sie vor Überhebung warnten und auf die nahe Verwandtschaft zwischen Mensch und Tier hinwiesen, meinten ein Demutsideal. Bismarck und Nietzsche, indem sie die Tierinstinkte als den eigentlich menschlichen Naturzustand bezeichneten, rissen die Humanität nieder und forderten den Dompteur, als Nihilisten und Zyniker. Das Hündische wird heroisches Ideal; wieder ist der Weg gefunden, auf dem man originell ist, und die Überzeugung verbreitet sich: auch moralische Erfolge werden mit dem Ellenbogen erstritten, mit Drohungen erlistet, mit Gerissenheit erschoben.

Will man erfahren, worin Frankreich und Rußland 1914 sich verbunden fühlten, so schließe man endlich nicht mehr vom eigenen schlimmen Motiv auf das der andern, sondern lese in Léon Bloys »Sueur du sang« jenes Kapitel »Bismarck chez Louis XIV.« nach, aus dem zu ersehen ist, daß das Volk der Bloy und d'Aurevilly 1871 nicht anders die Preußen empfand als das Volk Leo Tolstois 1813 die übermenschlichen Franzosen. Bismarck erscheint als »une combinalson de goinfre, de goujat et de sanguinaire cafard qui déconcerte«, und das Haus der Frau Comtesse de Jessé, das der Herr Kanzler bewohnte, wird mit Säuren desinfiziert, nachdem der Herr Kanzler es wieder verlassen hat[485] .

6

Es ist eine kaum genügend beachtete Tatsache, daß dem System Bismarcks und seiner Nachfolger in Deutschland kein ebenbürtiger Gegner erwuchs; kein Antipode und Apologet überlegener Artung, der im Namen der Nation protestierte und die geistige Macht besaß, Bismarcks Argumente zu entkräften, wenn nicht für diese, so für die nächste Generation.

Dem Welfen Windthorst, Bismarcks stärkstem Gegner im Parlament, gelang es zwar, den Eindruck zu erwecken, » als wenn so ruchlose Leute in der Regierung unseres Königs säßen, die den heidnischen Staat anstreben«; als sei das Schulaufsichtsgesetz von 1872 »dazu bestimmt, das Heidentum, einen Staat ohne Gott, bei uns einzuführen,

---

485   Léon Bloy, »Sueur du sang« (1870/71), Extrait du manuscrit de »L'Exégèse des lieux communs«, Paris 1914, S. 186/88.

als seien der Herr Abgeordnete für Meppen (Windthorst) und die Seinigen hier noch die alleinigen Verteidiger Gottes«[486]. Aber Bismarck spielte den päpstlichen Anspruch alleiniger Gnadenverwaltung gegen ihn aus, und es gelang ihm damit, die »Heiterkeit« der lutheranischen Mehrheit auf seine Seite zu bringen. Auch erklärte sich Windthorst ja selbst für das »monarchisch-christliche Prinzip im Staate«[487], und auf dieser Basis sank seine Opposition zur kirchlichen Interessenpolitik herab. Die Kulturkampf-Initiative war auf seiten Bismarcks gegen die römische Kirche, statt umgekehrt, und es gelang dem Kanzler, damit sogar die Sympathie nationalistischer Rebellen zu gewinnen, die auf politischem Gebiet seine wildesten Gegner waren.

Für die Sozialdemokratie bekannte sich August Bebel im neuen Reichstag »zum Atheismus auf religiösem, zum Republikanismus auf politischem, und zum Kommunismus auf wirtschaftlichem Gebiete«, und gewiß war Bebel überzeugt, damit eine Formel tödlicher Feindschaft aufgestellt zu haben. Aber er war doch bei all seiner ehrlichen Tapferkeit ein preußisches Soldatenkind, das bereit war, für eine anständige Sache auch den »Schießprügel auf den Buckel zu nehmen«, und leider mußte man den junkerlichen Krieg von 1870 für solch eine anständige Sache halten. Bekannte doch selbst Mehring noch: »Mochte Bismarck was immer gesündigt haben, und der Norddeutsche Bund wie wenig immer mit einem Idealstaate gemein haben, so galt es, dem Auslande endlich einmal zu zeigen, daß Deutschland entschlossen und fähig sei, seinen eigenen Willen zu haben. Durch alle diplomatischen Lügen hindurch (durch alle?) sah das Volk nur die eine Tatsache, daß der Krieg geführt werden müsse, um die nationale Existenz sicher zu stellen.«[488]

Erst eine neunmonatige Gefängnishaft belehrte Bebel darüber, daß das Volk nicht für die Freiheit und nicht um seine nationale Existenz gekämpft hatte, sondern im Gegenteil für die Freiheit der Junker und ebenso für deren nationale Existenz. Den »Atheismus auf religiösem Gebiete« brauchte Bismarck nicht zu fürchten, und den »Kommunismus auf wirtschaftlichem Gebiete« ebenso wenig. Den ersteren

---

486 Worte Bismarcks aus seiner Rede vom 9. Februar 1872 zum Schulpflichtgesetz (vgl. Hans Blum, Bd. V, S. 49/56).

487 Aus der Rede Windthorsts vom 8. Februar 1872.

488 Mehring, »Geschichte der deutschen Sozialdemokratie«, Bd. IV, S. 5.

vertrat er selbst viel gründlicher wie Bebel, wenn auch in pietistischer Verbrämung, den Staatskommunismus aber durchschaute er in seiner materiellen Lüsternheit und warf ihm die Gnaden- und Versöhnungsbrocken der Sozialgesetzgebung zur Stillung seines Appetits zu.

Bismarcks System war mächtiger als seine offiziellen Gegner. In dieses System mündete der hundertjährige Machiavellismus der Nation, mündeten die autoritären Systeme von den offiziellen Staatskirchen bis zum sozialdemokratischen Dogmenverband. Gierig nach Geschäften, Karriere, Genuß und Versorgung erkannten in diesem Systeme sich potenziert die atheistische und materialistische Schule, die anthropomorphe und die naturphilosophische. In ihm gipfelte jene Zerstörung der Moral, deren schlimmster Repräsentant Bismarck nach Luther und Hegel ist[489].

Man halte die Deutschen nicht für oberflächlich. Sie sind tief, sehr tief, tiefer als der Tag gedacht. Sie graben unterirdische Schächte und Gänge nach allen Seiten, aber – nur in der Verschlagenheit, in der Ausflucht: wenn sie den geraden, den aufrechten, den menschlich logischen Weg gehen sollten; nur wenn es die Zerstörung, sei es der Moral, der Religion oder der Gesellschaft, wenn es ihre »Freiheit« betrifft. Ich spreche nicht von der Musik, dem Glanze unserer Versklavung. Ich spreche von der Versklavung selbst, jenem abgeblendeten, verkrochenen, unheimlichen Wesen, das unter der albernen Oberfläche eines konzilianten, bieder schmunzelnden Optimismus die böswillige Rache derer übt, die, lange verderbt, ihr aufrechtes Manntum eingebüßt haben. Es ist die furchtbare Tiefe, die unsere einzige Hoffnung ist, wenn wir begeistert den Gott, statt den Teufel hinunterführen, und wieder ans Licht kommen, reiner, begeistert, wissend, zermürbt.

---

489 Von Ideen ist nach Bismarck nicht mehr die Rede. Es gibt nur noch Staatsphilosophie und Kriegswirtschaft. Die Gobineau, Treitschke und Chamberlain beherrschen den Denkapparat. Vgl. Dr. H. Roesemeier, »Die Wurzeln der neudeutschen Mentalität« (Der Freie Verlag, Bern 1918): »Der führende Geist des neuen Deutschland – übrigens sein einziger literarischer Vertreter von urwüchsiger Kraft und Fülle der Persönlichkeit – wurde Heinrich von Treitschke, der Historiker, der im preußisch-deutschen Reiche Bismarckischer Nation den Gipfel der Weltentwicklung erblickte, der die   Hegelsche Vergottung des Staates aus der Sphäre abstrakten Denkens in die Wirklichkeiten praktischer Politik überführte, der den Grund legte zu dem furchtbaren Englandhaß, wie er die jetzige Generation der deutschen Intelligenz beseelt. Gar nicht hoch genug einzuschätzen ist Heinrich von Treitschkes Einfluß auf die neudeutsche Mentalität.« (S. 25.)

Im jungen Nietzsche war Bismarck eine Gefahr geboren, mächtig genug an Begabung und Schwung, den Götzendienst aufzuheben, das Wotanschwert zu zerbrechen. Unter Wagners sibyllischem Einfluß wuchs er heran. Tradition der Romantiker wirkte hier fort: Abschüttelung der versuchten Entartung, Gottverschwärmtheit in menschlicher Nähe. Aufhebung der Pedantenschulen, die da moralische Weltordnungen erdachten und sie despotisch verhängten. Aufhebung der Herzens- und Geistesversklavung, Befreiung unserer verschütteten, schüchternen, süßesten vox humana: Geistige Einheit der Nation. In Wagners Musik lebten Baader, Novalis und Hölderlin fort; lebte der Geist Beethovens und Susos. Die materielle, wirtschaftliche, äußere Einheit hatte Bismarck gesucht; mit Pöbelmethoden, gräßlich und gröblich. Die innere, geistige, höhere Einheit galt es zu suchen und finden.

Nietzsche kam aus der besten Schule: Schopenhauers und Wagners, zweier Kirchenväter der Romantik; zweier der menschlichsten, unerschöpflichsten Geister, die die Nation hervorgebracht hat. Die pessimistische Absage Schopenhauers rührte und leitete ihn; dessen herb nach innen gerichteter Überschwang. Was war denn Schopenhauers Pessimismus, wenn nicht die Enttäuschung eines fanatischen Wahrheitsfreundes, der den Schwindel einer selbstherrlichen Welt voll goldener Herzen und gemeinsten Philistertums durchschaute[490]? Wer hat die »Kultur« und das neue deutsche Reich Hegelscher Provenienz mit seinem Kraft- und Geistprotzentum so gründlich abgelehnt wie er? Wer den allgemeinen Taumel zu Genuß so bissig und unbarmherzig gegeißelt? Mag Mehring ihn immer nach seiner Parteischablone den »Philosophen des geängstigten Spießbürgertums«

---

490 Vom Glücke sagte Schopenhauer, daß es bestimmt sei »vereitelt oder als eine Illusion erkannt zu werden«, das Leben bezeichnete er als einen »fortgesetzten Betrug, im Kleinen wie im Großen«. (Schopenhauers Werke, Bd. II, S. 674, Ausgabe von Eduard Grisebach, Leipzig.) Interessant ist die Bemerkung des Biographen Johannes Volkelt hierzu: »Ist nicht Schopenhauers Weltverwerfung und Lebensverneinung längst als schrullenhaft bekannt! Besonders die gegenwärtige Jugend ist erfüllt von dem Durste nach   stark herausgelebtem Glück, nach   Genußempfindungen, die alle Lust wie sie von den früheren Geschlechtern gespürt wurde, an Mannigfaltigkeit, Neuheit und ausschöpfender Tiefe weit übertreffen sollen; und sie ist zugleich voll des kühnen Glaubens an die Erreichbarkeit solchen Glücks.« (Johannes Volkelt, »Arthur Schopenhauer. Seine Persönlichkeit, seine Lehre, sein Glaube«, Stuttgart 1900, S. 1.)

nennen[491]. Schopenhauer wußte um einen Begriff, der leider der deutschen Entwicklung verloren ging: den der Hybris, der Sünde und Schuld; und er wußte um einen Heroismus, der die ganze teutsche Sozialdemokratie begräbt, den Heroismus des Heiligen und des Asketen. Schopenhauer hätte nicht Kriegskredite bewilligt, Schopenhauer nicht die geistige Einheit der nationalen und politischen geopfert, und nicht die menschliche Einheit der nationalen. Und Schopenhauer hatte eine Gemeinde. Die junge intellektuelle Partei seiner Zeit, auf seinen Namen schwor sie den »ruchlosen Optimismus« ab, der 1871 seine Saturnalien feierte und 1918 gerichtet wurde, aber noch heute darüber nicht zur Besinnung gekommen ist. In Schopenhauer stand Pascal wieder auf, die Apologie des Herzens und der Tränen, die Apologie wahrhafter Vernunft und unerschütterlicher Redlichkeit. Seine Philosophie, die an den Leidenschaften litt, nicht sie suchte; seine Philosophie, die die Wunden des Gekreuzigten bluten sah aus jeglicher Kreatur; seine tief christliche Genielehre – das Geheimnis, das Rätsel, Gott muß erlöst werden –; seine Philosophie der Illusion, die von den Schmerzen der Isoliertheit und der Beschränkung hinausführte zur Kommunion aller in der Kunst –, das war es, was Wagner und Nietzsche gleicherweise in seinen Bann schlug[492].

---

491 Mehring, »Lessinglegende«, S. 422: »Seit dem Erscheinen des Kommunistischen Manifestes im Jahre 1848 war es mit der bürgerlichen Philosophie in Deutschland vorbei. Ihre patentierten Vertreter an den Hochschulen kochten allerlei eklektische Bettelsuppen, die von Jahrzehnt zu Jahrzehnt abgestandener wurden. Für die philosophischen Bedürfnisse der Bourgeoisie aber sorgte eine Reihe von   Modephilosophen, von denen einer den anderen ablöste, je nach der wechselnden Entwicklung des Kapitalismus. Von Anfang der fünfziger Jahre bis etwa in die Mitte der sechziger war Schopenhauer   der Mann des Tages (!), der Philosoph des geängstigten Spießbürgertums, der wütende Hasser Hegels, der Leugner jeder historischen Entwicklung, ein Schriftsteller nicht ohne paradoxen Witz (!), nicht ohne ein reiches, wenn auch mehr weitläufiges, als eindringendes und umfassendes Wissen, nicht ohne einen Abglanz der klassischen Literatur, die er zum Teil noch unter Goethes sonnenhaften Augen mit erlebt hatte, aber in seiner   duckmäuserigen, eigensüchtigen und   lästernden Weise doch recht das geistige Abbild des Bürgertums, das, erschreckt durch den Lärm der Waffen, sich zitternd wie Espenlaub auf seine Rente zurückzog und die Ideale seiner größten Zeit wie die Pest verschwor.« Wahrlich ein klassisches Urteil! Der wütende Hegelhasser, das ist es! Die Hegelsche Philosophie mit ihrem Glauben an die in der Geschichte selbsttätig sich immer mehr verwirklichende Vernunft, der Hegel-Marxsche Evolutionismus, der freilich galt Schopenhauern als »halb verrückt«.

492 In Wagners »Nibelungen« und insbesondere in der Gestalt Wotans (des Kriegs- und

240

Ich möchte den individuellen Erlösungsgedanken Schopenhauers keineswegs befürworten. Ich halte seine Ästhetik sowohl wie sein Nirwana für eine Ausflucht und habe dagegen denselben Einwand, den ich gegen einen andern romantischen Begriff, den der Universalität, nicht verschwiegen habe[493]. Es handelt sich (seit der Französischen Revolution) nicht mehr darum, Selbsterlösung zu treiben und vor der unannehmbaren Realität in die Kunst und die Illusion zu flüchten. Es handelt sich vielmehr um die Auflösung dieser Realität, um die Erlösung der Gesellschaft bis ins letzte verlorenste Glied. Es handelt sich um die materielle und geistige Befreiung all derer, die leiden; um die christliche Demokratie. Doch Begriffe müssen vorhanden sein, bevor sie in fruchtbarer Weise angewandt werden können, und so gebührt Schopenhauer und Wagner das hohe Verdienst, dem Erlösungsgedanken inmitten einer Zeit überzeugtester Philisterblüte zur Wiedergeburt verholfen zu haben[494].

Man muß die Jugendschriften Nietzsches lesen, um zu ermessen, welch Pandämonium großer und fruchtbarer Gedanken diese drei Männer verband. »Der Schopenhauersche Wille zum Leben«, schreibt Nietzsche, »bekommt hier (bei Wagner) seinen Kunstausdruck: dieses dumpfe Treiben ohne Zweck, diese Ekstase, diese Verzweiflung, dieser Ton des Leidens und Begehrens, dieser Akzent der Liebe und der Inbrunst.«[495] Und in das Studium Schopenhauers versunken: »Seine (Schopenhauers) Größe ist außerordentlich, wieder dem Dasein ins Herz gesehen zu haben, ohne gelehrtenhafte Abziehungen, ohne ermüdendes Verweilen und Abgesponnenwerden in der philosophischen Scholastik. Er zertrümmert die Verweltlichung, aber ebenso die barbarisierende Kraft der Wissenschaften, er erweckt das ungeheuerste Bedürfnis, wie Sokrates der Erwecker eines solchen Bedürfnisses war. Was die Religion war, ist vergessen gewesen, ebenso

---

Schlachtengottes) kam Schopenhauers »schuldvoller Wille« als Wesen der Welt zu erhabenem Ausdruck. (Vgl. Artur Prüfer, »Die Bühnenfestspiele in Bayreuth«, Leipzig 1899, S. 110 ff.)

493 Vgl. die Ausführungen Kap. II, S. 84.

494 Ein Aphorismus Nietzsches aus dem Jahre 1874 lautet: »Tiefe Begierde nach Wiedergeburt als Heiliger und Genius. Einsicht in das gemeinsame Leid und die Täuschung. Scharfe Witterung für das Gleichartige und die gleichartig Leidenden. Tiefe Dankbarkeit für die wenigen Erlöser.« (»Schopenhauer als Erzieher«, Werke Bd. X, S. 319.)

495 Werke Bd. X, S. 449 (»Gedanken über Richard Wagner aus dem Januar 1874«).

welche Bedeutung die Kunst für das Leben hat. Schopenhauer steht zu allem im Widerspruchs, was jetzt als Kultur gilt.«[496]

Die Anwendung des Erlösungsgedankens auf die »Kultur«: das war die Aufgabe, die einem redlichen Geiste gestellt war. Doch Nietzsche war Protestant, auch er; von der Selbstsucht seiner Nation und der Zeit tiefer erfaßt, als er wähnte. Unter dem Einflusse Jakob Burckhardts und der Renaissance regen sich bald Bedenken bei ihm, sowohl gegen Schopenhauer wie gegen Wagner, und ach, gerade gegen dasjenige Band zwischen beiden, das er hätte stärken müssen, und das er löste; den Geist der Schuld und des Verzichts, den Geist der Demut und Schwäche, den Geist der Verfehlung und Abirrung.

Der Kompromiß, den Wagner seit der Reichsgründung mit Rom und Bayreuth einging, mit den Kommerzienräten und Beichtvätern seiner Majestät, die hysterische Materialisation der Erlösungsmusik, – Nietzsche leitete sie vom Pesthauche einer »absterbenden Religion« her, statt von dem Mangel an Widerstand gegen ein prostituierendes Zwangssystem. Statt seine Verneinung gegen den Staat zu richten, der Religion und Gewissen entehrte, wendet sich Nietzsche, ganz im Sinne des Staates, gegen die vermeintlichen »Überreste« der Religion, die er für die Schwenkung des Meisters verantwortlich macht und von denen er behauptet, sie seien dem »germanischen Wesen« fremd und zuwider[497]. Ja, er bezeichnet die christliche Moral als das eigentliche

---

496   Werke Bd. X, S. 302.
497   Schon von Wagner sagte Nietzsche: »Er erfand den deutschen Geist gegen den romanischen« (Werke Bd. X, S. 446). Und: »Wagner fand einen ungeheuren Zeitpunkt vor, wo alle Religion aller früheren Zeiten in ihrer dogmatischen Götzen- und Fetischwirkung wankte: er ist der tragische Dichter am Schluß der Religion, der Götterdämmerung« (Ebd. S. 457). Bald aber betont er   selbst: »Will man behaupten, daß   der Germane für das Christentum vorgebildet und vorbestimmt gewesen sei, so darf es einem nicht an Unverschämtheit fehlen. Denn das Gegenteil ist nicht nur wahr, sondern auch handgreiflich. Woher sollte auch die Erfindung zweier ausgezeichneter Juden, des Jesus und des Saulus, der zwei jüdischsten Juden, die es vielleicht gegeben hat, gerade die Germanen mehr anheimeln als andere Völker? Beide meinten, das Schicksal jedes Menschen und aller Zeiten vorher und nachher nebst dem Schicksale der Erde, der Sonne und der Sterne, hänge von einer jüdischen Begebenheit ab: dieser Glaube ist das jüdische non plus ultra. Wie reimt sich diese höchst moralische Subtilität, welche einen Rabbiner- und nicht einen Bärenhäuter-Verstand so geschärft hat..., die priesterliche Hierarchie und das volkstümliche Asketentum, die überall fühlbare Nähe der Wüste, und nicht die des Bärenwaldes –, wie reimt sich das alles zum faulen, aber kriegerischen und raubsüchtigen Germanen, zum sinnlich kalten Jagdliebhaber und Biertrinker, der es nicht höher als bis zu einer rechten

Verderben, statt eben diese Moral zum Ausgangspunkt einer Kritik der Staatsidee zu nehmen.

Jetzt findet er: »Die Verneinung des Lebens ist nicht mehr so leicht zu erreichen: man mag Einsiedler oder Mönch sein – was ist da verneint?« Und: »Es gibt so viele Arten angenehmer Empfindung, daß ich verzweifle, das höchste Gut zu bestimmen.« Statt in die Schule des frühen Mittelalters, begibt er sich in die der französischen Moralisten des ancien régime, und in die Schule der Feuerbach, Bauer und Stirner. Den germanischen »Urtext« sucht er wiederherzustellen, den »eigentlichen« Naturzustand des Germanen, die vorchristliche Wildheit, um, wie er glaubt, eine reine Nation nach Ausscheidung orientalischer, jüdischer Moralismen zu erreichen; und sucht das kommende Genie vor jener Ideenverwirrung und Stagnation zu retten, der er Wagner verfallen sah[498] Das gewitzigte Individuum wird ihm mit Luther, Kant und Stirner Garant des Gewissens, und so gerät er, wenn auch aus Geschmacksgründen, gegen die Reformation, doch in ihre Bahn und in eine Position, die dem seit 1789 neu erwachten Kollektivbewußtsein der Völker widerspricht.

Noch in der unter Wagners Einfluß geschriebenen »Geburt der Tragödie« hatte er eine tragische Kultur prophezeit und die Auflösung des Individuums in der Tragödie befürwortet. Jetzt glaubte er radikaler zu sein, wenn er den Kampf gegen die Kirche zum Kampf gegen das Christentum als gegen die Philister- und Herdensanktion, ja gegen die Moral selbst ausdehnte[499]. Gerade die christlichsten, menschlichsten

---

und schlechte Indianerreligion gebracht hat und Menschen auf Opfersteinen zu schlachten noch vor zehnhundert Jahren nicht verlernt hatte?« (Werke Bd. XI.)

498 »Schon im Sommer 1876, mitten in der Zeit der ersten Festspiele, nahm ich bei mir von Wagner Abschied. Ich vertrage nichts Zweideutiges; seitdem Wagner in Deutschland war, condeszendierte er Schritt für Schritt zu allem, was ich verachte, selbst zum Antisemitismus. Richard Wagner, scheinbar der Siegreichste, in Wahrheit ein morsch gewordener verzweifelnder décadent, sank plötzlich hülflos und zerbrochen, vor dem christlichen Kreuze nieder.« (»Nietzsche contra Wagner«, 1888, S. 246.) Warum denn nicht hülflos? Warum nicht zerbrochen? Weshalb durfte er das nicht?.

499 »Hat man mich verstanden?«, hieß das letzte Wort in »Ecce homo« (1888), »Dionysos gegen den Gekreuzigten«. Und an Georg Brandes schrieb er (20. November 1888): »Das Buch heißt ›Ecce homo‹ und ist ein Attentat ohne die geringste Rücksicht auf den Gekreuzigten; es endet in Donnern und Wetterschlägen gegen alles, was christlich oder christlich infekt ist, bei denen einem Hören und Sehen vergeht. Ich bin zuletzt der erste Psychologe des Christentums.«

Tugenden greift er an: Nächstenliebe, Mitleid, Charität. Der Pastoren-sohn regt sich in ihm. Hochmut und Selbstüberschätzung des Protes-tanten aus altem Priestergeschlecht, geboren auf dem Schlachtfelde zu Lützen.

Er wird »originell«, er verfällt der Erbsünde des Protestantismus. Und er gerät in immer engere Sympathieallianz mit dem preußisch-protestantischen Pflicht- und Soldatengeist. Statt die mittelalterliche Weisheit zu exaltieren, wie Schopenhauer es tat, hält er ihre Ideen für erschöpft und verbraucht, wirft er wie Marx sie beiseite[500], und kann doch keinen Ersatz dafür finden. Er statuiert eine Herren- und Skla-venmoral und rechnet zur letzteren die Freiheitsideale der großen Französischen Revolution und der Evangelien, zur ersteren aber die Selbstvergötterung der Renaissance und des vorsokratischen Hellen-entums. Er hofft, die Instinktkonfusion, den Mangel an Distanzgefühl, die deutsche Bassesse zu treffen und zieht in seiner Verblendung vor, es eher mit der Arroganz preußischer Zucht- und Disziplinarvor-schriften, als mit der hierarchischen Rangordnung der katholischen Kirche und der geistigen Disziplin der Mönche zu halten[501]. Er glaubt, den Todesschlaf der Welt zu erschüttern, indem er dem Teutonentum seine letzten Gewissensketten abnimmt, und er wird wider Willen der Herold und Totengräber jener rastaquierenden Hyänen mit hellblau-en Augen und einer Sadistenfalte um den verzerrten Mund, die nun aus Gründen der Philosophie die nationalen Leidenschaften aufpeit-schen und hetzen.

Bei vollem Bewußtsein und im Gefühle seiner Verantwortung un-tergräbt er Schritt für Schritt und immer prinzipieller seine eigene Ba-sis, gegen sein Gefühl, gegen seine Nerven, ja gegen seine Einsicht[502],

---

500 Fast mit denselben Worten: »Religionen verstehe ich als   Narkosen.« Der Nachsatz
      lautet: »aber werden sie solchen Völkern gegeben wie den   Germanen, so sind sie reine
      Gifte« (Werke X, 407).

501 »Mein Ausgangspunkt ist der preußische Soldat: hier ist eine wirkliche Convention,
      hier ist Zwang, Ernst und Disziplin, auch in Betreff der Form. Sie ist aus dem Bedürfnis
      entstanden. Freilich weit entfernt vom ›Einfachen und Natürlichen‹! Seine Stellung zur
      Geschichte ist empirisch und darum zuversichtlich lebendig, nicht gelehrt. Sie ist, für ei-
      nige Personen, fast mythisch (!). Sie geht aus von der Zucht des Körpers und von der
      peinlichst geforderten Pflichttreue. Goethe ist sodann vorbildlich: der ungestüme Natu-
      ralismus (!), der allmählich zur strengen Würde wird...« (Werke X, S. 279, »Vom Nutzen
      und Nachteil der Historie für das Leben«, 1873.)

502 »Ich habe die Verwünschung Pascals und den Fluch Schopenhauers auf mir! Und

244

und je mehr er sich isoliert, desto lauter nennt er diese Isolation seinen neuen Heroismus, seine bessere Geistigkeit, seine Tapferkeit. Bis er zuletzt, ohnmächtig zu fesseln, was er selbst entbunden hat, jene höchste Gewalt verliert, die Gewalt über sich selbst, die persönliche Schlüsselgewalt, und in dem Augenblick zusammenbricht, wo er mit dem größten Satanisten der neueren Geschichte, mit Napoleon Bonaparte, zusammentrifft, und sich gezwungen sieht, die strengste Despotie, die Züchtung, die Dressur zu fordern.

7

Es kann nicht die Absicht dieser Untersuchung sein, in den Disput theologischer Schulen einzutreten. Gleichwohl ergibt sich die Notwendigkeit, dafür zu stimmen, daß die Religion völlig befreit, statt völlig vernichtet werde, und so jene mächtigste Kaste der Intelligenz zu rütteln, die der Priester und Seelenbeamten.

Zwei gewaltige Strömungen haben in ihrem Widerspruch das Gedankengebäude der Kirche errichtet: die Lehre der offiziellen Orthodoxie und die Lehren der Heiligen, Mystiker und der Propheten. Ich sage, in ihrem Widerspruch, um nicht Gegensatz zu sagen; denn oft wußte die Orthodoxie nicht, ob ihre Heiligen Ketzer waren oder Söhne Gottes, und diese Tatsache allein könnte zureichen, den Begriff der Kirche als der Inkarnation Christi und der Person Christi als der Inkarnation Gottes zu erschüttern. Zwei Worte des Evangeliums widersprachen einander: »Du bist Petrus, der Fels, und auf diesen Felsen will ich meine Kirche bauen« und: »Mein Reich ist nicht von dieser Welt«.

Die Evangelienkritik der verschiedensten Zeiten und Schulen hat ergeben, daß die Evangelientexte schon von frühesten jüdischen Ekklesiastikern und Rabbinern bearbeitet wurden; ja daß die Apostel selbst bewußte oder unbewußte Redakteure des göttlichen Wortes waren. Christliche Intention und guter Wille mögen mich und den Leser vor Unheil schützen, wenn ich in theologicis die Partei Thomas Münzers und jenes Abt Joachim nehme, die da leugneten, daß Jesus

kann man anhänglicher gegen sie gesinnt sein als ich?« (Werke Bd. XI, aus der Zeit von »Menschliches, Allzumenschliches«, 1875/79.)

Christus wahrhaft Gott und der Evangelientext des 4. Jahrhunderts wahrhaft Gottes Wort sei. Jesus Christus gab Zeugnis, die Evangelien geben Zeugnis. Gott kann weder inkarniert noch dargestellt werden. Es gibt keine Wunder, es gab Wunderbares, mitten unter uns. Ein Wunder wäre die vollendete Inkarnation des Ewigen in zeitlicher Gestalt. Sie war nie, und wird nie sein. Gott und die Freiheit sind eins. Reich Gottes auf Erden ist Sakrileg. Sichtbare Kirche ein Sakrileg. Unfehlbarer Stellvertreter Gottes ein Sakrileg. Theokratie, von Gott eingesetzte Gewalt, das Sakrileg aller Sakrilegien. Gott ist die Freiheit des Geringsten in der geistigen Kommunion aller. Gott ist All-Güte, All-Liebe, All-Mitleid, All-Weisheit, höchster Gedanke, nie zu erreichen und stets zu erstreben. Gott ist die Qual und die Sehnsucht erdgebundener Menschen. »Söhne Gottes«, Propheten und Heilige, werden sich ihm nähern, um desto tiefer nur ihre Schuld an die Menschheit zu finden.

Der Offenbarungsglaube theologischer Akademien führte die grundlegenden Irrtümer ein, auf denen das sichtbare Kirchengebäude errichtet wurde. Die Lehre von der Inkarnation Gottes in der Person Christi, erfunden gegen den Judenhaß der römischen Aristokratie und um der neuen Lehre im abergläubigen Volke mehr Autorität zu verleihen, schuf die absolute Heilswahrheit und eine falsche, übertriebene, individuelle Erlösungslehre. Alles ist getan, die Welt ist erlöst, der Mensch schuldet nichts mehr als den Glauben. Die Lehre von der Inkarnation der vollendeten Heilswahrheit in der Kirche schuf das Monopol der Hostienverwaltung. Die göttliche Intelligenz ist Privileg des Klerus, die Unwissenheit der Laien verlangt die Bevormundung, die Bevormundung fördert den Gegensatz eines theologischen Adels und eines animalisch-profanen Proletariats.

Wenn das Evangelienwort von Petrus, dem Fels, und der Kirche, die darauf gebaut werden soll, authentisch ist, war die Sünde Christi, daß er aus einem Zeugen Gottes zum Rellgionsstifter wurde; die Sünde der Apostel aber, daß sie aus dem Buchstaben des Evangeliums einen Erlösungsbetrieb ableiteten. Demut, Schuldgefühl und Zerknirschung beruhen auf freimütiger Einsicht und sind Postulate hoher moralischer Selbstverpflichtung, die nicht fürs Gesetzbuch dogmatischer Verfassungen taugen. An die Liebesgebote Christi, wie sie, einfach und aller Kreatur verständlich, die Bergpredigt enthielt, knüpfte Paulus, der bekehrte Rabbiner, seine persönliche Interpretation der persönlichen Tragödie Christi, und die Lehre vom Opfertod eines Gottmenschen mit all ihrer tiefen, aber auch volksfremden und schwerverständlichen Symbolik sicherte der kirchlichen Intelligenz die Suprematie über den Laienverstand.

Positive Pragmatik und jüdische Exaltationslust haben das Werk eines Meisters entstellt und ein verderbliches Regiment für die Seelen errichtet. Im 4. Jahrhundert schloß die Kirche einen Kompromiß mit dem heidnischen Staat, wovon sogar Iwan Karamasow gesteht, daß es eher einem irdischen Königreiche entsprechen sollte, sich in die Kirche zu transformieren und auf Ziele zu verzichten, die mit der Kirche nicht in Einklang zu bringen sind, als umgekehrt. Und im 10. Jahrhundert schloß die Kirche einen weiteren Kompromiß mit der Wildheit deutscher Könige, denen sie die Würde von Schutzherren und »Kaisern der Christenheit« gegen die Zusicherung der Verbreitung des Christenglaubens durch das Schwert übertrug. Die theologische und die feudale Aristokratie gingen ein patriarchalisches Bündnis ein, das trotz aller gegenseitigen Befehdungen in Fragen des Vorrangs eine universale Intelligenz- und Milltär-Despotie über einer gemeinsamen Herde errichtete, die all ihren Besitz an Leib und Geist, an Gut und Blut bewußt darzubringen und zu opfern hatte. Der Universalstaat und seine wohlbestallten geistigen und weltlichen Beamte verwalten mit abgefeimter Arroganz die gesamte Arbeitskraft leibeigener Sklaven. Die »gottgewollte Gesellschaftsordnung«, die »gottgewollten Abhängigkeiten«, die »gottgewollten Realitäten« datieren von da und wirken noch heute. Der Kompromiß der Kirche mit dem Staat ließ das Evangelium der Armen in Vergessenheit fallen und rückte die Opfertragödie in den Vordergrund der Betrachtung. Der Kompromiß der Theologie mit dem irdischen Reich abstrahierte vom »Opfertod« Christi blutsaugerische Ausbeutungsmethoden den gekreuzigten Völkern gegenüber, schmorte die Ketzer und Rebellen und verwies etwaige Glücksansprüche der Herde auf ein besseres Jenseits. Die Theokratie wurde Züchtungssystem aller erdenklichen Servilität.

Nicht auf das Glück, auf das Leiden war sie gegründet. Das Leiden war Dogma. Von göttlicher Sendung bezog sie die Ehrfurcht, vom Glauben der Untertanen die Autorität. Liebeslehre ward mit Gewalt verbreitet, das Leiden gewaltsam aufrechterhalten oder erzwungen.

Gehorsam war höchste Tugend. Die Welt ist ein trügerischer, zu überwindender Schein. Die allgemeine Verworfenheit bedarf eines konzentrierenden Fürsten. Treue, Schlichtheit, Pflichterfüllung finden »Gnade«. Auf dem Stellvertreter Gottes ruht die Gnade des Himmels, auf dem weltlichen Fürsten die Gnade des Papstes. Es ist das Christo-Chinesentum eines Totenreiches. Die Welt ist erlöst. Gott hat gelebt. Alles ist geschehen.

Daß die Ideologie dieses auf götzenhaften Voraussetzungen beruhenden Systems (die ganze Inkarnationslehre ist Götzendienst) heute noch in Kraft und keineswegs zu leerem Zauber und zur Zeremonie herabgesunken ist, ergibt sich nicht nur aus der Tatsache, daß noch vor kurzem die hierarchischen Titel des österreichischen Kaisers eine Welt von Jesuiten und Lakaien in Bewegung hielten oder der deutsche Kaiser als Summepiscopus der protestantischen Kirche Pastoralreichskanzler bevorzugt hat. Nein, auch die Servilität blieb bestehen. Noch immer finden sich freigeborene Intelligenzen, die der katholischen oder der protestantischen Staatskirche ihre Gedankensysteme anbieten. Der preußische König als summus episcopus war zugleich Rector magnificentissimus seiner Universitäten und oberster Chef des Generalstabs. Die Universitätslehrer waren seine wissenschaftliche Leibgarde. Sie konnten abkommandiert werden wie Unteroffiziere und wurden es auch.

Im theokratischen Sinne muß man die Handlungen der deutschen und österreichisch-ungarischen Regierungen und die Haltung der ihnen unterstehenden Volksmassen interpretieren, wenn man den Sündenturm wahrhaft erkennen will. Alle Vorurteile der alldeutschen Ideologie weisen zuletzt auf Vorurteile der Theokratie und des Heiligen Römischen Reiches Deutscher Nation zurück. Die Anmaßung moralischer Überlegenheit und des Messiasberufes, die Anmaßung kultureller Superiorität, das Recht auf gewaltsame Unterwerfung der »Randvölker« und die Überzeugung von der sittlichen Minderwertigkeit dieser Randvölker; die Richterallüre im Kriege und in Fragen der europäischen Politik, die Strafexpedition wegen Hochverrats gegen das »moralische Herz und Zentrum Europas« das alles sind Vokabeln aus dem romantischen Wortschatz des mittelalterlichen Universalstaats und jener langen Jahrhunderte, da ein gemeinsamer heiliger römischer »Kaiser der Christenheit« gerade von Deutschland aus die Kulturwelt »schützte« und Deutschland der Schauplatz seines Gepränges, aber auch Tummelplatz seines Gesindels und seiner betrunkenen Heerlager war.

Das christlich-germanische Dogma von der Herrschaft Gottes über die Welt und des Geistes über die Materie, oder von der Vormundschaft des Kaisers, über seine Untertanen und der Gelehrtenkaste über die unwissenden Plebs, hat dann zur Zeit der Reformation eine Spaltung erfahren. Die Theokratie des katholischen Adels bevorzugte das Jenseits, die des protestantischen das Diesseits. Das Aufkommen der Hohenzollern und die Ausdehnung ihrer Herrschaft von Preußen auf Deutschland war nur möglich infolge der Vernachlässigung Deutschlands unter politisch universal, religiös aber weltflüchtig gerichteten habsburgischen Kaisern wie Rudolf II. und Karl V. Der katholische Zweig zeichnete sich aus durch »passives« Christentum, größere Spiritualität, Weltverachtung, Musik, Romantik und Geheimdiplomatie; der protestantische mehr durch »praktisches« Christentum, umfassende Versuche einer Sanierung der überkommenen Nichtsnutzigkeit und Verschlampung, Staats- und Rechtspflege, Gefängnis- und Armenwesen, Erziehungsanstalten, Sachlichkeit und vollendete Zwecksetzung (Organisation genannt). In Österreich dominierte die »Kulturmission«, begleitet von Brutalitätsanfällen, in Preußen die »ehrliche« Säbelautorität. In Preußen ward Ideal und Sinn der Theokratie der zum Soldaten begnadigte Sträfling (vgl. Kapitel II, Abschnitt 5) In Österreich der disziplinierte göttliche Schwärmer, Spion und Schauspieler der Sinne, der weltmännische Jesuit. Österreichs glänzendsten Name ist Metternich, Freund des Papstes, Bezwinger des groben Napoleon, Schöpfer der »Heiligen Allianz«, über die er sich lustig macht, und Dirigent jenes »Europäischen Konzerts« von 1815, des erlauchtesten Reaktionskongresses theokratischer Herrscher und Diplomaten. Preußens heiligster Name: Friedrich II., protestantischer Papst (er zuerst entdeckte das), Besieger einer »Weltkoalition«, despotisches Gerippe der Pflichterfüllung und des Sadismus, erster Diener des Staates und Meister einer stammelnden deutschen Intelligenz, der in französischer Sprache er preußische Haltung beizubringen das Zeug und die Laune hat.

Die Geschichte des Machiavellismus in Deutschland müßte geschrieben sein! Sie würde erstaunliche Resultate ergeben. Sie würde zeigen: erstens, daß den preußischen Herrschern die theologische Idee im Rivalitätskampfe mit Habsburg aufging (unter Friedrich II.), daß aber die preußischen Machiavellisten auf Thron und Katheder diese Idee von Anfang an nur nach ihrem Nutzwerte schätzten, so daß sich die preußische Staatsomnipotenz dem symbolischen Kaisergedanken zuerst in Deutschland (unter Bismarck), dann auch in Österreich selbst (unter Ludendorff) unterwarf und ihn als Mittel und Werkzeug benutzte. Zweitens: daß der machiavellistische Gedanke und die Wende des 18. zum 19. Jahrhundert mit dem christlichen Gewissen der deutschen Philosophen in Widerspruch geriet und zu lebhaften Systemkämpfen führte, bis unterm Einfluß Napoleons der praktische Geist siegte, die Ideologien zum Teufel gingen und Bismarck mit der deutschen Reichsgründung ein Gebäude errichten konnte, in dem der schändlichste Geschäftsmachiavellismus mit der Fassade des lutheranischen Gottesstaats prunkte. Es würde sich drittens ergeben, daß selbst der protestantische »Idealismus« der deutschen Philosophie (Fichte, Humboldt, Hegel) auf die romantischen Universalstaatsideen nie völlig verzichtete. Das ontologische (Trägheits-)Prinzip ihrer Systeme entspricht dem Dogma vom gestorbenen Gotte und der vollzogenen Erlösung. Die Welt steht still; ihre Probleme sollen nur mehr definiert, beschrieben, begriffen, alsdann hierarchisch eingeordnet werden. Maskierte Geheimpolizisten der alten Orthodoxie sind diese Philosophen, in die Welt geschickt, um den wahren Gott, die wahre Welt und die wahre Vernunft – zu lähmen. Kein anderes System ergibt sich aus ihren Systemen. Keiner tritt klar für den Christus, keiner tritt klar für den Teufel ein. Die radikalste Freiheitspartei und das servilste Hofschranzentum können sich gleichzeitig für die entgegengesetztesten Zwecke auf sie berufen.

In summa würde sich zeigen, daß die Geschichte des Machiavellismus in Deutschland, in der auch Marx und Lassalle ein Kapitel zu widmen wäre, den systematischen Gottesgedanken des Heiligen Römischen Reiches im Nützlichkeitssinn pervertierte und daß diese Kämpfe um die Bestimmung der höchsten Autorität noch heute in Deutschland nicht abgeschlossen sind. Daneben aber erwiese sich der volksfremde Kastengeist und die Scholastik sogar der humanistischen Glanzperiode Deutschlands, deren Repräsentanten Kant, Fichte, Schelling, Humboldt und Hegel in ihren politischen Spekulationen sämtlich noch von der Bösartigkeit und Verworfenheit der Individuen ausgehen, auf denen der Staat zu errichten ist. Der deutsche Schulmeister, der die Kriege von 1866 und 1870 gewonnen haben soll, hütete sich, die liberalistische Attitüde der deutschen Denker ins Volk und bessere Meinungen vom Volk und der »Herde« in die hagestolzen Gelehrtenzirkel zu tragen. Es fehlte an Liebe, Hingabe und Leid. Russische Nihilisten, Pioniere der Intelligenz für das Volk, gab es in Deutschland nicht. Es gab nur Pedanten, Träumer und Streber.

Und so gebe ich wie zu Beginn so zum Ende in tiefer Verehrung und Liebe Dostojewskij das Wort, der 1870 aus Dresden an Malkow schreibt: »Die Professoren, Doktoren und Studenten sind es, die die Aufregung und das Gezeter machen, nicht das Volk. Ein Gelehrter mit weißen Haaren schreit: >Man muß Paris bombardieren!< So weit brachte sie ihre Albernheit, wenn nicht ihre Wissenschaft. Mögen sie immer Gelehrte sein, sie sind darum nicht weniger kindisch. Eine andere Bemerkung: das Volk kann hier lesen und schreiben, aber es ist trotzdem unglaublich ungebildet, stupide, beschränkt und von den niedrigsten Interessen geleitet.« Oder am 5. Februar 1871: »Sie schreien: >Jungdeutschland!< Ganz umgekehrt ist es. Sie sind eine Nation, die ihre Kräfte erschöpft hat, denn sie bekennt sich zur Schwert-, Blut- und Gewaltidee. Sie hat nicht die geringste Ahnung, was ein spiritueller Sieg ist, und sie lacht darüber mit einer soldatischen Brutalität.«

Was Dostojewskij in Deutschland sah, war der verwilderte Doktor Faust, die martialische Totenmaske einer erschöpften Theokratie.

Nachwort

In den vorhergehenden Kapiteln habe ich versucht, Gesichtspunkte für eine Kritik der alldeutschen Ideologie zu finden. Ich weiß, daß ich hierin nicht der Erste bin. Ich schlug der deutschen Intelligenz eine Revision ihrer Heroen vor und zeigte im deutschen Gedankenbau die verderbliche, staatspragmatisch gerichtete protestantische Filiation, als deren Hauptvertreter Luther, Hegel und Bismarck erschienen. Nochmals betonen möchte ich, daß es die Verbindung von Religion und Staat, die göttliche Sanktionierung der Autokratie, die Verwirklichung Gottes und der Idee, die Ideenverwaltung durch eine wilde Staatsautorität und das Streben nach dem militärischen »Reich Gottes auf Erden« war, was ich antichristlich, Blasphemie und Satansdienst nannte. Der Protestantismus ist eine Irrlehre, eine Irrlehre der Katholizismus, der sich auf der Erde etabliert. Gott und die Freiheit können nicht verwirklicht werden, sie sind Ideale, Staat ist ein Zustand und Zufall, von der göttlichen Idee zu durchdringen und in sie aufzulösen, nicht umgekehrt.

Eine Vervollständigung der Kritik des theokratischen Systems der Mittelmächte würde ergeben, daß die Schuldfrage in letzter Instanz sich gegen das Papsttum richtet, als gegen das letzte Refugium militärischer Bevormundungssysteme, die auf die Gottesweihe und Gottesstellvertreterschaft sich berufen; die als Verteidiger der »heiligsten Güter Europas« auftraten, just als die Stunde ihrer Niederlage schlug, und die damit das Gewissen der Welt zu verwirren und täuschen versuchten, trotz himmelschreiender Schändlichkeiten. Die Zukunft freier deutscher Geister sehe ich in der Solidarität des europäischen Geistes gegen den theokratischen Anspruch jeder Staatsmetaphysik: nicht nur die wirtschaftlichen, sondern auch die intellektuellen Probleme verwalten zu wollen. Die wirtschaftliche Verwaltung ist einem Bund freier Völker, die intellektuelle einer Kirche freier Individuen zu überlassen. Eine Internationale produktiver Natur, eine moralische Einheit der Welt und der Menschheit sind nur möglich, wenn der protestantisch-katholische Gottes- und Despotenstaat mit seiner wirtschaftlichen Stütze, einer zuchtlosen Finanz, und seiner theologischen Stütze, dem unfehlbaren absolutistischen Papsttum, hinweggeräumt ist. Unter der Last aller Verbrechen dieses Krieges wird er zusammenbrechen. Eine Syntax freier Gottes- und Menschenrechte aber wird die demokratische Kirche der Intelligenz konstituieren, an die die Verwaltung der Heiligtümer und des Gewissens übergeht.